21世纪高职高专精品教材·经贸类通用系列

企业管理理论与实务

主　编　陈建萍
副主编　杨　勇　束军意　纪娇云

中国人民大学出版社
·北京·

前　言

管理学是系统地研究管理知识、指导人们从事管理实践的科学。目前，世界经济正在飞速发展，整个人类社会面临世界经济一体化及信息化的挑战，管理科学作为社会管理实践活动的理论概括和总结，并反过来指导着实践活动，其发展正接受着时代的挑战与洗礼。管理革命、管理创新正在世界各国广泛开展。与此相适应，管理学课程及其教材所涉及的内容，也应及时反映时代的变革要求。为满足社会管理实践活动的需要，以及培养新世纪管理人才的需要，我们在总结多年管理学教学实践和科研活动的基础上，编写了该教材。

本教材系统阐述了管理学的理论与实践，与国内现有的管理学教材相比，具有以下特点：

第一，在内容上吸收了管理学研究与实践的最新成果，反映了管理学发展趋势。自20世纪90年代以来，管理学的理论与实践不断创新，一些全新的管理模式、方法不断出现，如流程再造、学习型组织、扁平化组织、团队管理等。为及时反映这些先进的管理理论与方法，本教材对此进行了系统的介绍。

第二，在形式上参考了国外教材的编写方式并有所发展。每一章的开篇设计了相关管理案例，提出相应的管理问题，由此引出本章的管理内容，并在最后根据本章所介绍的管理理论对开篇的管理案例进行了分析；为了使读者更好地理解每一章中相关管理理论与方法，我们设计了许多小的管理个案；在每一章后还安排有与本章内容相关的管理案例研究，使学生可以更深入地去思考、探索所学的管理基本理论与方法。

第三，在教学上设计了管理实践与运行环节。包括：其一，在每一章的章后根据本章所学的管理理论与方法，设计了相关的“管理实践”环节，要求学生完成相应的实践报告；其二，设计了“管理运行”环节，并使之贯穿全书。该环节主要是通过管理模拟的方式，进行管理实训，我们称之为“管理者游戏”。

本教材适用于普通高等院校、成人高等院校及高等职业学院的工商管理、市场营销、财务会计、国际贸易等相关专业的管理学教学，也可作为企业的管理学培训教材及自学者的参考用书。

作为教育部高职高专教改试点，北京科技大学中日经济技术学院市场营销专业多年教改努力的成果，本教材得到了教育部专家、学生及用人单位等多方面肯定。实际上，本教材是对我们多年以来所进行的教学改革的一个回顾与总结。在教改实践中我们认识到，在我国的高等教育中，对于缺乏管理实践的普通学生来说，单纯实施常规的经济管理课程教学方法，容易使人感觉所学知识枯燥乏味，教学效果大打折扣。同时，传统的课堂理论教学的实用性、可操作性较差，使学习者难以学以致用。案例教学虽然较好地激发了学生学习的主观能动性，提高了学生分析、解决问题的能力，但终究是纸上谈兵，学生无法真正深入其中，获得切身的真实体会。“管理者游戏”就是在充分考虑、借鉴北京科技大学1996年从日本引进的管理者游戏（management game，简称MG）教学法的合理内核的基础上，结合我国企业经营管理实际及我国经营管理教学的特点而开发、设计的一种经营管理模拟教学法。通过“管理者游戏”将使学生更好地掌握和灵活应用所学的管理理论与方法（本教材的附录中提供了“管理者游戏”的规则及其表格。如果想要更多地了解该教学法的内容，请通过电子邮件chen. jianping@gc. ustb. edu. cn与我们联系）。

我们希望这种“理论＋案例＋实践”的崭新的管理学课程学习模式，能更好地调动学习者的主动性和积极性，并可以真正做到学以致用，从而提升管理学教学的实效性。

本教材由陈建萍、杨勇构思并统稿，具体编写分工如下：第5章、第6章、第7章由陈建萍编写，第1章、第2章、第10章由束军意编写，第3章、第4章、第8章由纪娇云编写，第9章、第11章由张焕玲编写，第12章、第13章由朝霞编写，整个教材的“实践与运行”环节由杨勇设计并编写。同时，安冉、曹婧靖、柴翠、张妙子等参与了本教材的资料收集工作，张文瑞参与了本教材的审稿工作，在此对他们表示衷心的感谢！

本教材在编写过程中参考了大量的相关文献，谨在此向这些作者、译者表示由衷的感谢。本教材能顺利再版，得到了中国人民大学出版社编辑的大力支持和帮助，在此也表示深深的谢意。

编　者

目　录

个案目录

引　子

什么是管理？管理包括哪些内容？如何进行管理？为什么要进行管理？好吧，为了回答这些问题，我们不妨尝试经营具体的企业，进行一场“管理者游戏”（游戏规则参见附录）。

在一个模拟的竞争市场，有6家模拟的制造业企业展开了激烈的竞争。这6家企业分别是：A、B、C、D、E、F，每一家企业的初始经营资金完全一样，都是300元（为了简化运作过程，我们缩小了货币单位），最初生产的产品也一样，当然，如果某家企业进行了相应的研究开发，企业间的产品将会出现差异。其中，C企业的总裁叫李明，他必须对这个企业的经营负完全责任，必须进行独立决策。李明没有经营企业的经验，也没有学习过相应的企业管理知识，但是，他却对经营企业充满期待。然而，如何经营呢？李明一筹莫展，只能求教于老师，期望老师能告诉他经营企业的灵丹妙药。老师说，你先试着自己经营吧，记下你在经营过程中所遇到的所有问题，然后我们再一起分析。这样，管理者游戏开始了。市场竞争异常激烈，李明跟着感觉走，自己经营了3期（每一期相当企业的一个会计周期：1月、1季或1年），并记录下了这3期经营中所遇到的一切经营管理问题：

1. 最初的300元资金，如何使用呢？最先购置什么生产要素？机器、人员还是材料？

2. 只有300元资金，是购买大机器（单价200元，生产能力每次生产4个产品）？还是小机器（单价100元，生产能力每次生产1个产品）？

3. 由于资金不足，是否向银行贷款（长期贷款利率10%、短期贷款利率20%）？如果期末资金不足，要么破产，要么向银行借短期贷款，看来必须进行资金预算，然而，如何预算呢？

4. 每个企业都想销售掉自己生产的产品，销售产品采用的是投标制，那么，如何确定产品的报价呢？

5. 价格竞争异常激烈，产品的市场售价已经降到23元/件，如果以这样的价格销售产品会亏损，那么，是卖，还是不卖？

6. 在资金不足的情况下，是否购买计算机？

7. 是否购买保险，买了2次，都无险而终，好像有点浪费？

8. 其他企业都在搞研究开发，我是跟进，还是不予理会？

9. 进行了产品广告宣传，每次能多卖2个产品，但广告的投资是20元，那么是否要进行广告宣传？是进行人员促销，还是广告促销？

10. 是否对员工进行教育培训？员工学习有那么重要吗？

11. 购买材料、进行生产、销售产品这三个环节的能力应该保持平衡。可是，为什么总也无法使它们保持平衡？

12. 材料、产品有时都有库存现象。由于材料库存太少，有时无料生产，使生产停顿；由于产品库存太少，有时有好的销售机会，又没有产品。如何确定合理的库存呢？

13. 2 期经营下来效益都不好，是否应该制定经营战略和经营计划？如何制定经营战略？如何制定经营计划？

14. 在经营中只有 A 企业与我进行产品销售的竞争，A 企业私下与我商量：抬高价格，共同盈利。这不是联合定价、实施共谋吗？实际经营中是否允许？

15. B 企业竟将产品价格降到 15 元/件，是否可以告他“价格倾销”？

16. 经过 3 期经营，我发现每个经营者的特点都不一样，A 企业喜欢出高价、B 企业经常出低价并且设备规模最大、D 企业不愿意与人竞争、E 企业有时记假账、F 企业的领导者则每次都充满热情地展开竞争，而且研究开发的投入较多，这些信息意味着什么？

17. 扩张企业规模需要加大投资，那么，是否要扩张企业规模？扩张企业规模有何好处？

18. 1 期经营下来，买进卖出许多次，但是，企业盈利了吗？如何进行成本核算？如何计算利润？

面对如此多的问题，让我们一边学习，一边实践吧。

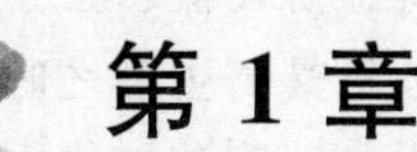

第1章

管理——理性的基本认识

导入案例

郭宁最近被一家生产机电产品的公司聘为总裁。在准备去接任此职位的前一天晚上，他浮想联翩，回忆起他在该公司工作20多年的情况。

他在大学时专业是工业管理，大学毕业获得学位后就到该公司工作，最初担任装配部的助理监督。他当时感到真不知道如何工作，因为他对液压装配所知甚少，而且在管理工作上也没有实际经验，几乎每天他都手忙脚乱。可是他非常认真好学，他一方面仔细查阅该单位的工作手册，并努力学习有关的技术知识；另一方面，监督长也对他主动指点，使他渐渐摆脱了困境，胜任了工作。经过半年多的努力，他已有能力独挡液压装配监督长的工作。然而，当时公司没有提升他为监督长，而是直接提升他为装配部经理，负责包括液压装配在内的四个装配单位的领导工作。

在他当助理监督时，他主要关心的是每日的作业管理，工作的技术性很强。而当他担任装配部经理时，他发现自己不能只关心当天的装配工作状况，还得做出此后数周乃至数月的规划，还要完成许多报告和参加许多会议，这样就没有多少时间去从事自己过去喜欢的技术工作。当上装配部经理不久，他就发现原有的装配工作手册已基本过时，因为公司已安装了许多新的设备，吸收了一些新的技术，这令他花了整整一年时间去修订工作手册，使之切合实际。在修订手册的过程中，他发现要让装配工作与整个公司的生产作业协调起来是有许多讲究的。他还主动到几个工厂去参观访问，学到了许多新的工作方法，他也把这些吸收到修订的工作手册中去。由于该公司的生产工艺频繁发生变化，工作手册也不得不经常修订，但郭宁的工作一直都很出色。他工作了几年后，不但自己学会了这些工作，而且还学会了如何把这些工作交给助手去做，教他如何做好。这样，他可以腾出更多时间用于规划工作和帮助他的下属工作得更好，以及花更多的时间去参加会议、批阅报告及完成自己的工作报告。

在他担任装配部经理六年之后，正好该公司负责规划工作的副总裁辞职应聘于其他公司，郭宁便主动申请担任此职务。在同另外五名竞争者较量之后，郭宁被正式提升为规划工作副总裁。他自信拥有担任这一新职位的能力，但由于这一职务工作的复杂性，使他在刚接任时碰到了不少麻烦。例如，他感到很难预测一年之后的产品需求情况，还有，一个新工厂的开工，乃至增加一个新的岗位，都需要他不断处理市场营销、财务、人事、生产等部门之间的关系，这些他过去都不熟悉。他在新岗位上越来越感到：职位越高，越不能仅仅按标准的工作程序去进行工作。但是，他还是渐渐适应了，并做出了成绩，以后又被提升为负责生产工作的副总裁，而这一职位通常是由该公司资历最深、辈分最高的副总裁担任。现在，郭宁又被提升为总裁。他知道，一个人当上公司最高主管之时，他应该相信自己有处理可能出现的任何情况的能力，但他也明白自己尚未达到这样的水平。因此，想到自己明天就要上任了，今后的情况会是怎么样？他不免为此而担忧。①

哪些技能是管理人员所必须具备的？

不同层次的管理人员在技能要求上有哪些侧重点？

如果你是郭宁，你将如何解除困惑，尽快进入总裁角色？

郭宁的困惑在管理者中颇具代表性。那么什么是管理？管理的目的是什么？管理者需要具备哪些技能？这些问题都是管理中最基本的问题，是系统掌握管理学的基础，对这些问题的理解有助于我们以后各章的学习。

1.1 管理概述

1.1.1 管理的含义

身为助理监督，什么是管理？管理的目标与手段是什么？这是郭宁首先需要了解并身体力行的。从郭宁的工作性质可以看出，他是通过组织来完成企业的各项业务的。一位管理学者玛丽·帕克·福莱特（Mary Parker Follett）是这样描述管理活动的："所谓管理，就是使人们完成特定任务的艺术。"著名的管理理论家彼得·F·德鲁克（Peter F. Drucker）把管理解释为："为组织提供指导、领导权并决定如何利用组织资源去完成目标的活动。"实际上，使人们利用其他资源去完成特定任务并提供指导和领导权是管理者的职责所在。这些活动不仅对郭宁担任公司高层管理者时适用，而且对他担任公司的中低层管理人员时也同样适用。在所有类型的组织——营利组织或非营利组织中，管理活动都是利用组织资源去完成目标和取得高业绩。

据此，我们将管理定义为：管理就是通过对组织资源的计划、组织、领导和控制，以高效率的方式实现组织目标的过程。我们可以用图1—1来表示管理的过程。

1.1.2 管理者的目标

管理者的目标是实现卓越成效。组织及其成员的宗旨之一就是为消费者提供他们所需要的产品或服务。苹果电脑公司的CEO乔布斯的首要目标就是通过有效管理为消费者提供他们想要的电脑；医生、护士和医院管理者的首要任务就是提高救死扶伤的能力；而每一位麦当劳餐厅管理者的首要目标则是为人们提供其所需要的汉堡包、炸鸡翅、炸鸡腿以

① 徐国良：《企业管理案例精选精析》，2～3页，北京，经济管理出版社，2000。

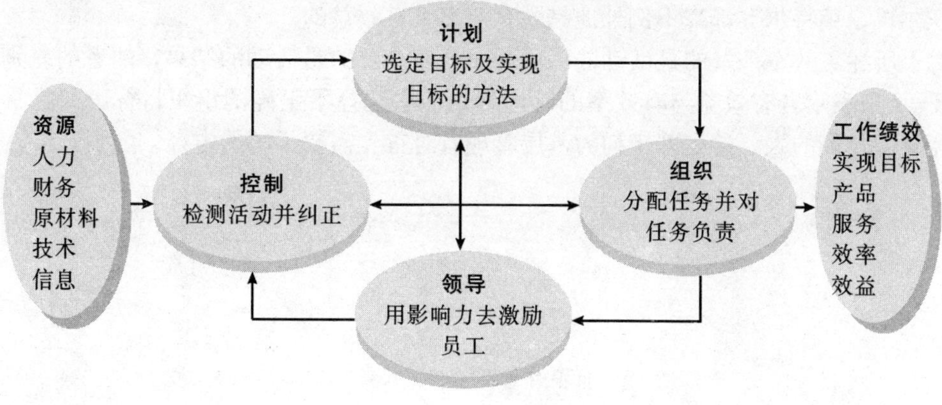

图 1—1　管理的过程

及奶酪等。

管理者的目标主要包括组织绩效、效率和效益三个方面。

组织绩效（organizational performance）是一种衡量管理者利用资源来满足消费者需要，并实现组织目标的效率与效益的尺度。组织绩效与效率、效益呈正相关。

效率（efficiency）是衡量一定目标下，资源被利用情况和产出能力的尺度。当管理者使资源投入（如劳动力、原材料、零部件等）最少或生产一定数量的产品或服务所需要的时间最短时，组织是有效率的。这是因为管理者经营的资源是稀缺的（资金、人员、设备等），所以他们必须关心这些资源的有效利用，并采取有效的手段加以实施。管理的手段就是使资源成本最小化的措施和方式，即正确地做事。例如，麦当劳最近开发了一种更高效的平底煎锅，它不仅可以节省30%的用油量，而且能够加快煎炸速度。管理者的责任就是保证组织及其成员尽可能高效率地完成为消费者提供产品或服务的所有活动。

然而，仅仅有效率是不够的，管理还必须使活动实现预定的目标，即追求活动的结果。

效益（effectiveness）是衡量管理者所选择组织目标的适宜程度，以及组织实现目标程度的一个尺度。当管理者目标选择正确并得以实现时，组织是有效益的。他们实现了管理的目标，即他们做了正确的事。例如，不久前，麦当劳的管理者决定开始提供早餐以吸引更多的顾客。实践证明这一选择是明智的——现在早餐收入已经占麦当劳总收入的30%。

效率和效益是互相联系的，例如，日本精工集团（Seiko）如果不考虑人力和材料输入成本的话，它还能生产出更精确和更吸引人的钟表。为什么一些美国联邦政府机构经常受到美国公众的抨击，按道理说他们是有效果的，但他们的效率太低，也就是说，他们的工作是做了，但成本太高。因此，管理不仅关系到使活动达到目标，而且要做得尽可能有效率。

组织可能是有效率的但却是无效益的吗？完全可能，那种要把错事干好的组织就是如此！现在有许多学院在“加工”学生方面算得上是高效率的，通过采用计算机辅助学习设备、大课堂教学、过分依赖兼职教师，使得校方大幅度地消减了用于每个学生的教育经费。但其中一些这样的学院已经受到各方面的批评。批评认为，这些学院没能够给学生们适当的教育。当然，在更多的情况下，高效率还是与高效益相关联的。低水平的管理绝大多数是由于无效率和无效益，或者是通过以牺牲效率来取得效益的。高绩效的组织像麦当劳、沃尔玛、英特尔等都毫不例外地是既有效率又有效益的。

综上所述，效率涉及的是活动的手段，而效益涉及的是活动的结果，两者的差别可以用图 1—2 来表示。有效益与有效率的管理者是那些选择了正确的组织目标，并且具有有效利用资源技能的人。这是郭宁初为基层管理者时首先需要了解的内容。

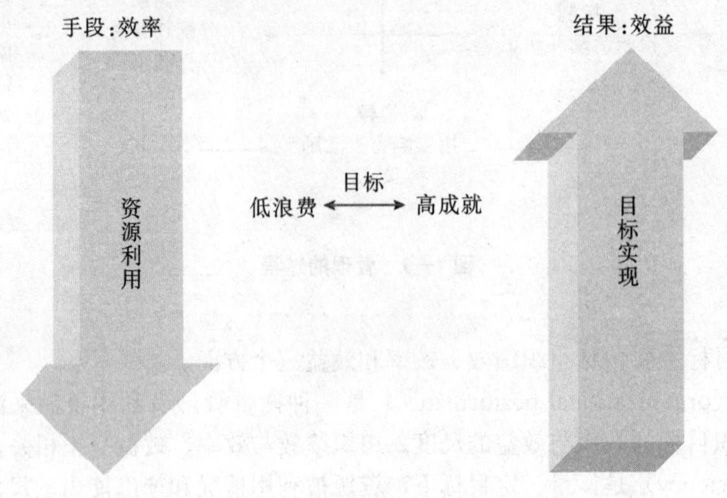

图 1—2 效率与效益的差别

1.2 管理的职能

当郭宁就任装配部经理后，他必须执行管理的四项职能，即计划、组织、领导与控制职能。以下的个案说明了同样的情况。

个案 1—1

刘力一天的工作①

刘力是某出版公司的一名管理类教材的组稿编辑。一个普通的星期五的早上，她 8 点 30 分左右到达办公室。在查看自己的电话语音信箱时，她发现了三条信息，其中一条是一位作者在昨晚 9 点 30 分发来的，这位作者正在为一本新的管理学教材编写学习指南；另外一条信息来自一位印制编辑；第三条来自一位销售代表，他询问一本环境管理教材何时出版，这本书已列入刘力电脑中的待印书籍目录。

刘力一边听着留言，一边将她的笔记本电脑与打印机、电脑线连接起来，并打印出新的电子邮件。她一放下电话就开始仔细阅读那些邮件。这些邮件一共有五封，其中四封是销售代表的日常查询，另外一封来自对电子化颇感兴趣的作者李汉，出版公司正准备出版他新编的《管理原理》教材。刘力先把从销售代表那里发来的四封邮件存入“发出”信

① ［美］詹姆斯·斯通纳：《管理学教程》，4～5 页，北京，华夏出版社，2001。

箱，交由她的助理去回复，然后她把李汉发来的邮件放在自己的办公桌上，汇入一大堆其他的信函和文件中。

赶在自助餐厅9点钟关门之前，刘力下楼去买贝格卷和咖啡。当她排队的时候，她看到市场营销经理王海走过来一起排队，便打招呼："你好，王海，李汉的广告进展得怎么样了？设计已经完成了吗？"

"是这样，在您的老板过问之前，我们一直忙于此事，但老板要求我们另外再加些样页，因为课本的装帧设计做得太漂亮了。不过这会比原定计划多花一些时间，而且费用也会增加。"王海回答说。刘力又问这对广告预算会有多大影响，王海解释说，另外有一本书出版延迟了，所以可以用那笔暂时不用的钱。

路过大厅，刘力又停下来和印制编辑简短地谈了几句，他目前正负责监督李汉这本书的底稿编辑和排版工作。之后，刘力回到办公室。她的编辑助理张民正在等她："您上午10点在城里同赵江有个约会，您要不抓紧时间就要迟到了。这些是您要用的文件。李汉刚来过电话，我告诉他您会在下午回他的电话。另外，我已经给昨晚发来查询信息的几位销售代表发了电子邮件。"

"谢谢你，张民，要是没有你我会忙乱了套。"刘力一边说着感谢的话，一边穿上外套，同时把文件塞入了公文包。刚要冲出门去，她又停下来问张民："你能不能给李汉打个电话，并安排下周一下午召开一个关于编书进度的会议？再跟王海联系一下，确认他们都能参加。再见！"

现在已是上午9点20分，她约赵江上午10点在城里见面。新闻广播电台报道说，一辆翻倒的拖拉机挂车造成大桥上长达五公里的交通阻塞，刘力只好转走隧道。她一边驾车，一边回想李汉《管理原理》一书的包装计划。她和作者都强烈地意识到，这本书的主要部件应该是多媒体的。李汉认为他们应当制作一张光盘，并且内容要完全与教学相关。但该项目的多媒体开发人员孙林不同意这个想法，他建议采用一种外观精美的高技术CD盘，并且其中只包含很少的几段教育录像材料。

为了在这两个意志坚决的专业人士之间达成妥协，并找到最有效的促销方法，昨天晚上刘力在下班离开办公大楼的时候顺道拜访了市场研究部的钱思。钱思告诉她，公司最近对商学院教师的一项调查表明：15%的人能够使用光盘播放机，10%的人使用计算机上的CD盘播放器，但那些认为自己将来两年之内用上CD盘播放器的教师比例远高于那些准备使用光盘播放器的教师。因此，钱思对在包装中使用CD盘的想法投了一票。

当刘力在10点15分匆匆走进城市宾馆的时候，赵江正在大堂里等她。接下来的2个小时，他们在一间小会议室里边喝咖啡边讨论多媒体光盘的格式与内容。赵江向刘力展示了他请一位计算机绘图专家为多媒体光盘设计的包装盒图样。它们简直像音乐电视的画面一样精美绝伦。刘力暗想：但愿老板看到我们为这精美的设计花费甚巨时不会感到难过。

只花了30分钟，刘力就回到了办公室。在接近办公大楼时，她又到自助餐厅，在沙拉台买了些点心和咖啡。

1.2.1 计划

计划是指建立目标，采取相应的活动方法以完成既定目标的步骤。计划是管理者对他们的目标和行动事先所进行的通盘考虑，并且这种考虑是根据一定的方法和逻辑分析得出的，而不是仅靠预感得出的。计划为组织设定目标并建立起达到目标的最佳途径。此外，计划还成为以下几个方面的指南：(1) 组织获得和利用所需的资源来达到它的目的；(2) 组织成员实施与设定目标和程序相一致的活动；(3) 通向目标的进程受到监控和评估，以便在进展令人不够满意的情况下能够采取正确的行动。

计划的第一步是为组织选定目标。随后组织内部的子单位（科室、部门等），也将分别设立目标。一旦目标得到确定，各种程序将被建立起来以便以系统化的方式实现目标。当然，在选择目标和制定程序时，高层管理者会考虑它们对于组织及其管理者、雇员的可行性和可接受性。

关系和时间是计划活动的核心。计划在现实资源和过去的工作经验的基础上，描绘出一幅理想中的未来情形的画面。在上面的案例中，刘力在为李汉的书安排促销活动时需要制定一个计划，这将涉及与许多部门及其人员之间的关系。

从总体上担负组织责任的高层管理者制定的计划可能会覆盖长达五年或十年的时间。在一个大的组织当中，像英国石油（British Petroleum）这样的跨国能源公司，其计划可能会涉及上亿美元的订单。相反，组织的某些个别部门的计划可能只涉及第二天的工作，或者一周之后的一次两个小时的会议。

1.2.2 组织

组织是一个分配和安排组织成员之间的工作、权力和资源以便他们能实现组织目标的过程。

不同的目标要求不同的组织结构。例如，开发计算机软件的组织所要求的组织结构与牛仔服生产厂的组织结构就不一样。生产牛仔衣类标准产品要求高效率的流水线技术，而软件生产则要求组织一支专业化队伍，如系统分析员和程序设计者等。尽管这些专业人员之间必须有效地相互联系，但他们不可能像流水线工作那样组织起来。因此，管理者必须使组织的结构与它的目标和资源相匹配。这个过程被称为组织设计。

关系和时间也是组织行为的核心。组织职能使组织当中的各种关系结构化，而正是通过这些结构化的关系，关于未来的计划才得以实行。例如，刘力在组织出版李汉那本书的过程中，需要协调许多人的工作，并确定时间结构。组织过程中关系的另一个方面是寻找新人加入这种关系结构，这叫做人员配备。

1.2.3 领导

领导是指指导或影响组织成员或一个完整组织与其任务相关的行为的过程。领导需要指导、影响和激励员工完成基本的任务。

关系和时间同样是领导活动的核心。事实上，领导是管理者通过协调与每一位部下的关系来达到目的的。管理者试图说服其他人加入到他们当中，以追求计划和组织过程中所设定的目标的实现，通过创造良好的环境气氛，管理者帮助他们的雇员努力工作。以刘力为例，当在表扬张民为她提供的帮助并推动王海完成广告设计的时候，她就发挥了领导的作用。郭宁教下属做好工作的努力也是如此。

1.2.4 控制

控制是指确保实际行动与计划相符合的过程。管理者必须确保组织成员的行为确实是在推动组织朝着它的既定目标前进，这是管理的控制职能。它包含了以下几个方面：(1) 建立绩效标准；(2) 衡量当前业绩；(3) 将当前业绩与给定标准相比较；(4) 在发现偏差时采取正确行动。

通过控制，管理者使组织按预定轨道前进。渐渐地，组织以新的方式建立起与控制职能相适应的产品质量体系。郭宁修订工作手册以规范生产流程就属于控制的范畴。

关系和时间同样是控制行为的核心。管理者不得不关心控制的原因是，随着时间的变化，已建立起来的关系并不总是按计划运行。当郭宁批阅报告时，当刘力重新审阅并补充张民和其他人提交给她的活动报告的时候，他们事实上就是在实施控制职能。当刘力期待着老板对广告设计的花费做出反应时，她同时也在头脑里进行着自我调控。

以上四个管理职能间的相互作用关系见图1—3。

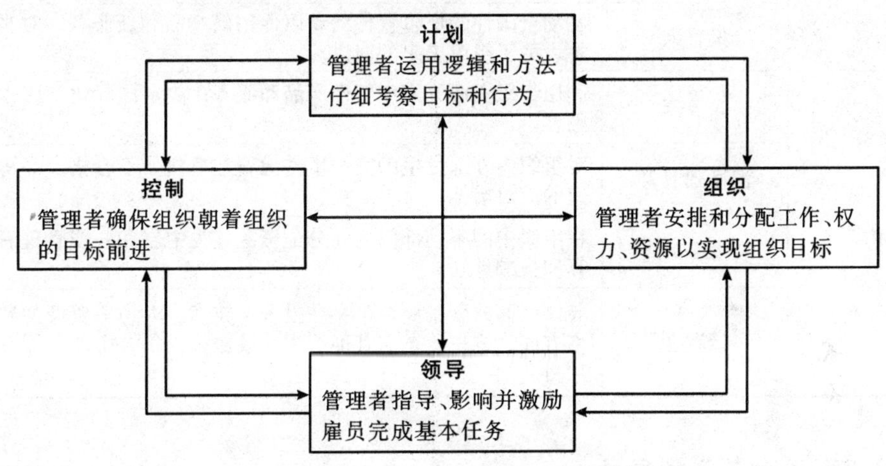

图1—3 四个管理职能相互作用关系图

1.3 管理者的角色

作为一名管理者，必须明确自己的角色。所谓角色就是处于组织中某一位置的人所需要做的一系列特定的任务。自从20世纪70年代初亨利·明茨伯格（Henry Mintzberg）提出有效管理者所扮演的十种特定角色以来，管理者所需要扮演的角色并没有发生多大的变化。下面，我们将结合个案讨论这些角色。

明茨伯格将管理者在计划、组织、领导、控制组织资源过程中需要履行的特定职责简化为十种角色。管理者通过这些角色的履行以影响组织内外个人和群体的行为。组织内的人包括其他的管理者和员工，组织外的人包括投资者、消费者、供应商、组织所在社区的居民，以及任何与组织及其活动有关的政府或当地机构。明茨伯格将这十种角色划分为三大类：人际关系型、信息型和决策型（见表1—1）。管理者往往同时扮演上述几种角色。

表1—1　　明茨伯格界定的管理者角色及其类型

角色类型	特定角色	角色活动例子
人际关系型	挂名首脑	在公司会议上向员工展示组织未来目标；主持公司一家新的总部大楼的开业；阐述组织的伦理原则和员工在与顾客、供应商等打交道时的行为准则。
	领导者	为员工树立学习的榜样；对下属直接发布命令与指标；做出关于人力、技术等资源的有关决定；发动员工支持拥护特定的组织目标。
	联络人	协调不同部门管理者的工作；在不同组织之间建立联盟以实现资源共享并提供产品或服务。
信息型	监听者	从不同角度评估管理者的工作，并采取措施提高他们的绩效；监控组织内外部环境中可能对组织未来产生影响的变化。
	传播者	告知员工组织内外部环境中发生的可能对他们及组织产生影响的变动；向员工传达组织的要求。
	发言人	发动全国性的广告宣传活动以促销新产品和新服务；对当地社区发表关于组织未来的演讲。
决策型	企业家	利用组织资源开发创新性产品和服务；决定国际化扩张以获取新顾客。
	混乱驾驭者	对组织内外部发生的突发事件像石油危机、不合格产品等采取快速的应对措施。
	资源分配者	在组织中的不同部门之间分配资源，为中层和一线管理者设置预算和报酬计划。
	谈判者	与供应商、分销商、工会在投入、技术、人力等资源的数量和价格方面达成一致；与其他组织达成协议以集合资源共同完成合作项目。

1.3.1　人际关系型角色

管理者扮演人际关系型角色的目的是与组织其他成员协作互动，并为员工和组织整体提供导向和监督管理。管理者的第一个人际关系角色是挂名首脑，即所在组织或部门的象征。作为挂名首脑，CEO需要决定组织的使命与目标，并将它传达给员工和其他的有关群体。处于各个等级的管理者都扮演着挂名首脑这一角色，通过在组织内建立起适当或不适当的行为方式而成为人们的角色模型。

管理者的领导者角色意味着他需要鼓励下级发挥出高水平的绩效，还需要有计划地去培训、指导下级以促使他们发挥全部潜能。管理者的权力来源于两个方面：他在组织等级中所处位置的正式授权以及他的个人品质，包括声誉、技能、个性等。领导者的个人行为影响着员工的态度和行为。事实上，下属是否想要发挥出高的绩效水平，甚至是否想准时上下班，是否想请假，在很大程度上取决于他们是否对在组织里的工作感到满意。

管理者的联络人角色意味着他要对组织内外个人和群体的行为进行联系与协调。在组织内部，管理者要协调各不同部门的活动以提高其合作水平；在组织外部，管理者需要与供应商、消费者以及当地社区建立起联系，以获得稀缺的资源。组织外的人们往往将组织与他们所接触的、在电视上看到以及在报纸上读到的管理者等同起来。例如，通过《财富》、《商业周刊》的宣传，乔布斯成为苹果电脑公司的象征。

1.3.2 信息型角色

管理者的信息型角色与需要收获、传递信息的任务密切相关。作为监听者，管理者需要分析组织内外部的各种信息。有了这些信息，管理者才能够有效地组织、控制人力资源及其他资源。作为传播者，管理者把信息传达给组织成员并影响他们的态度和行为。作为发言人，管理者运用信息提升组织的形象，以使组织内部和外部的人都对组织有积极的反应。

1.3.3 决策型角色

管理者的决策型角色与管理者所从事的战略规划、资源应用等工作密切相关。作为企业家，管理者必须决定将从事何种项目或计划，决定怎样利用资源以提高组织绩效。作为混乱驾驭者，管理者需要处理可能影响组织运营的突发事件或危机。在这种情况下，管理者还必须扮演挂名首脑和领导者的角色，以保证获得解决问题或危机所需要的资源。在一些特殊情况下，管理者还必须扮演资源分配者这一重要角色，以决定怎样才能够最佳地运用人力和其他资源来提高组织绩效。在扮演这一角色的同时，管理者还必须扮演谈判者的角色，来与其他管理者、组织内外部群体如投资者、消费者等在资源第一分配权方面达成共识。

作为一个管理者，他们通常扮演着多种角色，例如，在上面的个案中，我们发现刘力充当的角色包括：

1. 联络者（人际关系型角色）：通知王海和李汉参加会议并负责主持会议；
2. 监听者（信息型角色）：与钱思一起检查市场反馈；
3. 谈判者（决策型角色）：和赵江一起讨论书的各种媒介形态。

1.4 管理的层次和技能

1.4.1 管理的层次

组织的管理人员可以按其所处的管理层次区分为高层管理人员、中层管理人员和基层管理人员。

1.4.1.1 高层管理人员

高层管理人员是指对整个组织的管理负有全面责任的人，他们的主要职责是制定组织的总目标、总战略，掌握组织的大政方针并评价整个组织的绩效。他们在与外界的交往中，往往代表组织以“官方”的身份出现。如担任副总裁、总裁职务时的郭宁。

1.4.1.2　中层管理人员

中层管理人员通常是指处于高层管理人员和基层管理人员之间的一个或若干个中间层次的管理人员，他们的主要职责是贯彻执行高层管理人员所制定的重大决策，监督和协调基层管理人员的工作。与高层管理人员相比，中层管理人员更注意日常的管理事务。如担任装配部经理时的郭宁。

1.4.1.3　基层管理人员

基层管理人员亦称第一线管理人员，也就是组织中处于最低层次的管理者，他们所管辖的仅仅是作业人员而不涉及其他管理者。他们的主要职责是给下属工作人员分派具体工作任务，直接指挥和监督现场作业活动，保证各项任务的有效完成。如担任装配部助理监督时的郭宁。

上述三个不同层次的管理人员，其工作内容和性质存在着很大的差别。第一线管理人员主要关心的是具体工作的完成，他们在处理问题时，往往凭借的是其丰富的生产、销售或研究工作经验和熟练的技术才能。而最高管理层人员则对组织的长远目标和战略计划感兴趣，他们在处理问题时，往往依靠的是其丰富的人际技能与战略洞察力。总的来说，第一线管理人员所关心的主要是具体的战术性工作，最高管理层人员所关心的主要是抽象的战略性工作。图1—4显示了组织中管理层次的不同及人数比例。其中，高层管理者人数最少，基层管理者人数最多，中层管理者的人数介于二者之间。

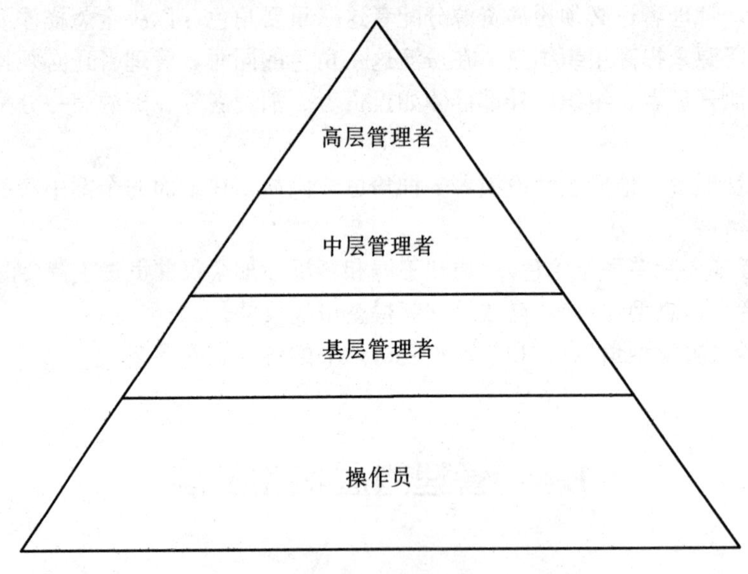

图1—4　组织中的管理层次及人数比例

1.4.2　管理的技能

1.4.2.1　技术技能

技术技能是指使用某一专业领域内有关的工作程序、技术和知识完成组织任务的能力。

例如，工程师、会计师、广告设计师、推销员等，都有相应领域的技术技能，所以被称为专业技术人员。对于管理者来说，虽然没有必要使自己成为精通某一领域技能的专家（因为他可以依靠有关专业技术人员来解决专门的技术问题），但他还是需要了解并初步掌握与其管理的专业领域相关的基本技能，否则将很难与他所主管的组织内的专业技术人员进行有效的沟通，从而也就无法对他所管辖的业务范围内的各项管理工作进行具体的指导。

1.4.2.2　人际技能

人际技能是指与处理人事关系有关的技能，即理解、激励他人并与他人共事的能力。这种能力当然首先包括领导能力，因为管理者必须学会同下属人员沟通并影响下属人员的行为。但人际技能的内涵远比领导技能广泛，因为管理者除了领导下属人员外，还得与上级领导和同级同事打交道，还得学会说服上级领导，学会同其他部门同事紧密合作。可以说，人际关系这项技能，对于高、中、低层管理者有效地开展管理工作都是非常重要的，因为各层次的管理者都必须在与上下左右进行有效沟通的基础上，相互合作、共同完成组织的目标。

1.4.2.3　概念技能

概念技能是指综观全局、认清为什么要做的能力，也就是洞察企业与环境相互影响之复杂性的能力。具体地说，概念技能包括理解事物的相互关联性，从而找出关键影响因素的能力、确定和协调各方面关系的能力以及权衡不同方案优劣和内在风险的能力等。显然，任何管理者都会面临一些混乱而复杂的环境，需要认清各种因素之间的相互联系，以便抓住问题的实质，根据形势和问题果断地做出正确的决策。

不同层次管理者对管理技能的需要具有差异性。上述三种技能，对任何管理者来说，都是应当具备的。但不同层次的管理者，由于所处位置、作用和职能不同，对三种技能的需要程度明显不同。高层管理者尤其需要概念技能，而且所处层次越高，对概念技能要求也越高。这种概念技能的高低，成为衡量一个高层管理者素质的最重要的尺度。而高层管理者对技术技能的要求就相对低一些。与之相反，基层管理者更重视的是技术技能。由于他们的主要职能是现场指挥与监督，所以若不掌握熟练的技术技能，就难以胜任管理工作。当然，相比之下，基层管理者对概念技能的要求就不是太高。各层次管理者对上述三种管理技能需要的比例如图 1—5 所示。

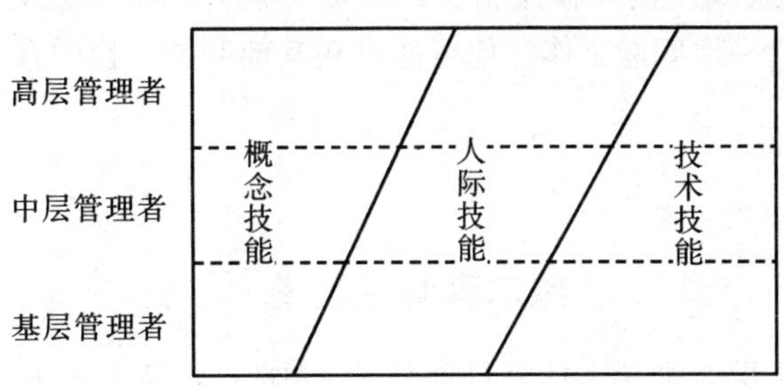

图1—5　各层次管理者对三种管理技能需要比例示意图

本章小结

管理是通过对组织资源的计划、组织、领导和控制，以有效益和高效率的方式实现组织目标的过程。管理者的目标是实现卓越成效。组织绩效与效率、效益呈正相关。效率涉及活动的方式，而效益涉及活动的结果。管理的基本职能是计划、组织、领导和控制。

明茨伯格从研究中得出结论，管理者扮演着十种不同的角色。他将这些角色划分为三大类：人际关系型、信息型和决策型。管理者往往同时扮演上述几种角色。

管理者分为高、中、低三个层次，作为一名管理人员应该具备技术技能、人际技能、概念技能三大方面，但不同层次管理人员对技能掌握的要求有所不同。

导入案例分析

郭宁的经历表明，概念技能、人际交往能力和相应的技术能力是管理者所应具备的三项基本技能，但不同层次的管理者，由于所处位置、作用和职能不同，对三种技能的需要程度则明显不同。高层管理者尤其需要概念技能，而且所处层次越高，对概念技能要求也越高。这种概念技能的高低，已成为衡量一个高层管理者素质的最重要的尺度。而高层管理者对技术技能的要求就相对低一些。与之相反，基层管理者更重视的却是技术技能。人际技能对于高、中、低层管理者有效地开展管理工作都是非常重要的。

提高学习能力是管理者培养的重要一环。郭宁在从基层管理者升任总裁的过程中，他的管理责任不断加重。要成功地胜任公司总裁的工作，他应特别注重强化自身概念技能和人际交往能力，要做到这一点，郭宁必须加强理论学习，加强与外部高级主管的横向交流，在工作中不断总结经验、教训，尽快胜任工作。

思考与练习

1. 什么是管理？如何理解管理的含义？
2. 你认为有效益的组织一定有效率吗？
3. 请将四种管理职能与明茨伯格十种角色相对照，它们有什么联系？
4. 你认为小企业总经理的工作与大企业的总经理的工作有哪些差异？
5. 你认为计划、组织、领导和控制这四项职能有什么相似之处？它们是相关的吗？如果管理者擅长其中的一项职能工作，他可能也在其他职能工作中有突出表现吗？

案例研究

威尔森制胜之道①

总部设在美国西雅图的波音飞机公司创建于1916年，是世界航空航天业中一颗灿烂的明珠。它于20世纪20年代开创了世界上最早的航空邮政业务；30年代建立了自己的全金属运输机系列；第二次世界大战期间为战胜德意日法西斯立下了汗马功劳；第二次世界大战后率先把喷气式客机送上了蓝天。波音公司取得了一个接一个惊人的业绩。到1991

① 吴照云：《管理学》（第4版），30～33页，北京，经济管理出版社，2003。

年，波音公司的销售额达293.14亿美元，利润额为15.67亿美元，雇员16余万，在世界500强企业中排名第32位。1997年，波音公司与麦道公司合并，获得麦道公司65%的控股权。

然而，在令世人瞩目的业绩背后却是披荆斩棘的历程，波音公司的事业并非总是一帆风顺的。最让波音人刻骨铭心的是20世纪60年代末期，蒸蒸日上的波音事业开始由于机构日趋庞大而运转不灵了。当时仅总部机构就达2 000多人，官僚习气滋生，遇事互相扯皮。更糟糕的是公司的领导人陶醉于已取得的赫赫成就，无视瞬息万变的市场和日益强劲的同行，躺在一两项大宗的官方合同上过舒服的日子。很快惩罚来了，公司装配厂里摆满了卖不出去的喷气客机，公司曾经18个月无一张订货单，此时公司的老板们才惊恐地发现一度拥有的高效率已不存在。

与此同时，世界飞机制造业强手迅速崛起，特别是欧洲“空中客车”工业公司和老对手麦克唐纳·道格拉斯飞机公司实力雄厚，相继推出先进的新型飞机，其势直逼波音，波音公司面临强劲的挑战。

威尔森受命于危难之际，出任波音公司的董事长。30多年的实际工作经验使他深谙企业面临危机的症结和回天之术。他一到任便使出了被人称为“威尔森五招”的措施，使波音公司迅速摆脱了困境，再次走向辉煌。

1. 精兵简政。“新官上任三把火”，威尔森到任后的第一把火就是力排众议，精兵简政。他从庞大的公司办事机构中调出1 800名技术人员和管理人员充实到生产第一线，并把决策权逐级下放，将责权与各级主管负责人的经济利益挂钩。紧接着公司又大量裁减雇员，仅西雅图地区的10.5万雇员就裁掉了3.8万人，这是一段至今使波音人回想起来仍心有余悸的历史。但这一做法立竿见影，公司的办事效率和劳动生产率迅速得到提高。

2. 研究与开发。为了振兴波音，公司在20世纪60年代末共投入了69亿美元的研究和开发（R&D）经费。70年代后期面临石油危机，威尔森不惜投入30亿美元研制出被认为现代民航史上最经济、最省油、最安全的“波音757”、“波音767”两种新型客机。波音公司的研究开发经费逐年提高，1988年为7.51亿美元，1989年为7.54亿美元，1990年为了开发产品和新技术投入了1.6亿美元的新仪器和设备费用以及8.27亿美元的科研开发费。1991年R&D经费增加到14.17亿美元。在愈来愈激烈的竞争面前，波音公司把加强研究和开发放在首位，力争走在同行的前面。

3. 质量就是生命。对于飞机制造业来说，产品质量不仅关系到企业的“生命”和前途，而且涉及亿万乘客本身的生命和安全。因此，波音公司对产品质量格外重视。他们认为从长远看，无论在哪个市场上，唯一经久不衰的价值标准就是质量本身。公司要求每一个职员都要牢固树立质量第一的观点，每一工厂、每一部门都建立了严格的质量管理制度，切实保证每一个部件、零件甚至每颗螺丝钉都以第一流的质量出厂。威尔森逢会必讲：质量是飞机的生命，质量不合格就意味着扼杀人的生命。

此外，飞机飞行是否安全还取决于航空公司是否对飞机进行严格的定期检测和维修，机组人员是否严格地按规定操作以及天气恶劣的程度等。波音公司对可能发生的飞机事故高度重视，他们重新设计了生产程序，以杜绝隐患。在车间里，工程师们对每个工人的每项工作进行严格检查，公司对生产过程的各阶段进行监控，联邦航空局任命的检察员对每架飞机的检查多达800次。波音747—400型大型客机研制后接受了1 500小时的飞行检验，1 900 小时的地面检验。这些检验涉及 17 000 项不同功能，700 多万个数据，如此严格的检测真是近乎“天衣无缝”。公司副总裁菲力普·康迪特先生说：“完全杜绝人为的错误事实上是难以办到的，但我们需要制定清楚的操作管理程序，发现错误马上改进，这是波音的传统。”

4. 重视推销。美国航空公司高级副总经理唐纳德·劳埃德曾说过：“从技术上说，波音公司是非常能干的，但洛克希德公司、麦克唐纳·道格拉斯公司也非常能干，主要的区别是波音公司有独特的推销方法。杰出的推销艺术使买主感到波音公司能充分理解自己的需要，从而具备了强大的信心，认为波音公司的话一定能够兑现，并对顾客一视同仁。”

多年来，为了保持世界上最大的民航飞机制造商的地位，为了同日益强劲的对手争夺有限的新订单，波音公司在推销上竭尽全力，采取了灵活应变的制胜谋略。例如，为了将波音 757S 飞机推销给伊比利亚航空公司，波音公司签订了允许西班牙 CASA 公司为波音飞机生产零件的合同；作为对英国航空公司订购 21 架波音 747—400S 客机的回报，波音公司将一个零件仓库设在伦敦附近……

波音公司就是这样竭尽全力地向全世界推销自己的产品，绝对不放弃任何一个市场机会。如今波音公司已成为美国最大的单独出口者，在美国的对外贸易中起着至关重要的作用。

5. 售后服务。为全世界 7 000 多架波音飞机提供维修服务是波音公司的另一项重要业务。公司拥有一支效率高、技术硬的维修队伍，只要顾客需要，波音的维修人员将会以最快的速度从西雅图赶到世界任何地方。不少买主赞叹：我们在星期一下午向波音公司说需要一个零件，星期二上午我们就能得到这个零件。在波音没有“一锤子买卖”，公司在买主之中赢得了比合同和买卖更重要的东西，那就是信誉和信任。

由于成功地运用了上述策略，波音公司在激烈的竞争中取得了累累硕果，波音的事业持续繁荣。波音公司的历史启示我们：一个企业的成功不仅取决于它的策略制定、执行和管理过程，而且取决于它永不松懈的进取精神。

讨论题

1. 威尔森是个成功的管理者吗？为什么？
2. 从管理理论的角度分析波音公司的管理活动。

实践与运行

管理实践

要求：走访企业及管理者，完成下列实践活动。

1. 实践项目：走近一位成功的管理者。

2. 实践目的：通过与成功的管理者的接触、交谈以及观察，学习这位成功的管理者的领导艺术、处理事情的艺术，懂得怎样做才能成为一位成功的管理者。

3. 实践内容：(1) 要求学生直接与成功的管理者进行接触、交谈，并进入其工作环境中，观察和学习这位管理者的用人之道、处理事情的方法和艺术。(2) 要求学生通过和管理者的交谈，了解其创业史与成长史，从中体会管理艺术在其成长与创业中的作用。

4. 实践组织：把全班学生分成若干小组，每组 3～5 人，分别走访一位成功的管理者。

5. 实践考核：(1) 要求每位学生写出走访报告或小结。(2) 教师批阅学生的走访报告或小结，然后组织学生进行交流。

管理运行

管理者游戏

李明的C企业运行了3期之后，他发现情况似乎不太好，一直在亏损，第一期亏损了17元，第二期亏损了30元，第三期亏损了29元，目前，企业资产降为224元。C企业目前的资源状况是：小型机器进行了改进（设备生产能力为2个/次），雇用了1名生产工人和1名营销人员，因此，企业的销售能力为2个/次，现有材料库存3个、在制品库存2个、产品库存1个，储存研究开发1枚。李明对前3期的经营进行分析，发现亏损原因主要是销售量太少，每一期销售的产品不足10个，而B企业的销售量却达到了20个。因此，李明决定在第4期经营中要增加广告投入，提高销售能力。附录中的资金周转表清楚地显现了李明第4期的经营过程：

1. 购买计算机及保险，支出35元；
2. 长期贷款100元，扣除10元利息，现金流入90元；
3. 进行研究开发，支出20元；
4. 进行广告宣传，支出20元，使销售能力提高为4个/次；
5. 购买3个原材料，支出33元；
6. 投入3个，完成2个，支出5元；
7. 销售3个产品，单价为26元，收入78元；
8. 为了提高价格竞争能力，进行研究开发，使价格优惠达6元，支出20元；
9. 投入3个，完成3个，支出6元；
10. 从不同市场购买3个原材料，价格分别为11元、12元，共支出34元；
11. 销售3个产品，单价23元，收入69元；
12. 投入3个，完成3个，支出6元；
13. 从不同市场购买原材料，共支出35元；
14. 材料仓库发生火灾，使仓库中的3个材料受损，保险公司理赔24元，扣除购买新保险5元，收入19元；
15. 购买材料3个，支出33元；
16. 销售3个产品，单价22元，收入66元；
17. 投入3个，完成3个，支出6元；
18. 由于市场竞争激烈，进行研究开发，支出20元；
19. 销售3个产品，单价21元，收入63元；
20. 获得特殊销售机会，可以独卖2个产品，单价32元，但是由于本公司没有库存产品，只能从B企业购入2个产品，单价24元，本次销售活动收入16元；
21. 购买材料3个，支出36元；
22. 投入3个，完成3个，支出6元；
23. 设备出现故障，发生维修费10元；

24. 销售 3 个产品，单价 20 元，收入 60 元。

由附录中的资金周转表可见，期末需要支付工人工资 26 元、销售人员工资 26 元、人员管理费 26 元、设备维护费 26 元以及还贷 10 元，本期经营结束，还余现金 62 元。

然而，经过最后的核算，李明发现经营状况每况愈下，又亏损了 75 元。这让李明异常困惑，真是一筹莫展。请你帮助李明分析一下，C 企业第 4 期经营的主要问题是什么？亏损的原因是什么？

老师与李明一起进行了这样的分析：

1. 企业的生产与销售能力不平衡。目前生产能力为 3 个，但销售能力则为 4 个，生产能力约束了企业的销售环节。如果生产能力也能扩张为 4 个，则本期可能销售产品 22 个。目前企业销售 17 个产品，单位产品成本为 27 元，如果销售量为 22 个，则单位产品成本降为 21 元；

2. 提高生产能力可以采取的措施：第一，购买大型设备，变卖小型设备，但这需要较多的资金；第二，通过教育培训提高生产效率和销售能力；

3. 企业经营过于保守。本企业还有较大的借贷空间（允许借款 224 元，实际借款仅为 100 元），如果增加借款额，企业将有更多的运营资金，则可以从根本上增强企业的竞争实力。如进行设备更新改造，扩张企业规模，增加材料购买规模，可以减少材料购买批次，从而增加更多的销售机会；

4. 销售竞争时，不注意观察市场状况。B 企业竞争实力强，而且经营行为是低价促销，而 A、D 企业一般出价较高，所以在竞争中应该避免与 B 企业直接竞争，而应该与 A、D 企业进行竞争。

通过本期的经营与分析，李明对经营规模、市场环境、均衡生产及资金借贷有了更深刻的体会。

第 2 章

管理理论的演化

导入案例

20 世纪初刚开始有汽车的时候，汽车是地位和财富的象征，只属于富翁们。亨利·福特（Henry Ford）要改变这一点，使 T 型车成为大众消费品。他明白，唯一的办法就是高产量、低成本。福特致力于提高效率，将所有可能的环节机械化，并把工作划分成最小的单元。一名工人重复做同一项工作，生产的不是一个成品部件，而是整个生产过程不可缺少的一道工序；未完成的部件传给下一名工人，由他来完成接下来的工序。福特使效率惊人地提高：从生产第一辆 T 型车出厂，到汽车相当普及的 1925 年，福特的生产线以每 5 秒钟生产 1 辆汽车的速度源源不断地输送着 T 型车。

汽车装配线上的工人像大多数别的劳动力一样，几乎都是已婚的男子——家庭中唯一的经济来源者。装配线上的工作不仅单调、艰苦，而且工人严格地受操作时间的束缚。他们上厕所和吸烟都受到严密的监视。与领固定工资的工人不同，他们在上班时间连电话也不允许使用，甚至与自己的同事谈上几句话也不行。汽车工业中，领计时工资的工人与领固定工资的工人之间如此明显的、不近情理的差别，使很多美国人感到震惊。

虽说不是所有的汽车工人都在追求其工作的意义及自我成就，但是，那些对工作缺乏激情并由此感到不满的人，假如他们从事的工作不合他们的胃口，他们就会消极怠工。人们怨恨在雇主和雇员中产生出的那种悬殊的差别。他们从不情愿接受老板自上而下的权威，而总是想要参与那些影响他们工作的决策。他们喜欢做各种各样的工作，而不愿做单一的、枯燥的工作。他们喜欢自由自在的工作，而对拘泥于形式的工作深恶痛绝。

简单地说，这些汽车工人正在努力改变工厂中为赚钱而工作的传统思想。对他们来说，要求职务升迁和充实，与其说是经济上的需要，不如说是心理上的需要。这些需要给他们的工作添了许多麻烦。

20 世纪 30 年代，福特汽车公司的管理精英开始流失，几乎所有有发展前途的年轻经理都离开了福特公司，同时许多人被通用的斯隆挖走。而在 1933 年，已经 70 岁的福特变得更加粗暴和缺乏灵活性。如果他的产品没有那么好的质量，如果他的品牌没有那么高的价值，也许他的公司早就垮了。

福特公司真正的复苏在 1946 年，这时 25 岁的亨利·福特二世成为总经理。他是仅 43 岁就去世了的埃德赛·福特的儿子，他在公司转型过程中起了决定性的作用。他聘请了通用公司的一些经理，并把其中一人任命为公司总裁。同时实施了一套由“天才神童”设计的先进的财务和生产控制系统，这是由特克斯·索顿领导的空军系统规划小组完成的。总而言之，新的福特公司在20世纪40和50年代也实行了20年代斯隆在通用汽车公司所采用的管理体系。①

从福特公司的发展历程中，你是否能够回答以下问题：

如何提高工作效率？

如何注重人的多方面需求并加以正确的激励？

如何认识管理理论发展的与时俱进？

和任何事物都有一个发展过程一样，管理理论也经历了一个与管理实践紧密结合的演化过程。重温这一过程，有助于我们回答上述问题，同时有助于理解管理理论的产生背景，尤其是体会管理实践对理论演化的影响，从而加深我们对于管理理论是一门从实践中来、到实践中去的理论的认识。

全球汽车业发展的历史可以说是管理理论演变历史较好的诠释。本章将沿着汽车发展的历史脉络，对管理理论的演化做一回顾，着重阐述其主要代表性观点和管理实践对理论的影响，并简要介绍管理理论的最新发展与未来趋势。

2.1 古典管理理论

大多数人都会把T型车与亨利·福特联系在一起，这种大批量生产的、让人支付得起的汽车改变了社会。但福特作为一个管理思想家同样也很重要，因为他发展了组织如何运作、效率如何提高的观念，也奠定了古典管理理论的最初基础。

2.1.1 科学管理理论

2.1.1.1 泰罗的开创性贡献

管理研究领域的开辟，是同泰罗的名字联系在一起的。弗雷德里克·温斯格·泰罗(Frederick W. Taylor)出生于律师家庭，年轻时本打算继承父业，但受视力严重下降的影响，不得不放弃在哈佛大学法学院学习的机会，去工厂当学徒。他的大部分时间是在宾夕法尼亚州的米德韦尔和伯利恒钢铁公司度过的，从一名普通工人到领班、工长，最后成为总工程师。他对工作处境、劳动状况有着丰富的实践体验，也亲眼目睹了当时企业的低效运行状况：工人和管理者没有明确的责任概念；实际中不存在有效的工作标准；工人们有意慢条斯理地干活；管理者做决定都是凭预感和直觉；工人被分派干什么工作时，管理者很少或完全不考虑他们的能力和才能是否适合从事这项工作等。更严重的是，管理当局与工人都认为，他们之间存在着固有的对立。

对此，泰罗提出了科学管理的基本思想，要求人们按正确的方法工作，不断学习一些

① ［美］詹姆斯·斯通纳：《管理学教程》，23页、32～33页、41页，北京，华夏出版社，2001。

新东西，来改变他们的工作，他们也可以从高效率工作所带来的更多的物质利益和成就感中获得满足。关于这一思想的实践，泰罗指出，管理者必须遵守四条科学管理原则：

1. 对工人操作的每个动作进行科学研究，用以替代老的单凭经验的办法；
2. 科学地挑选工人，并进行培训和教育，使之迅速成长起来；
3. 与工人亲密协作，以保证一切工作都按已发展起来的科学原则去办；
4. 均分资方和工人之间在工作中的权力和职责，并最终形成双方的友好合作关系。

总体而言，泰罗所从事的企业管理研究的主题是十分鲜明的：一方面，科学地研究作业方法，即对作业现场进行观察，对收集到的数据进行客观的分析，进而确定“一个最优的作业方法”，从而为企业管理提供有效的手段；另一方面，在工人和管理层之间掀起一场心理革命，以改善双方的对立关系。泰罗科学管理实践方法的主要内容如表2—1所示。

表2—1　　泰罗科学管理实践方法的主要内容

作业管理
（1）制定科学的操作方法； （2）科学地选择第一流的工人，并循序渐进地培训第一流的工人； （3）实行刺激性的差别计件工资制度。
组织管理
（1）区别计划职能与执行职能：由管理部门按科学规律统一拟定工作标准和制定工作计划，从而达到用科学的工作方法来替代以往的工人凭自己经验来工作的目的； （2）实行职能组织制：将管理工作进行细分，并据此设立职能管理者（工长）； （3）推行例外管理原则：在规模较大的组织中，高层管理者的职权应该集中于处理例外事件，而将处理日常事务的权力授予中下层管理者。

2.1.1.2　亨利·甘特对科学管理思想的贡献

亨利·甘特（Henry L. Gantt）是泰罗的一位亲密助手，他最著名的杰作就是在任务和奖金制度方面的研究和制定了“甘特图”，提出实行“工作任务和奖金”的工资制度（早于泰罗的差别计件工资制）；实践对工人进行指导而不是驱使的管理思想；在他的晚年，强调企业的重点是服务而不是追求利润。

甘特在寻找最优作业方法的过程中，创造的许多实用管理方法和进行的动作研究、管理心理学研究，至今仍在运用中得到传播与发展。后人也将他的主张称为“效率主义”。

2.1.1.3　吉尔布雷思夫妇对科学管理的贡献

吉尔布雷思夫妇（Frank B. Gilbreth and Lilian M. Gilbreth）为管理理论和管理实践做出了很大的贡献，主要包括：分解各种最基本的操作，进行细致的动作研究；进行疲劳研究，寻找工作时间和休息时间的最佳搭配方式；强调进行制度管理；探讨工作、工人和环境之间的互动关系；重视管理人员的培训和发展。

2.1.2　古典组织理论

2.1.2.1　法约尔的一般管理理论

1916年，和泰罗同时代的法国人亨利·法约尔（Henri Fayol）以《工业管理与一般管理》一书奠定了古典组织理论的基本框架，也因此与泰罗一道成为古典管理理论的开山鼻祖。法约尔的研究有别于注重生产作业的科学管理理论研究，他侧重于从中高层管理者的角度去剖析具有一般性的管理，并因此而被称为“一般管理理论”或“行政管理理论”。法约尔把企业的经营活动划分为六大类（见图 2—1），并指出管理是一种普遍存在于各种组织的活动，这种活动对应着计划、组织、指挥、协调和控制五种职能：

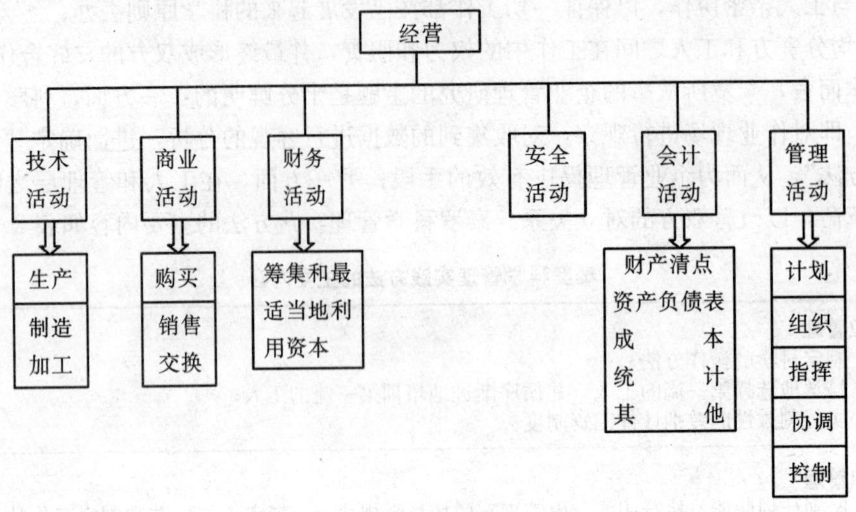

图 2—1　企业经营活动类型示意图

1. 计划：对有关事件的预测，并且以预测的结果为根据，拟订出一项工作方案。
2. 组织：为组织中各项劳动、材料、人员等资源提供一种结构。
3. 指挥：促使有关组织为达到目标而行动的领导艺术。
4. 协调：为实现组织目标而进行的维持必要的统一的工作。
5. 控制：保证各项工作按既定计划进行的活动。

对于如何履行这些管理职能，法约尔给出了 14 条管理原则（见表 2—2）。

表 2—2　　法约尔的 14 条管理原则

（1）劳动分工：类似亚当·斯密的劳动分工原则，其核心在于专业化可以提高生产率，从而增加产出。 （2）权力与责任：管理者有发布命令并使人服从的力量，而此权力的前提是，管理者遵从权责对等的管理思想。 （3）纪律：全体员工服从和遵守组织运作中的规则。 （4）统一领导：任何一位员工只接受一位上级的指挥。 （5）统一指挥：为实现同一目标而从事的各种活动，只能在一个领导和一个计划下进行。 （6）个人利益服从整体利益。 （7）报酬：报酬合理，能够奖励有益的工作成果和激发全体员工的工作热情。 （8）集权化：必须根据组织的客观情况，确定适度的决策权力的分散与集中的结构。 （9）等级链：组织机构是由最高层到最基层所形成的层次结构，这一结构实际上是一条权力线，它是自上而下和自下而上确保信息传递的必经途径。在一定条件下，允许跨越权力线而直接进行横向沟通，以克服由于统一指挥而产生的信息传递延误（这一原则称为“跳板原则”或“法约尔桥”）。 （10）秩序：每位员工都必须各就其位，各得其所。 （11）公正：管理者应该以其忠诚和热心来对待下属。 （12）人员的稳定：员工的高度流动会造成效率损失，因此，管理者应该提供合理的人事计划以保证工作的完成。 （13）创造性：在尽力完成工作目标的前提下，鼓励员工的首创精神。 （14）集体精神：鼓励团队精神，以实现组织内部成员之间的协调和合作。

2.1.2.2 马克斯·韦伯的官僚体制理论

马克斯·韦伯（Max Weber）对管理理论的思考，并非来自管理实践，而是来自社会学的学术研究。在考察资本主义的社会，以及在这个社会特有的结构下对组织所提出的特殊要求时，“正是资本主义市场经济，要求精细地和持续不断地进行管理，而且要尽可能快地这么做。”韦伯提出，庞大的社会经济组织，需要有一套严密的管理办法和组织体制，韦伯将这种以“合理合法权威”为基础的组织体制称为官僚体制。在他看来，这是一种最有效的组织形式，对现代社会的复杂组织来说是最理想的。韦伯所设计的官僚体制的要点如表2—3所示。

表2—3　理想的官僚体制的要点

(1) 体现劳动分工原则：简单且清晰的任务。
(2) 严格的权力等级和严密的规章制度：明确的等级；详细的规划；完整的工作流程。
(3) 人与人之间的关系的非人格化：统一且不带个人偏好的运行机制（含选用与提升人才）。

2.2 行为科学理论

本章开头的导入案例中汽车工人的怨恨表明，人和机器是有区别的，管理也应当人性化。这正是行为科学理论的实践基础。

2.2.1 行为科学理论的前奏：人际关系学说

1924年至1932年间，梅奥（Georget E. Mayo）应美国西方电器公司的邀请，在该公司设在芝加哥附近霍桑地区的工厂进行长达八年的试验。这一项由国家研究委员会赞助的研究计划，最初目的是要研究企业中物质条件与工人劳动生产率之间的关系，但试验的结果却出人意料地促使了人际关系学说的诞生。梅奥在霍桑试验（Hawthorne Studies）的基础上，提出了人际关系学说。其主要论点及其论证过程如下所述。

2.2.1.1 员工是社会人

1. 现象。员工们虽然也对自己的工资多少感兴趣，但这不是他们关心的唯一事情，他们还有社会、心理方面的需要。作为有感情的人，他们希望能够感到自己的重要，并希望别人也承认这一点，这就是对人与人之间的友情、安全感、归属感和受人尊重之类的情感的追求。此时，工作条件和工资报酬并不是影响劳动生产率高低的唯一原因。

2. 理论。社会人思想的要点是：人重要的是同别人合作；个人是为保护其集团的地位而行动的；人的思想行为更多地是由感情来引导的。

3. 结论。工业社会初期所产生的工业社会环境破坏了促使社会团结的文化传统，造成了“社会解体”和“不愉快的个人”。因此，管理者不能单纯从技术和物质条件着眼，而必须首先从社会、心理方面来鼓励员工提高生产率。

个案 2—1

韦尔奇的秘密①

通用电气公司前 CEO 韦尔奇，之所以被人誉为“管理大师”、“全球第一 CEO”，有许多外人所不知的秘密。据说，小纸条也算是他管理好这个航母企业的秘密武器。

韦尔奇的办公桌上时常放着一沓小纸条，他的下属甚至包括某个车间的工人，谁也不知道韦尔奇会在什么时候带给他们一张小纸条。韦尔奇曾交给杰夫·伊梅尔特许多便条，其中有一张这样写道：“……我非常赏识你一年来的工作……你准确的表达能力以及学习和付出精神非常出众，需要我扮演什么角色都可以——无论什么事，给我打电话就行。”

一位 CEO 以递纸条的方式传递带有私密性的认同情感，充满了人情味，这会给下属带来多大的激励和感动。杰夫·伊梅尔特说：“收到韦尔奇的纸条后，我大为感动，觉得他是一个尊重他人付出、肯定他人成果、拥有宽广胸怀的人。”多年后，杰夫·伊梅尔特成为通用电气公司新一任 CEO。

没有人知道韦尔奇在通用电气公司任职期间写了多少张纸条，但每一个人都承认，韦尔奇的纸条是他们最为期待的，不论是鼓励还是批评。因为员工们都觉得，韦尔奇用这种方式与他们沟通对他们是一种莫大的尊重。他身上散发出来的人情味，让人自叹弗如。

2.2.1.2　在正式组织中存在着非正式组织

1. 现象。在古典管理理论所描述的正式组织（为有效地实现企业的目标而规定组织各成员之间相互关系和职责范围的一定组织管理体系，其中包括组织机构、方针政策、规划、章程等）之外，组织中还存在着“非正式组织”。这种组织是这样形成的：在组织内共同工作的过程中，由人们形成的特定的相互之间的关系所组成的非正式团体；在这个团体里，又形成了共同的感情，进而构成一个体系，这就是所谓非正式组织。一般而言，非正式组织对人起着两种作用：(1) 它保护工人免受内部成员忽视所造成的损失，如生产的过多或过少。(2) 它保护工人免受外部管理人员的干涉所造成的损失，如降低工资率或提高产量标准。

2. 理论。非正式组织同正式组织相互依存，并对生产率的提高有很大的影响。它同正式组织有重大差别：在正式组织中，以效率的逻辑作为重要标准。所谓效率的逻辑就是为了高效率，组织内各成员保持形式上的协作。非正式组织中则以感情的逻辑为重要标准。感情的逻辑是指人群组织中非正式的行为标准，如对非正式团体的忠诚等。在一定程度上，效率的逻辑可以认为是“管理者的逻辑”，感情的逻辑可以认为是“员工的逻辑”。

3. 结论。管理者要充分重视非正式组织的作用，注意在正式组织的效率逻辑和非正式组织的感情逻辑之间保持平衡，以便管理人员同员工之间、员工同员工之间相互协作，充分发挥个人的作用，提高效率。非正式组织有助于这种协作，所以总的来讲利多弊少，非正式组织这种对于促进组织协作的利弊作用可以用图 2—2 表示。

① 流沙：《韦尔奇的秘密》，载《东方青年》，2009 (15)。

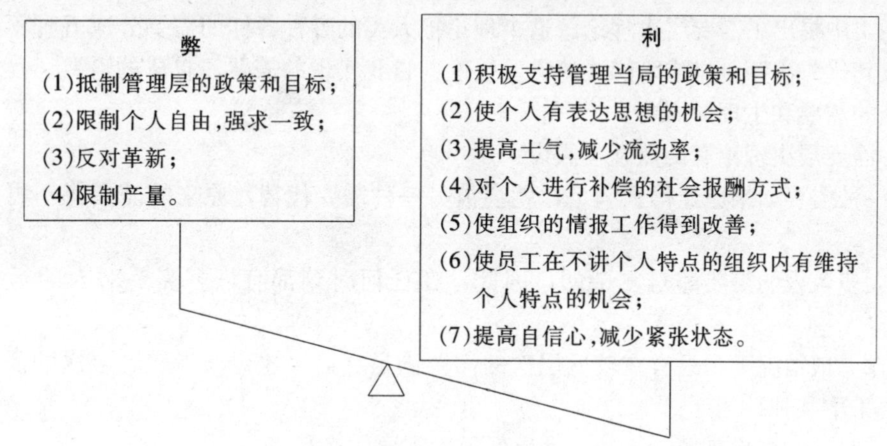

图 2—2　非正式组织对促进组织协作的利弊剖析图

2.2.1.3　新的领导方式：提高员工满意度

1. 现象。金钱或经济刺激对促进工人提高劳动生产率只起第二位的作用，起重要作用的是工人的情绪和态度，即士气，而士气又同工人的满足度有关。一个人是不是全心全意地为一个团体提供他的服务，在很大的程度上取决于他对他的工作、对他工作中的同伴的感觉。

2. 理论。所谓职工的满足度，主要是指为获得安全的感觉和归属的感觉这些社会需求的满足度而言。工人满足度越高，士气越高，劳动生产率也就越高，而工人的满足度又依存于两个因素：(1) 工人的个人情况，即工人因自身原因、家庭生活和社会生活所形成的个人态度。(2) 工作场所的情况，即工人相互之间或工人与上级之间的人际关系。

3. 结论。管理人员需要具备提高职工的满足度，提高职工的士气，从而提高劳动生产率的新的领导能力。这种新的领导能力，是指能够区分事实和感情，能够在生产效率和职工们的感情之间取得平衡。它表现为，能通过提高职工的满足度，提高职工的十气，最后达到提高生产率的目的，即重视“人的因素”，采用以“人”为中心的管理方式，改变古典管理理论以“物”为中心的管理方式。

2.2.2　行为科学的主要理论流派

行为科学是研究人的行为的一门综合性学科。它研究人的行为产生的原因和影响行为的因素，目的在于激发人的积极性和创造性，从而实现组织目标。它的研究对象是探讨人的行为表现和发展规律，以提高对人的行为的预测以及激发、引导和控制能力。“行为科学”正式定名于 1949 年在美国芝加哥大学召开的有关组织中人类行为的理论研讨会上。20 世纪 50 年代以后，行为科学才真正发展起来。此后，福特基金会成立了“行为科学部门”（人类行为研究基金会）；1952 年，建立了行为科学高级研究中心；1956 年，在美国出版了第一期《行为科学》杂志。至此，行为科学在美国的管理学界风行起来，无论在理论方面还是实践方面都有了长足的发展。行为科学包括以下较有代表性的理论流派。

2.2.2.1　马斯洛的需要层次理论

亚伯拉罕·H·马斯洛（Abraham H. Maslow）在 1943 年发表的《人类激励的一种

理论》一文中提出了需要层次理论。这个理论把人类的各种各样的需要分成五种不同的需要，并按其优先次序，排成阶梯式的需要层次：自我实现的需要、自尊的需要、社会的需要、安全的需要和生理的需要。

这一需要层次理论有四点基本假设：

1. 一种需要如果已经得到满足，就会被另一种需要代替，原来的需要将不再是激励因素；

2. 大多数人的需要都是复杂的，因此，在任何时刻都有许多需要对人的行为产生影响；

3. 在一般情况下，只有在较低层次的需要满足之后，才会产生较高层次的需要，激励人们去采取某种行为；

4. 满足较高层次需要的途径比满足低层次需要的途径多。

马斯洛提出需要层次理论时，西方国家的工业生产以及科技和社会发展迅速，自动化生产程序日益增加，劳资关系日趋紧张，传统的管理理论和管理方法已不能有效地控制工人。而马斯洛关于人的个性、动机和需要的理论正好起到激励员工潜在的主动性和创造性，激发员工士气，提高劳动生产率的作用。可以说，马斯洛的需要层次理论是早期行为科学关于人的需要—动机—激励理论之一，它对后人的研究产生了较大的影响。这一理论的核心是要使人人都成为自我实现的人。此外，马斯洛指出，需要只不过是决定行为的因素之一，并不是所有的行为都是由基本需要或动机引起与决定的。

2.2.2.2 赫茨伯格的双因素激励理论

赫茨伯格（F. Herzberg）在1959年与他人合著出版的《工作激励因素》和1966年出版的《工人和人性》两本著作中，提出了激励因素和保健因素理论，简称双因素理论。赫茨伯格在美国匹兹堡地区对200名工程师和会计人员进行访问谈话，了解他们在什么条件下感到工作满意，什么条件下感到不满意。他调查的结果发现，使职工感到满意的都是属于工作本身或工作内容方面的，称之为激励因素；使职工感到不满意的都是属于工作环境或工作关系方面的，称之为保健因素或称维持因素；保健因素不能起激励职工的作用，但能预防职工的不满。

赫茨伯格归纳出6个以工作为中心的激励因素：(1) 工作上的成就；(2) 得到赏识；(3) 进步；(4) 工作本身；(5) 个人发展的可能性；(6) 责任。

保健因素有10个：(1) 公司的政策与行政管理；(2) 技术监督系统；(3) 与监督者个人之间的关系；(4) 与上级之间的关系；(5) 与下属之间的关系；(6) 薪金；(7) 工作安全性；(8) 人的生活；(9) 工作环境；(10) 地位。

赫茨伯格的激励因素相当于马斯洛的较高层次需要，保健因素相当于较低层次需要，两者的侧重点有所不同。马斯洛侧重分析需要或动机，赫茨伯格侧重分析满足这些需要的目标或诱因。但这两种理论都没有把个人需要的满足同组织目标的实现联系起来。

2.2.2.3 弗鲁姆的期望理论

弗鲁姆（Victor H. Vroom）在1964年出版的《工作和激励》一书中，提出了“期望几率模式”。以后又经过其他人的发展补充，成为行为科学家比较广泛接受的激励模式。“期望几率模式”如图2—3所示。

1. “选择性行动成果的强度”是指一个人对某一行动成果的评价。例如，公司规定工作优秀的员工可以获得提升。对于一个很想被提升的人来讲，提升这个行动成果的强度就大；而对于一个对被提升无所谓的人来讲，其强度为零；对于一个不愿被提升的人来讲，其强度为负数。所以，选择性行动成果的强度是因个人的情况和主观评价而异的。其变动范围在－1～＋1之间摆动。

2. “期望几率”指的是一个对于某一行动导致某一成果的可能性大小的判断。例如，工作取得优异成绩，这一行动能导致得到提升，然而，提升的可能性有多大，就是期望几率。它是个人主观的评价，同客观上是否符合实际情况无关。而是否对个人起激励作用，也以这种主观判断的期望几率为依据。

3. “激励力”是促使一个人采取某一行动的内驱力的程度。激励力促使行动，行动取得成果，通过成果，职工得到满足。所以，为了激励职工，管理部门的领导应该一方面使职工知道行动成果的强度，或加大这个强度；另一方面要帮助职工实现其期望，即提高期望几率，这样才能提高激励力。

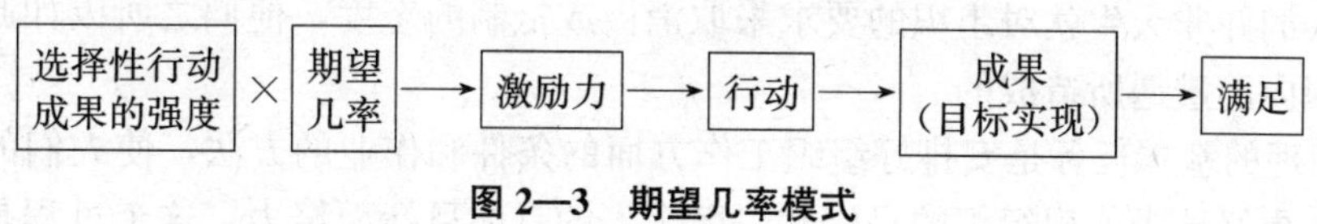

图 2—3　期望几率模式

2.2.2.4　斯金纳的强化理论

斯金纳（B. F. Skinner）认为，人的一种行为都会有肯定或否定的后果（报酬或惩罚）；肯定的行为就有重复发生的可能性，否定的行为以后就不会再发生。强化理论有助于人们对行为的理解和引导，因为一种行为必然会有后果，而这些后果在一定程度上会决定这种行为是否重复发生。

2.2.2.5　斯坎伦计划和林肯计划

斯坎伦（J. N. Scanlon）和林肯（J. F. Lincoln）都是企业家，也是行为科学理论的应用者。斯坎伦提出的斯坎伦计划，强调协作和团结，采用集体鼓励的办法。他提出的计划规定，凡因工人提出建议而使劳动成本减少的，工人可以得到奖金。但这奖金不是发给提议者个人，而是在工厂或公司范围内由工人集体共享。林肯提出的林肯计划，强调满足员工要求别人承认其技能的需要。林肯认为，激励人们工作的动力主要不是金钱或安全感，而是要求对其技能予以承认。所以，他提出一个计划，要求员工最充分地发挥他们的技能，然后以“奖金形式”来酬谢员工对公司的贡献。

2.2.2.6　麦格雷戈的 X 理论和 Y 理论

麦格雷戈（Douglas M. McGregor）的 X 理论和 Y 理论是人性理论研究中最突出的成果。他在《企业的人性面》一书中，提出了有名的“X 理论—Y 理论”的人性假定。在麦格雷戈看来，每一位管理人员对职工的管理都基于一种对人性看法的哲学，或者有一套假定。

1. X 理论。

麦格雷戈把传统管理对人的观点和管理方法叫做 X 理论，其要点如下：

(1) 一般人的天性都是好逸恶劳的，只要可能，就会设法逃避工作。

(2) 人几乎没有什么进取心，不愿承担责任，而宁愿被别人领导。

（3）人天生就反对变革，把安全看得高于一切。

（4）要使人们真正想干活，那就必须采用严格的控制、威胁和经常不断地施加压力。

2. Y理论。

麦格雷戈提出的，用以代替X理论的Y理论是建立在更为恰当地认识人性和人的行为动机的基础上的新理论。其要点如下：

（1）人并不是天生就厌恶工作，工作对人们而言，正如游乐和休息一样自然。

（2）控制和威胁并不是促使人们为实现组织目标而努力的唯一办法，人对自己所参与的目标完全能够实现自我指挥和自我控制。

（3）对目标做出贡献是同获得成就的报酬直接相关的。这些报酬中最重要的是自尊和自我实现需要的满足，它们能促使人们为实现组织目标而努力。

（4）在适当条件下，人们不但能接受而且能主动承担责任。

（5）不是少数人，而是多数人在解决组织问题上，都具有想象力和创造力。但在现代工业社会条件下，一般人的潜能只是部分地得到了发挥。

（6）人们并非天生就对组织的要求采取消极或抵制的态度，他们之所以如此，是由于他们在组织内的遭遇所造成的。

（7）管理的基本任务是安排好组织工作方面的条件和作业的方法，使人们的潜能充分发挥出来，更好地为实现组织的目标和自己个人的具体目标而努力。这个过程是一个创造机会、挖掘潜力、排除障碍、鼓励发展和帮助引导的过程。

2.3 现代管理理论

本章开头的导入案例表明，在汽车工业的发展与福特公司的复苏上，多样化的管理措施起到了重要作用。案例中描述的市场管理、人力资源管理、控制系统管理等过程涉及现代管理理论的多种学派（如人际关系学派、合作社会系统学派、系统学派等），这从一个侧面说明，多元化是现代管理理论的重要特征。1980年，管理学家哈罗德·孔茨（Harold Koontz）将这一现象称之为“管理理论丛林”。

在茂密的管理理论丛林中，较有代表性的学派分别是：人际关系学派、群体行为学派、合作社会系统学派、社会技术系统学派、决策理论学派、管理科学学派、经验学派、管理者工作学派等。

2.3.1 人际关系学派

该学派的根本出发点是：管理是通过人来完成某些事情的活动，因此，研究管理必然要着重于研究人与人之间的关系。这个学派的主张者注重对组织中人与人之间的关系进行研究，他们以个人心理学作为研究的理论基础，研究具有社会心理性质的个人行为的动机，进而指出，处理好组织中人与人之间的关系是组织中的管理者必须理解和掌握的一种技巧。

2.3.2 群体行为学派

群体行为学派与人际关系学派关系密切，但前者更侧重于研究群体中人的行为，而不是纯粹的人际关系。该学派的学者们以社会学、人类学和社会心理学为自己的理论基础来研究组织中的群体行为，因此，他们又被称为“组织行为学”的研究者。他们从事的研究主要有：研究组织中的非正式组织对正式组织行为的影响；研究组织中个人的从众行为；研究组织中的信息沟通等。

2.3.3 合作社会系统学派

这个学派与群体行为学派相近，二者都注重对人的研究，在一定程度上，可以把它看做对人际关系学派和群体行为学派的修正。该学派把组织中的人看成是有各种社会的和心理的愿望和需求的人，而组织就是由许多具有这种社会和心理需求的人及其行为所形成的合作社会系统。因此，组织成效的高低就取决于组织中个人的成效高低及人们相互之间合作的成效，其中，组织的管理者是创造必要的个人努力和成员间有效合作的关键。所以，这个学派的学者从分析组织中管理者的工作出发，着重研究组织中的管理者在合作系统中如何才能有效地维护和协调这个系统。

2.3.4 社会技术系统学派

这个较晚发展起来的学派认为，组织是由技术系统和社会系统形成的社会技术系统，个人的态度和行为都受到人们在其工作中的技术系统的巨大影响。因此，管理不能只研究社会系统，而要把社会系统和技术系统结合起来考虑。他们提出：“一个从社会技术系统观点角度考虑的、尽力从组织的社会和技术两个方面来改进组织的变革，将创造出一个既能使生产效率更高而又使组织中成员更为满意的工作系统。”他们的研究也因此主要放在技术与人及其工作的密切联系方面。

2.3.5 决策理论学派

该学派的基本出发点是，认为“管理是以决策为特征的，管理的本质就是决策”。他们在社会系统学派的理论基础上，吸收了行为科学理论、系统理论、运筹学和计算机科学的知识，形成了这个新的管理理论学派。

2.3.6 管理科学学派

这个学派的学者认为，管理作为一个合乎逻辑的过程，研究者可以将其用数学模型来加以描述和表达，也可以用数学方法求解这个模型的最优解。所以，该学派又被称做数学学派，其主张者大都把研究重点放在建立管理的数学模型和求解最优解的问题上。

2.3.7 经验学派

该学派开展研究的理论前提是，通过对管理者在个别情况下成功和失败的经验教训的研究，会使人懂得在将来相应的情况下，如何运用有效的方法来解决现实中的管理问题。因此，这个学派的学者把对管理理论的研究集中于对实际管理工作者的管理实践活动的研究上。他们通过分析实例或案例，总结出一些一般性的结论，传授给管理者或学习管理学的学生，使他们也能从中学习到管理的知识和技能。

2.3.8 管理者工作学派

该学派又称经理角色学派。该学派主张对经理人员的实际工作情况进行考察，以发现经理人员在现实中的活动规律，并以此纠正纯粹的管理理论所造成的理解偏差。为了描述所有经理在进行实务工作中的种种活动，该学派定义了三大类十种角色。一般认为，观察管理者实际上在做什么是很有用处的。但是，该学派现在的研究成果对于建立一个更完善、更符合实际的实务性的管理理论而言，尚显不足。

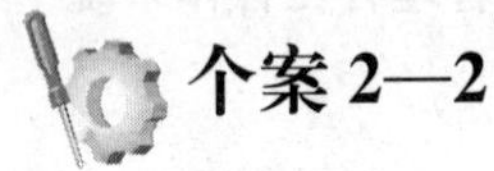

个案 2—2

百年老院的现代管理启蒙①

北京同仁医院是一所闻名中外的百年老“店”，走进医院的行政大楼，其大堂的指示牌上却令人诧异地标明：五楼 MBA 办公室。目前该医院已经从北大、清华聘请了 11 位 MBA，另外还有一名学习会计的研究生，而医院的常务副院长毛羽就是一位留美的医院管理专业的 MBA。内忧外患迫使院领导考虑建立一套行政与技术相分离的现代医院管理制度。2002 年初，圣新安医院管理公司对国内数十个城市的近 30 家医院及数千名医院员工进行了调查访谈，得出结论：目前国内大部分医院还处于极低层次的管理启蒙状态，绝大多数医院没有营销意识，普遍缺乏现代化经营管理常识。

同仁医院是同行中的先知先觉者，2002 年，医院领导层在职代会上对同仁医院的管理做过“诊断”：行政编制过多，员工队伍超编导致人员流动受限；医务人员的技术价值不能得到体现；管理人员缺乏专业培训，管理方式、手段滞后，经营管理机构力量薄弱。同时他们开出药方：引入 MBA，对医院改造要用大手笔，范围涉及岗位评价及岗位工资方案、医院成本核算、医院工作流程设计及经营开发等。

同仁医院所引进的 MBA 背景各异，但绝大多数都缺乏医科背景。医院职业化管理至少包括市场营销、人力资源管理、财务管理、科研管理、全面医疗质量管理、信息技术应用及管理、流程管理七个方面的内容。这些职能管理与医学知识相关但非医学专业。同仁医院将 MBA 们“下放”到手术室三个月之后，将其悉数调回，单独辟出 MBA 办公室，

① 茅以宁：《百年老院的现代管理启蒙》，载《21 世纪经济报道》，2003-03-20。

以课题组的形式，研究医院的经营模式和管理制度，为医院引入企业化管理，主要包括医院经营战略、医疗市场服务营销、医院服务管理、医院成本控制、医院人力资源管理、医疗质量管理、医院信息系统和医院企业文化等各部分内容。

这一切都刚刚开始，指望几名 MBA 就能改变中国医院管理的现状是不可能的。不过，医院管理启蒙毕竟已经开始，这就是未来中国医院管理发展的大趋势。

2.4 当代管理理论的发展

本章开头的导入案例体现了当代管理理论的一个重要趋势，即适时而变的“权变”思想。这一理论的另一个更为重要的趋势是一体化倾向。在多样化的“管理理论丛林”时期，偶尔也有过试图将主要的观点和学派综合为一体的尝试。例如，20 世纪 40 年代初期，林德尔·厄威克（L. Urwick）发表了《管理的要素》一书，他注意到科学管理和一般行政管理理论在思想和术语方面很相似，然而这种尝试不过是一种例外。考虑发展一种统一的管理理论框架，只是到了 20 世纪 60 年代初期才真正开始。像大多数研究领域一样，管理学在进入成熟阶段后，也在趋向一体化。

2.4.1 过程方法

1961 年 12 月，哈罗德·孔茨教授发表了一篇论文，详细地阐述了管理研究的各种方法。孔茨先是承认“管理理论的丛林”中每一种方法都对管理理论有一定贡献，然后他进一步指出：

1. 人力资源方法和数量方法与其说是一种管理理论，倒不如说是管理者采用的一种方法。

2. 过程方法能够包含和综合当今的各种管理理论。过程方法最初是由亨利·法约尔提出的，它是基于管理职能的，这些职能（计划、组织、领导、控制）被看做是一个连续的循环过程。

虽然孔茨的文章激起了大量的争论，大多数管理学家和实践者都紧抱住各自的观点不放，但孔茨仍然树立了一个标志。当今大多数管理教科书都采用过程方法这一事实，证明了过程方法越来越成为一种可行的统一框架。

2.4.2 系统理论

系统由相关的部件组合在一起构成，为了实现共同的目标，各构成部分能够像整体一样进行运转。对于一个系统而言，其运转包括从外部环境获取输入、以某种方式进行处理和重新把输出释放回环境中去的过程。图 2—4 描述了组织的一种基本的系统理论。在这个系统中，总共有五个构成要素，分别是输入、转化加工过程、输出、反馈和组织环境。其中，输入包括原材料、劳动力、财务或信息资源等用于生产产品或服务的资源；转化加工过程是管理者利用管理和生产技术把输入转化为输出的过程；输出包括产品和服务、组织的盈利或亏损状况以及员工的满意程度等；反馈是指能够影响下一次循环过程的输入选择的关于结果的知识；组织环境包括社会、政治、经济力量等。

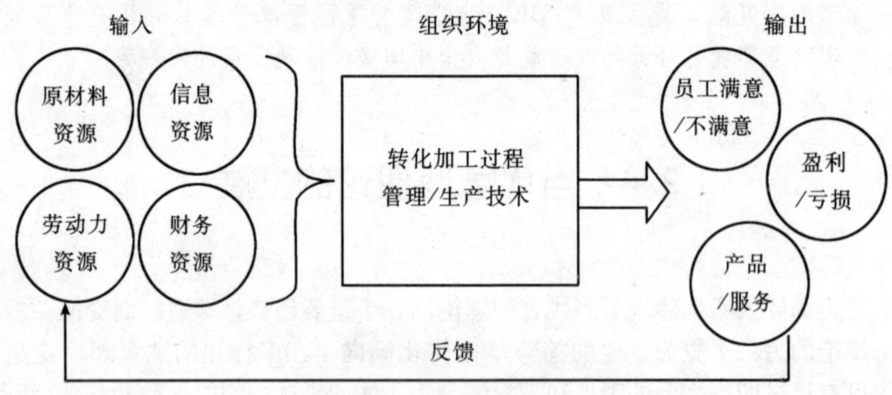

图 2—4　组织的系统观

系统理论中的有些观点对管理思想具有十分重要的影响，其中包括开放系统与封闭系统、熵、协同和子系统及其相互依赖性。

1. 开放系统必须与环境相互作用才能够生存，而封闭系统则不必如此。在古典管理理论与管理科学观点中，组织常常被认为是封闭系统。在管理科学观点中，封闭系统假设在不存在外部干扰要素时，有时用于简化分析问题。然而，在现实中，所有的组织都是开放系统，忽视环境的代价可能是组织经营的失败。

2. 熵是系统的普遍特性，是指系统由衰退而走向死亡的趋势。如果不能从环境中接收到新鲜的能量，系统最终就会走向灭亡。因此，组织必须监控环境，不断进行调整，持续地获得新的输入，只有这样，才能够使系统繁荣昌盛。因此，为了减少熵，管理者必须精心地设计组织与环境的界面。

3. 协同是指整体大于部分之和。当组织设立时，就会产生某些新的东西。以前并不存在的管理阶层、协调和生产，现在都存在了。同时，使几个组织单位一起运转，可以完成一些单个组织单位无法完成的工作。例如，销售部门必须依靠生产部门，而生产部门也必须依靠销售部门。

4. 子系统是彼此相互依赖的系统的各项构成要素。在组织中，某一部分的变化势必会对其他部分产生影响。例如，新信息技术的采用，可能会对组织的其他部分产生重要影响。因此，必须把企业有机地组合在一起，作为一个整体进行管理和协调。

2.4.3　权变观点

管理思想在当代的一个延伸领域是权变观点。实际上，古典的管理理论坚持的是一种普遍主义观点，认为管理概念都是普遍的、通用的，即在一个组织中有效的领导风格、官僚式组织结构等管理因素，在另一个组织中也必然有效。然而，在企业管理中，存在着另外一种观点，即人们所说的案例观点，它强调每种特定的场合都具有一定的独特性，认为并不存在通用的原则，因此人们必须通过大量的案例问题研究来学习管理知识和了解管理实践。这样，管理者的主要任务之一，就是决定什么方法在新的形势下有效。

为了把上述观点整合起来，权变观点出现了。根据权变理论的观点（如图 2—5 所示），上述两种观点都是不完全正确的。在管理实践中，存在着可以帮助管理者识别和理解形势的诱因及变量。诱因是指诱发形势变化的原因；变量是指影响形势继续变化的因素。管理者的反应依赖于对每种组织形势下的关键诱因以及变量的识别。例如，一位咨询师可能会错误地对某家制造企业提出建议，建议它采用与一所学校相同的目标管理系统。权变观点告诉我们，在一种环境下有效的方法在另一种环境中未必有效，管理者的工作就是搜寻重要的诱因或变量。当管理者学会识别重要模式和组织特征时，他们就能够找到与这些特征相适合的解决办法。其中，管理者必须理解的重要诱因包括产业、技术、环境和国际文化等。例如，在快速变化的产业中的管理实践肯定与在稳定产业中的管理实践明显不同。

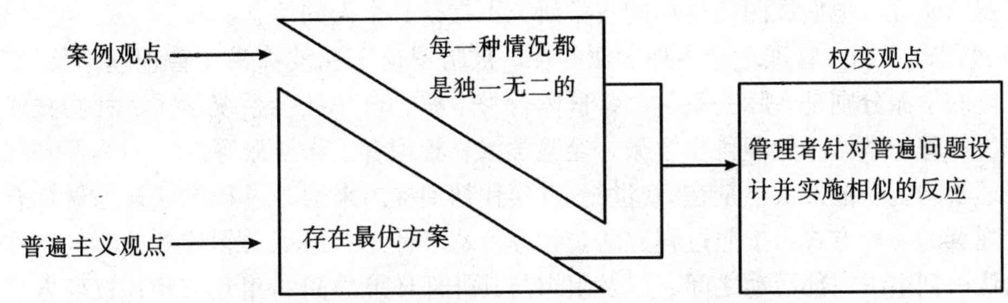

图 2—5　管理的权变观点与案例观点和普遍主义观点

除了以上三个方面，当代管理理论还有一些重要的发展方向，以全面质量管理、企业再造理论和学习型组织理论等为代表，这些内容将在以后的章节中进行详细说明。

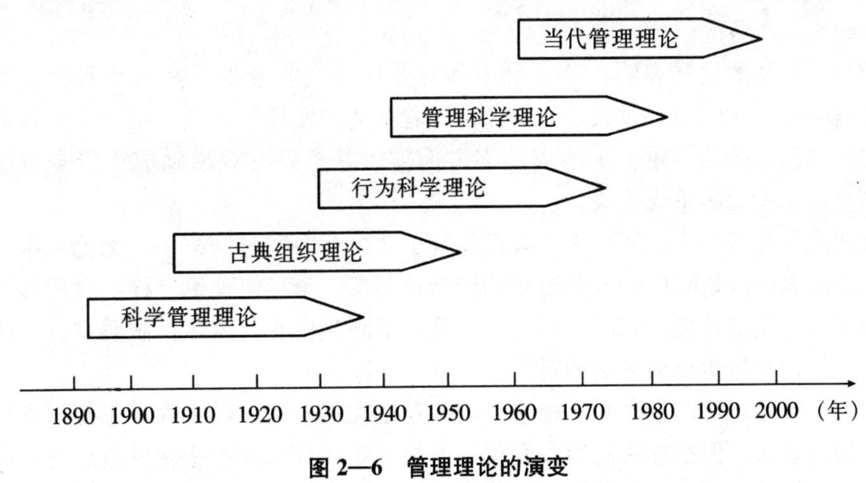

图 2—6　管理理论的演变

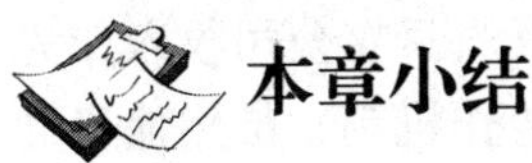

本章小结

20 世纪上半叶是一个管理思想多样化的时期。科学管理通过寻求从事每项工作的"最佳方法"追求更高的生产效率；一般行政管理理论家们寻求应用于整体组织的管理原则；人力资源方法集中于人的管理；定量化方法采用数学和统计技术改进资源分配的决策。

弗雷德里克·泰勒提出了四项管理原则：（1）为一项工作的每一种要素发展一种科学方法；（2）科学地挑选和培训工人；（3）与工人合作；（4）在管理当局和工人之间合理地分配职责。亨利·法约尔第一次将管理定义为一组普遍的职能，这些普遍的职能包括计划、组织、指挥、协调和控制。他认为管理是一种涉及所有有关人的协调和控制的共性活动。马克斯·韦伯将理想的官僚行政组织定义为实行劳动分工、明确规定等级、有详细的规则和制度以及具有非人格化关系的组织。霍桑试验引起了对组织职能中人的因素的新的重视，并提供了有关群体的规范和行为的新见解。管理开始积极地寻求提高雇员的工作满意度和士气的途径。人际关系倡导者对工作中的人抱着强烈的信心，他们相信人的能力并认为管理实践应当提高雇员的满意度。与此形成对照，行为科学理论家对组织中人的行为进行客观的研究，他们试图使他们的科学研究不掺杂其个人的信念。

20 世纪前半期，管理理论多种学派并存，被哈罗德·孔茨称为“管理理论丛林”。较有代表性的学派分别是人际关系学派、群体行为学派、合作社会系统学派、社会技术系统学派、决策理论学派、管理科学学派、经验学派、管理者工作学派等。

管理学的统一框架最早是在 20 世纪 60 年代初期提出来的。过程方法被当做综合多样化理论观点的一种方式，按照过程方法，管理者从事计划、组织、领导和控制的工作；系统方法认识到组织内部活动之间，以及组织与其外部环境之间的相互依赖；权变方法分离出影响组织行为和组织绩效的情境变量。其他的主要理论发展方向还包括全面质量管理、企业再造和学习型组织理论等。

导入案例分析

福特公司最初的发展表明，劳动分工和专业化给企业带来了高效率和巨大的经济效益，而过度的专业化忽视了对人性的关注。随着社会的发展和人们生活水平的提高，人们越来越关注自己的生活质量。关注人的多方面需求并予以有效激励成为当今企业留住人才、提高企业竞争力的重要手段。

在全球汽车发展历史的回顾中，我们发现了两个基本问题：第一，无论从事何种领域的研究，理论家永远是时代的人和时代的产物：第二，与其他理论一样，管理理论的演变反映了现实和变化的环境。同时，管理者必须对不断变化的环境保持敏感并乐于改变。如果不这样，他们必将被更加灵活的对手超过。

以上两个观念均可用在亨利·福特身上。是他大胆采用了科学管理思想，带来了汽车工业和生活的革命；但是福特的很多管理手段很保守，对时代的变化反应迟钝，他所占据的汽车市场最终被管理思想和管理手段更先进的公司瓜分了。例如，福特对银行业充满敌意，因此福特一生拒绝外来投资，除非绝对必要，否则从不借钱，喜欢只靠公司收入作为资金来源。他也容易忽视工业——在很大程度上是他创建的——的运作机制。虽然他也针对不断扩大的欧洲市场开设了分厂，但他长期不肯采纳添置新机器生产液压制动和六缸或八缸发动机的建议；他还拒绝改善操纵杆和传动系统，甚至推延增加产品的颜色花样（福特喜欢他的车是黑色的）；他对消费者对舒适和时尚的要求漠不关心，这最终导致他丧失了汽车工业的领导地位。

思考与练习

1. 试说明科学管理与当今的管理实践有什么关系。
2. 试比较法约尔的管理原则与泰罗的管理原则的异同。
3. 描述霍桑试验及其对管理实践的贡献。
4. 试说明为什么过程方法更具有综合性?
5. 试说明实践中的管理者怎样从权变方法的应用中受益?

案例研究

康洁利公司的“洋经理”①

康洁利公司是一家中外合资的高科技专业涂料生产企业，总投资 594 万美元，其中固定资产 324 万美元，中方占有 60%的股份，外方占有 40%的股份，生产玛博伦多彩花纹涂料等 11 个系列的高档涂料产品。这些高档产品不含苯、铅等有害物质，无毒无味，在中国有广阔的潜在市场。

开业在即，谁出任公司总经理呢？外方认为，康洁利公司引进的 20 世纪 90 年代先进的技术、设备和原材料均来自美国，中国人没有能力进行管理。要使公司迅速发展壮大，必须由美国人来管理这个高新技术企业。中方也认为，由美国人来管理，可以学习借鉴国外企业的管理方法和经验，有利于消化吸收引进技术和提高工作效率。因此，董事会形成决议：从美国聘请米勒先生任总经理，中方推荐两名副总经理参与管理。

米勒先生年近花甲，但身心健康，充满自信。他有 18 年管理涂料生产企业的经验，自称“血管里流淌的都是涂料”，对振兴康洁利公司胸有成竹。公司职工也都为有这样一位洋经理而庆幸，想憋足劲大干一场，好好地赚钱。

谁料事与愿违，公司开业 9 个月不但没有赚到一分钱，反而亏损 70 多万元。当一年的签证到期时，米勒先生被总公司的董事会正式辞退了。1994 年 3 月 26 日，米勒先生失望地返美。来自太平洋彼岸的洋经理被“炒鱿鱼”的消息在康洁利公司内外引起了强烈的反响，这位曾经在日本、荷兰主持建立并成功地管理过涂料工厂的洋经理何以在中国败走麦城呢？这自然成了议论的焦点。

多数人认为，米勒先生是个好人，工作认真，技术管理上是内行，对搞好康洁利公司怀有良好的愿望，同时，在吸收和消化先进技术方面做了许多工作。他失败的主要原因是不了解中国的实际情况，完全照搬他过去惯用的企业管理模式，对中国的许多东西不能接受，在经营管理方面缺乏应有的弹性和适应性。中方管理人员曾建议根据中国国情，参照我国有关“三资”企业现成的成功管理模式，结合国外先进的管理经验，制定一套切实可行的管理制度，并严格监督执行。对此，米勒先生不以为然。他的想法是“要让康利公司

① 胡宇辰、李良智、钟运动：《企业管理学》（第 3 版），34～36 页，北京，经济管理出版社，2003。

变成一个纯美国式的企业”。他对计划不信任，甚至忧虑，以致对正常的工作计划都持抵触态度，害怕别人会用计划经济的一套做法去干预他的管理工作。米勒先生煞费苦心地完全按照美国的模式设计了公司的组织结构并建立了一整套规章制度，但最终还是使一个生产高新技术产品且有相当实力的企业缺乏活力，在起跑线上停滞不前，陷入十分被动的局面。

也有人认为，米勒先生到任后学会的第一个中文词就是“关系”，而他最终还是因搞不好关系而离华返美。

对于中国的市场，特别是中国“别具一格”的市场情况和推销方式，米勒先生也不甚了解。他将所有有关市场营销的事情都交给一位中方副总经理，但他和那位副总经理的关系并没有“铁”到使副总经理为他玩命地去干的程度。

在管理体制下，米勒先生试图建立一套分层管理制度：总经理只管两个副总经理，下面再一层管一层。但他不知道，这套制度在中国，如果没有上下级间的心灵沟通与相互间的了解和信任，会出现什么样的状况和局面。最后的结果是管理混乱，人心涣散，员工普遍缺乏主动性，工作效率尤为低下。

米勒先生还强调，我是总经理，我和你们不一样，你们要听我的。他甚至要求，工作进入正轨后，除副总经理外的其他职工不得进入总经理的办公室。米勒先生不知道，聪明的中国企业负责人在职工面前总是强调和大家一样，以求得职工的认同。

米勒先生临走时扔下一句话：“如果这个企业出现奇迹的话，肯定是上帝帮忙的结果。”

然而，上帝并未伸出援助之手，奇迹却出现了。

康洁利公司在米勒先生走后，中方合资厂家选派了一位懂经营管理、富有开拓精神的年轻副厂长刘思才任总经理，并随之组成了平均年龄只有33岁的领导班子。新班子迅速制定了新的规章制度，调整了机构，调动了全体职工积极性。在销售方面，基于这样一个现实，即自己的产品虽好但尚未被人认识，因而采取了多种促销手段，并确定在1994年零利润的状态下，主动向消费者让利销售，使企业走上了良性循环。1994年5月，康洁利首次盈利3万元，宣告扭亏为盈。

讨论题

1. 试分析康洁利公司起落的原因。
2. 试总结米勒先生的管理思想及管理哲学。
3. 从本案中你得到了什么启示?

实践与运行

管理实践

要求：查阅有关管理思想文献资料，完成下列实践活动。

1. 实践项目：去图书馆查阅有关管理思想与实践方法的文献资料。
2. 实践目的：通过文献资料的查阅，掌握某种管理思想的主要观点及其发展趋向，初步培养分析管理思想与实践方法的能力。

3. 实践内容：(1) 学习查阅文献资料的方法与步骤；(2) 要求了解有关管理思想的主要观点；(3) 分析有关管理思想的贡献与局限性。

4. 实践考核：(1) 写一份查阅资料小结，与其他同学交流；(2) 撰写实践报告。其内容包括：实践项目；实践目的；实践内容；本人实际完成情况；实践小结。

第3章

管理环境与企业文化

导入案例

浙江吉利控股集团有限公司是国内汽车行业十强中唯一一家民营轿车生产经营企业，始建于1986年，在汽车、摩托车、汽车发动机、变速器、汽车电子电气及汽车零部件方面取得了辉煌业绩。特别是1997年进入轿车领域以来，它凭借灵活的经营机制和持续的自主创新，取得了快速的发展，资产总值超过110亿元，连续五年进入全国企业500强，被评为“中国汽车工业50年发展速度最快、成长最好”的企业，跻身于国内汽车行业十强。现拥有年产30万辆整车、30万台发动机和30万台变速器的生产能力。

吉利集团现有八大系列、30多个品种的轿车；拥有八大系列发动机、八大系列变速器。上述产品均已通过国家的3C认证，并达到欧Ⅲ排放标准，其中1.0L（四缸）、1.0 LVVT-1发动机已经达到欧Ⅳ标准；吉利拥有上述产品的完全自主知识产权。

吉利集团为实施国际化战略，已制定出未来十年的规划蓝图，2010年，吉利汽车将拥有以左、右舵兼顾，满足各国法规和消费习惯的、以经济型轿车为主并向两头延伸的两厢、三厢、SUV、SRV等15个系列整车车型；将拥有满足国内、国际排放等法规要求的汽、柴油兼顾的8个系列发动机；将拥有6款MT手动变速器、6款AT自动变速器、3款ECVT无级变速器；开展混合动力轿车研发和吉利方程式赛车项目。2010年，吉利汽车整车产销将达到100万辆，在海外将建成6个生产基地，实现产品1/3出口的目标。到2015年，实现200万辆生产能力，在海外建成15个生产基地，把吉利汽车建成为国际知名品牌，实现产品2/3出口的目标。

为实现上述战略目标，吉利集团已经在品牌营销规划、业务流程再造、经营管理创新、人力资源整合、企业文化建设、全面实施信息化等方面展开卓有成效的工作。

2010年3月28日，吉利集团董事长李书福与美国福特汽车公司首席财务官莱维斯·布思在瑞典哥德堡正式签署收购沃尔沃汽车公司的协议，吉利以18亿美元收购沃尔沃100%股权。根据此前媒体的报道，吉利收购沃尔沃的清单主要包括：9个系列产品、3个平台、2 000多个全球分销网络。除了产品系列，还包括完备的经销商团队和供应商体系。经过多年的积累，沃尔沃汽车公司拥有分布在全球100多个国家的2 500家经销商，其中60%和30%的经销商分布在欧洲和北美市场。在退休金缺口、负债、现金和运营资金核算的基础上对收购价格进行常规性的调整后，吉利集团和福特汽车公司预计2010年第三季度完成交割。

吉利集团董事长李书福表示：“中国这一全球最大的汽车市场将成为沃尔沃轿车的第

二个本土市场。作为国际知名的顶级豪华汽车品牌，沃尔沃轿车将在发展迅速的中国释放出巨大的市场潜力。”“吉利集团将保留沃尔沃轿车在瑞典和比利时现有的工厂，同时也将适时在中国建设新的工厂，使得生产更贴近中国市场。”李书福董事长另外表示：“我们为和福特达成最终协议感到高兴，作为新股东，吉利将继续巩固和加强沃尔沃在安全、环保领域的全球领先地位。沃尔沃轿车的用户可以放心，这个著名的瑞典豪华汽车品牌将继续保持其安全、高品质、环保以及现代北欧设计的核心价值。”

作为此交易的组成部分，吉利集团将继续保持沃尔沃汽车公司与其员工、工会、供应商、经销商，特别是与用户建立的良好关系。交易完成后，沃尔沃汽车公司的总部仍然设在瑞典哥德堡，在新的董事会指导下，沃尔沃汽车公司的管理团队将全权负责沃尔沃轿车的日常运营，继续保持沃尔沃轿车在安全环保技术上的领先地位，拓展沃尔沃轿车作为顶级豪华品牌在全球 100 多个市场的业务，并推动沃尔沃轿车在高速增长的中国市场的发展。

请分析吉利集团目前所处的内、外环境，并制定出面对新的机会和威胁吉利集团下一步应采取的经营策略。

管理对于任何一个企业而言都具有极其重要的意义。因此，管理者对于企业经营通常具有决定性的影响力，但管理者也并非无所不能，许多存在于管理部门控制力之外的约束力量也同样影响着企业生存和发展。外部的约束力量来源于企业所处的外部环境，而内部的约束力量来源于企业的人力、物力、财力以及企业文化等。

围绕以上管理问题，本章将详尽地探讨外部环境的构成及其对企业经营的影响，同时，也将对企业内部经营环境的构成以及企业文化对企业管理的影响进行探讨。企业文化的形成受到外部环境的影响，任何一个管理者都无法摆脱特定文化来进行管理。

3.1 经营环境概述

在研究企业经营环境之前，必须首先了解企业经营环境的含义及其分析的意义，这将有助于我们更好地对企业经营环境进行分析。

3.1.1 企业经营环境的含义

企业经营环境是指所有与企业经营活动有关的外部环境和内部环境因素的总和。

所谓外部环境，是指企业进行生产经营活动所处的外部条件或面临的周围情况。外部环境因素包括企业一般外部环境和企业特殊外部环境。所谓内部环境，是指企业在一定的技术经济条件下，从事生产经营活动所具备的内在客观物质环境和文化环境。任何企业的生存与发展都必须以外部环境为条件，以内部环境为基础，都不可能脱离企业的经营环境去安排生产经营活动。

企业外部环境与内部环境是相互联系、相互制约的。外部环境因素一般是不可控因素，企业经营者只能收集和利用这些因素，并采取适应性措施。而在采取适应性措施过程中，则还要与自身内部环境因素相结合进行考虑，充分发挥其自身优势来影响环境，使企业经营得以顺利进行。

企业经营环境是动态联系的有机组合。企业内部环境因素可以推动、促进外部环境因素向着有利于企业发展的方向变化。当外部环境因素给企业带来不利影响时，企业就应调整内部条件因素来克服和改变这种不利因素的影响。作为企业经营者，应通过对企业经营环境的分析，努力谋求企业外部环境因素、内部环境因素与企业经营目标的动态平衡。

3.1.2 企业经营环境分析的意义

3.1.2.1 企业从事生产经营活动的基本前提

企业是社会的细胞，企业的生存与发展离不开所处的社会环境和企业内部条件。外部环境是企业生存的土壤，它既为企业生产经营活动提供条件，同时也必然对企业生产经营活动起制约作用。如企业生产经营活动必须遵守国家的有关法规、政策；所需的人、财、物必须通过市场获取，离开外部的这些市场，生产经营活动便会成为无源之水，无本之木。与此同时，企业生产的产品或劳动也必须通过外部市场以满足社会。没有外部市场，企业就无法销售产品、得到销售收入，生产经营活动就无法继续。而企业内部的物资环境和文化环境又是企业从事生产经营活动的基础，要充分有效地利用企业的内部资源，就必须研究企业在客观上对资源的占有情况以及在主观上对资源的利用情况。因此，企业经营者必须认真分析企业内外部环境因素，根据外部环境的变化来调整企业内部环境的状况，为企业顺利开展经营活动创造良好的条件。

3.1.2.2 企业制定经营决策的基础

企业生产经营活动是与内外部环境密切相关的开放系统，企业从社会获取人力、物力、财力、信息等资源，经过企业内部生产过程，将其转换成产品或劳务以满足社会需要。在整个过程中，受到社会、政治、经济、文化、技术、市场、资源等因素的影响，而经营决策又始终贯穿于生产经营活动的全过程，经营者只有对上述各种因素做出及时、客观、全面、科学的分析与判断，才能保证经营决策的科学性、正确性与及时性。

3.1.2.3 有助于企业及时发现机会、避开威胁，实现经营目标

企业的外部环境是客观存在的，并不断发生变化。比如：技术在发展，消费者收入在提高，教育不断普及等。对经营者来说，这些既可能是威胁，又可能是机会。企业必须根据外部环境所提供的各种信息，以及内部环境所提供的各种保障，进行认真的对比分析，及时发现由于外部环境变化给企业生产经营带来的有利因素，积极地采取措施利用机会、避开威胁，有效地实现经营目标，不断提高企业经济效益。例如，20 世纪 70 年代以来，日本的许多轿车生产厂家分析了企业外部环境，发现世界能源供应日趋紧张和人们环保意识日益提高，于是及时调整了经营决策，大量开发系列新型节能和低污染轿车，并大力向国际市场推广，几年下来就迅速抢占了美、德等国的低能耗、低污染轿车的市场。

3.2 企业经营的外部环境

企业的生产经营活动日益受到外部环境的作用和影响。外部环境作为一种企业的客观制约力量，在与企业的相互作用和影响中形成了自己的特点，这就是企业外部环境的唯一性和变化性。外部环境唯一性的特点，要求企业的外部环境分析必须要具体情况具体分析，不但要把握企业所处环境的共性，也要抓住其个性。同时，要求企业的经营决策及战略选择不能套用现成的模式，要突出自己的特点，形成自己的风格。外部环境的变化性特点要求企业的外部环境分析应该是一个与企业环境变化相适应的动态分析过程，而非一劳永逸的一次性工作。经营策略也应依据外部环境的变化做出修正或调整。企业要不断分析与预测未来环境的变化趋势，当环境发生变化时，为了适应这种变化，企业必须改变或调整经营策略，从而实现企业外部环境、内部环境与企业经营目标的动态平衡。

如图 3—1 所示，企业的外部环境可分为两个层次：第一个层次是企业的一般外部经营环境，也称为宏观环境。它是指给企业造成市场机会和环境影响的社会力量，包括政治法律环境、经济环境、技术环境、社会文化环境以及自然环境等。这些都是企业不可控制的社会因素，但它们通过微观环境对企业经营产生巨大的影响。第二个层次是企业的特殊外部经营环境，也称微观环境。它是指与企业经营过程和经营要素直接发生关系的客观环境，是决定企业生存和发展的基本环境。微观环境一般包括企业竞争者、供应商和顾客等。

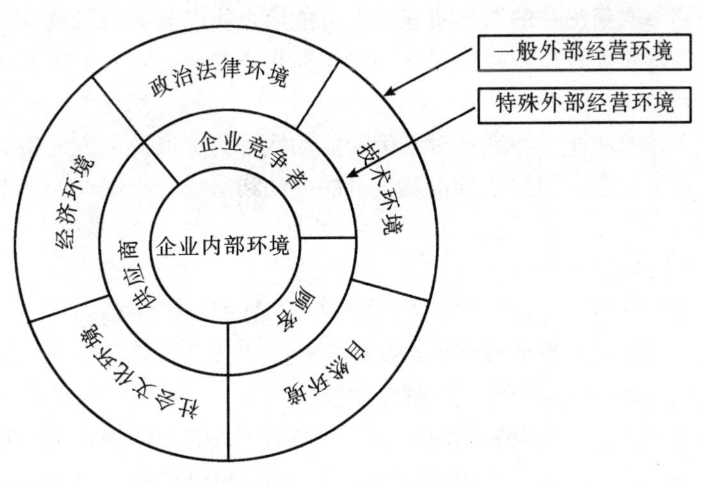

图 3—1 企业环境

需要注意的是，企业还有其内部环境，它是由处于企业内部的要素所构成的，如人力资源、财力资源、物力资源，特别是企业文化，因为企业文化决定了组织内部员工的行为方式和企业对外部环境适应能力的强弱。

3.2.1 一般外部经营环境

企业的一般外部经营环境即企业的宏观环境，它处于企业的外层，是企业不可控制的外部力量，对企业的生产经营活动具有长期性的影响和不容忽视的作用。企业的宏观环境内容庞杂，大致可归纳为政治法律、经济、技术、社会文化和自然环境五个方面。

3.2.1.1 政治法律环境

政治法律环境是指对企业经营活动具有现存的和潜在作用与影响的政治力量，同时也包括对企业经营活动加以限制和要求的法律和法规等。具体地讲，政治环境包括国家和企业所在地区的政局稳定状况；执政党所要推行的基本政策以及这些政策的连续性和稳定性。这些基本政策包括人口政策、产业政策、税收政策、能源政策、物价政策、财政金融货币政策、政府订货及补贴政策、国际关系等。就产业政策来说，国家确定的重点产业总是处于一种大发展的趋势。因此，处于重点行业的企业增长机会就多，发展余力大。那些非重点发展的行业，发展速度就较缓慢，甚至停滞不前。另外，政府的税收政策会影响到企业的财务结构和投资决策，资本持有者总是愿意将资金投向那些具有较高需求且税率较低的产业部门。所以，企业要留意政府关于经济发展的方针以及各类政策，留意本国与主要贸易伙伴的政治关系的变动与发展。例如世界贸易组织（WTO）是一个国际性的多边协定，它对整个世界贸易影响极大，具有权威性。我国加入世贸组织后，许多国内企业正面临着千载难逢的机遇和前所未有的挑战。

任何国家的政府都要对企业的经营活动施加影响，或者进行控制，通过制定经济政策和立法进行鼓励、限制或禁止。市场经济是法制经济，随着我国市场经济的发展，我国经济立法工作进一步加快，诸如消费者权益保护法、反不正当竞争法、广告法、企业法、商标法、专利法等。每次新法令的颁布实施，都可能给企业经营带来机会和威胁，为此应及时加以监控。从经营角度分析，政治法律环境主要是培养企业对政治法律的敏感性，从而把握机会或避开威胁。

另外要注意企业对法律、特别是对政策的能动性，使国家及地方政策、法规有利于企业的发展。最后还要注意政府执法机构及人员的变动和消费者组织（如消费者协会）对企业经营活动的影响。

3.2.1.2 经济环境

经济环境主要是指整个国民经济的发展状况，包括国民经济增长速度、经济结构、生产力布局、银行信贷和市场发育程度等。这些宏观经济环境因素的变化，通过改变企业的资源投入和市场环境来影响生产经营和战略决策。

一般说来，在宏观经济大发展的情况下，市场扩大，需求增加，企业往往面临更多的发展时机，可以增加投资，扩大生产或经营规模。如国民经济处于繁荣时期，建筑业以及汽车制造、机械制造、轮船制造等企业都会有较大的发展。而上述行业的增长也必然带动钢铁业的繁荣，增加对各种钢材的需求量。反之，在宏观经济低速发展或停滞的情况下，市场需求增长很小甚至不增加，企业环境将变得较为严峻，企业之间竞争的激烈程度加剧，这样企业发展机会也会减少。为了使企业取得成功，企业的经营者必须识别出那些最能影响战略决策的关键的经济力量，作为优秀企业家要更善于在经济低谷时期抓住机会快速发展企业。经济结构的调整，将使顺应调整方向的企业兴旺发达，背离发展趋势的企业趋向衰败和淘汰；国家重点工程、重点项目的实施、投产，将使相关企业得到发展机会；市场发育程度和市场体系是否完善，都将直接影响企业生产经营活动的顺利进行。

3.2.1.3 技术环境

技术环境不但指那些引起时代革命性变化的发明，而且还包括与企业生产有关的新技术、新工艺、新材料的出现和发展趋势及应用前景。技术的变革在为企业提供机遇的同时，也对它形成了威胁。因此，技术力量主要从两个方面影响企业的经营活动。一方面技术革新为企业创造了机遇，表现在：第一，新技术的出现使得社会和新兴行业增加了对本行业产品的需要，从而使得企业可以开辟新的市场和新的经营范围；第二，技术进步可能使得企业通过利用新的生产方法、新的生产工艺过程或新材料等各种途径，生产出高质量、高性能的产品，同时也可能会使产品成本大大降低。另外，新技术的出现也使得企业面临着挑战。技术进步会使社会对企业产品和服务的需求发生重大变化。技术进步为某个产业带来机遇的同时，可能会对另一个产业形成威胁。如塑料制品业的发展就在一定程度上对钢铁业形成了威胁，许多塑料制品成为钢铁产品的替代品。此外，竞争对手的技术进步可能会使得本企业的产品或服务陈旧过时，也可能使得本企业的产品价格过高，从而失去竞争力。在国际贸易中，某个国家在产品生产中采用先进技术，就会导致另一个国家的同类产品价格偏高。因此，要认真分析技术环境给企业带来的影响，认清本企业和竞争对手在技术上的优势和劣势。

3.2.1.4 社会文化环境

社会文化是人们的价值观、思想、态度、道德规范、风俗习惯以及社会行为等的综合体，人们在某种社会环境中生活，久而久之必然会形成某种特定的文化。社会文化环境强烈地影响着人们的购买决策和企业的经营行为。不同的国家、不同的民族，由于其文化背景各异，有着不同的风俗习惯和道德观念，从而人们的消费方式和购买偏好就不相同。因此企业必须了解社会行为准则、社会习俗、社会道德观念等文化因素的变化对企业的影响。

社会文化环境因素主要包括三大方面：一是社会结构；二是社会风尚；三是社会文化与教育。社会结构一般包括：人口构成、职业构成、民族构成及家庭构成等。其中人口构成影响最大，例如，人口总数直接影响着社会生产总规模；人口的地理分布影响着企业的厂址、店址的选择；人口的性别比例和年龄结构，在一定程度上决定了社会需求结构，进而影响到社会供给结构和企业产品结构等。据统计，由于我国实行计划生育政策，人口结构上发生了变化，人口结构将趋于老龄化，青壮年劳动力供应则相对紧张，从而影响企业劳动力的补充。但是另一方面，人口结构老龄化又出现了一个老年人的市场，这就为生产老年人用品和提供老年人服务的企业提供了一个发展的机会。

3.2.1.5 自然环境

自然环境是指影响社会生产过程的各种自然因素。自然环境对企业经营的影响，主要表现为：自然资源日益短缺、能源成本趋于提高、环境污染日益严重、政府对自然资源管理的干预不断加强、气候变动趋势、地理环境特点等，所有这些都直接或间接地给企业带来威胁或机会。

面对资源短缺，企业应重点发展节约能源、降低原材料消耗的产品，如节能、节电、节时、节约空间的产品；寻找替代品开发新材料，如太阳能、核能、地热等新能源代替煤炭、石油等不可再生能源；加强“三废”的综合利用，大力发展人工合成材料，使产品轻型化、小型化、多功能化。

从经营角度分析，对资源依赖性较大的企业或产品品质明显受地理和气候条件影响的企业，要注意树立资源战略意识和环境保护意识。国外企业和政府对不可再生资源都实施了战略性保护政策，我国政府也及时制定了注重环境保护的可持续发展战略。

3.2.2 特殊外部经营环境

企业不仅在一般外部经营环境中生存，而且在特殊的领域或行业中从事经营活动。一般外部经营环境对不同类型的企业都会产生一定程度的影响，而与企业所在的具体领域或行业有关的特殊外部经营环境则直接、具体地影响着企业的经营活动。

企业是在一定行业中从事经营活动的，行业环境的特点直接影响着企业的竞争能力。美国学者迈克尔·波特（M. E. Porter）认为，影响行业内竞争结构及其强度的主要有现有厂商、潜在的进入者、替代产品制造商、原材料供应商以及产品用户（购买商）五种环境因素，具体来说，购买商的讨价还价能力、潜在进入者的威胁、替代产品或服务的威胁、原材料供应商的讨价还价能力以及现有的竞争者这五种因素影响着行业竞争，如图3—2所示。

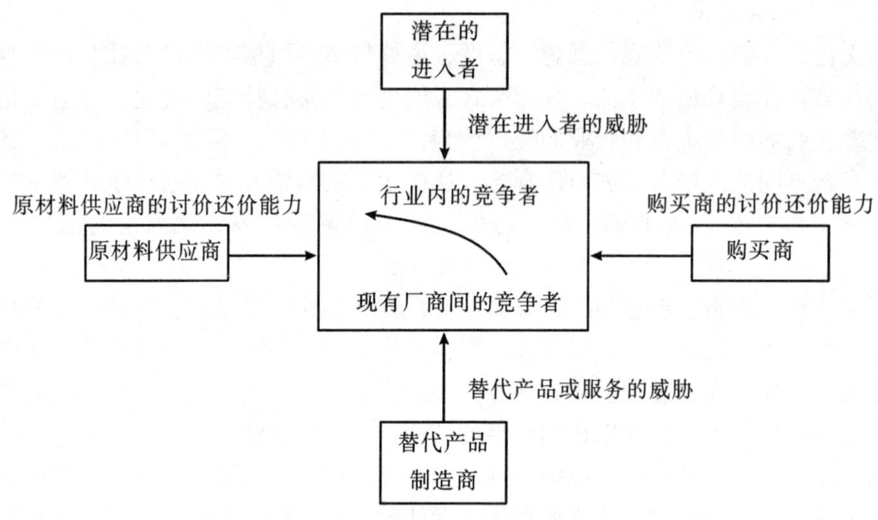

图3—2 影响行业竞争的五种环境因素

3.2.2.1 潜在竞争对手研究

一种产品的开发成功，会引来许多企业的加入。这些新进入者既可给行业注入新的活力，促进市场竞争，也会给现有厂家造成压力，威胁它们的市场地位。而且新进入者加入该行业，会带来生产能力的扩大，带来对市场占有率的要求，这必然引起与现有企业的激烈竞争，使产品价格下跌；另外，新进入者要获得资源进行生产，从而可能使得行业生产成本升高。这两方面都会导致行业的获利能力下降。

新厂家进入行业的可能性大小，既取决于由行业特点决定的进入难易程度，也取决于现有厂商的反击程度。如果进入门槛高，现有企业反击激烈，潜在的加入者难以进入该行业，已加入者的威胁就小。决定进入门槛高低的主要因素有以下几个方面：

1. 规模经济。这是指生产单位产品的成本随生产规模的增加而降低。规模经济的作用是迫使行业新加入者必须以大的生产规模进入，并冒着现有企业强烈反击的风险；或者以小的规模进入，但要长期忍受产品成本高的劣势。这两种情况都会使加入者望而却步。如在钢铁行业中，就存在规模经济，大企业的生产成本要低于小企业的生产成本，这就有了克服进入障碍的客观条件。实际上，不仅产品的生产，而且新产品的研发、物资的采购、资金的筹措、产品的销售、营销渠道的建立等，都存在着最低规模。产品的性质不同，技术的先进程度不同，生产和经营的最低规模也会不一样。

2. 产品差别优势。这是指原有企业所具有的产品商标信誉和用户的忠诚度。造成这种现象是由于企业过去所做的广告、用户的服务、产品差异或者仅仅因为企业在该行业历史悠久等原因。产品差异化形成的障碍，迫使新加入者要用很大代价来树立自己的信誉和克服现有用户对原有产品的忠诚。这种努力通常是以亏损作为代价的，而且要花费很长时间才能达到目的。如果新加入者进入失败，那么在广告商标上的投资是收不回来的，因此这种投资具有特殊的风险。

3. 资金需求。资金需求所形成的进入障碍，是指在行业中经营不仅需要大量资金，而且风险性大。加入者要在持有大量资金、冒很大风险的情况下才敢进入。进入需要大量资金的原因是多方面的，如购买生产设备、提供用户信贷、存货经营等。

4. 转换成本。这是指购买者将购买一个供应商的产品转到购买另一个供应商的产品所支付的一次性成本。它包括重新训练业务人员、增加新设备、检测新资源的费用以及产品的再设计等。如果这些转换成本高，那么新加入者必须为购买商在成本或服务上做出重大的改进，以便购买者可以接受。

5. 销售渠道。一个行业的正常销售渠道，已经在为原有企业服务，新加入者必须通过广告合作、广告津贴等来说服这些销售渠道接受他的产品，这样就会减少新加入者的利润。产品的销售渠道越有限，它与现有企业的联系越密切，新加入者要进入该行业就越困难。

6. 与规模经济无关的成本优势。原有的企业常常在其他方面还具有独立于规模经济以外的成本优势，新加入者无论取得什么样的规模经济，都不可能与之相比。它们是专利产品技术、独占最优惠的资源、占据市场的有利位置、享受政府补贴、具有学习曲线或经验曲线以及政府的某些限制政策等。

3.2.2.2 现有竞争对手研究

企业面对的市场通常是一个竞争市场。同种产品的制造和销售通常不止一家企业。多家企业生产相同的产品，必然会采取各种措施争夺用户，从而形成市场竞争。如现有竞争对手之间经常采用的竞争手段有价格战、广告战、引进产品以及增加对消费者的服务等。任何组织，即使是寡头垄断厂商，也会有着一家以上的竞争对手，就好比可口可乐与百事可乐之争，通用汽车与丰田汽车、大众汽车之争一样。没有任何企业能够忽略竞争，否则企业将付出沉重的代价。现有竞争对手的研究主要包括以下内容：

1. 基本情况的研究。

主要研究竞争对手的数量有多少？分布在什么地方？它们在哪些市场活动？各自的规模、资金、技术力量如何？其中哪些对自己的威胁特别大？基本情况研究的目的是要找到主要竞争对手。

为了在众多的同种产品的生产厂家中找出主要竞争对手，必须对它的竞争实力及其变化情况进行分析和判断。反映企业竞争实力的指标主要有三类：

（1）销售增长率。指企业当年销售额与上年相比的增长幅度。销售增长率是正数而且数字大，说明企业的用户在增加，反映了企业的竞争能力在提高；反之，则表明企业竞争能力的衰退。这个指标往往只有与行业发展速度和国民经济的发展速度进行对比分析才有意义。如果企业当年销售额比上年有所增加，但增加的幅度小于行业或国民经济的发展速度，则表明经济背景是有利的，市场总容量在不断扩大，但扩大的部分被本企业占领的比重则相对减少，大部分新市场被其他企业占领了，因此该企业的竞争能力相对地下降了。

（2）市场占有率。指市场总容量中企业所占的份额，或指在已被满足的市场需求中有多大比例是由本企业占领的。市场占有率的高低可以反映不同企业竞争能力的强弱，这是一个横向比较的指标。某企业占领的市场份额大，说明购买该企业产品的消费者数量多；消费者之所以购买该企业而非其他企业的产品，说明该企业产品在价格、质量、售后服务等各方面的综合竞争能力比较强。同样，市场占有率的变化可以反映企业竞争能力的变动。如果一家企业的市场占有率本身虽然不高，但与上年相比有了进步，则表明该企业的竞争实力有所增强。

（3）产品的获利能力。这是反映企业竞争能力能否持续的支持性指标，可用销售利润率表示。市场占有率只反映了企业目前与竞争对手相比的竞争实力，并未告诉我们这种实力能否维持下去；它只表明企业在市场上销售产品的数量相对较多还是相对较少，并未反映销售这些数量的产品是否给企业带来了足够的利润。如果市场占有率高，销售利润也高，那么表明销售大量产品可给企业带来高额利润，从而可以使企业有足够的财力去维持和改善生产条件，因此较强的竞争能力是有条件坚持下去的；相反，如果市场占有率很高，而销售利润率很低，那么则表明，企业卖出去的产品数量很多，得到的收入却很少，补偿了生产消耗后很少、甚至没有剩余，较高的市场占有率是以较少的利润为代价换取的，长此以往，企业的市场竞争能力是无法维持的。

2. 主要竞争对手的研究。

比较不同企业的竞争实力，找出了主要竞争对手后，还要研究其之所以能对本企业构成威胁的主要原因，是技术力量雄厚？资金多？规模大？还是其他原因。主要竞争对手研究的目的是找出主要对手的竞争实力的决定因素，以帮助企业制定相应的竞争策略。

3. 竞争对手的发展动向。

包括市场发展或转移动向以及产品发展动向。要收集有关资料，密切注视竞争对手的发展方向，分析竞争对手可能开辟哪些新产品、哪些新市场，从而帮助企业先走一步，争取时间优势，使企业在竞争中争取主动地位。

根据波特的观点，在判断竞争对手的发展动向时，要分析退出某一产品生产领域的难易程度。下列因素可能妨碍企业退出某种产品的生产领域：

（1）资产的专用性。如果厂房、机器设备等资产具有较强的专用性，则其清算价值很低，企业既难以用现有资产转向其他产品生产，也难以通过资产转让收回投资。

（2）退出成本的高低。某种产品的停止生产，意味着原来生产线工人的重新安置。这种重新安置需要付出一定的费用。此外，企业即使停止了某种产品的生产，但对在此之前已经销售的产品在相当长的时间内仍有负责维修的义务。职工安置、售后维修服务的维持等费用如果较高，也会影响企业的产品转移决策。

（3）心理因素。特定产品可能是由企业的某位现任领导人组织开发成功的，曾在历史上对该领导的升迁起过重要影响，因此该领导可能对其有深厚的感情，即使已无市场前景，可能也难以割舍。考虑到这种因素，具体部门在对该产品的决策上也可能顾虑重重。那些曾经作为企业成功标志的产品生产的中止，对全体员工可能带来更大的心理影响，影响他们对企业的忠诚等。因此人们在决定产品“退役”时必然会犹豫不决。

（4）政府和社会的限制。某种产品生产中止，某种经营业务不再进行，不仅对企业有直接影响，可能还会引起失业，影响所在地区的经济发展，因而可能遭到来自社区政府或群众团体的反对或限制。

此外，对于竞争不能片面理解。竞争是多方面的，不仅限于争取顾客，在取得原材料、货款上也有竞争，在技术发展、改进产品上更是竞争激烈，而这些竞争最终又将是管理的竞争、人才的竞争。因此，企业的经营管理人员必须保持清醒的头脑，仔细分析研究本企业的竞争状况及竞争对手的实力和发展动向，并及时采取适宜的竞争策略。

3.2.2.3 替代产品生产厂家分析

替代产品是指那些与本行业的产品有同样使用价值和功能的其他产品。产品的使用价值或功能相同，能够满足的消费者需要相同，在使用过程中就可以相互替代，生产这些产品的企业之间就可能形成竞争。因此，行业环境分析还应包括对生产替代产品企业的分析。替代产品生产厂家的分析主要包括两个内容：

1. 确定哪些产品可以替代本企业提供的产品。这实际上是确认具有同类功能产品的过程。

2. 判断哪些类型的替代品可能对本企业经营造成威胁。为此，需要比较这些产品的功能实现能够给使用者带来的满足程度与获取这种满足所需付出的费用。如果两种可以相互替代的产品，其功能实现可以带来大致相当的满足程度，但价格却相差悬殊，则低价格产品可能对高价产品的生产和销售造成很大威胁。相反，如果这两类产品的功能价格比大致相当，则相互间不会造成实际的威胁。

3.2.2.4 购买商的研究

购买商在两个方面影响着行业内企业的经营：其一，购买商对产品的总需求决定着行业的市场潜力，从而影响行业内所有企业的发展边界；其二，不同用户的讨价还价能力会诱发企业之间的价格竞争，从而影响企业的获利能力。购买商研究也因此而包括两个方面的内容：购买商的需求（潜力）研究以及购买商的价格谈判能力研究。

1. 需求研究。

一般包括以下内容：

（1）总需求研究。包括分析市场容量有多大，总需求中有支付能力的需求有多大，暂时没有支付能力的潜在需求有多大。

（2）需求结构研究。需要分析的问题是：需求的类别和构成情况如何？用户属于何种类型，是机关团体还是个人？主要分布在哪些地区？各地区比重如何？

（3）购买商购买力研究。需要分析购买商的购买力水平如何？购买力是怎样变化的？有哪些因素影响购买力的变化？这些因素本身是如何变化的？通过分析影响因素的变化，可以预测购买力以及市场需求的变化。

2. 购买商的价格谈判能力研究。

购买商的价格谈判能力是众多因素综合作用的结果。这些因素主要有：

（1）购买量的大小。如果购买商的购买量与企业销售量比较相对较大，是企业的主要顾客，则会意识到其购买对企业销售的重要性，因而拥有较强的价格谈判能力。同时，如果购买商对这种产品的购买量在自己的总采购量以及总采购成本中占有较大比重，必然会积极利用这种谈判能力，努力以较优惠的价格采购货物。

（2）企业产品的性质。如果企业提供的是一种无差异产品或标准产品，则购买商坚信可以很方便地找到其他供货渠道，因此也会在购买中要求尽可能优惠的价格。

（3）购买商后向一体化的可能性。后向一体化是指企业将其经营范围扩展到原材料、半成品或零部件的生产。如果购买商是生产性的企业，购买企业产品的目的在于再加工或与其他零部件组合，又具备自制的能力，则会经常以此为手段迫使供应商降价。

（4）企业产品在购买商产品形成中的重要性。如果企业产品是购买商自己加工制造的产品的主要构成部分，或对自己产品的质量或功能形成有重大影响，则可能对价格不甚敏感，这时它关注的首先是企业产品的质量及其可靠性。相反，如果企业产品在购买商产品形成中没有重要影响，购买商在采购时则会努力寻求价格优惠。

3.2.2.5 供应商研究

企业生产所需的许多生产要素是从外部获取的。提供这些生产要素的经济组织，也在两个方面制约着企业的经营：第一，这些经济组织能否根据企业的要求按时、按量、按质地提供所需生产要素，影响着企业生产规模的维持和扩大；第二，这些组织提供生产要素时所要求的价格决定着企业的生产成本，影响着企业的利润水平。所以，供应商的研究包括：供应商的供货能力，或企业寻找其他供货渠道的可能性，以及供应商的价格谈判能力等。综合起来看，需要分析以下因素：

1. 是否存在其他货源。企业如果长期仅从单一渠道进货，则其生产和发展必然在很大程度上受制于后者。因此，应分析与其他供应商建立关系的可能性，以分散进货，或在必要时启用后备进货渠道。这样便可在一定程度上遏制供应商提高价格的倾向。

2. 供应商所处行业的集中程度。如果该行业集中程度较高，由一家或少数几家集中控制，而与此对应，购买此种货物的客户数量众多，力量分散，则该行业供应商将拥有较强的价格谈判（甚至是决定）能力。

3. 寻找替代品的可能性。如果行业集中程度较高，分散进货的可能性也较小，则应寻找替代品。如果替代品不易找到，那么供应商的价格谈判能力无疑会很强。

4. 企业后向一体化的可能性。如果供应商垄断了供货渠道，替代产品又不存在，而企业对这种货物的需求量又很大，则应考虑自己掌握或自己加工制作的可能性。这种可能性如果不存在，或者企业对这种货物的需求量不大，那么这时企业只能对价格谈判能力较强的供应商俯首称臣。

3.3 企业经营的内部环境

内部环境由企业内部的物质环境和文化环境构成。内部物质环境研究是要分析企业内部各种资源的拥有状况和利用能力，内部文化环境研究是考察企业文化的构成要素及其特点。

3.3.1 内部物质环境

任何企业的经营活动都需要借助一定的资源来进行。这些资源的拥有情况和利用情况影响、甚至决定着企业经营活动的效率和规模。企业经营活动的内容和特点不同，需要利用的资源类型亦有区别。但一般来说，任何企业的经营活动都离不开人力资源、物力资源以及财力资源。它们是构成企业生产经营活动过程的各种要素的组合。

3.3.1.1 人力资源研究

根据不同的标准可以将人力资源划分成不同类型。比如企业人力资源根据员工所从事的工作性质的不同，可分为生产工人、技术工人和管理人员三类。人力资源研究就是要分析这些不同类型的人员数量、素质和使用状况。比如，企业生产工人研究，就是要了解生产工人的数量，分析其技术、文化水平是否符合企业生产现状和发展的要求，近期内有无增减的可能，能否对他们组织技术培训，企业是否根据生产工人的特点，分配了适当的工作，进行了合理的利用等；对技术人员的研究，就是要弄清企业有多少技术骨干，他们的技术水平、知识结构如何，是否做到了人尽其才，让他们充分发挥了作用；对管理人员的研究，就是要分析企业管理人员的配备情况，这支队伍的素质如何，能力结构、知识结构、年龄结构、专业结构是否合理，是否具有足够的管理现代工业生产的经验和能力，能否通过培训提高他们的管理素质等。

个案3—1

海尔的岗位轮换制度

海尔集团自1993年开始实行岗位轮换制度。所谓岗位轮换制度就是使员工不断接受挑战，培养其职业生涯发展的本领，累积晋升的本钱，同时也使工作更加丰富多彩。海尔集团在岗位轮换制度中规定了有些岗位的工作年限，到了时间就需要换岗。该制度实施的最初，有些部门的领导存在异议，认为专业性强的岗位没法换岗，如会计岗位。但事实上一名记账员或出纳员，在一个岗位长期工作，日复一日，年复一年地面对一大堆的票据，即使是大学毕业，三年后也可能变成大白痴。集团的一位进出口人员对该制度谈了自己的体会。他在一个岗位一干就是六年，同年同月进厂的大学生，轮换了多个岗位，学到了许多知识，升迁到了中层岗位，现在又到省外的一个企业去独当一面地工作，越干劲头越大。可他越干路越窄，多次有要离开企业的想法。现在出台了岗位轮换制度，使他看到了希望，同时感到更多的机遇与挑战在等着自己，相信将来一定会有更多的发展。

3.3.1.2 物力资源研究

这是狭义的内部物质环境的构成内容。物力资源研究，就是要分析在企业的经营活动过程中需要运用的物质条件的拥有数量和利用程度。比如，要分析企业拥有多少设备和厂房，它们与目前的技术发展水平是否相适应，企业是否应对其进行更新改造，机器设备和厂房的利用状况如何，企业能否采取措施提高其利用率等。

3.3.1.3 财力资源研究

财力资源是一种能够获取和改善企业其他资源的资源，因此可以认为是反映企业经营活动条件的一项综合因素。财力资源研究就是要分析企业的资金拥有情况（各类资金数量），构成情况（自有资金与债务资金的比重），筹措渠道（金融市场或商业银行），利用情况（企业是否把有限的资金使用在最需要的地方），分析企业是否有足够的财力资源去组织新业务的拓展、原有活动条件和手段的改造，在资金利用上是否还有潜力可挖等。

3.3.2 企业文化

个案3—2

墨西哥的企业文化[①]

在墨西哥，绝大多数企业是小企业，并为家庭拥有和经营。甚至大公司也经常存在着强大的家庭纽带。由于这些组织具有传统的家长式的特性，工作机会通常是给予家庭成员及其信任的朋友。尽管教育和培训确实是取得一份管理工作的重要因素，但是在很大程度上，职位的任命是基于与公司家族的关系，忠诚于上司也是决定晋升的一个主要因素。

产品生产的技术要求（如生产效率）并不支配公司的管理和结构。对同事和下属的需要保持敏感和保持联系是优先考虑的因素。经理的决策通常是基于习惯和本能，而不是规范的分析，一个理想的工厂不会有竞争或冲突带来的过度紧张感。

在墨西哥的企业文化中，工作被认为是一种必要，而不是生活的核心。工作只是支持生活、家庭和休闲的手段。

由以上案例不难看出，每一个国家、每一个企业都有自己的企业文化，任何企业的经营活动都离不开内部物质环境（包括人力资源、物力资源以及财力资源）和内部文化环境，它们是构成企业生产经营活动过程的各种要素的组合。在这些要素中，企业文化毫无疑问是决定一个企业竞争力的最重要的要素。企业在经营过程中，需要了解其他国家、其他企业的企业文化，同时要建立自己的企业文化。企业内部的文化必须与外部环境和企业的总体发展战略相互协调。如果能做到这一点，员工的绩效将是惊人的，这样的企业也是不易战胜的。

3.3.2.1 企业文化的概念及其特征

1. 企业文化的概念。

企业文化不是刷在墙上的标语，不是会议上的口号。企业文化是企业在长期的实践活动中所形成的、并且被企业成员普遍认可和遵循的具有本企业特色的价值观念、思维方式、工作作风、行为准则等群体意识的总称。它是随着企业的存在和发展而逐渐形成的。在企业文化的形成过程中，企业缔造者以及后来的管理者的价值观念及领导风格起了重要的作用。

---

① ［美］约翰·B·库伦：《多国管理：战略要径》，35页，北京，机械工业出版社，2000。

在一定社会背景下存在的企业，其文化必然要打上外部文化环境的烙印，整个社会的价值观念、宗教信仰必然要对其产生影响。比如，强调个人价值的传统西方文化背景使得西方社会经济组织通常比较注重个人奋斗，鼓励竞争，而倡导和谐人际关系的儒家文化则使得包括中国在内的东方社会经济组织往往强调群体内部以及群体之间的协作，鼓励共同发展。当然，两种社会文化的交融也使得东西方的社会经济组织试图从另一种文化中寻求精华以弥补自己的不足，但是，即便在相同的社会文化环境中，不同企业的文化特点亦是有区别的。比如，同是在西方经济中从事生产经营的企业，虽然可能同样强调个人的价值、个人的成功，但是不同企业对待个人成功的方式及其判断的标准也有可能是相异的。正是由于这种不同企业文化之间的差异，而且不同的企业文化都有其存在的理由和贡献，才决定了企业文化研究的必要性。

2. 企业文化的主要特征。

(1) 超个体的独特性。每个企业都有其独特的企业文化，这是由不同的国家和民族、不同的地域、不同的时代背景以及不同的行业特点所形成的。如美国文化强调能力、个人奋斗和不断进取；日本文化深受儒家文化的影响，强调团队合作、家族精神。

(2) 相对稳定性。企业文化是企业在长期的发展中逐渐积累而成的，具有较强的稳定性，不会因组织结构的改变、战略的转移或产品与服务的调整而变化。一个组织中，精神文化又比物质文化具有更多的稳定性。

(3) 融合继承性。每一个企业都是在特定的文化背景之下形成的，必然会接受和继承这个国家和民族的文化传统和价值体系。但是，企业文化在发展过程中，也必须注意吸收其他企业的优秀文化，融合世界上最新的文明成果，不断地充实和发展自我。也正是这种融合继承性使得企业文化能够更加适应时代的要求，并且形成历史性与时代性相统一的企业文化。

(4) 发展性。企业文化随着历史的积累、社会的进步、环境的变迁以及组织变革逐步演进和发展。强势、健康的文化有助于企业适应外部环境和变革，而弱势、不健康的文化则可能导致企业的不良发展。改革现有的企业文化，重新设计和塑造健康的企业文化过程就是企业适应外部环境的过程。

3.3.2.2 企业文化的结构与内容

1. 企业文化的结构。

一般认为，企业文化有三个层次结构，即潜层次、表层次和显层次三层。潜层次的精神层是指企业文化中的核心和主体，是广大员工共同而潜在的意识形态，包括管理哲学、敬业精神、人本主义的价值观念、道德观念等。表层次的制度系统又称制度层，是体现某个具体企业的文化特色的各种规章制度、道德规范和员工行为准则的总和，也包括企业内的分工协作关系的组织结构。它是企业文化核心层与显层次的中间层，是由意识形态向实体文化转化的中介。显层次的企业文化载体又称物质层，是指凝聚着企业文化抽象内容的物质体的外在显现，它既包括了企业整个物质的和精神的活动过程、企业行为、企业产出等外在表现形式，也包括了企业实体性的文化设备、设施等，如带有本企业色彩的企业标志、工作环境、经营管理行为、作业方式、图书馆、俱乐部等。显层次是企业文化最直观的部分，也是人们最易于感知的部分。

2. 企业文化的内容。

从最能体现企业文化特征的内容来看，企业文化包括企业价值观、企业精神、伦理规范以及企业素养等。

(1) 企业价值观。企业价值观就是企业内部管理层和全体员工对该企业的生产、经营、服务等活动以及指导这些活动的一般看法或基本观点。它包括企业存在的意义和目的、企业中各项规章制度的价值与作用、企业中各层级和各部门的各种不同岗位上的人们的行为与企业利益之间的关系等。企业价值观是企业文化的核心，为企业的生存发展提供了基本的方法和行动指南，为企业成员形成共同的行为准则奠定了基础，它为企业成员指明了成功的方向，确立了成功的标准。每一个企业的价值观都会有不同的层次和内容，成功的企业总是会不断地创造和更新组织的信念，不断地追求新的、更高的目标。

(2) 伦理规范。伦理规范是指从道德意义上考虑的、由社会向人们提出并应当遵守的行为准则，它通过社会公众舆论规范人们的行为。企业文化内容结构中的伦理规范是所有成员自觉遵守的行为准则和道德风气、习俗，它既体现企业自下而上的环境中社会文化的一般性要求，又体现着本企业各项管理的特殊需求，包括是非界限、善恶标准和荣辱观念等。伦理规范的形式主要取决于价值观的作用，管理人员应通过树立优秀的企业价值观来引导企业形成良好的伦理规范。良好的伦理规范主要表现为尊重知识、尊重人才、友好相处、自觉工作、与企业共命运等。

由此可见，以道德规范为内容与基础的员工伦理行为准则是传统的企业管理规章制度的补充、完善和发展。正是这种补充、完善和发展，使企业的价值观融入了新的文化力量。

(3) 企业精神。企业精神是指企业经过共同努力奋斗和长期培养所逐步形成的、认识和看待事物的共同心理定势、价值取向和主导意识，是价值观和伦理规范的综合体现和高度概括，它是一个企业的精神支柱，反映了企业成员对企业的特征、形象、地位等的理解和认同，也包含了对企业未来发展和命运所抱有的理想和希望。企业精神反映了一个企业的基本素养和精神风貌，成为凝聚企业成员共同奋斗的精神源泉。

(4) 企业素养。企业素养包括企业中各层级员工的基本思想素养、科技和文化教育水平、工作能力、精力以及身体状况等。其中，基本思想素养的水平越高，企业中的管理哲学、敬业精神、价值观念、道德修养的基础就越深厚，企业文化的内容也就越充实丰富。可以想象，当一项选择不容易判定对与错时，基本思想素养水平较高的企业容易帮助管理者正确做出决策，企业文化必须包含组织运作成功所必要的组织素养。

3.4 企业文化管理

个案 3—3

海尔的企业文化

海尔的企业文化和经营理念主要包括以下几个方面：

企业信念：敬业报国，追求卓越。

企业精神：海尔只有创业没有守业。

工作作风：迅速反应、马上行动。

思想政治工作原则：三心换一心。即解决疾苦要热心，批评错误要诚心，做思想工作要知心，三心换来职工对企业的铁心。

管理基础：OEC工作法。即O：Overall；E：Every（one/day/thing）；C：Control & Clear，也就是：日事日毕，日清日高。

人力资源管理：实行“三工（固定工、合同工、试用工）并存、动态转换”的用工制度和“计点到位、计效联酬”的分配原则。

市场开发：“市场唯一不变的法则就是永远在变”、“只有淡季的思想，没有淡季的市场”、“先卖信誉，后卖产品”、“否定自我、创造市场”。

质量宗旨：“国门之内无名牌”、“高标准、精细化、零缺陷”、“要么不干，要干就要争第一”。

后勤服务宗旨：“您的满意就是我们的工作标准”。

售后服务：“用户永远是对的”、“海尔真诚到永远”、“国际星级服务”。

科研开发宗旨：“立足创新，用户为师，永远改进，追求完美”。

海尔成功的精髓在于这种由缔造者设计的企业文化精神，在全体员工中得到了观念、思想、行动上的高度统一，达到了无形资产和有形资产共同增值的目的。由于企业文化具有独特的渗透功能，因而成为管理人员进行管理的依据，同时也是进行管理活动的限制因素。随着企业文化的形成和发展，它渗透到管理人员的一切活动中，并产生了重大的影响。可以说，企业文化是企业成功的坚强后盾。在任何一个特定的企业中，企业管理的各项职能，如计划、组织、领导、控制等本身就带有一定程度的文化色彩，脱离文化的管理活动是不存在的。

由于企业文化很少形成文字，甚至连口头上的明确说明也很少，因此并非是明晰可见的，但它确实存在于组织之中。例如，你不会在现实的企业中发现以下这些成文的价值观，但它们却存在于绝大多数组织成员的思想之中，例如：即使你并不忙，也要看上去很忙；盲目冒险会付出沉重的代价；我们的产品必须符合市场竞争的需要；在你做出最终决策之前，需先征得你上司的认同……这些价值观与管理行为的联系是非常直接而且明显的。企业管理决策是不能凭空做出的，必须反映企业的历史和现实，因此必然受到企业文化的制约。可见，企业文化限制着管理人员的各项管理决策与实施。

3.4.1 企业文化的功能与塑造途径

3.4.1.1 企业文化的功能

1. 整合功能。

企业文化通过培育企业员工的认同感和归属感，建立起员工与企业之间的相互信任和依存关系，使个人的行为、思想、感情、信念、习惯以及沟通方式与整个企业有机地整合在一起，形成相对稳固的文化氛围，凝聚成一种无形的合力，以此激发出企业员工的主观能动性，并为实现企业的共同目标而努力。

2. 适应功能。

企业文化能从根本上改变员工的旧有价值观念，建立起新的价值观念，使之适应企业外部环境的变化要求。一旦企业文化所提倡的价值观念和行为规范被企业员工接受和认同，员工就会自觉不自觉地做出符合企业要求的行为选择，倘若违反，则会感到内疚、不安或自责，从而自动修正自己的行为。因此，企业文化具有某种程度的强制性和改造性，其效用是帮助企业指导员工的日常活动，使其能快速地适应外部环境因素的变化。

3. 导向功能。

企业文化作为团体的共同价值观，与企业成员必须强行遵守的、以文字形式表述的明文规定不同，它只是一种软性的理智约束，通过企业的共同价值观不断地向个人价值观渗透和内化，使企业自动生成一套自我调控机制，以一种适应性文化引导着企业的行为和活动。

4. 发展功能。

企业在不断的发展过程中所形成的文化沉淀，通过无数次的辐射、反馈和强化，会随着实践的发展而不断地更新和优化，推动企业文化从一个高度向另一个高度迈进。

5. 持续功能。

企业文化的形成是一个复杂的过程，往往会受到政治的、社会的、人文的和自然环境等诸多因素的影响，因此，它的形成需要经过长期的倡导和培育。正如任何文化都有历史继承性一样，企业文化一经形成，便会具有持续性，并不会因为企业战略或领导层的人事变动而立即消失。

3.4.1.2 企业文化的塑造途径

企业文化的塑造是个长期的过程，同时也是企业发展过程中的一项艰巨、细致的系统工程。许多企业致力于导入 CIS 系统（corporate identity system，简称 CIS）并颇有成效，它已成为一种直观的、便于理解和操作的企业文化塑造方法。从路径上讲，企业文化的塑造需要经过以下几个过程。

1. 选择合适的企业价值观标准。

企业价值观是整个企业文化的核心，选择正确的企业价值观是塑造良好企业文化的首要战略问题。选择企业价值观首先要立足于本企业的具体特点，根据自己的目的、环境要求和组成方式等特点选择适合自身发展的企业文化模式。其次要把握住企业价值观与企业文化各要素之间的相互协调，因为各要素只有经过科学的组合与匹配才能实现系统整体优化。在此基础上，选择正确的企业价值标准要注意以下四点：

（1）企业价值观标准要正确、明晰、科学，并具有鲜明特点；

（2）企业价值观和企业文化要体现企业的宗旨、管理战略和发展方向；

（3）要切实调查本企业员工对企业价值观标准的认可程度和接纳程度，使之与本企业员工的基本素质相协调，过高或过低的标准都很难奏效；

（4）选择企业价值观要发挥员工的创造精神，认真听取员工的各种意见，并经过自上而下和自下而上的多次反复，审慎地筛选出既符合本企业特点又反映员工心态的企业价值观和企业文化模式。

2. 强化员工的认同感。

在选择并确立了企业价值观和企业文化模式之后，就应把基本认可的方案通过一定的强化灌输方法使其深入人心。具体做法可以是：

（1）利用一切宣传媒体，宣传企业文化的内容和精要，使之家喻户晓，以创造浓厚的环境氛围。

（2）培养和树立典型。榜样和英雄人物是企业精神和企业文化的人格化身与形象缩影，能够以其特有的感召力和影响力为企业成员提供可以仿效的具体榜样。

（3）加强相关培训教育。有目的的培训与教育，能够使企业成员系统地接受企业的价值观并强化员工的认同感。

3. 提炼定格。

企业价值观的形成不是一蹴而就的，必须经过分析、归纳和提炼方能定格。

（1）精心分析。在经过群众性的初步认同实践之后，应当将反馈回来的意见加以剖析和评价，详细分析和比较实践结果与规划方案的差距，必要时可吸收有关专家和员工的合理意见。

（2）全面归纳。在系统分析的基础上，进行综合化的整理、归纳、总结和反思，去除那些落后或不适宜的内容与形式，保留积极进步的形式与内容。

（3）提炼定格。把经过科学论证和实践检验的企业精神、企业价值观、组织伦理与行为，予以条理化、完善化、格式化，再经过必要的理论加工和文字处理，用精练的语言表述出来。

4. 巩固落实。

要巩固落实已提炼定格的企业文化首先要建立必要的制度保障。在企业文化演变为全体员工的习惯行为之前，要使每一位员工在一开始就能自觉主动地按照企业文化和企业精神的标准去行动比较困难，即使在企业文化业已成熟的企业中，个别员工背离企业宗旨的行为也是经常发生的。因此，建立奖优罚劣的规章制度十分必要。其次，领导者在塑造企业文化的过程中起着决定性的作用，应起到事先垂范的作用。领导者必须更新观念并能带领企业员工为建设优秀企业文化而共同努力。

5. 在发展中不断丰富和完善。

任何一种企业文化都是特定历史的产物，当企业的内外条件发生变化时，企业必须不失时机地丰富、完善和发展企业文化。这既是一个不断淘汰旧文化和不断生成新文化的过程，也是一个认识与实践不断深化的过程。企业文化由此经过不断的循环往复以达到更高的层次。

3.4.2 变革和重组企业文化

一个企业的文化并不总是与公司的发展目标和外部环境相互一致，也许企业文化所确定的价值准则只在过去有效。期望的文化准则和价值观与现实的文化准则和价值观之间所存在的差异就是文化断层。不同企业文化之间的差异可能是巨大的，特别是在企业相互间并购和兼并的过程中。虽然并购和兼并已经成为重要的企业经营战略，但很多并购和兼并却失败了。许多并购行为难以取得预期的效果，原因是被并购企业的财务状况和生产技术可以很轻松地与本企业融为一体，但是，对企业发展影响最大的无形的价值观和经营理念却难以同化。对于那些实行跨文化收购和并购战略的国际企业来说，经常会碰到这样的问题。

3.4.2.1 企业文化变革和重组的方式

为适应外部环境或内部流程的重新整合，管理人员可以采用形象示范的方法来修正价值准则和价值观，即企业可以利用标志、口号和仪式来改变企业文化。企业文化修正过程中，企业精神领袖的作用很大。管理人员必须通过不懈的沟通，以言行确保员工理解新的文化的含义，并利用以下几种方式对企业文化变革施加影响：

1. 向员工阐明具有激励性和可信度的企业文化。这意味着精神领袖需要界定向员工传输的企业的核心文化，使其博得员工信任并以此作为行动的准则。

2. 通过关注日常活动来逐步明晰企业文化远景。精神领袖必须注意所选用的标记、仪式和口号应当与新的文化相互匹配，更重要的是，行动胜于空谈，精神领袖的身教作用远远大于言教。

精神领袖能够起作用的原因是管理人员的行为常常在员工的视野之中。通过对管理人员重视什么、鼓励什么、对组织危机如何处理，他们的行为与他们所宣扬的是否一致等一系列问题的观察，员工就可以清楚一个企业最重视的是什么，什么是企业的核心文化。即使是那些有着优秀企业文化的企业，也可以通过树立精神领袖的方法来达到变革企业文化的目的。精神领袖要善于捕捉机会，要常常对整个企业发布口头或者文字形式的“声明”。一旦确定企业的发展远景，就要利用一切机会，来促进企业文化的变革。

3.4.2.2 企业文化变革的条件

事实上，企业文化是由相对稳定不变的特征组成的，较难发生变化。企业文化是在企业的长期发展过程中逐步形成的，一旦形成便会日趋巩固加强。因此，如果某企业的文化随着时间推移变得与企业发展不相适应，成为管理上的障碍时，很少有管理人员能够在短期内改变它。即使在最合适的条件下，文化变更也要经历好几年，而不是几星期或几个月。

能够促进文化发生改变的“合适条件”是什么呢？据调查研究表明，在以下条件大部分或全部存在的情况下，企业文化最易于发生变更：

1. 有严重危机出现。突然发生的资金周转困难，失去某位主要客户，竞争对手有了惊人的技术突破等，这些危机可能对原有企业文化形成冲击，产生削弱作用。

2. 领导班子换人。新的高层领导可能带来一些新的价值观，员工也会产生一种认为他们能够带领大家渡过难关的感觉。这里的领导班子可以指企业的总裁、总经理，也可能包括所有高级管理人员。

3. 组织年轻，且规模较小。组织成立的时间越短，文化就越不稳固。同样，组织规模越小，管理层对于新事物、新的价值观就越容易交流沟通。

4. 文化尚未得到广泛认可。文化越为成员所广泛接受，其价值观越能被企业成员所认可，改变文化就越困难；反之，若未能得到广泛认可，企业文化就越容易变更。

值得注意的是，即使上述这些条件都存在，也并不意味着企业文化一定会发生变化，而且任何较为显著的企业文化的变更都会需要很长的时间。因此，在企业发展的中、短期，企业文化应被视为固定不变的限制因素。

本章小结

企业经营环境是指所有与企业经营活动有关的外部环境和内部环境因素的总和。企业的外部环境可分为两个层次：第一个层次是企业的一般外部经营环境，也称为宏观环境。

它是指给企业造成市场机会和环境影响的社会力量，包括政治法律环境、经济环境、技术环境、社会文化环境及自然环境等。第二个层次是企业的特殊外部经营环境，也称微观环境。它是指与企业经营过程和经营要素直接发生关系的客观环境，是决定企业生存和发展的基本环境。影响行业内竞争结构及其强度的主要有购买商、潜在的进入者、替代产品制造商、原材料供应商以及产品用户五种环境因素。企业的内部环境由企业内部的物质环境和文化环境构成。内部物质环境研究是要分析企业内部各种资源的拥有状况和利用能力，包括人力资源、财力资源、物力资源。内部文化环境研究是考察企业文化的构成要素及其特点。

企业文化的主要特征为超个体的独特性、相对稳定性、融合继承性、发展性，其主要内容包括企业价值观、企业精神、伦理规范以及企业素养等。由于企业文化具有独特的渗透功能，因而成为管理人员进行管理的依据，同时也是进行管理活动的限制因素。随着企业文化的形成和发展，它渗透到管理人员的一切活动中，并产生了重大的影响。可以说，企业文化是企业成功的坚强后盾。企业文化有整合功能、适应功能、导向功能、发展功能、持续功能。

一个企业的文化并不总是与公司的发展目标和外部环境相互一致，企业文化所确定的价值准则也需要进行修正。为适应外部环境或内部流程的重新整合，管理人员可以采用形象示范的方法来修正价值准则和价值观，即企业可以利用标志、口号和仪式来改变企业文化。

导入案例分析

我们可以在本章所学理论的基础上，分析吉利集团的内、外环境。就吉利集团目前所处的政治环境、经济环境、社会文化环境、技术环境及自然资源来看，既有机会又有威胁。随着全球金融危机的进一步演化，吉利集团在面临危机的同时也看到了机会。吉利集团收购沃尔沃汽车公司可以快速获得先进的技术和吸引高端优秀人才，随着国内外需求的继续强劲，吉利汽车公司可以借机提升品牌、专利等无形资产的竞争力，再加上政策的支持，吉利汽车公司将会有更大的发展空间和契机。当然这一次收购也会给吉利集团带来新的挑战，那就是人才关、文化关、经营关、品牌关等。另外，吉利集团目前尽管具备一定的优势，如吉利汽车在低端轿车市场拥有一定的顾客忠诚度、在制造过程中成本控制是其竞争的有力武器，但是与其他国内外大型汽车制造企业比较还存在许多劣势，如规模存在差距、品牌号召力不够、营销网络不完善等。所以，面对新的机会和威胁，吉利集团如果想通过单单依靠收购沃尔沃汽车公司来实现其战略目标是远远不够的。准确地进行市场定位、坚持国际化的经营战略、注重文化的融合、坚持自主研发、打造国际化的复合型营销团队、提高国际化管理水平等，这些都是吉利集团在下一步发展过程中不可忽视的重点工作。

思考与练习

1. 企业环境研究与企业经营决策有何关系？

2. 你认为企业经营的一般外部环境与特殊外部环境哪个更为重要？为什么？
3. 企业内部经营环境包括哪些方面？
4. 什么是企业文化？它的核心内容是什么？它是如何对管理产生影响的？
5. 为什么要进行企业文化的变革与重组？需要注意些什么？

案例研究

平等社会

Ted Shelby 并没有犯过多的错误，然而……

“你好，Stanley，” Ted Shelby 从门外探进身来，“你有时间吗？我刚刚把我的办公室重新布置了一番。过来看看，我又有了新的创意。”

Stanley 总是对 Ted Shelby 的新主意感兴趣，因为他非常崇拜 Ted Shelby。于是他转身跟着进了 Ted Shelby 的房间，发现并没有增加什么新的玩意儿，布置得倒还可以，Ted Shelby 的镶有核桃木的桌子、家具和电话几乎全部都不见了。房间被腾空，以安放一个圆形的、纯黑的、庞大的咖啡桌，桌子的四周是六把塑料面带有旋转底座的椅子。

“漂亮吧，据我所知，在这家工厂里，我是第一个有这种创意的高层管理人员。这种布局是至为重要的，因为它不分先后，也没有高低贵贱之分，大家是平等的。我们可以坐在这儿，更有效地进行沟通。”

我们？沟通？而且还是有效的？看样子 Ted Shelby 是参加了 Faust 博士搞的“经理人员发展系列讲座”。这个讲座的主题就是“参与式管理”。Ted 总是喜欢将自己视为一个真正的具有民主意识的管理者。

“你看看，Stanley，” Ted 尽量用真诚而又热情的口吻说，“现在主流管理的一个最大的弊端是由上而下的错误沟通方式。我们这些高高在上的人把信息传递给你们这些下属，但却忽略了反馈。我并不认为，由于我们位高权重，就一定比你们这些底层的人高明。我发现了这样一个事实，要想管理好企业，必须实行双向沟通，即建立由上而下和由下而上的沟通网络。”

“这就是咖啡桌的象征意义吗？” Stanley 问道。

“太对了！” Ted 回答说。“我们这些搞管理的人也不是什么都懂的。在参加讲座之前。我就没有意识到这一点。为什么……让我们先举一个极端的例子……那些摆弄机器的家伙离开机器，肯定还会干一些其他的事情，这些事情我以前可能从未想过。为什么不多与他们交流交流呢？于是我就将我的办公室改造成我与他们沟通的‘通道’。”

“这还真是一种创意。” Stanley 说。

几天后，当 Stanley 再次经过 Ted 的办公室时，他发现，办公桌、家具和电话都回来了，一切又都恢复了原样。

Stanley 对此感到非常奇怪，他跑到 Bonnie 那儿想问个究竟。他说：“Shelby 的圆桌子怎么不见了？”

“你指的是那个让咱们围成一圈，讨论工作和研究问题的那个圆桌子？”她说：“据我所知，那张桌子摆在那儿两天后，Drake 先生到这儿来视察，他看了看那间办公室，然后在里面略微停顿了一会儿。出来再进去，在里面呆了很久。后来，他走到我跟前，你是知道他生气时脸常常是红的。但这一次，他是如此的气愤，以至于脸都白了。他嘟嘟囔囔地说着，声音很小，嘴也张不开，我几乎听不见。他说：‘立刻把那张咖啡桌给我搬走，把Shelby先生的家具搬回去，让Shelby先生马上来见我。’”

你可能认为Ted很内行，但现在你也许会真正地明白了，办公室的布局为什么全是现在这个样子。

讨论题

1. 你认为这家公司所奉行的是一种什么样的文化，核心的价值是什么？

2. Ted Shelby的变革实验为什么会失败？Ted利用这种变革来促进与员工的沟通和参与管理有多少合理性？

3. 你对Ted试图改善与员工沟通的努力有什么建议？当公司高层不赞成变革的时候，某个经理试图变革公司文化的努力能否奏效？

实践与运行

管理实践

要求：找一家你所熟悉的公司或学校，分析它的组织文化并就下列问题表明你的观点(赞成还是反对)：

1. 总体上说，公司中所有的管理者和绝大多数的员工都能够正确地表达公司的价值观、公司经营的目的和顾客的重要性。

2. 组织中所有成员的工作对实现组织目标的作用是非常清楚的。

3. 管理人员很少出现与公司所推崇的价值准则相悖的行为。

4. 即使在不同部门之间，员工间相互关怀和照顾也被视为一种优良的道德准则。

5. 公司和管理者更珍惜对公司长远而非短期发展有益的事情。

6. 领导者们特别注重对员工的引导与教育。

7. 公司的招聘工作严肃认真，负责招聘的人员反复与应聘人员接触，以寻找到其与公司文化相符的特性。

8. 招聘中，工作人员向应聘者如实介绍公司的情况，由应聘者来决定是否加盟。

9. 期望员工能靠真才实学而非政治投机来获得晋升的机会。

10. 公司价值准则强调：为在激烈变动的环境中取得成功而必须做得更好。

11. 与公司使命和价值准则的一致比恪守管理规程和统一的服装更为重要。

12. 你曾经听到过公司领导的一些使公司变得强大的传奇故事。

13. 仪式和特殊事件被用来认可和奖励对公司做出特殊贡献的个体。

请根据表3—1中的评分标准对以上问题打分，并计算你所得的分数。如果总分在52分以上，说明你所评价的公司具有同宝洁或惠普公司相类似的强有力的文化；如果得分处于26～51分之间，说明你所评价的公司文化一般，但对组织是有利的，如美国航空公司、可口可乐公司和城市银行（City Bank）；如果得分低于25分，则说明公司的文化很弱，难以帮助组织适应剧烈变动的外部环境，也不能满足组织成员的需要。

表 3—1 **评分表**

对应分值 / 问题序号	强烈反对	比较反对	赞成	比较赞成	强烈赞成
1	1	2	3	4	5
2	1	2	3	4	5
3	1	2	3	4	5
4	1	2	3	4	5
5	1	2	3	4	5
6	1	2	3	4	5
7	1	2	3	4	5
8	1	2	3	4	5
9	1	2	3	4	5
10	1	2	3	4	5
11	1	2	3	4	5
12	1	2	3	4	5
13	1	2	3	4	5
	总分：				

第 4 章

计　划

艺泰克系统有限公司（Etec Systems Inc.）几乎拥有模板生产设备的全部市场，其所生产的价格高昂的设备采用激光和电光在硅晶片上印制复杂模板。然而，当斯蒂芬·库泊（Stephen Cooper）新接任艺泰克公司总裁时，公司每月的赤字达 100 万美元。更为糟糕的是，政客和媒体都视艺泰克公司为衰退的美国工业的象征。当库泊宣布 2000 年底的目标收入定为 5 亿美元时，每个人都认为是痴人说梦。四年以后，艺泰克被盛赞为硅谷重现生机最为成功的公司之一。收入以 75%的速度递增，而且大有持续增长之势，利润保持持续稳定增长。高科技行业瞬息万变，许多人认为难以谋划未来。以前，艺泰克管理人员花费大量时间处理短期危机，但库泊通过恢复基础计划制定工作却使艺泰克公司转危为安。他说："当一个公司有了明确的使命，人们知道如何把个人的使命融入一个大的远景时，每个人都会朝着同一个方向迈进。"现在艺泰克公司正沿着库泊新创的目标健康前进。由于计划具体，阶段明确，员工面对快速多变的环境有条不紊。库泊认为，要想获得成功，需要理解两个基本问题：一是我需要做什么？二是我如何去实现它？①

斯蒂芬·库泊是如何让艺泰克公司每位员工向同一方向迈进的？

如果你处于库泊的位置，你将如何帮助那些把大量时间用于处理日常事务的员工放眼未来？

在管理的几大职能中，计划被认为是最重要的基础。其他所有工作的实施都以计划为基础。然而，计划也被认为是最有争议的管理功能。因为有时计划不能识别捉摸不定的未来，不能改变动乱的环境。

在本章，我们将探讨计划的含义，分析组织为了达到目标所采取的计划类型，探讨计划的制定方法、过程与组织实施，深入研究战略计划的制定与战略管理过程的不同阶段。

① ［美］理查德·L·达夫特：《管理学》，197 页，北京，机械工业出版社，2003。

4.1 计划的含义

4.1.1 计划的概念

什么是计划？对计划的理解可以有静态和动态之分。从静态方面来解释，计划是指用文字和指标等形式所表述的、企业以及企业内不同部门和不同成员在未来一定时期内关于行动方向、内容和方式安排的管理文件。计划既是所确定的企业在未来一定时期内的行动目标和方式在时间和空间的进一步展开，又是组织、领导、控制等管理活动的基础。从动态方面来解释，计划是指为了实现所确定的目标，预先进行的行动安排。这项行动安排工作包括：在时间和空间两个维度上进一步分解任务和目标，选择任务和目标实现方式、进度规定、行动结果的检查与控制等，通常称为计划工作。因此，计划工作是对企业所确定任务和目标提供一种合理的实现方法。

正如哈罗德·孔茨所言："计划工作是一座桥梁，它把我们所处的这岸和我们要去的对岸连接起来，以克服这一天堑。"计划工作起着承上启下的作用，它给企业提供了通向未来目标的明确道路，给组织、领导和控制等一系列管理工作提供了基础。有了计划工作这座桥，本来不会发生的事，现在就可能发生了，模糊不清的未来变得清晰实在。虽然我们不可能准确无误地预知未来，虽然不可控制的因素可能干扰最佳计划的制定，并且我们几乎不可能制定出最优计划，但是除非进行计划工作，否则就将无所作为。

计划包括：定义企业目标，制定全局战略以实现这些目标，开发一个全面的分层计划体系以综合和协调各种活动。因此，计划涉及"5 个 W"和"1 个 H"，即计划必须清楚地确定和描述下述内容：

What——做什么？即目标与内容；Why——为什么做？即原因；Who——谁去做？即人员；Where——何地做？即地点；When——何时做？即时间；How——怎样做？即方式、手段。

4.1.2 计划工作的性质

根据孔茨和奥·唐奈尔（Cyril O'Donnell）的观点，计划工作的性质可表现在四个方面：目的性、首位性、普遍性和效率性。

4.1.2.1 计划工作的目的性

在企业中，每一个计划及其派生计划的制定，其最终目的都是为了促使企业总体目标和各个阶段目标的实现。计划的有效制定能对企业行为产生积极的指导作用，从而确保企业的生存与发展沿着既定的方向和目标前进。这正如高茨（Goetz）所强调的："管理的计划工作是针对所要实现的目标去设法取得一种始终如一的、协调的经营结构。如果没有计划，行动就必然成为纯粹杂乱无章的行动，只能产生混乱。"所以，计划工作具有强烈的目的性，它以行动为载体，引导着企业的经营运转。

4.1.2.2 计划工作的首位性

在实践中，管理的各项职能是作为一个系统而交织在一起的。但由于计划具有确认企业目标的独特作用，因此成为其他各项职能执行的基础，具有优先性。任何组织都只有把实现目标的计划制定出来后，才能确切地知道需要什么样的组织层次与结构，配备什么样的合格人选，按照什么方针、政策来实行有效的领导，以及采取什么样的控制方法等。尤其是计划与控制之间是密不可分的。没有计划指导的控制是毫无意义的，因为人们如果事先不了解自己要到哪里去（这是计划工作的任务），那么也就无法知道自己是否正在走向要去的地方（这是控制工作的任务），所以，计划是为控制提供标准的。

4.1.2.3 计划工作的普遍性

计划工作的普遍性表明计划工作应涉及企业管理区域内的每一个层级，从高层管理人员到基层管理人员都需根据自己的工作内容和职责范围制定计划。通常有一种片面的理解认为，计划工作仅仅是高层决策者的工作内容，这种看法是非常狭隘的。在一个高效的企业中，每一个管理人员都需从事计划工作。高层管理人员制定企业的总体计划，把握全局方向和目标；中层管理人员制定部门计划，诸如财务计划、市场计划、人事计划等，确定在整体目标实现过程中，各部门自身的具体目标；而基层管理人员则要制定具体的作业计划，以配合生产计划的最终实现。在企业中，计划可以直接由上而下，层层分解地制定，也可以先自下而上地层层草拟，然后再由高层整合后制定出企业的总体目标，自上而下地最后确认。但无论采用哪种形式，计划工作总是建立在企业的各个不同管理层面上的。

4.1.2.4 计划工作的效率性

计划工作的效率是以实现企业总目标和一定时期内目标所得到的利益，扣除为制定和执行计划所需要的费用和其他预计不到的后果之后的总额来测定的。虽然某一计划有助于企业目标的实现，但它所消耗的费用可能太高，或无此必要，这就意味着该计划工作是低效的，甚至可能是无效的。效率并不仅仅局限于人们通常理解的按资金、人力、工时或产品单位表示的投入产出量，而且还应包括诸如个人和群体的满意程度等一类的评价标准。

因此，在高效运作的企业中，管理者最重要的任务就是确保每个人都明白群体的宗旨和目标，以及实现宗旨和目标的方法。如果期望群体的努力有效，每个人都必须明白他应该做什么，这就是计划职能，它是所有管理职能中最基本的职能。

4.1.3 计划工作的作用

计划是管理活动的最基本的职能，计划工作给出了方向，减少了变化带来的影响，尽可能避免了重复、遗漏和浪费的现象，并制定了利于控制的标准。

计划工作协调了企业成员所做的各种努力。无论是管理人员或非管理人员，它都为他们指明了方向，使所有有关人员知道企业正走向何方，为了达到目标，他们必须做何贡献，并能互相合作，协调各自的活动，避免了企业忽左忽右的摇摆，从而有效地达成目标。

计划工作通过预计变化来降低不确定性。它也为管理人员指明，在面对变化做出反应时所采取的各项行动的后果。计划工作迫使管理人员朝前看，预计变化，考虑变化带来的影响，并对变化做出适当的反应。

计划工作说明并确定了企业中每一部门应做些什么，为什么要做这些事，应在什么时候去做。目的和手段都明确了，低效和无能也就显而易见了。它减少了重复与浪费的活动，并协调各项活动，使之与其他有关活动相配合。

最后，计划工作建立了目标与标准，从而保证了必要的控制。如果我们不确定究竟要达成什么，也就无法确定是否实现了目标。正是由于在计划工作中提出了目标，在控制职能中才能将实际的业绩与目标相对照，一旦出现重大的偏差，就能及时地采取纠偏行动。没有计划工作也就无所谓控制。

有关计划工作的作用，我们应有一个正确的认识。一般而言，正式的计划工作是和企业的较高利润、较高的资产回报以及其他正面的财务成果相联系的。其次，高质量的计划工作和对计划适当的贯彻执行将导致更高的组织绩效。但是，在实践中仍有不少人对计划工作有许多误解，有必要加以澄清：

1. 计划工作不是策划未来。换言之，计划工作并不是“预测”，人类是无法预言和控制未来的，试图指挥和策划未来是幼稚的。我们仅能决定为了实现将来的目标应当采取什么样的行动。

2. 计划工作不是做未来的决策。它涉及的是当前决策对将来事件的影响，所以计划工作涉及未来，但是，计划工作的决策是现在就做出的。

3. 计划工作并不能消除变化。管理人员不管做些什么，变化是客观存在的，管理部门之所以要从事计划工作是为了预估各种变化和风险，并对它们做出最为有效的反应。

4. 计划工作并不减少灵活性。计划工作意味着承诺，但只有当管理部门把计划工作看成是一次性行为时，它才是一种限制，计划工作应是一种持续的活动，应该根据实际情况的变化做灵活的调整。

4.2 计划的类型与权变因素

4.2.1 计划的类型

划分计划类型有多种分类方法：依据计划涉及范围的广度来划分，有战略计划和战术计划；按时间长短来划分，有长期计划与短期计划；按职能的不同来划分，有业务计划、财务计划、人事计划等；按明确性来划分，有具体性计划和指导性计划；按程序化程度来划分，有程序性计划和非程序性计划等。按不同方法分类的计划类型见表4—1。需要指出的是，这些分类方法所划分出的计划类型很难截然独立。比如，长期与短期就不存在定量的数值标准，程序化程度更难用某种统一的定量标准区分其高低。另外，虽然理论研究将计划按一定标准进行分类，但现实中的计划往往是综合的，比如，长期财务计划与短期财务计划、指导性人事计划与具体性人事计划等。下面对这几种类型的计划分别做一介绍。

表 4—1　　计划的类型

分类标准	类型
涉及的范围广度	战略性计划 战术性计划
时间的长短	长期计划 短期计划
职能空间	业务计划 财务计划 人事计划
明确性	具体性计划 指导性计划
程序化程度	程序性计划 非程序性计划

4.2.1.1　战略性计划与战术性计划

根据涉及时间长短及其范围大小的综合性程度，可以将计划分为战略性计划与战术性计划。战略性计划是指应用于企业整体的、为企业未来较长时期（通常为五年以上）设立总体目标和寻求组织在环境中的地位的计划。战术性计划是指规定总体目标如何实现的细节的计划，其需要解决的是企业的具体部门或职能在未来各个较短时期内的行动方案。

战略性计划显著的特点是长期性与整体性。长期性是指战略性计划涉及未来较长时期，整体性是指战略性计划是基于企业整体而制定的，强调企业整体的协调。战略性计划是战术性计划的依据，战术性计划是在战略性计划指导下制定的，是战略性计划的落实。从作用和影响上来看，战略性计划的实施是企业经营活动能力的形成与创造过程，战术性计划的实施则是对已经形成的能力的应用。

4.2.1.2　长期计划和短期计划

财务分析人员习惯于将投资回收期分为长期、中期和短期。长期通常指五年以上，短期一般指一年以内，中期则介于两者之间。管理人员也采用长期、中期和短期来描述计划。长期计划描述了企业在较长时期（通常为五年以上）的发展方向和方针，规定了企业的各个部门在较长时期内从事某种活动应达到的目标和要求，绘制了企业长期发展的蓝图。短期计划具体地规定了企业的各个部门，在目前到未来的各个较短的时期阶段，特别是最近的时段中，应该从事何种活动，从事该种活动应达到何种要求，因而为各企业成员在近期内的行动提供了依据。

4.2.1.3　业务计划、财务计划和人事计划

从职能空间分类，可以将计划分为业务计划、财务计划及人事计划。企业是通过从事一定经营业务活动立身于社会的，业务计划是企业的主要计划。我们通常用“人、财、物，供、产、销”六个字来描述一个企业所需的要素和企业的主要活动。业务计划的内容涉及“物、供、产、销”，财务计划的内容涉及“财”，人事计划的内容涉及“人”。

作为经济组织，企业业务计划包括产品开发、物资采购、仓储后勤、生产作业以及销售促进等内容。财务计划与人事计划是为业务计划服务的，也是围绕着业务计划而展开

的。财务计划研究如何从资本的提供和利用上促进业务活动的有效进行，人事计划则分析如何为业务规模的维持或扩大提供人力资源的保证。

4.2.1.4 具体性计划与指导性计划

根据计划内容的明确性标准，可以将计划分为具体性计划和指导性计划。具体性计划具有明确规定的目标，不存在模棱两可的情况。比如，企业销售部经理打算使企业销售额在未来六个月中增长15%，他会制定明确的程序、预算方案以及日程进度表，这便是具体性计划。指导性计划只规定某些一般的方针和行动原则，给予行动者较大的自由处置权，它指出重点但不把行动者限定在具体的目标上或特定的行动方案上。比如，一个增加销售额的具体计划可能规定未来六个月内销售额要增加15%，而指导性计划则可能只规定未来六个月内销售额要增加12%～16%。相对于指导性计划而言，具体性计划虽然更易于执行、考核及控制，但是缺少灵活性，它要求的明确性和可预见性条件往往很难满足。

4.2.1.5 程序性计划与非程序性计划

赫伯特·西蒙（Herbert Simon）把企业经营活动分为两类：一类是例行活动，指一些重复出现的工作，如订货、材料的出入库等。有关这类活动的决策是经常反复的，而且具有一定的结构，因此可以建立一定的决策程序。每当出现这类工作或问题时，就利用既定的程序来解决，而不需要重新研究，这类决策叫程序化决策，与此对应的计划是程序性计划。另一类活动是非例行活动，不重复出现，比如新产品的开发、生产规模的扩大、品种结构的调整、工资制度的改变等。处理这类问题没有一成不变的方法和程序，因为这类问题或在过去尚未发生过，或因为其确切的性质和结构捉摸不定或极为复杂，或因为其十分重要而需用个别方法加以处理。解决这类问题的决策叫做非程序化决策，与此对应的计划是非程序性计划。

以上是根据不同标准来划分计划的类型。综上所述，一个计划包含企业将来行动的目标和方式。计划与未来有关，是面向未来的，而不是对过去的总结，也不是对现状的描述；计划与行动有关，是面向行动的，而不是空泛的议论，也不是学术的见解。

4.2.2 计划的权变因素

在有些情况下，长期计划可能更重要，而在其他情况下可能正相反。类似的，在有些情况下指导性计划比具体性计划更有效，而换一种情况就未必如此。那么决定不同类型计划有效性的都是些什么因素呢？下面我们将识别几种影响计划有效性的权变因素。

4.2.2.1 企业中的管理层次

图4—1表明了企业中的管理层次与计划类型之间的一般关系。在大多数情况下，基层管理者的计划活动主要是制定战术计划，当管理者在企业中的管理等级上升时，他的计划角色就更具战略导向。而对于大型组织的最高管理层，他的计划任务基本上都是战略性的。当然，在小企业中，所有者兼管理者的计划角色兼有这两方面的性质。

4.2.2.2 企业的生命周期

任何企业都要经历一个生命周期，开始于形成阶段，然后是成长、成熟，最后是衰退。在组织生命周期的各个阶段上，计划的类型并非都具有相同的性质，也就是说，计划

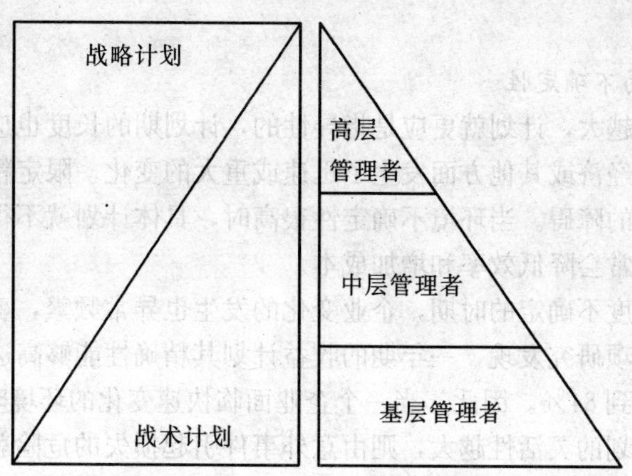

图 4—1　计划工作与企业中的管理层次之间的关系

的时间长度和明确性应当在不同的阶段上做相应调整。

如果所有的事情都保持不变，管理无疑会从采用具体计划中获益，这不仅是因为具体计划指出了一个明确的方向，而且是由于它建立了非常详细的基准，可用以衡量实际的绩效。但问题是，事情并非总是一样的。

在企业的形成期，管理者应当更多地依赖指导性计划，因为处于这一阶段要求企业具有更高的灵活性。在这个阶段上，目标是尝试性的，资源的获取具有很大的不确定性，辨认谁是顾客很难，而指导性计划使管理者可以随时按需要进行调整。在成长期，随着目标更确定、资源更容易获取和顾客的忠诚度的提高，计划也更具有明确性。当企业进入成熟期，可预见性最大，从而也最适用具体计划。而当企业从成熟期进入衰退期，计划模式也随之逆向变化，计划从具体性转入指导性，这时目标要重新考虑，资源要重新分配。图 4—2 就清楚地说明了在企业生命周期的不同阶段，要适用不同类型、时间长度和明确性的计划。同时，在企业的生命周期中，企业的绩效也会不断发生变化。

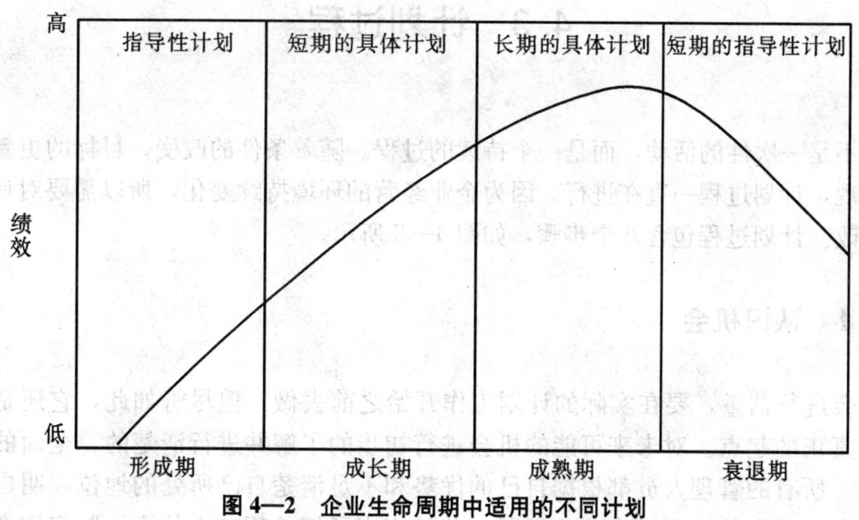

图 4—2　企业生命周期中适用的不同计划

计划的期限也应当与企业的生命周期联系在一起。短期计划具有最大的灵活性，故应更多地用于企业的形成期与衰退期；成熟期是一个相对稳定的时期，因此，更适合制定长期计划。

4.2.2.3 环境的不确定性

环境的不确定性越大，计划就更应是指导性的，计划期的长度也应更短。假如环境要素诸如技术、社会、经济或其他方面发生了迅速或重大的变化，限定精确的行动路线反而会成为企业取得绩效的障碍。当环境不确定性很高时，具体计划就不得不改变来适应这种变化，但是这样又常常会降低效率和增加成本。

同样，在环境高度不确定的时期，企业变化的发生也异常频繁，变化越大，计划的精确性也就越差。如一项研究发现，一年期的收益计划其精确性能够高达99%，而五年期的计划其精确性只能达到84%。因此，当一个企业面临快速变化的环境时，管理部门就应增加计划的灵活性。计划的灵活性越大，则由意外事件引起损失的危险就越小；但必须对增加灵活性的成本和未来承诺任务中的风险做出权衡。一般而言，企业所处的环境相对稳定，则可以制定相对复杂综合的长期计划；如果组织面对的是相对动态的环境，则计划几乎都集中于短期。

4.2.2.4 未来承诺的时间长度

最后一个权变因素也和计划的时间期限有关。当前计划对未来承诺的影响越大，其计划期限也应越长。这里涉及应用计划工作中的一项基本原则——承诺原则，即合乎逻辑的计划工作包含的期限，应是尽最大可能预见未来足以完成今日决策中所做的承诺所需的那段时间。计划期过长或过短都是低效率的。

值得注意的是，管理人员并非是为将来的决策做计划，而是正在为当前决策的未来影响做安排。今日的决策即承诺，指在资金、行动路线、信誉等方面承担责任。所以，明智的管理人员一定会把长远的考虑结合到今日的决策之中，否则就是无视计划工作和决策的基本性质。

4.3 计划过程

计划不是一次性的活动，而是一个持续的过程。随着条件的改变，目标的更新以及新方法的出现，计划过程一直在进行。因为企业经营的环境持续变化，所以需要对计划进行更新和修改。计划过程包含八个步骤，如图4—3所示。

4.3.1 认识机会

对机会进行估量，要在实际的计划工作开始之前去做，但尽管如此，它还是计划工作中一个真正的起点。对未来可能的机会进行初步的了解并进行清楚的、全面的掌握是很重要的。所有的管理人员都根据自己的优势和不足清楚自己所处的地位，明白希望解决什么问题以及为什么要解决这些问题，并且应当了解希望获得什么。制定切合实际的目标取决于对所有这些内容的估计，企业计划要求对机会及其环境做出切合实际的分析诊断。

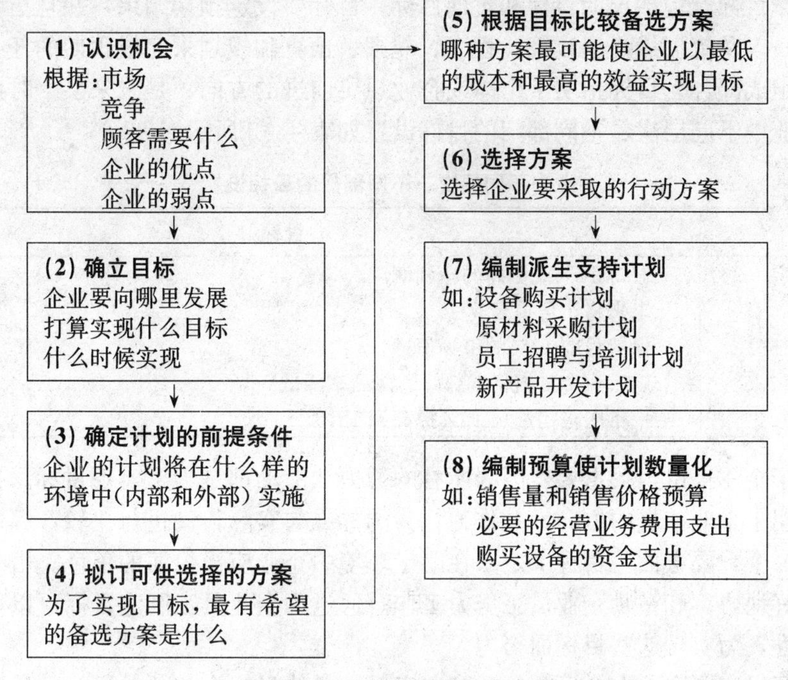

图 4—3　编制计划的八个步骤

在计划过程中，一个企业必须实事求是地评估自己的优势和劣势。若计划建立在错误的评估基础上，那么将会导致灾难性的打击。当一个企业集中注意自己的弱点的时候，同时也应当看到自己的优势，根据自己的优势制定适宜的战略。对自己拥有的资源如财务状况、现有技术、有形设备、原材料等进行评估将是一个很好的起点。这些项目的库存将表明企业实现其目标的能力。

评估外部环境的第一步是界定企业的市场。在界定市场时，通常进行市场研究和历史分析，分析市场的历史可以明确顾客购买产品的原因，研究市场可以分辨潜在的顾客以及他们的需求。接下来是考虑行业状况，确定竞争性质及战胜竞争对手的战略。企业应当了解主要的竞争对手及他们的优势和劣势。无论是长期计划还是短期计划都必须考虑技术的发展。企业如果忽略了环境中技术的发展而生产产品，最终可能会发现该产品已经过时，因为在市场上可能已出现了一种应用现代技术的新产品。

经济状况也是一个重要的方面。如果由于经济状况恶化而引起货币市场银根紧缩，那么在市场上投放一种产品可能会使销售和利润下降。多数计划人员通常都进行经济趋势分析。在进行外部环境分析时，根据企业和行业的性质，以及其他相关方面进行统一估算。

分析外部环境的一个重要目的是寻找和分辨新机会。抓住新机会将使企业获得扩张和多样化经营的可能。分析外部环境及寻找机会意味着收集大量的数据，没有这些数据和可靠的信息，就不能采取任何行动。

4.3.2　确立目标

在制定重大计划时，第二个步骤是要确定整个企业的目标，然后为其所属的下级单位确定计划工作目标，包括长期目标和短期目标。目标要设定预期结果，并且指明要达到的终点和重点，以及依据战略、政策、程序、规则、预算和规划来完成预期的任务。目标是计划的主要组成部分。目标指明了个体或企业想要前进的方向，是未来某个时期的预期结果。某一企业中不同层次、不同部门的目标设置如表 4—2 所示。

表 4—2　　企业中不同层次、不同部门的目标设置

层级	目标
公司管理层	获得 10%或更高的净利润
生产部门	未来将产量提高 5%
市场营销部门	保持目前 12%的市场份额
班组	以后六个月内将本部门的次品率降低 5%
销售人员	一年内将销量从 10%提高到 15%

目标对于企业来讲至关重要，因为所有的努力和活动都是为了实现目标。目标有许多作用，它指明了企业前进的方向，并作为行为的标准与实际行动进行比较，因此，它也是控制过程的一个重要方面。目标决定了在既定环境中企业应当扮演的角色。由于目标的存在，可以很好地协调和激励企业员工努力工作。通过为企业员工制定目标可以使他们保持高度的积极性，为实现这些目标而努力。

总体目标规定了企业在今后几年的基本宗旨。具体目标应与总体目标一致，并且不能与总体目标相冲突。在一个企业中通常会由高层决策者首先制定出企业在一定时间内的总体目标，然后再在总体目标确认的基础上，确定各项具体目标，具体量化指标。当具体目标全部确认完毕后，接着就需对其优先顺序进行排列，形成具体目标间一定的层次性。例如，管理层必须决定“投资回报率提高 6%”和“市场占有率提高 10%”究竟哪个更重要。

4.3.3　确定计划的前提条件

计划工作的第三步是确定一些关键性的计划前提条件，并加以宣传和取得一致意见。这些前提条件可以是说明事实的预测资料，也可以是使用的基本政策或者企业现行的计划等。计划工作的前提条件就是计划工作的假设条件，换言之，即计划实施时的预期环境。但企业的外部环境是非常复杂的，即使是企业的内部环境，有时在草拟计划时也需慎重考虑。所以，在计划工作中有这样一个重要的原理：负责计划工作的人员对计划前提了解得越细越透彻，并能始终如一地运用它，那么，组织的计划工作也将更加协调。

在制定计划时，预测是非常重要的，而且企业所需预测的内容很多，包括：未来市场的情况如何？销售量多大？价格会如何？产品怎样？技术开发如何？成本多高？什么样的工资率？税率及税收政策如何？新建工厂情况会如何？采取什么样的股息政策？政治和社会环境怎样？长期趋势将怎样？等等。

由于计划的未来环境是如此复杂，所以要想对未来环境的每一个细节都进行假设是不现实的，也是不经济的。因此，我们所要确定的计划前提实际上是指那些对计划来说是关键性的、有战略意义的要素，也就是对计划的贯彻落实具有最大影响的那些因素。

此外，由于全体管理人员对计划前提的一致性认同对于计划工作的有效进行显得尤为重要，所以，使下级主管人员了解什么是他们做计划所依据的前提，就成为组织中各级主管人员的重要职责。

4.3.4 拟订可供选择的方案

计划工作的第四步是寻找和检验可供选择的方案，特别是那些不是一下子就能明显识别的方案。很少有计划只存在唯一的选择方案，通常那些最初并不起眼的备选方案常常最终被证明是最好的。

在这个步骤中，常见的难题并不是寻找可供选择的方案，而是减少可供选择方案的数量，以便能够着重分析最有希望的方案。即使我们可以采用数学方法和电子计算机，但由于成本和时间等因素的影响，实际上真正能够分析的备选方案数量仍是极有限的。计划人员通常必须做一次初选，以便发现最有利的方案。正确的方案必须建立在对内部和外部条件充分估量的基础上，并与其目标保持一致。

4.3.5 根据目标比较备选方案

在拟订出备选方案并权衡了各个方案的优缺点之后，下一步就是按照前提条件和目标对方案进行评估和比较。或许一个方案表明获利程度最大，但需要大量现金支出而且投资回收期较长；而另一个方案获利较小但风险也较小；可是第三个方案似乎更适合企业的长期目标，这就需要对各个方案进行评价。

如果企业唯一的目标是在某一行业迅速实现最大利润，假如未来情况是确定的，现金状况和资金的可获得性无须担心，多数因素能被归纳成一些确定的数据，那么这种评价就会变得非常容易。但是计划人员通常面临着许多不确定性，如资金短缺问题以及各种无形的因素，评价工作往往非常困难，甚至对一些简单的问题也是如此。如一家公司希望引进一条新生产线来提高声誉，但是预测表明这将导致资金损失，那么，公司在选择方案时所需考虑的问题也就是所提高的声誉是否能完全弥补资金方面的损失。在评价方案时可以运用成本效益分析法，即用所选方案的成本与所得收益进行比较，以此来评价备选方案的优劣。

4.3.6 选择方案

选择方案就是在备选方案中做出选择，选择最优的或最令人满意的方案。当然，在选择最优方案时应以企业的资源、优势、劣势和环境的不确定因素作为指南。选择方案就是确定计划，即进行实质性决策。

4.3.7 编制派生支持计划

在做出决策之后，计划工作还没有完成，还有第七步的工作要做。通常来说，一个基本计划的执行总是毫无例外地需要一系列派生计划的支持。例如，某航空公司在做出购买一个编队新式飞机的计划决策后，就会自然而然地产生一系列派生支持计划，如招聘和培训各类人员、购买各种配件、扩建维修设施、编制飞机时刻表等。

4.3.8 编制预算使计划数量化

一旦选择了最优的或最令人满意的方案，计划工作的下一步就是制定具体任务、定额以及分配资源。资源的分配必须以量化的方式表示，这一阶段的计划可称之为预算。如果预算编制得好，预算就成为汇总各种计划的一种手段，并且也制定了可以衡量计划过程的重要标准。

预算是用收益和费用来表示的计划，是对资金分配的描述。预算是对支出的许可，当发生偏差时，预算为采取纠偏措施提供信息。从这方面来讲，预算是计划和控制有效的工具。当既定的目标和方案发生偏差时，必须采取纠正措施，此时预算则被用作控制工具。

预算有多种类型，如生产预算、销售预算、材料预算、现金预算、人工预算、管理费用预算、资金预算和总预算。在编制预算时，如果企业中各个层次人员能广泛参与，将会提高编制和执行预算的有效性。关于管理控制与预算将在后面的章节中详细探讨。

4.4 战略与战略管理

个案 4—1

海尔的国际化经营战略

海尔集团在相继成功地实现了名牌战略（1984—1991 年）、多元化战略（1992—1998 年）之后，在 1999 年适时地提出了国际化经营战略，其目标是使海尔成为一个国际化企业，进入世界 500 强。其国际化经营战略的主要内容和特点是：

1. 战略指导思想。

“三大一活一统一”的大集团战略，即：大名牌、大科研、大市场；资本活；企业文化统一。并对每一项工作提出了质与量的规定性内容。

大名牌，量：一个名牌产品发展成名牌产品群；质：每个产品都是国内同行业的排头兵，并争创国际名牌。

大科研，量：每年开发并投放市场的品种占同行业之冠；质：有研究三年以后的产品的机构和进行当年投产领先产品的机构。

大市场，量：在国内市场中的份额不低于前三名；质：产品分布国内和国际市场，实行三个 1/3 制。

资本活：制定与资本有关的经济指标考核体系，设定标准警戒线和否决线，使资本成为活的能增值的动力。

企业文化统一：通过对统一的企业精神、企业价值观的认同，使集团有强大的向心力和凝聚力。

2.“三三”战略和“先难后易”的出口战略。

海尔在二次创业时期，提出“三三”战略，即质量国际化的三个标志：质量保证体系认证、产品国际认证和检测水平国际认证，以此实现质量水平全方位与国际接轨。科技国际化三部曲：引进消化、吸收模仿、引智创新，以此实现科技创新和开发与国际水平同步。市场国际化的三个1/3战略：国内生产国内销售1/3，国内生产国外销售1/3，海外建厂海外销售1/3。目前海尔计划在世界十大经济区域和地区建立据点，特别是要到市场空间较大的南美和南非设厂，通过一区设一厂，并使其本地化率达到60%，把在设厂国生产的产品输送到经济区中的其他国家，形成辐射状态。

“先难后易”的出口战略，即产品首先进入发达国家与地区，创出信誉后再以高屋建瓴之势进入发展中国家与地区。海尔进入国际市场的战略方式与众不同，是标新立异、逆向思维的经营方式，即首先突破难点和瓶颈状态，把困难程度和时间提前，产品进入发达国家市场得到认可后，再进入发展中国家，发展中国家的问题就迎刃而解。

海尔集团正在全面实施其国际化经营战略，并为此对企业的组织结构、业务流程等进行了全面的变革。从海尔的经营战略我们可以体会到“战略”对一个企业的生存与发展起着至关重要的作用。战略一词最初源于军事术语，是指导战争全局的方略。20世纪60年代初，美国著名管理学家钱德勒（Alfred D. Chandler，Jr.）发表了著名的《战略与结构》一书，首次对战略的定义及其与环境、组织结构之间的关系进行了分析与阐述，把战略引用到了工商企业的领域。然而迄今为止，对于战略的概念，不同的专家学者仍有不同的阐述。综合专家学者的概念，战略可以理解为是组织总体目标和保证总体目标得以实现的一系列方针、政策、活动的集合体。而应用于整体组织的，为组织未来较长时期（通常为五年以上）设立总体目标和寻求组织在环境中地位的计划称为战略计划，它是规定企业发展方向的长远计划。

战略管理顾名思义就是指针对战略所进行的管理。它是围绕着战略的分析、选择、实施和评估而采取的一系列手段与措施的全过程。换句话说，它是指为实现组织目标，使组织和其所处的环境之间高度协调，而在制定和实施战略的过程中所采取的一系列决策和行动的总和。这种管理被认为是计划的一种特殊形式，它对组织的发展方向将有着长远的、全局性的影响。

4.4.1 战略的特征与层次

4.4.1.1 战略的基本特征

企业战略一般具有以下几个方面的特征：

1. 全局性。企业战略以企业全局的发展规律为研究对象，是指导整个企业生产经营活动的总谋划。虽然企业战略必然包括企业的局部活动，但这些局部活动都是作为总体行动的有机组成部分出现的。

2. 长远性。战略的考虑着眼未来，着眼长远。企业战略既是企业谋求长远发展意愿的反映，也是企业规划未来较长时期生存与发展的设想。而它的制定与执行，也必然影响企业的长远发展。

3. 纲领性。企业战略是企业长时期生产经营活动的纲领，是企业经营管理综合思想的体现。经营战略研究的是诸如确定企业发展目标、经营方向、经营重点以及应该采取的基本行动方针、重大措施等，并做出原则性、概括性的规定，从而为企业经营的基本发展指明方向，它具有很强的指导性。

4. 竞争性。企业战略主要研究在激烈的市场竞争中如何强化本企业的竞争力量，如何与竞争对手抗衡以使得本企业立于不败之地。同时在对未来进行预测的基础上，为避开和减轻来自各方面的威胁、迎接未来的挑战，制定各种行动方案。

5. 稳定性。企业发展战略的全局性和长远性决定了经营战略的相对稳定性。经营战略必须具有相对稳定性，才会对企业的生产经营活动有指导作用。如果经营战略朝令夕改，变化无常，不仅难以保证战略目标和战略方案的具体落实，而且也失掉了战略的意义，还可能引起企业经营的混乱，给企业带来不应有的损失。

4.4.1.2 **战略的层次**

在战略管理活动中，一般将战略层次分为：公司层战略、业务层战略、职能层战略。如图 4—4 所示。

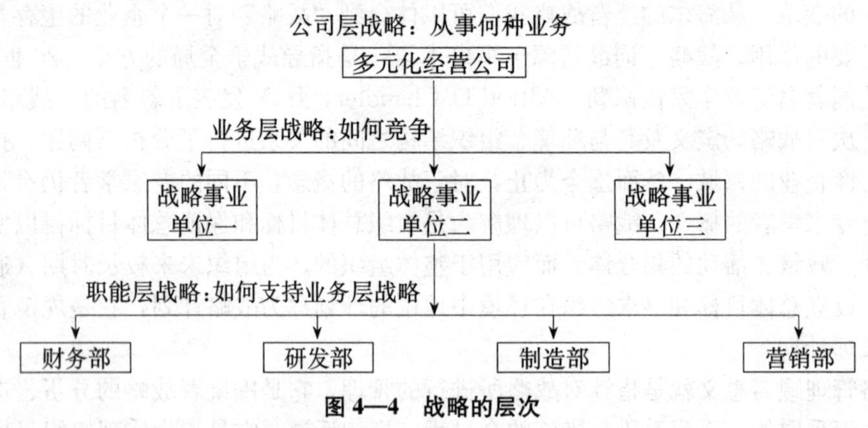

图 4—4 战略的层次

1. 公司层战略。如果一个企业拥有一种以上的业务，那么它将需要一种公司层战略。这种战略要回答这样的问题：我们应当拥有什么样的业务组合？公司层战略应当决定每一种业务在企业中的地位，它适用于公司整体以及构成公司实体的全部业务部门和产品线。公司层战略行动通常涉及：拓展新的业务；增加或裁减经营单位、生产厂家或产品线；在新领域与其他公司合资等。

2. 业务层战略。业务层战略要回答这样的问题：在我们的每一项业务领域里应当如何进行竞争？对于只经营一种业务的小企业，或是不从事多元化经营的大型组织，业务层战略与公司层战略是一回事。对于拥有多种业务的组织，每一个经营部门会有自己的战略，这种战略规定该经营单位提供的产品或服务，以及向哪些顾客提供产品或服务等。

当一个企业从事多种不同的业务时，建立战略事业单位更便于计划和控制。战略事业单位代表一种单一的业务或相关的业务组合。每一个战略事业单位应当有自己独特的使命和竞争对手，这使得每一个战略事业单位有自己独立于企业中的、与其他事业单位有别的战略。像在通用电气这样的公司中，因为经营多种多样的事业，故管理当局可能建立十几个或更多的战略事业单位。企业的经营可以看做是一种事业组合，每一个事业单位服务于一种明确定义的产品和细分市场，并具有明确定义的战略。事业组合中的每一个事业单位按照自身的能力和竞争需要开发自己的战略，同时必须与整体组织的能力和需要保持一致。业务层的战略内容包括：广告投放量、研发的方向和深度、产品更新、仪器设备及产品线的扩张和收缩等。

3. 职能层战略。这一层战略要回答的问题是：我们怎样支持业务层战略？职能层战略从属于战略事业单位内部的主要职能部门。职能部门如财务、研究与开发、制造、市场营销、人力资源部门等，应当与业务层战略保持一致。

4.4.2 战略管理过程

战略管理就是指针对战略所进行的管理，涉及对战略从分析、选择、实施到评价的全过程，主要包括四个相互关联的阶段：战略分析阶段、战略选择阶段、战略实施阶段和战略评价阶段。这四个阶段又分为九个步骤（如图 4—5 所示）。

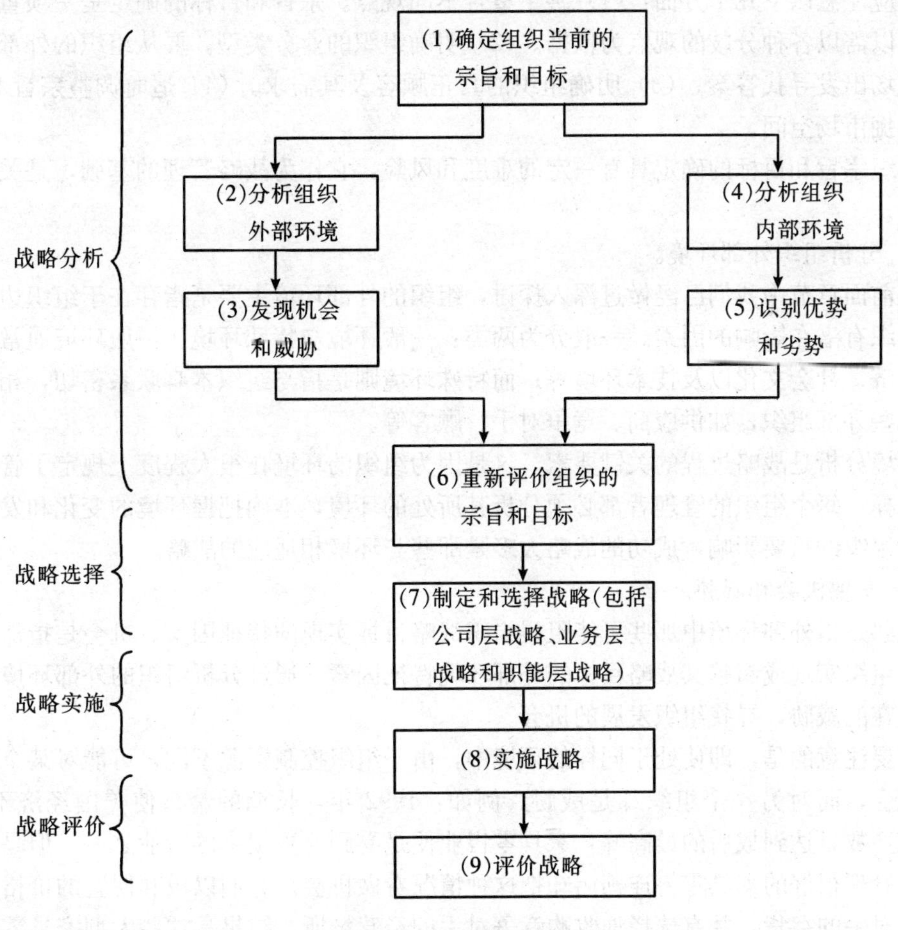

图 4—5 战略管理过程

4.4.2.1 战略分析阶段

战略分析是整个战略管理过程的起点和首要环节，为战略的正确选择提供决策依据，因此，它在战略管理全过程中有着举足轻重的地位。在这个阶段，组织的战略管理人员将在明确了组织宗旨与使命的基础上，通过对外部环境的分析，挖掘市场机会，明辨市场威胁，领悟关键成功要素，并通过对内部资源的评估，认识组织自身的优势和劣势，从而确定组织的核心竞争力。具体步骤如下所述：

1. 确定组织当前的宗旨和目标。

组织的宗旨和目标是指组织中最基本的，使自己区别于其他组织的经营目的，也是组织经营哲学的一种体现。组织的宗旨和目标使处于相同环境的组织在经营活动上具有不同的出发点和目的，也使在目前看来地位相同的组织，在若干年后具有不同结局。它确定了一个组织从事的是什么业务或事业和应该从事什么事业。作为战略制定的依据，为了明确组织究竟应从事哪一方面的事业或业务，确定经营目的是一个不可缺少的步骤。只有在此基础上，组织的全体成员才能树立共同的理想，增进相互理解，达成共识，从而促进团队合作，同时也能使组织外各类与组织有利益关系的集团和个人获得对组织的基本了解。组织的宗旨和目标具体体现了组织的未来目标、业务性质以及其内、外部价值观，因此在确定时，应注意以下几个方面：(1) 善于整合不同观点。宗旨和目标的确定是一项重大的决策，所以需以各种分歧的观点为依据。(2) 明确组织的业务类型。要从组织的外部，从顾客、市场出发寻找答案。(3) 明确组织的真正顾客及其需求。(4) 适时调整宗旨和目标。(5) 发掘市场空间。

组织宗旨和目标的确定具有一定的难度和风险，它作为战略管理的基础，是关键性的第一步。

2. 分析组织外部环境。

在前面章节中我们已经做过深入探讨，组织的外部环境主要是指存在于组织边界之外的对组织有潜在影响的因素。一般分为两类：一般环境与特殊环境。一般环境通常是指政治、经济、社会文化以及技术环境等；而特殊环境则是指与组织本身联系密切，相关性较强的那些外部组织，如供应商、竞争对手、顾客等。

环境分析是战略过程的关键要素，这是因为组织的环境在很大程度上规定了管理者可能的选择。每个组织的管理者都必须分析其所处的环境，准确把握环境的变化和发展趋势及其对组织的重要影响，成功的战略大多是那些与环境相适应的战略。

3. 发现机会和威胁。

威胁是指外部环境中那些可能阻碍组织战略目标实现的特征因素。机会是指那些有潜力帮助组织实现或超越其战略目标的外部环境特征因素。通过分析组织的外部环境发现环境中存在的威胁，寻找组织发展的机会。

需要注意的是，即使处于同样的环境中，由于组织控制资源不同，可能对某个组织来说是机会，而对另一个组织却是威胁。例如：1992 年，长期的萧条使美国经济不景气，企业破产数量达到战后的最高峰，家具零售业便是受到严重损害的行业之一。但是，几家大型的管理很好的家具零售连锁店却把这种情况看做机会。它们以极其便宜的价格大量购买竞争对手的存货，并有选择地收购竞争对手的经营场所。结果是这些大型家具零售商通过收购和兼并进一步扩展了自己的规模。可见，环境变化对一个组织来说，究竟是机会还是威胁，取决于该组织所控制的资源。

4. 分析组织内部环境。

通过对组织内部文化、人员、财务、物质等因素的分析，了解以下内容：(1) 组织能用于创造或维持竞争优势的优势。(2) 组织的核心竞争力，即对未来成功有关键作用的那些少数的优势，如资产、技术等。(3) 所需改进的劣势和进行战略变革的阻力。其中，一些重要的内部分析要素包括：核心竞争力；所需竞争能力；目前的战略评估；目前的业绩；评价和管理体系；潜在资源和实际资源；内部工作流程和系统的分析；组织和结构；人员；财务等。

5. 识别优势和劣势。

优势是指组织可借以实现其战略绩效目标的内部特征因素；劣势是指那些阻碍或限制组织绩效取得的内部特征因素。在识别组织优势和劣势时，首先要获得与组织文化、营销、财务、生产和研发等具体职能有关的信息。通过以上对内部环境进行详细分析，管理者可以判断出自身相对于其他公司的一些优势和劣势，识别出什么是组织自身的与众不同的能力，即决定作为组织的竞争武器的独特技能和资源。

6. 重新评价组织的宗旨和目标。

通过对内、外环境的分析，发现了环境中的机会与威胁和组织的优势与劣势，接着就要把组织的优势与劣势和环境中的机会与威胁相配合，进行再评价，通常称为 SWOT 分析，即优势（strength）、劣势（weakness）、机会（opportunity）、威胁（threat）分析。这一过程的目的是使组织与环境相适应，发现组织可能发掘的细分市场。

按照 SWOT 分析和识别组织机会的要求，管理者要重新评价公司的宗旨和目标，评价它们是否实事求是？是否需要修正？如果需要改变组织的整体方向，则战略管理过程可能要从头开始。如果不需要改变组织的大方向，管理者则应着手制定战略。

4.4.2.2 战略选择阶段

通过以上各个步骤的分析后，战略管理就进入到战略制定和选择阶段。在这一阶段需要分别制定并选择出一组符合三个层次要求的公司层战略、业务层战略和职能层战略，这些战略能够最佳地利用组织资源和充分地利用市场的机会。

4.4.2.3 战略实施阶段

再好的战略计划，如果不恰当地贯彻实施，那么也只是一项完备的计划，它并不会自行取得成功。战略计划工作能否取得成果的突出标志是使关键人员去从事特定的任务，所以战略实施的首要问题是组织落实，组织是实现目标和战略的手段。“战略决定组织结构”，如果一个组织的公司层战略有重大的改变，那么就有必要对该组织的总体结构重新加以设计。

高层管理人员的领导能力是战略计划取得成功的一个必要因素，但是中层和基层管理人员执行高层管理部门计划的主动性也十分关键。根据确定的战略计划制定战术计划和作业计划，然后把组织中最好的人员投入实施工作。这里不仅意味着由某个人来从事某项任务，而且还意味着落实个人的责任、完成任务的时间，以及确定衡量成果的标准等。

近年来，战略与组织文化的关系也备受人们关注。企业文化作为一个组织所特有的价值观念、管理风格、行为规范和精神风貌的体现，对一个组织的成功有很大的影响。但是，有时具有强文化的成功组织，也可能为过去的成功所拖累。成功常常使得导致成功的行为成为过时的行为。在实施战略过程中，不同的战略也要求组织文化与之相适应。同组织结构一样，文化本身并无优劣之别，它是实施战略取得竞争优势的手段。

总之，战略实施对于有效的战略管理来说至关重要。管理者通过领导手段、组织结构设计、控制系统、人力资源和企业文化等工具来实施战略。如果不能有效地贯彻实施，即使最有创造力的战略也只能以失败而告终。

4.4.2.4 战略评价阶段

战略评价是整个战略管理过程的最后一个环节。战略方案在实施过程中，需对其实施情况进行跟踪检查，明确各项活动进展正常与否以及预期成果的实现情况。这些用以衡量战略执行效果好坏的指标体系，就是战略评价标准，包括定性指标和定量指标两方面。在定性指标方面包括战略与环境的适应性，对环境中的机会和威胁进行再评估和分析。而在定量指标方面一般包括资金的筹措、投资回报、技术进步、市场开创等内容。此外，还应建立必需的战略管理信息系统，采用先进的手段和科学的方法，进行全面、准确、及时、必要的信息反馈，以便于更好地掌握组织内、外部现实和走势等各方面的情况。

由于战略本身带有预见性的特点，所以战略的长期稳定性与战略环境的多变性之间常会发生矛盾，从而导致战略实施结果与战略预期目标之间时常发生偏差，这就需要对战略方案进行调整。一般有以下三种情况：(1) 局部性调整。总体战略不变，只在操作执行层进行调整。(2) 职能性调整。由职能部门提出调整方案，报高层审核、通过。(3) 总体性调整。对组织的总体战略进行修正。

4.4.3 公司层战略

公司战略也称为组织总体发展战略或主体战略，是组织高层管理部门为实现组织目标而为整个组织制定的方向和计划。它主要用于确定组织的业务类型，解决组织中各种资源在各种业务中的分配。值得注意的是，若某一组织所拥有的业务种类较单一，那么对它而言，其公司层战略也可能就是其业务战略。由此可见，公司层战略一般适用于多业务的组织。公司层战略可以从不同的角度来分类，其中比较重要的一种分类是从战略态势来分，有维持战略、发展战略、榨取战略和退出战略。

4.4.3.1 维持战略

维持战略，亦称稳定战略。这一战略的主要特征是没有什么重大的变化，或者维持一种温和程度的增长，或者干脆维持现状。当一个组织处于以下几种情况时，可能会采取该种战略：(1) 组织的市场地位很稳定，已经达到了规模效应的最大化，而市场也正趋于饱和。(2) 组织内部缺乏足够的支持性发展资源。(3) 组织现有的战略方案与环境仍非常吻合。(4) 组织未来的发展方向暂时不明。

4.4.3.2 发展战略

发展战略，亦称扩张战略。它指的是增加组织的经营层次，如扩大企业规模、扩大市场份额、增加雇员、提高收益等。发展战略可分为集中战略、一体化战略和多元化战略。

1. 集中战略。大多数组织在建立之初都会选择集中战略的道路，以提高产品知名度，增加销量，取得一定的市场份额，建立自己的独特品牌和顾客忠实度。采取集中战略的组织将会以某一产品、某一市场或某一技术为自己的目标，投入所有资源进行优势发挥。但随着组织的产品和市场变化，有时也需要适时进行战略调整和演化，通常会延伸为市场开发战略、产品开发战略、创新战略等。市场开发战略是以新市场挖掘为着眼点，在新市场上销售现有的产品；产品开发战略则是以产品的不断调整为立足，在现有的市场上销售新的产品；而创新战略则是全新产品生命周期的开创。

2. 一体化战略。一体化战略又有横向一体化和纵向一体化之分。如果战略目标是扩大市场份额，则应选择横向一体化战略，即收买或合并同类企业或业务。纵向一体化包括前向和后向一体化。有时企业为了扩大其经营业务或控制销售渠道，把自己的下游产业加以收购与合并，即为前向一体化。公司也可收买或合并自己的上游产业与业务，则为后向一体化。

3. 多元化战略。多元化战略即通常所说的多种经营战略，它主要是以增加生产和销售的产品或服务的品种为主旨。多元化可以是横向多元化，即开发向现有顾客提供新的、与本组织原有业务并无关联的新业务；也可以是同心多元化，即扩展新的、与本行业原有业务相关的业务；还可以是混合多元化，即扩展新的、与本行业原有业务不相关的业务。多元化的目的之一是分散风险，即“不把所有的鸡蛋放在一个篮子中”，以避免一损俱损的弊病。另一目的是为了提高效益，如实施同心多元化战略的汽车制造商生产冰箱，把生产汽车外壳多余的钢板做冰箱的外壳，从而达到综合利用原材料的目的。

4.4.3.3 榨取战略

榨取战略，又称紧缩、撤资战略。随着市场的变化，技术的进步，销售渠道的拓展，替代品的出现，组织所经营的各种业务也不可能在市场中长久不衰，必将随着生命周期的发展趋势渐渐退出。而在业务完全退出之前，必然会有一个利润高峰期，组织此时就应收缩投资，集中榨取利润。榨取战略是建立在对产品生命周期的充分考察、分析基础上的，需谨慎使用。由于判断偏差而导致的过早榨取，会使组织的产品生命周期无端缩短，减少了组织的实际可得利润，并可能使该业务半途夭折；但若由于判断偏差而迟缓榨取，又会使组织错过利润高峰，而无法实现最大化的利润榨取。

榨取战略通常是在危急情况下使用的一种战略。多数管理人员并不太愿意公开承认他们在使用这一战略，因为它似乎是和组织的增长目标背道而驰的。但是在过去的一二十年中，如何管理衰退也成了管理领域中相当突出的一个问题。出现这种现象的原因是多方面的，咄咄逼人的国际竞争、体制的失调、产业结构的调整、企业间的收购兼并、新技术的突破等，常常会威胁一个企业的生存。

4.4.3.4 退出战略

退出战略，或称清算战略，这是一种最不受欢迎的战略。任何一个组织都不会钟情于该种战略，一般都是不得已而为之的。如果组织原本是单业务经营的，那么清算战略的实行也就意味着该组织生存的终止，所以，清算战略一般只在其他战略都无法奏效的情况下才使用。然而，如果该业务的继续维持已肯定无望了，那么尽早退出要比拖延宣告破产好一些。

4.4.4 业务层战略

业务层战略是为组织中特定业务单位制定的发展方向和计划。组织的公司层战略是确定组织所从事的业务，而业务层战略则是用于确定如何在特定的市场或产业中最好地进行竞争。因此，它也是对某项业务进行竞争方式选择的过程，通常是各业务部门、分部或子单位的战略。在业务层战略中最常见的是适应战略与竞争战略。

4.4.4.1 适应战略

适应战略框架是雷蒙德·迈尔斯（Raymond Miles）和查尔斯·斯诺（Charles Snow）在研究经营战略的过程中提出的。首先，迈尔斯和斯诺分出四种战略类型：防御者战略、探索者战略、分析者战略和反应者战略。然后，他们论证了采用前三种战略中的任何一种都能够取得成功，只要所采取的战略与经营单位所处环境的内部结构和管理过程相吻合。但是，迈尔斯和斯诺发现，反应者战略常常导致失败。下面，让我们概述每一种战略类型，并且探讨一下组织如何利用它们获取竞争优势。

1. 防御者战略。防御者（defender）战略寻求向整体市场中的一个狭窄的细分市场稳定地提供有限的产品。在这个有限的细分市场中，防御者拼命奋斗以防止竞争者进入自己的地盘。这种战略倾向于采用标准的经济行为，如以竞争性价格和高质量的产品或服务作为竞争手段。防御者倾向于不受其细分市场以外的发展和变化趋势的诱惑，而是通过市场渗透和有限的产品开发获得成长。经过长期的努力，真正的防御者能够开拓和保持小范围的细分市场，使竞争者难于渗透。麦当劳公司就是在快餐业中奉行防御者战略的典型。

2. 探索者战略。与防御者战略形成对照，探索者（prospector）战略追求创新，其实力在于发现和发掘新产品和新的市场机会。探索者战略取决于开发和把握环境条件、变化趋势和实践的能力，灵活性对于探索者战略的成功来说是非常关键的。

3. 分析者战略。分析者（analyzer）战略靠模仿生存，他们复制探索者的成功思想，紧跟具有创新精神的竞争对手，而且是在竞争对手已经证实了市场的存在之后才投入战斗，推出具有更优越性能的同类产品。

分析者必须具有快速响应那些领先一步的竞争者的能力，与此同时，还要保持其稳定产品和细分市场的经营效率。而探索者必须有很高的边际利润率以平衡风险和补偿他们生产上的低效率。一般来说，分析者的边际利润低于探索者，但分析者有更高的效率。

4. 反应者战略。最后一种战略类型是反应者（reactor）战略，这是当其他三种战略实施不当时所采取的一种不一致和不稳定的战略模式。它实际上是战略的失败。反应者总是对环境变化和竞争做出不适当的反应，绩效不佳，并且在承诺某种特定战略时表现得犹豫不决。

4.4.4.2 竞争战略

竞争战略模型是由迈克尔·波特所提出，包括通用的三种竞争战略：总成本领先战略、差别化战略和目标集聚战略。管理者可以通过分析自身的长处和竞争对手的短处，寻找一种适合组织发展的战略，以维系自身强有力的市场地位，从而避免与产业中所有竞争对手的硬拼硬杀。

1. 总成本领先战略。

这种战略是在20世纪70年代得到普遍应用的，通过运用一系列针对本战略的举措来取得自身在产业中总成本领先的地位，试图以最低的单位成本和因之产生的低价来取得最大的销量。成本领先要求积极地建立起达到有效规模的生产设施，全力以赴降低成本，搞好成本与管理费用的控制以及最大限度地减小研究开发、服务、推销、广告等方面的成本费用。尽管质量、服务以及其他方面也不容忽视，但贯穿于整个战略中的主题是使成本低于竞争对手。

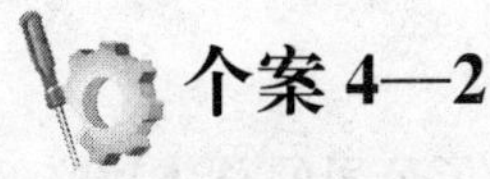

个案 4—2

格兰仕的总成本领先战略

格兰仕通过扩大生产规模、降低经营成本、增加技术投入使企业的竞争力得以提高。格兰仕的副总裁俞尧昌说："当我们的规模达到 100 万台时，就把出厂价定在规模为 50 万台的企业的成本价以下。当规模达到 1 000 万台时，就把出厂价定在规模为 500 万台的企业的成本价以下。500 万台是个什么概念？相当于世界第二。我们的规模是 1 000 万台，这时，我们 500 万台的固定成本肯定比同等规模的企业还要低。"格兰仕 2000 年的生产规模为年产 1 200 万台微波炉，2007 年格兰仕全球销量达到 2 500 万台，生产规模的迅速扩大带来了生产成本的大幅度降低，使其在市场竞争中的价格，远远低于国内外竞争对手。格兰仕通过扩张规模成功地实施了总成本领先战略。

2. 差别化战略。

这种战略是将组织提供的产品或服务标新立异，形成一些在全行业范围内与众不同的特征。它的方式、方法有很多种，可以是体现于产品或服务自身的，也可以是实体以外延伸形态所体现出的独到之处：特殊的功能、高超的质量、优质的服务、独特的品牌等。这些其他竞争者无法比拟的特征，能使组织以较高的定价来获取更高的单位利润。差别化战略利用客户对品牌的忠诚度以及由此产生的对价格敏感性的下降，使组织能尽可能地避开竞争，同时能使组织在追求高利润时不必追求低成本。当然，差别化战略也并不是意味着组织可一味地忽视成本，但此时成本已不再是首要考虑的战略目标了。

3. 目标集聚战略。

这种战略是主攻某个特定的顾客群、某产品系列的一个细分区段或某一个地区市场。该战略的前提是：组织能够以更高的效率、更好的效果为某一狭窄的战略对象服务，从而超过在更广阔范围内的竞争对手。结果是，组织或者通过较好地满足特定对象的需要实现了标新立异，或者在为这一对象服务时实现了低成本，或者二者兼得。目标集聚战略对小企业最为有效。

此外，在最新的业务战略研究中，又有学者提出了用户一体化、系统一体化等较为新颖的竞争战略概念。用户一体化是指组织通过对其用户进行投资让利，从而使用户产生较大的转移成本，促使用户更愿意与组织保持良好的合作关系，形成共荣圈，而组织也就实现了对其用户的前向锁定。系统一体化则指不仅要对其用户实行投资锁定，而且要对其供应商，甚至贷款者、竞争者等与组织业务方方面面有关的其他组织实行锁定联合，形成一个互利系统。随着经济全球化的到来，竞争必将愈演愈烈，用户一体化也好，系统一体化也好，都将成为大势所趋的竞争战略模式之一。

4.4.5 职能层战略

职能层战略也可称为职能支持战略，是对组织中的各主要职能部门制定的发展方向和计划。职能层战略是为业务战略服务的，所以它的内容要比业务战略更具体、更细致。通常包括这样六个职能领域：市场营销、财务、生产、研究与开发、人力资源以及组织设计。

4.4.5.1 市场营销战略

对多数组织而言，市场营销战略是最为重要的战略，它通常反映了公司的总体战略。市场营销战略通常要处理组织面临的许多主要问题：

1. 产品组合问题。例如，通用汽车公司的雪佛莱分部，其产品组合包括许多不同型号的产品系列。

2. 市场地位。如百事可乐和可口可乐争夺软饮料市场的领导地位。

3. 分销渠道。如在美国加州护理院工作的舒曼挨门挨户去销售眼镜架，运用她的想象力为普通产品创造了一个新的销售渠道。

4. 销售推广。诸如广告预算和销售人员的规模。

5. 定价政策。如一开始对新产品在被期望的价格范围中给产品定个高价，并随后准备逐步降低价格。

6. 公共政策。诸如处理有关法律、文化和规章管制等限制。

4.4.5.2 财务战略

对一组织而言，提出正确的财务战略也是十分关键的。主要关注的问题有：

1. 资本构成。财务战略中一个很重要的部分即确定最适宜的资本构成，包括各种股票（法人股、公众股等）以及长期债务（诸如债券等）的组合，从而使企业能以最低的资本成本提供其所需的资本。

2. 借贷政策。财务战略的另一个要素是借贷政策（如允许借入多少，以何种形式举债）。

3. 资产管理。资产管理强调对流动资产和长期资产的处置（如应该怎样对剩余的现金进行投资，才能使其收益和流动性得以最佳结合）。

4. 分红政策。有关分红政策将决定收益中分配给股东的比例，以及企业留存用于成长发展的收益比例。

4.4.5.3 生产战略

从某种意义上讲，组织的生产战略取决于它的营销战略。例如，假定营销战略要求推广优质、高价的产品，则生产部门自然需强调质量优先，至于成本只是属于第二位考虑的问题。但是，生产战略自身也有若干重要的问题需解决：

1. 生产率的提高。需要提出改进生产率的方法。

2. 生产计划工作。对制造商而言，生产计划工作（什么时候生产，生产多少以及如何生产等）特别重要。

3. 厂址的定位。生产战略也包括决定厂址的定位。

4. 生产过程中生产工艺的选择（投资新的自动化技术，还是使用传统的技术）。

5. 政府管制。生产战略必须考虑政府主管部门的有关规章条例（如环境保护法规等）。

4.4.5.4 研究与开发战略

在市场经济中，绝大多数大组织和许多较小的组织都需要有一个研究开发战略。这一领域主要涉及有关产品开发的决策。例如，对企业而言，究竟是应集中精力于开发新的产品，还是对现存的产品进行改进？应如何利用技术预测，诸如技术发展趋势、新的发现与突破等？此外，研究与开发战略还包括专利和技术授权的政策。例如，企业开发了某一新的产品或程序并申请了专利，则其他企业就不能随意仿冒，但企业也可通过技术授权来获利，即牺牲一些竞争优势，允许被授权方使用其专利，以换取一定的转让费。

4.4.5.5　人力资源战略

许多现代组织认为有必要提出一种人力资源战略，一些人力资源政策事项，如确定薪酬、挑选人员和绩效评估等都涉及人力资源战略。其他还包括劳资关系；政府的劳动人事法规等方面的考虑；管理人员的发展也需提到战略高度加以关注。世界上一些著名的大公司，如宝洁公司（P&G）、通用食品公司等都有自己的培训课程规划，以至于一些接受培训的学员把其称之为 MBA（工商管理硕士）再培训。其结果是这些企业都有一个强大的人力资源库。这种做法也反映了这些公司的人力资源战略的一个侧面。

4.4.5.6　组织设计战略

组织设计战略是有关组织如何构造其自身，包括职工的定岗，部门的划分，分公司、子公司或分部的安排等。组织设计恰当是企业成功贯彻其战略计划的保证。

4.5　计划的方法与组织实施

4.5.1　计划的方法

计划编制的方法很多，这里我们只介绍两种方法的基本原理：一种与计划的时间（进度）安排有关，另一种则主要应用于计划安排中的部门间关系分析。

4.5.1.1　网络计划技术

网络计划技术于 20 世纪 50 年代后期在美国产生和发展，目前在组织活动的进度管理、特别是企业管理中得到广泛应用。这种方法是以网络图的形式来制定计划，通过网络图的绘制和相应的网络时间的计算，了解整个工作任务的全貌，对工作过程进行科学的统筹安排，并据以组织和控制工作的进行，以达到预期目标。

网络图是网络计划技术的基础。任何一项任务都可分解成许多步骤的工作，根据这些工作在时间上的衔接关系，用箭线表示他们的先后顺序，各项工作相互关联、并注明所需时间的箭线图就称作网络图。一个简单的网络图形如图 4—6 所示。

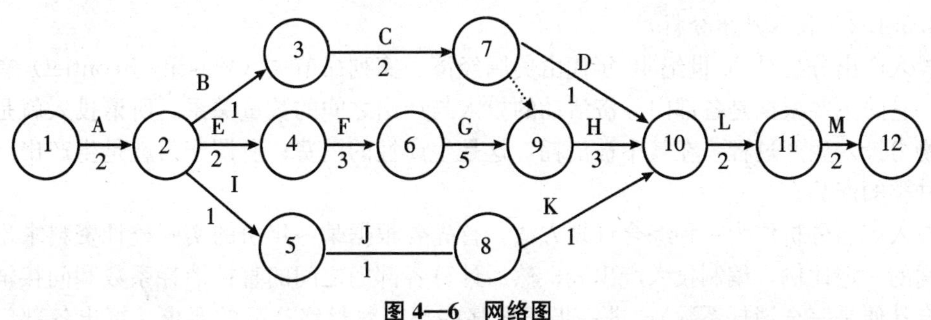

图 4—6　网络图

分析图 4—6 可以发现，网络图由以下部分构成：

1. “→”，工序。是一项工作的过程，有人力、物力的投入，经过一段时间才能完成。图中箭线下的数字便是完成该项工作所需的时间。此外，还有一些工序既不占用时间，也不消耗资源，是虚设的，叫虚工序，在图中用虚箭线表示。网络图中应用虚工序的目的是为了避免工序之间关系的混乱不清，以正确表明工序之间先后衔接的逻辑关系。

2. “○”，事项，是两个工序间的连接点。事项既不消耗资源，也不占用时间，只表示前道工序结束、后道工序开始的瞬间。一个网络图中只有一个始点事项、一个终点事项。

3. 路线，是网络图中由始点事项出发，沿箭线方向前进，连续不断地到达终点事项为止的一条通道。一个网络图中往往存在多条路线，例如图 4—6 中从始点①连续不断地走到终点⑫的路线有 A′，B′，C′，D′四条，如图 4—7 所示。

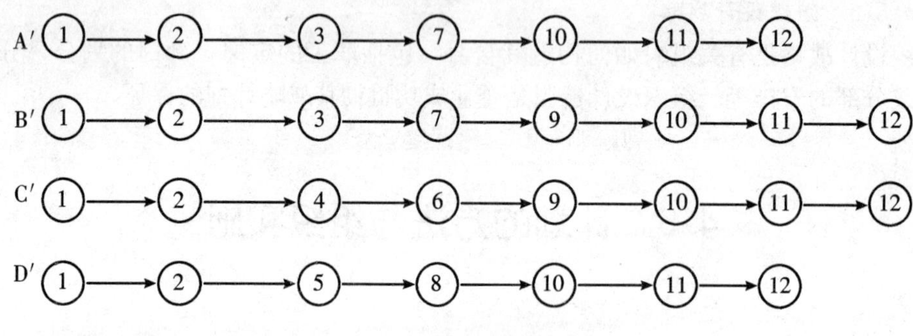

图 4—7　路线图

比较各路线的路长，可以找出一条或几条最长的路线。这种路线被称为关键路线。关键路线上的工序被称为关键工序。关键路线的路长决定了整个计划任务所需要的时间。关键路线上各工序的完工时间提前或推迟都直接影响着整个活动能否按时完工。确定关键路线，据此合理地安排各种资源，对各工序活动进行进度控制，是利用网络计划技术的主要目的。

利用网络技术制定计划，主要包括三个阶段的工作：

（1）分解任务。即把整个计划活动分成若干个具体工序，并确定各工序的时间，然后在此基础上分析并明确各工序时间的相互关系。

（2）绘制网络图。根据各工序之间的相互关系，根据一定规则，如两个事项之间只能由一条箭线相连，绘制出包括所有工序的网络图。

（3）根据各工序所需作业时间，计算网络图中各路线的路长，找出关键路线。

4.5.1.2　投入产出分析

投入产出分析是 20 世纪 40 年代由美国经济学家列昂节夫（Wassily Leontief）首先提出的。它的主要根据是各部门经济活动的投入与产出之间的数量关系。所谓投入就是将人力、物力投入生产过程，在其中被消耗，这是生产性的消费；所谓产出就是生产出一定数量和种类的产品。

投入产出分析作为一种综合计划方法，首先要根据某一年份的实际统计资料求出各部门之间的一定比例，编制投入产出表；然后计算各部门之间的直接消耗系数和间接消耗系数（合计便是完全消耗系数）；进一步根据某些部门对最终产品的要求，算出各部门应达到的状况，据此编制综合计划。

这种方法的主要特点是：

1. 反映了各部门的技术经济结构，可用以合理安排各种比例关系，该方法是进行综合平衡的一种有效工具。

2. 在编表过程中不仅能充分利用现有统计资料，而且能建立各种统计指标之间的内在关系，使统计资料系统化，编成的投入产出表则是一个比较全面地反映经济过程的数据库，可以用来做多种经济分析和经济预测。

3. 由于通过表格形式反映经济现象，涉及的数学知识不深，因而易于理解，并易于为计划工作者所接受。

4. 适用范围较广，不仅可用于国家、部门或地区等宏观层次的计划制定，而且可用以企业的计划安排。

4.5.2 计划的组织实施

计划工作的目的是通过计划的制定和组织实施来实现组织目标。因此，编制计划只是计划工作的开始，更重要和更大量的工作，还在于计划的组织实施。

计划组织实施的基本要求是：保证全面地、均衡地完成计划。所谓全面地完成计划，是指组织整体、组织内的各个部门要按一切主要指标完成计划，而不能有所偏废；所谓均衡地完成计划，则是指要根据时段的具体要求，做好各项工作，按年、季、月，甚至旬、周、日完成计划，以建立正常的活动秩序，保证组织稳步地发展。

如果说计划的制定主要是专业工作者的工作的话，计划的组织实施或执行则需要依靠组织全体成员的努力，因此，能否全面、均衡地完成计划，在很大程度上取决于在计划执行中能否充分调动全体组织成员的工作积极性。

为了调动组织成员在计划执行中的积极性，我国一些企业于20世纪80年代初开始引进了目标管理的方法，并取得了一定的成效。

4.5.2.1 目标管理

目标管理是美国著名的管理学家彼得·F·德鲁克于1954年提出的。它的基本思想是：

1. 组织的任务必须转化为目标，管理者必须通过这些目标对下级进行领导并以此来保证组织总目标的实现。凡是在工作成就和成果直接地、严重地影响组织的生存和繁荣的部门中，目标都是必需的，并且管理者取得的成就必须是从组织的目标中引申出来的，他的成果必须用他对组织的目标有多大的贡献来衡量。

2. 目标管理是一种程序，它使一个组织中的上下各级管理人员共同来制定目标，确定彼此的成果责任，并以此项责任作为指导业务和衡量各自贡献的准则。一个管理人员的职务应该以达到组织目标所要完成的工作为依据。如果没有方向一致的分目标来指导每个人的工作，当组织的规模越大、人员越多时，发生冲突和浪费的可能性就越大。

3. 每个组织管理者或员工的分目标就是组织总目标对他的要求，同时也是这个组织管理人员或员工对组织总目标的贡献。只有每个人的分目标都完成了，组织的总目标才有完成的希望。

4. 管理人员和员工是靠目标来管理的，他们以所要达到的目标为依据，进行自我指挥、自我控制，而不是由他们的上级来指挥和控制。

5. 组织管理者对下级进行考核和奖惩也是依据这些分目标。

实行目标管理一般要展开以下步骤的工作：

(1) 制定目标。包括确定组织的总体目标和各部门的分目标。总目标是组织在未来从事活动要达到的状况和水平，其实现有赖于全体成员的共同努力。为了协调这些成员在不同时空的努力，各个部门的各个成员都要建立与组织目标相结合的分目标。这样，就形成了一个以组织目标为中心的一贯到底的目标体系。在制定每个部门和每个成员的目标时，上级要向下级提出自己的方针和目标，下级要根据上级的方针和目标制定自己的目标方案，在此基础上进行协商，最后由上级综合考虑后做出决定。

(2) 执行目标。组织中各层次、各部门的成员为实现分目标，必须从事一定的活动；活动中必须利用一定的资源。为了保证他们有条件组织目标活动的展开，必须授予相应的权力，使之有能力调动和利用必要的资源。有了目标，组织成员便会明确努力的方向；有了权力，他们便会产生强烈的与权力使用相应的责任心，从而能充分发挥他们的判断能力和创造能力，使目标执行活动有效地进行。

(3) 评价成果。成果评价既是实行奖惩的依据，也是上下左右沟通的机会，同时还是自我控制和自我激励的手段。

成果评价既包括上级对下级的评价，也包括下级对上级、同级关系部门相互之间以及各层次自我的评价。上、下级之间的相互评价，有利于信息、意见的沟通，从而有利于组织活动的控制；横向的关系部门相互之间的评价，有利于保证不同环节的活动协调进行；而各层次组织成员的自我评价，则有利于促进他们的自我激励、自我控制以及自我完善。

(4) 实行奖惩。组织对不同成员的奖惩，是以上述各种评价的综合结果为依据的。奖惩可以是物质的，也可以是精神的。公平合理的奖惩有利于维持和调动组织成员饱满的工作热情和积极性，奖惩有失公正，则会影响这些成员行为的改善。

(5) 制定新目标并开始新的目标管理循环。成果评价与成员行为奖惩，既是对某一阶段组织活动效果以及组织成员贡献的总结，也为下一阶段的工作提供参考和借鉴。在此基础上，为组织及其各层次、部门的活动制定新的目标并组织实施，便展开了目标管理的新一轮循环。

计划在执行过程中，有时需要根据情况进行调整。这不仅因为计划活动所处的客观环境可能发生了变化，而且可能因为人们对客观环境的主观认识有了改变。为了使组织活动更加符合环境特点的要求，必须对计划进行适时的调整。

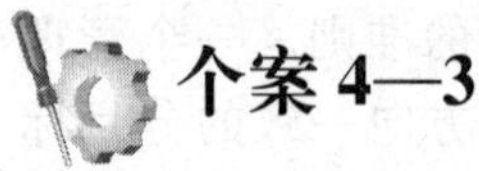

个案 4—3

永济电机厂管理体系中的 PDCA 循环

永济电机厂的整个岗责管理体系的运行是按照 PDCA 循环（即计划、执行、检查和行动）进行的。首先，由经营规划部根据市场状况及企业经营战略制定企业年度生产经营计划，根据企业年度生产经营计划由质量保证部拟订企业年度质量目标、质量指标，由财务部拟订企业的目标成本、成本费用指标。这个过程是整个循环的计划过程。其次，将企业年度质量指标、成本指标，通过从上到下层层分解使岗位职责细分、考核指标量化，把市场对企业的需求和企业生存发展所需要的动力，以压力的形式，从企业最高领导层按直线方式传递给各个层面。细化和量化分为四个层次。第一个层次分解到主管厂领导和费用归口处室；第二个层次由费用归口处室分解到厂属各单位，质量保证部具体实施；第三个层次由厂属各单位将指标分解到各职能人员和各班组；第四个层次由班组再分解到岗位或个人。最终做到责任到人、指标到岗。各个责任单位负责具体的实施，承担指标完成责任。这个过程是计划的实施过程。再次，在质量、成本程序文件中规定有各层次指标的考核单位，如第一层次指标由厂长负责考核，第二层次指标由主管厂领导负责考核，第三层次指标由本单位考核，第四层次指标由本单位（班组）考核。各项考核是按体系文件中的考核办法进行的。这个过程是检查过程。最后，每月将所有考核结果汇集到综合管理部的"一岗两责"办公室，由该办公室核算出月度奖惩兑现表，并报劳资处，最终每个员工的工作质量、成本责任完成情况与其收入挂钩。各考核单位对质量、成本问题要提出整改建议，质保部要对所有质量问题进行分析、财务处要对成本、费用问题进行综合分析，所有分析结果通过厂部行政工作会议进行讨论，并将讨论结果即改进意见纳入下月岗责考核体系之中。至此，岗责体系经历了一次PDCA循环，这样通过不断的PDCA循环，企业的质量、成本工作不断得到改善，企业的战略目标及市场压力通过各个层面的分解、量化转变为规范各种行为的约束力，最终以优良的工作质量，汇集成为企业参与市场竞争的核心力量。

4.5.2.2 滚动计划

滚动计划是保证计划在执行过程中能够根据情况变化，适时修正和调整的一种现代计划方法。

滚动计划的基本做法是：制定好组织在一个时期的行动计划后，在执行过程中根据组织内外条件的变化定期加以修改，使计划期不断延伸，滚动向前。

滚动计划方法主要应用于长期计划的制定和调整。长期计划面对的环境较为复杂，有许多因素组织本身难以控制，采用滚动计划，便可适时根据环境变化和组织活动的实际进展情况进行调整，使组织始终有一个各部门、各阶段的活动导向的长期计划。当然，这种计划方式也可应用于短期计划工作，比如年度或季度计划的编制和修订。采用滚动计划方法编制年度计划时，可将计划期向前推进一个季度，到第一季度末根据第一季度计划执行结果和客观情况的变化，对原来的年度计划做相应的调整，使计划期向前推延一个季度。

滚动方式计划有以下主要特点：

1. 计划分为若干个执行期，其中近期行动计划编制得详细具体，而远期计划则相对粗略；

2. 计划执行一定时期，就根据执行情况和环境变化对以后各期计划内容进行修改、调整；

3. 上述两个特点决定了组织的计划工作始终是一个动态过程，因此滚动方式计划避免了计划的凝固化，提高了计划的适应性及对实际工作的指导性。

本章小结

计划是一个确定目标和评估实现目标最佳方式的过程。计划类型有多种，依据计划涉及范围的广度来划分，有战略计划和战术计划；按时间长短来划分，有长期计划与短期计划；按职能的不同来划分，有业务计划、财务计划、人事计划等；按明确性来划分，有具体性计划和指导性计划；按程序化程度来划分，有程序性计划和非程序性计划等。

计划不是一次性的活动，而是一个持续的过程。随着条件的改变，目标的更新以及新方法的出现，计划过程一直在进行。因为企业经营的环境持续变化，所以需要对计划进行更新和修改。

战略可以理解为是组织总体目标和保证总体目标得以实现的一系列方针、政策、活动的集合体。而应用于整体组织的，为组织未来较长时期（通常为五年以上）设立总体目标和寻求组织在环境中地位的计划称之为战略计划，它是规定企业发展方向的长远计划。

战略管理顾名思义就是指针对战略所进行的管理。它是围绕着战略的分析、选择、实施和评估而采取的一系列手段与措施的全过程。主要包括四个相互关联的阶段：(1) 战略分析阶段；(2) 战略选择阶段；(3) 战略实施阶段；(4) 战略评价阶段。

战略管理一般将战略层次分为：公司层战略、业务层战略和职能层战略。公司层战略也称为组织总体发展战略，或主体战略，是组织高层管理部门为实现组织目标而为整个组织制定的方向和计划。公司层战略从战略态势来分，有维持战略、发展战略、榨取战略和退出战略。业务层战略是为组织中特定业务单位制定的发展方向和计划。在业务层战略中最常见的是适应战略与竞争战略。职能层战略也可称为职能支持战略，是对组织中的各主要职能部门制定的发展方向和计划。通常包括这样六个职能领域：市场营销、财务、生产、研究与开发、人力资源以及组织设计。

计划编制和组织实施的方法很多，常用的计划编制方法是：与计划的时间（进度）安排有关的网络计划技术；主要应用于计划安排中的部门间关系分析的投入产出法。计划组织实施常用的方法是目标管理法和滚动计划法。

导入案例分析

在过去，计划工作几乎总是全部由高层管理者、顾问或计划中心部门完成，而现在采用的方法是分权型员工计划模式或由直线经理参与的跨部门作业团队模式。今天的学习型组织把分权计划方式深化，让各个层次的员工都参与计划制定。在本章开篇介绍的艺泰克系统公司，所有雇员密切参与计划制定过程。在艺泰克公司，总裁兼首席执行官斯蒂芬·库泊要求每一个人都了解公司使命，知道怎样把他或她的工作融入公司的远景中。他制定了延伸目标，鼓励员工不断追求，成为明星员工。每个员工都要制定一套与部门和组织保持一致的自我目标和计划。从车间工人到公司首席执行官，公司中每一个人都识别出 5～7

个主要目标，建立衡量进步的标准，然后再将每个目标按其重要性排序。然而，艺泰克公司知道计划不可能是静态的，所以每周每个员工与直接主管短暂会晤，共同审查计划，制定改进方案。艺泰克采用这种体系的最终结果是，组织中的每个人都知道自己应该干什么、自己的工作相对于他人的工作的重要性，明白如何使自己的工作目标与他人相结合。所以艺泰克体系能使公司800名员工进行自我管理。

思考与练习

1. 什么是计划与计划工作？
2. 你如何理解计划的多样性？举例描述各种不同类型的计划。
3. 计划编制包括哪几个阶段的工作？
4. 什么是战略？什么是战略管理？举例说明战略管理的过程。
5. 一个著名的管理理论家认为，由于组织外部环境的快速变化，所有战略计划的周期应越来越短。你是否同意这个观点？
6. 你所在的学校采取什么样的战略提高学生的就业竞争力？这些战略是否依据学校目标而定？

案例研究

新东方学校的战略选择①

20世纪90年代初创办的新东方学校抓住了一个历史机遇：当时社会出现了出国的热潮，新东方定位于出国考试培训，并且打败了“实力”、“远大”、“马力”等竞争对手。截止2000年，新东方学校已经占据了北京约80%、全国约50%的出国培训市场，成为真正的垄断企业。但是垄断也面临着市场的饱和，如果新东方学校还想找到更大的奶酪的话，它一定得去开拓其他的市场。

从现在开设的课程可以看出，新东方学校已经转向英语培训：不仅有出国考试培训课程，还有从少儿英语到高端英语的一系列培训课程。新东方学校的收入结构也发生了巨大变化：2000年，其出国考试培训收入不足全部收入的50%，并且所占比例呈下降趋势。2001年，计算机培训收入已达到1 000万元，占全部收入的7%。随着经济改革的深入，社会对知识型人才的渴求越来越强烈，通过考试获得各类证书成为谋求更好职业的捷径。升学考试、注册会计师、律师考试、各种英语考试、计算机等级考试等逐渐被众人青睐，这是历史赋予新东方学校的又一个机遇：是成为英语培训界的老大，还是成为综合各种培训的民办学校？

加入世界贸易组织以后，中国的教育产业也受到了冲击，就在新东方学校拓展自身业务的同时，相当多的外资培训机构也悄然加入竞争。面对这些洋对手，新东方学校如何提高自己的核心竞争力？如何应对入世挑战？

---

① 周三多、贾良定：《管理学习题与案例》，247～249页，北京，高等教育出版社，2005。

一、培训市场分析

(一) 英语培训的市场需求

加入世界贸易组织后，外语能力越来越明显地成为我国中高收入职业者的一个必备能力，这种职业素质要求给所有的就业人群带来了相当大的压力，而这种压力也为英语培训的市场带来了大量的需求。

(二) 英语培训的市场细分

(1) 出国留学考试。改革开放30多年来，中国各类出国留学、进修人员近50万。可以预见，在21世纪初乃至未来的50年中，中国出国留学人数将继续保持增长的势头，由此带来的出国留学考试培训的市场潜力巨大。

(2) 英语证书考试。大学英语四、六级考试（CET）经过多年的发展和完善，已经成为国内主办的最权威的考试之一。另外全国公共英语等级考试（PETS）、职称英语考试的影响也在逐渐扩大，参考人数越来越多。

(3) 其他英语培训。主要包括剑桥商务英语、综合英语、口语听力等。这个市场的容量很难估计，参加的多为工作人员，他们参加培训的目的是为了提高英语的能力。

(三) 其他培训市场发展状况

(1) 与学业有关的考试。这类考试包括全国普通高校入学考试和研究生入学考试。每年参加全国普通高校入学考试的报名人数超过400万，研究生入学考试报考人数与招生人数也一直保持增长。

(2) 与专业证书有关的考试市场。这一市场的需求正在增长。

(四) IT培训

目前国内对于IT培训的需求非常大，但是IT培训业由于竞争激烈，利润率要远远低于英语培训行业。

二、主要竞争对手

(一) 国际竞争对手

(1) 华尔街学院。华尔街学院1972年成立于意大利，专门从事英语语言培训，在欧洲、亚洲、美洲的23个国家设有425个培训中心。1999年8月华尔街学院登陆上海，投资4 000多万元在金贸大厦租下3 000平方米楼面办起了英语教学。虽然学费高达2万元/人以上，但半年内学员就超过1 000人。在北京，华尔街学院已经有了3个教学点，其中两个在CBD商圈的中心。华尔街学院的定位主要是白领阶层，在短短的两年内其营业额就达到了1.4亿元人民币，而这个收入是新东方学校奋斗了8年才达到的。

(2) ETS。它是专门的考试机构，每年不仅从考试费中得到了丰厚的收入，而且从其出版的复习资料和模拟考试习题中得到的收获也不小。它拥有TOFEL、GRE、GMAT等考试题目的版权，而新东方学校对这些试题的分析讲解必须经过ETS授权，新东方学校在留学考试上的发展受到ETS的很大影响。

(二) 国内竞争对手

(1) “洋话连篇”。这是北京电视台的一个名牌栏目。经营该栏目的东方友人经济咨询公司曾先后推出“洋话连篇1、2、3”和“洋话连篇旅游英语”等系列英语教学节目。针对国内英语培训机构规模小、单位运营成本高等不足，东方友人经济咨询公司决定进行英语培训的连锁经营，争取将“洋话连篇”这个电视品牌转型为一个英语培训品牌。

(2) 李阳“疯狂英语”。这是英语培训行业里一个比较有名的品牌，当然，虽然它在全国也有了一些培训点，但要形成一个有效的品牌网络还有待时日。

三、新东方学校的战略选择

新东方学校发展遇到的一个最主要的挑战是，由于美国 ETS 没有授权新东方学校使用其全真试题，因此，出国留学英语考试培训业务存在着知识产权问题。

另外，新出现的一些各式各样的英语培训机构也使新东方学校遇到了竞争威胁。除了以行业老大的姿态固守阵地，应对这些竞争者的挑战之外，新东方学校也在寻求下一步的拓展方向。国内教育产业蓬勃发展，但教育经费不足，教育市场供给不足，这一切为民办教育的发展带来了绝好的机会，新东方学校该怎样抓住这个机会进行第二次扩张呢？

讨论题

1. 请为新东方学校未来的发展提供适当的战略建议。
2. 针对日益强劲的竞争对手，新东方学校应该采取哪些竞争战略？

实践与运行

管理实践

要求：为大学制定战略，并完成以下实践活动：

1. 对你就读的大学做 SWOT 分析；
2. 描述该学校当前的战略；
3. 制定该学校今后的发展战略规划（五年），阐述如何实施？并确定你所希望该学校实现的目标。

管理运行

管理者游戏——计划

李明根据第 4 期的经营分析，准备在第 5 期做一个详细的经营计划，由于李明的企业规模不大，而且产品单一，又是制定短期计划，所以，李明采用了老师介绍的目前在日本中小企业广泛采用的经营计划方法。该计划方法的制定程序如下：

1. 确定本期利润（G）的目标值。

2. 根据企业资金状况及下期经营需求，编制固定费用的预算，由此确定固定费用（F）。

在“管理者游戏”中，将固定费用分成五大类，分别是：人工费（F_1：包括工人、销售员、退休人员的工资）、经费（F_2：包括制造经费、公司管理费）、利息（F_3）、战略费（F_4）、折旧费（F_5）。因此，固定费用 $F=F_1+F_2+F_3+F_4+F_5$。

3. 计算边际贡献（MQ）：$MQ=G+F$。如果企业有多种商品，则在此应该确定每一种商品应该实现的 MQ。

4. 预测与确定商品价格（P）。

5. 预测与确定单位变动费用（V）。

6. 计算单位边际贡献（M）：$M=P-V$。

7. 计算达到目标利润的销售量（Q）：$Q=MQ/M=(G+F)/(P-V)$。

8. 计算目标销售收入（PQ）：$PQ = P\times Q$。

9. 计算总变动费用（VQ）：$VQ = PQ-MQ$。

10. 计算边际贡献（MQ），如果该步骤计算的 MQ 与第（3）步确定的 MQ 有差异，是因为小数点后的四舍五入所造成，所以在此取整数后，再对前面所确定的 G 或 Q 进行微调。

11. 计算下列比率：

（1）V 率（变动费用率）$=VQ/PQ$。

（2）M 率（边际贡献率）$=MQ/PQ$。

（3）F/M 率（损益平衡点比率）$=F/MQ$。

（4）G/M 率（经营安全率）$=G/MQ$。

12. 对以下项目重复检验：

（1）P 是否能维持下去？

（2）V 确定得合适吗？

（3）Q 能否实现？

（4）F 的预算是否合适？

（5）F/M 的比率是否在 B 等级（<89%）之上？

以上计划程序也可用图 4—8 表示。

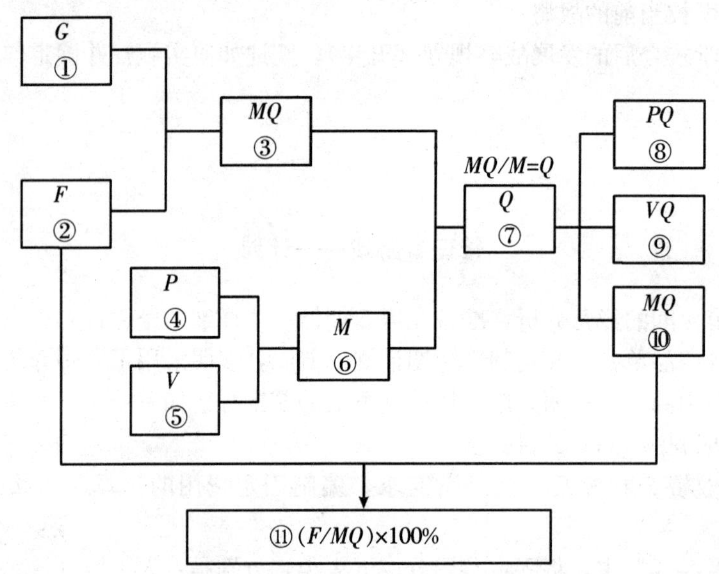

图 4—8　经营计划制定程序图

注：①～⑪为计划制定的步骤编号。

根据以上计划制定方法，李明制定了第 5 期的经营计划，如图 4—9 所示。

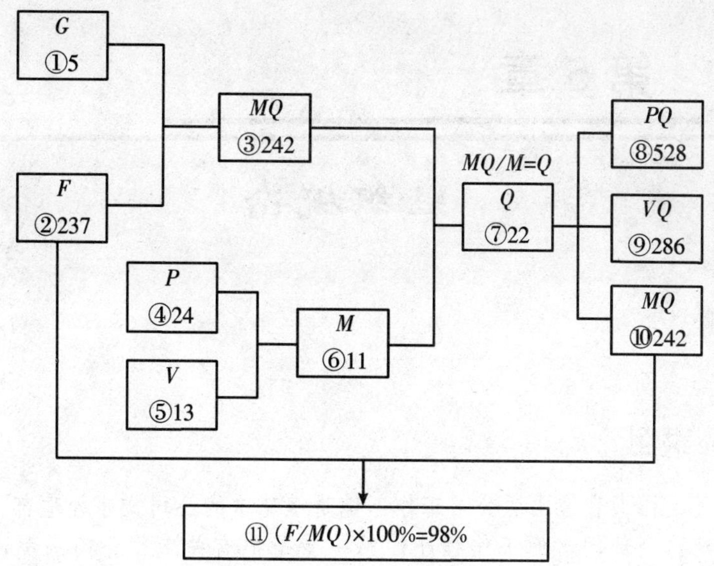

图 4—9　经营计划制定程序图

注：①～⑪为计划制定的步骤编号。

你感觉李明的计划如何？能够实现吗？

第5章

组织概论

宋晓晓在英大图书音像出版公司工作，她是组建中的公司文字处理部门的经理。宋晓晓正在着手组建这个部门，而工作程序的第一步是把有关工作分门别类，形成一个个职务，以待分配任命。她仔细分析了文字处理工作中的各个环节，由此得出了自己的分析结果。这些工作环节包括：(1) 取出文字原件或者口述录音磁带；(2) 打开电脑；(3) 备好一张空白的磁盘；(4) 把磁盘格式化；(5) 用键盘写入文件；(6) 在电脑显示屏上检查文件的每一页；(7) 在磁盘上设置一个目录；(8) 打印文件；(9) 在电脑显示屏上校对修改文字上的错误；(10) 打印修改好了的文件；(11) 把磁盘存入档案；(12) 把打印好了的文件放在待人来取的文件篼里。

在宋晓晓看来，这些工作是一般文字处理工作的细节，不像生产工序那样可以分开，因而不值得去分成一个个单独的职务。于是，她根据本部门要处理的文件种类，来考虑划分工作职务的可能性。文件种类包括：(1) 个人文件；(2) 正式信函；(3) 技术性报告；(4) 项目情况的报告；(5) 为各类报告做梗概；(6) 各类数据图表。

宋晓晓认为，给这些文件做准备，才算得上专业化的工作，可以分别形成不同的职位。因此，她在组建自己的部门时，安排了六项职位。由于有些职位的工作量大，需要更多的人手，她就多雇用人来做。比如说，打印正式信函、画数据图表等。而打印个人信件或给报告做梗概，就不需要太多的人。

她以这种方式组建了文字处理部门。六个月过去了，她听到有些职员在抱怨，那些打印信函、画图表的人认为自己的工作老是在重复，不仅如此，而且这些职员的工作成绩也没有达到所设定的标准。①

你认为宋晓晓在设计工作岗位中存在什么问题？

如果宋晓晓想提高自己部门的工作效率，她应该怎样重新设计那些工作岗位？

人类社会从最原始的种群、部落，发展到现在非常复杂的各种组织形式，走过了相当漫长的一段历史。组织在我们的现代生活中起着重要作用。组织的出现对当今社会生活的每一个方面都产生了实质性的影响。彼得·F·德鲁克就这样评论道："现代的年轻人必须

① 孙军：《现代管理综合训练》，4～5页，北京，中国铁道出版社，2001。

了解组织，就如他们的先辈必须学习耕作一样。”但至今人们对组织的形成、组织与环境的关系、组织的作用、具体的组织管理技术却仍无统一认识。本章将从组织的定义开始，探讨、描述和分析与组织相关的基本概念及基本理论，使之更好理解组织所带来的实践上与理论上的好处。

5.1 组织的内涵

组织是人类社会最常见、最普遍的现象。像企业、学校、医院、各级政府部门、各个党派和政治团体，这些都是组织。

5.1.1 组织的定义

不同学派的学者都给“组织”一词下过定义。路易斯·A·艾伦（Louis A. Allen）将正式组织定义为：为了使人们能够最有效地工作去实现目标而进行明确责任、授予权力和建立关系的过程。切斯特·巴纳德（Chester Barnard）将一个正式组织定义为：有意识地协调两个或多个人活动或力量的系统。赫伯特·西蒙将组织定义为：组织是互动人群的集合体，是社会中任何类似于集中合作体系中最庞大的集合体……与组织之间和无组织的个体之间的分散变化关系形成对比，在组织中，高度专门化的结构与协作使得单个组织单元成为社会学上的个体，可以和生物学意义上的个体有机体相比。根据以上学者的定义可以看出，多数对组织的定义似乎都强调如下因素：第一，组织象征着群体的努力；第二，群体的努力指向一个目标；第三，群体的努力通过协调来实现；第四，职权和责任的关系有助于实现协调。

组织可以从两个角度去理解。从实体角度看，组织是为实现某一共同目标而由若干个人组合形成的一个系统。从管理过程看，组织又是管理的一项基本职能。计划职能确定了组织目标，为了使人们能够有效地工作，确保目标的实现，还必须对组织结构进行设计、调整与变革，管理者的主要任务之一就是要使组织不断发展、完善，使之更富有成效。贯穿着组织概念的企业则称为企业组织，本书研究的主要是企业组织。

5.1.1.1 实体组织

组织是为实现某一共同目标，经由分工与合作及不同层次的权力和责任制度而构成的人的集合。这个概念具有三层含义：

1. 组织必须具有共同的目标。任何组织都是为实现某些确定目标而存在的，不论这种目标是明确的，还是隐含的，目标是组织存在的前提和基础。

2. 没有分工与协作也不能称之为组织。分工与协作关系是由组织目标限定的。如企业为了达到经营目标就要有采购、生产、销售、财务和人事等许多部门，这是一种分工。每个部门都专门从事一种特定的工作，各个部门又要相互配合。只有把分工和合作结合起来，才能产生较高的效率。

3. 组织要有不同层次的权力与责任制度。这是由于分工之后，就要赋予各部门乃至每个人相应的权力，以便于实现组织目标。但同时必须明确各部门及个人的责任，只有权力而不负责任，就会导致滥用职权，同样影响组织目标的实现。所以，职权和责任是达成组织目标的必要保证。

5.1.1.2 组织职能

组织职能是指为了有效地实现共同目标和任务，合理地确定组织成员、任务及各项活动之间的关系，并对组织资源进行合理配置的过程。组织职能的主要内容包括：

1. 组织结构的设计。包括组织内横向管理部门的设置和纵向管理层次的划分。组织结构设计的相关内容将在本章做详细阐述。

2. 适度分权和正确授权。在确定了组织结构的形式后，要进行适度的分权和正确的授权。分权表示决策权在整个组织的不同管理层次的分散，分权要讲求适度；授权则是管理者将部分解决问题的权力委托给某个或某些下属，授权要“视能而授”。分权适度、授权成功有利于组织内各层次、各部门为实现组织目标而协同工作。分权与授权的相关内容见本书第 6 章。

3. 组织内各职务人员的选择和配备。包括人员的招聘、培训、绩效评估、奖罚制度以及对人的行为的激励等。

4. 组织文化的培育和建设。为创造良好的组织气氛而进行共有价值观的培育和组织文化的建设。

5. 组织运作和组织变革。组织运作是指管理者怎样使已设计好的组织系统围绕目标而有效地运转起来。这包括制定和落实各种规章制度和建立组织内的信息沟通模式。组织变革就是为了适应内外部环境的变化，对组织中的要素进行调整与改革，以适应未来组织发展的要求。

5.1.2 组织的作用

理查德·L·达夫特（Richard L. Daft）认为组织的作用可以归纳为七个方面（见表 5—1）。

表 5—1　　组织的作用

组织的作用
(1) 组合所有的资源以达到期望的目标和结果；
(2) 有效地生产商品和服务；
(3) 为创新提供条件；
(4) 运用以计算机为基础的现代制造技术；
(5) 适应并影响变化的环境；
(6) 为所有者、顾客和雇员创造价值；
(7) 适应多样化的伦理观和职业形态以及雇员的激励与协调等进一步的挑战。

组织要将资源组合在一起完成特定的目标。如海尔集团的供应商目前为 978 家，其中不乏世界 500 强企业，如通用电气、爱默生和巴斯夫等，平均每个月接到 6 000 多个销售订单，订制 7 000 多种产品，需要采购的物料品种达 15 万余种。为此，海尔集团需要整合各企业的资源实现自己的经营目标。

企业组织必须为顾客生产有竞争力的商品与服务，为此企业需要寻求创新途径以便更加有效地生产和分配产品与服务。一种创新方式是运用现代的制造技术和新的信息技术。海尔集团通过 BBP（原材料网上采购）系统的上线，建立了与供应商之间基于互联网的业务和信息协同平台。该平台的意义在于通过它的业务协同功能，不仅可以通过互联网进行招投标，而且可以通过互联网将所有与供应商相关的物流管理业务信息，如采购计划、采购订单、库存信息、供应商供货清单、配额以及采购价格和计划交货时间发布给供应商，使供应商可以足不出户就全面了解与自己相关的物流管理信息（根据采购计划备货，根据采购订单送货等）。重新设计组织结构和管理业务流程也能够增进组织效率，近些年国内外大型企业的组织结构的变革所产生的效率提供了这方面的实证。

组织适应并影响迅速变化的环境。有些大型企业拥有专门的部门负责监视外部环境并找出适应或影响环境的方式。今天，企业组织最重要的外部环境变化就是全球化与网络信息技术的飞速发展。

通过所有活动，组织为所有者、顾客和雇员创造价值。管理者需要分清哪些经营活动创造价值，哪些经营活动不创造价值。企业组织只有当创造的价值超过所消耗资源的成本时才能盈利。

组织必须应付和适应由于全球化及网络化所带来的劳动力价值观、伦理道德观、社会责任多样化的挑战，找出有效的办法激励雇员完成组织目标。

W·理查德·斯格特（W. Richard Scott）认为组织的作用表现为以下三个方面：

1. 组织比其他社会结构更具持续性。组织设计出来是为了能够在一段时间内一贯并连续地支持一系列具体行为的实施，保持体系的稳定性。持续性并不等于僵化，许多新出现的组织形式（学习型组织、团队组织等）将组织的灵活性与组织的核心有效地结合起来。组织的核心就是在组织人员、结构甚至目标发生变化时仍保持不变的灵魂。

2. 组织的作用就是可靠性。组织擅长于一次又一次地用同样的方法完成同样的工作，如组织通过形式化的结构、具体的规章制度、强烈的文化色彩和具体的机制，提高了工作的可靠性。

3. 组织还具有可控性。组织中所规定的规则、制度为决策与行为提供了指导及其合法性，为参与者对其行为的评价提供了理性基础，并规定了组织的权力与权限。组织的权力等级确保参与者遵守规则，并以被认同的标准和方式进行工作。当然，并非所有的组织都有这些规则，因此，现今组织中仍有许多无能和腐败的例子。

5.2 组织的类型

组织可以按不同标准分类。

5.2.1 按组织的营利性可以将组织分成营利性组织和非营利性组织

1. 营利性组织。所有的企业组织都是营利性组织，它们经营运作就是为了实现营利的目标。通常根据投资报酬率来确定企业每年的利润额，利润是一个企业组织的主要目标之一。一个企业组织如果无法营利，那么它就不可能改善员工的近况，也就不可能投资进行更进一步的研究和发展活动，因此也就无法为顾客提供更好的产品，也就无法向政府纳税。所以，利润在很大程度上对组织和社会都有益处。利益动机不应当被看成是组织自私的动机。另外，企业组织必须与那些帮助它们实现目标的组织和个人共享利润。

2. 非营利性组织。它们的主要宗旨是向社会提供服务。比如提供教育、医疗服务等。这些组织提供的服务可能要收取一定的费用，这些费用主要用于维持组织的生存。这些组织通常不必向政府纳税。有时一些非营利性组织也从事营利性活动，这些活动迫使政府加强对所有非营利性组织的控制。对非营利性组织施加控制可能会妨碍他们的运营效率，因此组织必须遵守一定的规章制度。

5.2.2 按组织的性质可以把组织分成经济、政治、文化、群众和宗教组织

1. 经济组织。经济组织是人类社会最基本、最普遍的社会组织，它担负着提供人们衣食住行和文化娱乐等物质生活资料的任务，履行着社会的经济职能。在现代社会中，经济组织已形成庞大复杂的体系，其中包括生产组织、商业组织、银行组织、交通运输组织和服务性组织等。

2. 政治组织。政治组织出现于人类社会划分阶级之后，它包括政党组织和国家政权组织。在现代社会中，政党代表本阶级的利益和意志，为本阶级提出奋斗目标，制定方针政策。国家政权组织是国家管理社会的重要机器。

3. 文化组织。文化组织是以满足人们各种文化需要为目标，以文化活动为基本内容的社会团体，如学校、图书馆、影剧院、艺术团体、科学研究单位等。

4. 群众组织。如工会、共青团、妇女联合会、科学技术协会等，这些组织在党和政府的领导下，广泛团结各阶层、各领域的人民群众，开展各种有益活动，为社会贡献力量。

5. 宗教组织。宗教组织是以某种宗教信仰为宗旨而形成的组织。

5.2.3 按组织是否自发形成可以把组织分成正式组织和非正式组织

1. 正式组织。正式组织是为了有效地实现组织目标，规定组织成员之间职责范围和相互关系的一种结构。正式组织具有以下特征：(1) 不是自发形成。正式组织是根据社会的需要，经过设计、规划、组建而成，不是自发形成，其组织结构的特征反映出一定的管理思想和信念。(2) 有明确的目标。正式组织具有十分明确的组织目标，并且为实现组织目标制定组织规范，以最经济有效的方式达到目标。(3) 以效率为标准。在正式组织中，以效率为其行动标准，为提高效率，组织成员之间保持着形式上的协作。(4) 强制性。正式组织通过方针、政策、规则、制度等对组织成员发挥作用，通过建立权威，约束组织成员的行为，因而对组织成员具有强制性作用。

2. 非正式组织。非正式组织是人们在共同工作或活动中，由于抱有共同的社会情感和爱好，以共同的利益和需要为基础自发形成的团体。非正式组织具有以下特征：(1) 自发性。如果正式组织不能满足其成员获得友谊、帮助和社交的需要，成员就会在正式组织

之外自发地组成一些非正式组织，以满足个人不同需要。(2) 内聚性。非正式组织没有严格的规章制度约束其成员，成员之所以能够集合在一起，是由于他们有相近的价值观或共同的兴趣爱好或有切身的利害关系等，这些都会使其成员产生较为一致的“团体意识”，起着内聚和维系成员的作用。(3) 不稳定性。由于非正式组织是自发产生、自由结合而成的，因而呈现出不稳定性，它往往随环境的变化、观念的更新、新的人际关系的出现、活动范围的改变而发生变化。(4) 领袖人物作用较大。非正式组织中往往有自然形成的领袖人物，它们在组织中起着诸如提出权威性意见、负责维系其组织的相对稳定、提供行为模式等的作用，对其组织成员的行为影响较大。

通常来说，各种俱乐部、团队、协会和类似的其他群体就是非正式组织；所有的商业组织、工业组织和教育机构都是正式组织。非正式组织可能存在于正式组织之中，也可能独立存在和运行。

非正式组织对正式组织来讲，具有正反两方面的功能。非正式组织的正面功能主要体现在：非正式组织混合在正式组织中，容易促进工作的完成；正式组织的管理者可以利用非正式组织，来弥补成员间能力与成就的差异；可以通过非正式组织的关系与气氛，来获得组织的稳定；可以运用非正式组织作为正式组织的沟通工具；可以利用非正式组织来提高组织成员的士气等。非正式组织的负面效应主要体现为可能阻碍组织目标的实现。

除按以上标准对组织进行分类以外，还可以将组织分成生产型组织和服务型组织、公共组织和私人组织等。

5.3 组织理论

在工业革命之前，大多数组织是关于农业和手工业的，沟通方式主要是面对面的。这些组织规模较小，结构简单，边界模糊，而且不具有扩张性。一般认为企业组织理论是随着工业革命的开始，从古典管理学派的组织理论中发展起来的。有关组织理论的形成与发展，大致可以划分为四个大的历史阶段：古典管理学派阶段、行为科学学派阶段、现代管理学派阶段和信息时代组织模式阶段（理查德·L·达夫特在其著作《组织理论与设计精要》中将该阶段称为“后现代组织范式”，W·理查德·斯格特在其著作《组织理论》将该阶段称为“后现代组织”）。

5.3.1 古典组织理论

古典组织理论是依据科学管理和管理原则而建立的，主要代表人物有美国人泰罗、法国人法约尔和德国人韦伯等人。

5.3.1.1 泰罗的组织理论

泰罗于1911年出版了《科学管理原理》，创立了科学管理理论和组织理论。泰罗主要研究的是工厂内部生产管理方面的问题，他对组织理论的主要贡献为：

1. 根据劳动分工的原理，提出单独设置职能机构。泰罗主张把计划职能同执行职能分开，单独设置职能管理机构来专门从事管理研究，并对作业部门下达计划和作业命令，而作业部门负责执行。泰罗认为，工作的计划与完成是不同的，前者是由管理层决定的。泰罗关注的主要是计划工作和配置作业的设计方法。

2. 主张实行职能管理制。泰罗不仅提出要单独设置职能管理机构，而且在职能管理机构内部各个管理职能要实行专业化、标准化，使所有的职能管理人员只承担一两种管理职能。

3. 提出了例外原则，实行权力下放。即在上下级之间实行合理分工，上级把一般的日常事务授权下级管理人员去处理，只保留对例外的、特殊的管理事务的决策权，以及对下级工作的监督权。例外原则是泰罗对组织理论的一大贡献，在这一原则的启发下，以后发展出了分权管理体制。

5.3.1.2 法约尔的组织理论

法约尔在1916年发表的《工业管理与一般管理》一书中，以整个企业为研究对象，提出了比较系统的组织理论。法约尔在组织理论方面的主要贡献有：

1. 提出了管理过程的五个职能，即计划、组织、指挥、协调、控制，指明了组织职能在整个企业管理中的地位和重要性。法约尔认为，企业的组织职能包括设计组织结构、制定相互关系和行为规范的规章制度，以及职工的招募评价和训练。

2. 认为可以设计出管理的总原则指导管理人员构建组织。如法约尔提出了14条组织管理原则：劳动分工、权利与责任、纪律、统一指挥、统一领导、个人利益服从整体利益、报酬、集权化、等级制、秩序、公正、人员的稳定、创造性、集体精神。这14条组织管理原则，对后来的组织结构和模式的发展有深刻的影响（14条原则的具体内容参见第2章的相关内容）。

3. 提出了"法约尔桥"的概念。为了克服由于贯彻命令统一性原则而产生的信息传递的迟缓，法约尔设计了一种"跳板"（法约尔桥），利用这种跳板，可以跳跃指挥链而直接联系，由此解决纵向指挥同横向联系的矛盾问题。如图5—1所示。

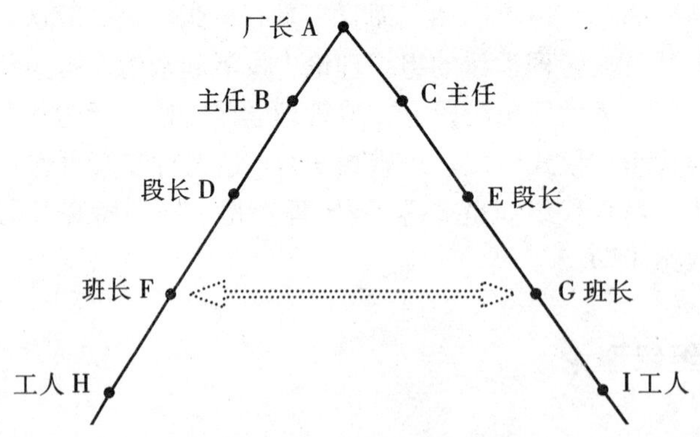

图5—1 法约尔桥示意图

例如，生产班长F要与修理班长G联系设备修理问题，按照各自的组织系统，F必须逐级上报到厂长A处，然后由厂长通过修理系统逐级下达任务到G，这样太费周折。有了法约尔桥，在上级领导授权下，对于一定的日常业务，则生产班长F就可以直接与修理班长G联系。条件是事后各自向本系统的上级汇报，这样就可以保证在维护命令统一原则的前提下，迅速进行横向联系。法约尔在这里已经注意到如何妥善解决纵向指挥与横向联系的矛盾问题。后来发展起来的矩阵结构，则是进一步解决这一矛盾的具体组织形式。

4. 改进管理机构的组织形式，把军队式的直线指挥制同泰罗的职能管理制结合起来，提出了直线—职能制。

5.3.1.3 韦伯的组织理论

韦伯是德国著名的社会学家，同泰罗及法约尔是同时代的人。韦伯对社会学、宗教、经济学和政治学都很有研究，在 1910 年，他创立了行政组织理论，其代表作为《社会组织与经济组织理论》。韦伯设计了“理想的行政组织体系”，即按照严密的行政组织、严格的规章制度所构建的管理机构，并且韦伯还将行政组织体系分为最高决策层、中间管理层和基层作业层。韦伯主要致力于对科层制结构特征的简要描述，其主要内容有：在劳动分工基础上，规定每个职位的权力和责任；按照不同职位权力的大小，确定其在组织中的地位，形成有序的等级系统；明确规定职位特性以及该职位对人应有能力的要求，依此来挑选或培训员工；管理人员拥有执行自己职能所必要的权力，权力要受到监督；管理者的职务是他的职业，他有固定报酬，有按才干晋升的机会。韦伯的组织理论，对工业化以来各种不同类型的组织产生了广泛而深远的影响，成为大型组织广泛采用的一种组织管理方式。

总之，纵观古典的组织理论，其特点表现为：所设计的组织结构为建立在分工基础上的以任务为中心的等级制的集权职能制；在研究内容上主要研究组织结构本身，关注的是目标、程序规章、角色定义、标准等，对人的因素、对组织结构运行的影响方面则研究的较少。因此，本尼斯（Bennis）把这时的组织称为“没有人的组织”；① 在研究方法上采用的是封闭性的系统方法，没有考虑环境因素如社会、文化和技术环境对组织结构的影响，该阶段的组织理论的研究方法也称为理性系统方法。

5.3.2 行为科学组织理论

进入 20 世纪 30 年代以后，管理思想和理论又有了新的发展，出现了行为科学学派（早期被称为“人际关系”学派）。行为学派的理论基础主要是心理学、社会学和人类学。该学派侧重研究的是管理中人的行为。其中最具影响的有社会系统学派的巴纳德（Chester I. Bernard）和人际关系学派。

巴纳德组织理论的主要观点有：

1. 组织在本质上是一个协作的体系，用以整合个体参与者的贡献。巴纳德将正式组织定义为“存在于有意识、有意图的、有目的的人之间的一种协作”。巴纳德是从人与人相互合作的角度解释组织的第一人，这就突破了古典管理学派把组织单纯看成一个权责结构的框框，从而把组织结构特性与人类行为特性结合起来分析组织问题。

2. 权力接受理论。巴纳德认为，权力不是来自从上而下的授予，而是要看下级是否接受。他认为“自上而下地产生权威是不可能的”，只有当行政命令为下级所理解，并且相信它符合组织目标和个人利益时，才会被接受，这时权力才能成立。

---

① ［美］W·理查德·斯格特：《组织理论》，50 页，北京，华夏出版社，2002。

3. 诱因和贡献平衡论。巴纳德认为组织中的每一成员都有其个人的需要，如果要求成员对组织做出贡献，那么组织必须对他们提供适当的刺激（诱因）以满足其个人的需求。其中诱因不仅包括物质因素，而且包括社会因素，如威望、权力、参与管理等，必须使诱因同贡献取得某种程度的平衡，才能使组织中的成员有合作的意愿。

4. 非正式组织的职能。巴纳德称非正式组织是不属于正式组织的个人联系和互相作用的集团。这种集团，虽然不一定具有明确的共同目标，但有共同的利益、观点、习惯、语言或准则。非正式组织对正式组织可能产生消极影响，但也有积极作用，非正式组织结构的出现会给正式组织结构带来巨大影响，不仅替代它，而且侵蚀和改变它。当个人同正式组织发生冲突时，非正式组织对维持组织的职能起重要作用。

5. 信息交流原则。巴纳德认为，构成组织的基本要素一是共同的目标，二是合作的意愿，三是信息的交流。要使前两个要素发挥作用，信息交流是基础，为此巴纳德提出了信息交流的原则。

人际关系学派在20世纪50年代后被称为行为科学学派。行为科学学派在组织理论方面的观点与贡献，除了与巴纳德相类似的观点以外，还主要有：(1) 对古典组织理论进行了修正、补充和发展。行为科学学派对古典管理学派提出来的一些组织原理基本是肯定的，但是他们还分析研究了人的行为因素对组织的影响，并对某些组织原理提出了修正。如对劳动分工原则，在肯定分工能提高效率的同时，指出了分工过细带来的不良后果。除了对古典组织原理提出修正之外，在该阶段，学者们还对古典组织原理作了补充、丰富和发展。如行为科学学派提出为了解决直线—职能制中的直线人员与参谋人员之间的摩擦，应该让职工参与管理和更好地进行信息交流等措施。(2) 提出了"Y理论"，并认为应该依据"Y理论"对人性的假设来设计组织结构。行为科学学派的组织理论认为，在设计组织结构时，必须着重考虑人的因素，即考虑工作者的需要和特点，努力缩小上下级人员之间在心理上的距离，这样在组织结构设计中趋向于扁平化结构。

5.3.3 现代组织理论

自第二次世界大战以后，在管理理论与实践中，出现了现代管理理论的许多流派，他们在组织理论方面提出了许多新的理论观点并进行了大量的实践总结。现代组织理论的特点表现为：

1. 系统总结了古典组织理论的成果。如美国著名的管理学者孔茨在同奥·唐奈尔合著的《管理学》一书中，在继承古典管理学派成果的基础上，进一步总结了近几十年来西方企业的实践经验，提出了健全组织工作的15条原则，这些原则涵盖了组织工作的目的、起因、组织结构的职权、部门划分、组织工作的过程五个方面的基本准则。

2. 在批判、继承古典组织理论和行为学派组织理论的基础上使组织理论有了全新的发展。其中最具代表性的是决策理论学派的赫伯特·西蒙，其代表作是1947年发表的《行政行为——行政组织中决策程序的研究》。西蒙批判了古典学派的"经济人"观点，提出了更为人性的"管理人"的观点。西蒙认为管理的核心是决策，而组织既简化了决策，又支持了参与者做出必须做的决策。组织简化参与者决策的一个主要方法就是对指导行为的目标进行限制，这需要根据总体目标建立起一个目标等级体系，把大的目标分解并指派给子单位（个体或部门）形成子目标，从而简化每一层所必需的决策。由此西蒙认为组织的等级可以提高组织内部决策和行为的一致性，等级组织结构有利于对组织理性决策的支持。西蒙的决策模型认为，个体决策者的认识是有局限的，因而需要组织提供完整的子目标、稳定的预期、必要的信息、所需的设备、日常行为纲领等。西蒙特别强调规章和程序在组织内部理性行为中的重要性，同时强调对决策参与者不引人注目的控制，即通过提供培训和引导信息和注意力对行为所产生的作用，比简单命令或指令要大得多。

3. 总结企业管理的实际经验，从中概括出一些组织理论与原则，并以此解决企业的实际组织问题。在这方面做出巨大贡献的有经验主义学派的代表人物彼得·F·德鲁克、戴尔（Ernest Dale）、斯隆（Alfred P. Sloan）等。该学派在组织理论的研究中，强调研究企业实际存在的组织问题，从而能够给从事实际管理工作的人以某些有用的建议。如戴尔在其著作《伟大的组织者》中指出："迄今对组织理论的探索大都是对能普遍应用于各种组织的原理和概念的探索……组织理论的'原则'应该提供相当精确的预见。它们应该起作用……一项广泛得足以包含所有情况——以及为了适用于所有组织而必须考虑的其他许多情况——的论述必然会如此的空泛以致毫无意义。……如果我们不是试图做出适用于所有各种组织的普遍结论，而是得出某些在恰当的类似情境中可以合理地期望它们会发生作用的一些指导方针，其效果会好得多"①。在这样的指导原则下，经验主义学派归纳总结出了企业组织结构的基本类型。如德鲁克把现今企业中出现的各种组织结构概括为五种：分别是：以工作和任务为中心的职能制结构和任务小组、以成果为中心的联邦分权制和模拟分权制和以关系为中心的系统结构，并且分析了这些组织结构类型的特点、优缺点及适用条件；斯隆则首创了事业部制的组织结构。

4. 在研究方法上，将组织看成一个开放的有机系统，因此认为：组织为了求得生存和发展，必然同外界环境相互影响，企业组织结构不仅要有稳定性，而且要有适应性，并要从环境中吸收能量；没有一成不变的、普遍适用的、"最好的"组织设计，必须根据企业所处的内外部环境来设计相适应的组织结构。在这方面对组织理论贡献较大的有系统管理学派和权变理论学派的组织理论。虽然组织系统是开放的，但依然存在边界，但边界的确定很困难。而且在该阶段，依然认为等级制度是组织结构的基本特征。

古典组织理论、行为科学组织理论与现代组织理论，在今天也被称为适用于工业经济时代的组织理论。这是因为在这些组织理论的指导下所设计的企业组织，适应工业经济时代的要求，在整个工业经济时代也似乎运行得很好，然而进入20世纪80年代以来，企业组织所处的外部环境发生了很大的变化，信息经济的时代已经到来，传统的组织和管理方法已不适用于解决信息时代社会出现的新问题。

5.3.4 信息时代组织理论的探索

信息时代企业组织面临一系列的挑战，如经济全球化、多元化、人们的价值观念的变化、信息技术的飞速发展，企业组织必须变革，才能应对社会的重大变化。

信息时代企业的组织理论还在探索阶段，以下将该方面的研究与实践进行粗略的

① ［美］欧内斯特·戴尔：《伟大的组织者》，11～17页，北京，中国社会科学出版社，1991。

归纳：

1. 信息时代企业的组织结构、运作过程、管理过程、战略、人力资源管理方式等企业管理的理论与实践必将发生变革。德鲁克认为：工业经济下的企业“组织建立以及运作的那些基础假设条件已经不再适应当今的现实”；德鲁克在《21世纪对管理的挑战》一书中指出：“至少直到20世纪80年代初期对管理原则的假设还是贴近现实的。但现在这些已都远离现实而变成对管理理论、管理实践的阻力了。现在的现实正变得与这些假设正好相反。因此需要对以往这些假设加以重新思考，以便对管理的研究与实践提出新的假设。”在网络信息时代，“战略要接受一个新的基本观念。任何单位，不论其为企业或非企业，要以该产业的领先者不论其在世界何处所设置的标准来作为衡量自己的尺度”。詹姆斯·A·钱皮（James A. Champy）指出：“许多公司发现他们已身处正发生巨变的行业，这种变革力量可能来自新兴技术，如互联网……正是由这些因素共同导致了深刻的产业结构重组，这些变化引发深奥的策略问题……对这些问题的回答不能仅仅依赖公司流程的重组，需要彻底改造公司经营……改造意味着立刻改变组织的许多要素，公司工艺流程将被重新设计，新的机遇与策略将会出现，公司内在和外部的组织结构与相关关系都将变化，新的信息技术基础设施设立，经理们的工作将发生变化，同时要求人们有新的行为方式。”① 詹姆斯·迈天（James Martin）提出了“价值流”观点，认为“传统企业的价值流使工作活动在传统部门或业务领域中处于分裂状态，因此运作是缓慢的、笨拙的。今天的技术使我们能够将工作合成一个整体……管理者应该根据企业价值流描绘和了解企业，应该明确大部分价值流需要根本性的再构建……小组的工作重点完全集中在价值流顾客的需要上，因此应该尽可能简单、直接地完成工作。”②

2. 对信息时代企业组织的特征，众多学者提出了自己的观点。在《未来的组织》一书中，收录了许多学者对未来组织的设想。其中：杰伊·R·加尔布雷思（Jay R. Calbraith）提出：在网络信息时代，需要“可塑性组织……可塑性组织源于三种能力的灵活运用。第一，该组织通过在各部门建立小组而自行重塑，这些横向结构需要广泛的内部联络能力。第二，该组织运用内部价格、市场及类似市场的机制来协调各小组的复杂性。第三，该组织还建立了某种合伙关系以保证其具备自身没有的能力。这些合伙关系的建立需要外部联络能力。”罗恩·阿什克纳斯（Ron Ashkenas）认为：网络信息时代的企业组织是一种无边界的组织，它“与存在于许多企业中的僵硬的边界不同，将来企业的边界将是可以互相渗透的，就像活生生的不断进化的机体中可以移动的灵活的膜一样。”道格·米勒（Doug Miller）认为：网络信息时代的企业组织是一种变色龙组织，“变色龙组织有五大重要特征：极大的灵活性、个人的承诺、充分运用团队、扎实的基本功底及尝试多样性。”

理查德·L·达夫特在其著作《组织理论与设计精要》中将信息时代的组织称为后现代组织范式，并对比现代组织（传统组织）提出了后现代组织的特点（参见表5—2）。

由表5—2可见，理查德·L·达夫特认为后现代组织结构是弹性和分权化的、边界发

① ［美］F·赫塞尔本：《未来的组织》，14页，成都，四川人民出版社，2000。

② ［美］詹姆斯·迈天：《生存之路——计算机技术引发的全新经营革命》，103页，北京，清华大学出版社，1998。

散的。

表 5—2　　现代组织与后现代组织范式特点的比较①

		现代组织	后现代组织
关联性变量	环境	稳定	混乱
	资本形式	货币、建筑物、机器	信息
	技术	例行性	非例行性
	规模	大	小到中
	目标	成长、效率性	学习、有效性
	文化	雇员接受命令	授权雇员
组织结果	结构	刚性和集权化，边界明显	弹性和分权化，边界发散
	领导	独裁式领导	服务式领导
	沟通	正式，书面	非正式，口头
	控制	官僚制的	分权化，自我控制
	计划和决策	管理人员	每个人
	指导原则	家长制	人人平等

3. 对信息时代的组织结构模式有了新的认识。德鲁克认为“工作主要由任务小组来完成”，然而“关于如何组建任务小组来处理其他商业机会和问题，这一点还有待研究”。查尔斯·M·萨维奇（Charles M. Savage）在其著作《第五代管理》中认为，信息时代要用“知识去构建一个有效的知识网络化企业……在知识网络中并非所有东西都是新的，等级式组织的一些成分仍然存在。”② 丁宁设计了一种与网络信息技术相适应的、以决策为中心的“供—产—销”网络制组织结构，并论述了该种组织结构的特点、建立前提、建立过程等。理查德·罗斯克兰斯（Richard Rosecrance）指出：“虚拟公司应运而生。它是一个拥有研究、开发、设计、营销、金融、法律及其他功能的实体”。美国麻省理工学院的教授彼得·圣吉（Peter M. Senge）于 1990 年在其出版的《第五项修炼——学习型组织的艺术与实务》中提出了现代企业要建立“学习型组织”，并认为“五项修炼”是建立学习型组织的技能。“五项修炼”的内容包括：

第一项修炼：自我超越（personal mastery）。自我超越就是不断认清并加深个人的真正愿望，集中精力，培养耐心，并客观地观察现实。它是个人成长的学习修炼，也是学习型组织的精神基础。自我超越既指组织要超越自我，又指组织中的个人也要超越自我。

第二项修炼：改善心智模式（improving mental models）。心智模式是一种思维方式和行为模式。改善心智模式，就是改善认知模式，要求组织能够不断随着外部环境的变化，适时调整甚至革新组织内部的习惯做法。只有人的思想和逻辑改变才能使行为发生根本的转变。

第三项修炼：建立共同愿景（building shared vision）。愿景是期望的未来远景和愿望。建立共同愿景就是建立全体成员共有的目标、价值观与使命，并以这个共同愿景感召全体成员，使其为之奋斗。显然，共同的愿景是组织产生活力和勇气的源泉。

---

① ［美］理查德·L·达夫特：《组织理论与设计精要》，12 页，北京，机械工业出版社，1999。

② ［美］查尔斯·M·萨维奇：《第五代管理》，324 页，珠海，珠海出版社，1998。

第四项修炼：团队学习（team learning）。团队学习是发展团体成员整体合作与实现共同目标能力的过程。在现代组织中，团队学习非常重要，这是因为现代组织中的基本单位就是工作团队，因此学习的基本单位也应该由个人变为团体。只有组织拥有众多会学习的团队，才可能发展为善于学习的组织。

第五项修炼：系统思考（systems thinking）。系统思考的修炼就是要消除“见木不见林”的思维模式，使人们与组织形成系统观察、系统思考的能力，用整体的、联系的、发展的、动态的系统观念分析思考问题。

4. 世界众多知名企业在应用网络信息技术的同时，对企业的组织结构、管理模式等进行了相应的变革。如通用汽车公司某工厂在网络化同时彻底改变了原有企业组织结构，所有工作由具有全面知识结构和完整信息系统的小组完成；日本的索尼公司为了顺应网络信息时代的要求，成立“电子经营委员会”制定其互联网业务战略，并将其整个公司的组织架构改变为：全球业务管理中心、全球业务支持管理平台和电子运营总部等；安达信咨询企业在互联网的基础上，建立了知识交流的知识管理制度，它抓住那些研究及日常工作中的经验教训，并让全世界3万多名咨询顾问全天候地获得这些知识，结合复杂的使用者界面、讨论数据库及无纸化交流，使企业的知识资本在需要时即能获得。

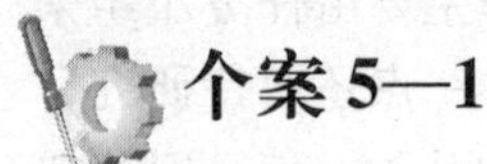

个案5—1

我国企业组织结构变革的实践

在我国，自1999年以来虽然有许多大型企业开始进行信息化建设，但只有极少数大型企业在应用网络信息技术的同时，进行了重新构建企业组织的探索。如海尔为适应跨国经营及网络信息技术的需要，以业务流程为导向将过去的事业部制改造为以物流、商流、资金流、生产本部为核心的流程型网络结构，从而实现全球集中采购与一对一订制销售；神州数码则由于其产品及客户需求的复杂性，实施信息化改造后企业组织结构仍保持事业部制，但却构建了运作中心，负责低端产品的集中采购与销售，并且借助信息技术，将分布于全国的地区公司改造为地区平台，地区平台与各事业部形成矩阵结构，使企业整体战略得以更好贯彻执行；上海易初通用机器公司依托网络信息技术，打破原有的组织层级，缩小经营单位，将“经营者”划分为可以货币量化其经营利润、从事某项专门工作的“虚拟经营公司”和从事某一类管理工作、以契约形式结算其经营利润的“经营体”两种组织形式。由此可见，我国一些大型企业在组织创新上已经开始进行实践性探索。

纵观目前对信息时代的企业组织的研究与实践，可以看出目前对此的研究现状的特征是：

（1）目前所形成的共识是网络等信息技术在企业中的应用，必将使企业的组织结构、运作过程、管理过程、战略、人力资源管理方式等企业管理的理论与实践发生变革。

（2）相关概念不统一，并有片面性，导致相关理论及实践的混乱，如对信息时代的组织特点提出的概念有：无边界组织、变色龙组织、学习型组织、扁平化组织、可塑性组织等。网络信息时代的企业组织最本质的特征是什么？各个特征的内在相互关系是什么？这些问题还有待解决。

（3）虽然提出了在信息时代将会出现团队组织、虚拟企业、战略联盟、网络制组织等新的组织模式，然而对于这些组织模式究竟如何构建，各种模式的适用条件等问题却没有系统的理论描述。

（4）国内外大型传统企业不仅开始应用网络技术从事生产经营，而且正在逐步探索与此相适应的管理模式。总的来看，实践走在理论的前面，理论的研究还远未成熟，特别是缺乏系统性及可操作性，尚处于百家争鸣的阶段。

本章小结

本章介绍了一系列重要的组织概念，这其中包括组织的定义、组织的分类等。本教材研究的主要是企业组织。企业组织可以从两个角度去理解。从实体角度看，组织是为实现某一共同目标而由若干个人组合形成的一个系统。从管理过程看，组织又是管理的一项基本职能，计划职能确定了组织目标，为了使人们能够有效地工作，确保目标的实现，还必须对组织结构进行设计、调整与变革，管理者的主要任务之一就是要使组织不断发展、完善，使之更富有成效。组织可以根据不同标准进行分类：按组织的营利性可以将组织分成营利性组织和非营利性组织；按组织的性质可以把组织分成经济组织、政治组织、文化组织、群众组织和宗教组织；按组织是否自发形成可以把组织分成正式组织和非正式组织。

有关“组织的作用”，本章主要介绍了理查德·L·达夫特与W·理查德·斯格特的观点。理查德·L·达夫特认为组织的作用主要表现在七个方面：组合所有的资源以达到期望的目标和结果、有效地生产商品和服务、为创新提供条件、运用以计算机为基础的现代制造技术、适应并影响变化的环境、为所有者、顾客和雇员创造价值、适应多样化、伦理、职业形态以及雇员的激励与协调等进一步的挑战。W·理查德·斯格特认为组织的作用主要表现为持续性、可靠性与可控性。

本章中另一个重点内容是组织理论的形成与发展。随着管理理论的发展，组织理论大致可以划分为四个大的历史阶段：古典管理学派阶段、行为科学学派阶段、现代管理学派阶段和信息时代组织模式阶段。

导入案例分析

宋晓晓在工作岗位的设置中存在的主要问题是太专业化，忽视了人性中多样化的需求，那些牢骚和成绩不佳就是证明。以下列出三种解决方案，可供参考：

第一种方案：把工作岗位B（打印信函）与工作岗位F（打印各类数据图表）结合起来。这种横向组合，扩大了工作范围，而且富有挑战性。那些厌烦于老生常谈写客套信的职员，也许想试一试画精密的数据图表；反过来，那些埋头画数据图表的人想换换口味，松一口气。这种职责扩大的方法，同样也适用于把工作岗位C、D、E结合在一起，因为它们都和报告有关。

第二种方案：把工作岗位B与工作岗位A结合起来，纵向丰富了工作岗位B的工作内容。同时也满足了工作岗位A（个人信件）需要多面手、能言善辩的工作要求。

第三种方案：只设立两项工作岗位。其一是，一般文字处理；其二是，复杂文字处理。第一种就是把工作岗位A、B、F结合在一起，第二种是把工作岗位C、D、E结合在一起。在这两类工作各自的范围里，允许和鼓励职员们自己斟酌，决定轮流干哪一种工作。

对一切工作岗位来说，提高工作效率，还可以采取的办法有：(1) 要求职工自我检查或彼此核查工作是否准确无误；(2) 允许职工选择、设计自己的工作方式；(3) 邀请职工参与制定和检测他们自己的工作标准。

思考与练习

1. 请举例说明组织的两种含义。
2. 寻找你所在组织中的非正式组织，并说明其特征及其正面与负面功能。
3. 请举出三个营利性组织和非营利性组织的例子，要求写出具体组织的名称。
4. 简要说明古典组织理论、行为科学组织理论与现代组织理论的主要特征。

案例研究

英特尔：危机意识和竞争意识的管理创新典范①

英特尔（Intel）公司创立于1968年，公司的创始人摩尔从20世纪70年代起就构筑了其赖以成功的商业模式——不断改进芯片的设计，以技术创新满足计算机制造商及软硬件产品公司更新换代、提高性能的需求。摩尔提出，计算机的性能每18个月翻一番，只有不断创新，才能赢得高额利润并将获得资金再投入到下一轮的技术开发中去。这种独特的商业模式被称为摩尔定律，其实质是不断树立企业的危机意识和竞争意识。有危机，才会有创新；有竞争，才会有发展。

一、危机意识——促使英特尔公司在产品开发上不断创新

英特尔公司为了确保市场份额，抵御其他制造商的竞争，确立了“永不停顿、不断创新”的企业理念，在技术方面，不断加强科研开发，并努力拓展产品的适用范围，始终牢牢地把握产品更新换代的主动权。从1985年起，英特尔公司就同康柏（Compaq）公司联合研制以80386微处理器为基础的新型计算机，并于1987年成功地推出运算速度比IBM公司个人计算机快3倍的台式386计算机。1991年，英特尔公司又与IBM公司达成一项为期10年的微处理器协议，研制能用一块芯片代替许多块计算机芯片，并且容量更大、速度更快的处理器。但英特尔公司并不满足于现状，依然以极大的频率“自己淘汰自己”。1993年3月，英特尔公司推出微处理器的第5代CPU产品——Pentium（奔腾）。1997年1月，英特尔公司又推出了廉价的第6代CPU——Pentium MMX。1997年5月，英特尔公司在Pentium MMX还在热销的时候又推出了第6代处理器的第二个成员Pentium（Ⅱ），后又有233MHz、266MHz、300MHz、333MHz四种主频产品。1999年，英特尔公司已不再满足于全球最大电脑芯片供应商的角色，开始挺进网络市场，并推出新一代的

---

① 郑明身：《组织设计与变革》，294～296页，北京，企业管理出版社，2007。

Pentium（Ⅲ）。英特尔公司让世人真切地感受到了只有创新才能使企业获得永久的活力。

二、竞争意识的核心——独特的协作参与型文化

协作参与型文化的主要内容包括：包容失败——对待破产就像对待一场过去战争的创伤；追求风险——把技术问题视为一个机会；对公司再投资——在硅谷挣的钱绝大部分都用于那里的投资；对变化充满热情——不是我们让自己过时，就是参与竞争；论功行赏——年龄和经验无足轻重；沉迷于产品的改进——对新思想和新产品的迷恋；合作——职员是借来的，思想是共享的，偏爱是互换的；多样化——硅谷有任何形态和大小的公司；参与——每个人都有挣大钱的平等机会。

英特尔公司在对旧组织、制度文化实施变革中强调了“冲破旧习惯”、“变低效为高效”、“以文化推进经济增长”的策略。公司总裁巴雷特认为，组织文化的成长是分阶段的，一般分诞生期、青春期和成熟期。要克服组织文化在每个阶段的危机，都需要文化的转型。文化转型可能是来自组织内部机制的要求，即使是社会形态和工作固定在某一个阶段上，在从诞生期向青春期到成熟期的成长过程中，组织文化也会经历一系列变革。但文化变革不是轻而易举的，组织在一段时间内会蒙上一层“外壳”而不易改变，人们的观念也会穿上“铠甲”而不愿改变，所以组织文化的变革会经历阵痛。跨越了这个阶段之后，企业就会形成与新业务和新发展规划相适应的组织文化。

三、冲破旧习俗，英特尔公司树立起全新的公司文化

英特尔公司确立了企业文化的六项准则，这六项准则是：客户服务、员工满意、遵守纪律、质量至上、尝试风险和结果导向。

公司副总裁虞有澄指出，公司内部人人平等。高层管理人员和普通员工一样上班守时，不搞管理人员的特殊待遇，没有给高层管理人员保留停车车位，没有管理人员的餐厅，每个员工都有平等的机会获得股权奖励。

贯彻公司文化首先要由高层人员带头，按虞有澄的话来说就是：要训练出忠于公司文化的高层管理者和总经理。一些看起来不太重要的小事，如果高层管理人员不努力做好，就会影响到全体员工的执行。所以，公司的主要领导都倡导对事业执着进取的价值观。公司总裁巴雷特说，如果有什么关键因素指导我们如何推进企业发展的话，那么这个关键因素就是公司文化。20世纪80年代，“走动式”管理风靡世界，这种管理模式是强调企业家身先士卒，体察下属，了解真情，又被称为“看得到的管理”。企业主管经常走动于生产第一线，与员工见面、交谈，希望员工对他提出意见，能够认识他，甚至与他争辩，是一种现场的管理。作为跨国公司的总裁，每年巡视英特尔公司国内外的所有工厂已成为巴雷特的工作惯例，人们给他一个称号，叫“环球飞行管理者”。

摩尔定律的实质是树立企业的危机意识和竞争意识。尽管世界上85%以上的个人电脑上装的都是英特尔公司的奔腾系列微处理器，但人人都有一种危机感，英特尔公司副总裁保罗·奥特里尼说，“为了保持英特尔公司的领先地位，我们每天从早上6点起来工作，晚上6点下班，有时晚上还要加班加点，一天至少要工作12个小时。”在英特尔公司，只能完成领班交给的任务的雇员是不会有大出息的，只有善于动脑筋、总结经验和具有创新精神的雇员才能在英特尔公司立足和晋升。

讨论题

1. 结合本案例，讨论古典组织理论、行为科学组织理论与现代组织理论的主要特征，并说明英特尔公司的组织特征是什么？

2. 从英特尔公司的危机意识和竞争意识阐述企业组织不断变革创新的重要性。

实践与运行

管理实践

林立是学校的学生会主席，学校在半年之后要举办校庆活动，在校庆日中林立负责组织一台大型的文艺演出活动，为此林立开始组建筹备小组。请为林立提供一份组建筹备小组的备忘录。

第6章

组织结构的设计

诺基亚的新事业①

在管理实践中，经常面临的一个问题就是要合理安排新老业务的组织关系。企业往往需要培育新的创意、新的业务，这样才能维持企业的持续增长。然而，新的创意、新的业务由于其价值尚未得到验证，往往具有很大的风险。这样在争取企业投资资金、人才和组织承诺时，新创意、新业务往往难以吸引企业组织高层管理者的足够关注。为了使新的创意不致遭到压抑，传统的建议就是将新旧业务分开，剥离出以新业务为中心的独立组织部门，如美国航空公司剥离 Sabre（订票和信息系统）、西门子公司剥离出 Infineon 结构（半导体生产商）等。通过新旧业务的分离，减少新旧业务之间的摩擦，保护新业务。尽管新旧业务的分割有助于企业实现增长和业绩目标，但是也会有很多问题：第一，新业务的识别和选择的任务由企业组织的高层管理者负责，这就要求企业的 CEO 必须能够敏捷地识别尚处萌芽状态的创意，并能够把它与其他创意和企业资源结合起来，建立适当的组织形式，在新旧业务之间做到不偏不倚。这样高层管理者的信息负担越来越大，往往造成新创意的选择失败或新创意过早被扼杀。如苹果公司耗费投资开发 Newton 个人数字助理，就以失败告终，失败的原因有人归罪于当时公司的 CEO 约翰·斯卡利（John Sculley）对该项目支持过早，热情过度。第二，有些新业务是从传统业务中发展起来的，当管理层想将新业务分离出来形成新的组织单位时，传统业务单位往往会抱怨无法分得新业务成功的利益，因此不配合新业务的剥离。第三，业务分离形成新的组织界限，限制了信息流、思想流的交换，甚至导致信息和思想的遗失。第四，有些创意项目夹在现有业务单元之间，或者横跨各业务单元，所以谁都不是这些业务的自然拥有者，所以，往往在新业务分离之前，许多好的创意就已经流失。如何安排新旧业务的组织关系，使之既保持新业务的健康成长，又使新旧业务合理组合、共同发展，这是许多企业共同面临的管理问题。诺基亚同样面临这样的问题。

诺基亚根据其主要业务下设两大部门："诺基亚移动电话（NMP）公司"和"诺基亚网络（Net）公司"，两者分别是全球最大的移动电话生产商和主要的移动电话、固定电话网络设备生产商。另外设立了诺基亚研究中心，主要负责以上两个业务群的基本研发任

① ［美］欧高敦：《管理变革》，5页，北京，三联书店，2001。

务。公司共有员工17 000人。

1998年，诺基亚建立了诺基亚风险业务组织（NVO），测试、开发有潜力在四五年内产生五至十亿美元收益的业务创意。该业务组织的目的是：寻找新的增长机遇，这些新的增长机遇一方面超出现有组织的范畴，另一方面符合公司的整体发展远景。

新成立的诺基亚风险业务组织（NVO）应该如何解决以上新旧业务的组织关系中所存在的问题？

如何通过组织设计实现新老业务的紧密联系？

组织的存在使很多人能有效地协调合作，从而完成相应的工作，因此，形成一个有效的组织结构是管理工作的核心职能。任何组织都在努力设计有效的组织结构。但外部环境、技术、企业规模等发生变化时，组织的结构也必须做出相应的调整。在当今时代，由于信息技术及经济全球化的影响，国内外著名企业都在进行组织结构的调整。管理者面临的挑战是要懂得如何通过设计组织结构来实现组织的目标。

6.1 组织结构概述

组织结构是一个组织的“骨骼系统”，健全的组织结构可以使组织的人、财、物和信息等生产诸要素之间达到有机组合，对于组织实现经营目标，协调组织内部关系，充分发挥各级人员的积极性，提高组织对市场的应变能力和竞争能力，有着极其重要的意义。

6.1.1 组织结构的定义和功能

组织结构是指组织的全体成员为实现组织目标而进行分工协作，从而在机构设置（岗位、职位设置）、职责范围、权力安排、业务流程及绩效评估等方面所形成的有机的结构体系。这一定义说明：

1. 组织结构的本质是组织成员的分工协作关系。

2. 设计组织结构的目的是为了实现组织的目标。所以，组织结构是实现组织目标的一种手段。

3. 组织结构的内涵是人们在职、责、权方面的结构体系。所以，组织结构又可简称为权责结构。企业的每一次组织结构调整都带来企业责、权、利的重新分配。

组织结构具有如下功能：

1. 它使组织成员依照劳动分工承担各种各样不同类型的工作，劳动分工确定了工作规程、标准以及各部门的任务和职能。

2. 它使组织成员依据各种组织制度所形成的整合机制在工作中进行合作。

3. 它定义了组织的边界，明确了组织与环境及其他组织之间的界限。

总之，组织结构是实现企业目标的一种手段，组织结构的变革往往会导致企业的彻底变革。

6.1.2 组织结构设计的基本原则

设计组织结构，必须遵循一些基本原则。古典组织理论已经初步确立了组织设计的基本原则，如目标原则、权责相符原则、管理幅度原则、分工协调原则等。现代组织理论继承和发展了古典组织理论，在某些方面纠正了它的偏差，丰富了它的内容。孔茨将组织结构设计的原则总结归纳为15条，把组织理论和具体的管理实践相结合。一般在组织设计中，其基本原则可以归纳如下九条。

6.1.2.1 目标一致原则

目标一致原则表明，一方面组织结构的设计和组织结构的选择必须有利于组织目标的实现，即组织设计是一种手段，其目的是为了更好地实现组织目标；另一方面，组织目标实现的好坏，又是衡量组织设计是否正确是否有效的最终标准。任何一个组织，都是由它的特定的目标所决定的，组织中的每一部分都应该与既定的组织目标有关系，否则，它就没有存在的意义。同样道理，每一机构又有自己的分目标来支持总目标的实现，则这些分目标就又成为机构进一步细分的依据。为此，目标层层分解，机构层层建立下去，直到每一个人都了解自己在总目标的实现中应完成的任务，这样建立起来的组织才是一个有机的整体，才能为保证组织目标的实现奠定良好的基础。如海尔集团根据国际化发展思路，为了追求“顾客满意度最大化”，从而实现海尔三个“零”的目标，即：质量零缺陷、服务零距离、流动资金零占用的经营目标，重新调整了其组织结构和业务流程。其中集团内的物流本部将三个“零”的目标，进一步分解为准时（JIT）采购、准时送料、准时配送的分目标，为此物流本部建立采购事业部、储运事业部和配送事业部。

6.1.2.2 分工协作原则

这一原则要求组织机构的设置要实行专业分工的原则，以利于提高管理工作的质量和效率；在实行专业分工的同时，又要十分重视部门间的协作配合，加强横向协调，以发挥管理的整体效率。如神州数码公司通过设立“地区平台”来解决业务的纵向分工与横向管理协调的问题。

6.1.2.3 责权对等原则

这一原则可以表述为：职责和职权必须相等。在进行组织结构的设计时，既要明确规定每一管理层次和各个部门的职责范围，又要赋予完成其职责所必需的管理权限。职责与职权必须协调一致，要履行一定的职责，就应该有相应职权，这就是责权对等原则的要求。只有职责，没有职权，或权限太小，则其职责承担者的积极性、主动性必然会受到束缚，实际上也不可能承担起应有的责任；相反，只有职权而无任何责任，或责任程度小于职权，将会导致滥用职权和“瞎指挥”，产生官僚主义等。因此，在实际的组织设计中应尽量避免这两种倾向。科学的组织结构设计应该是将职务、职责和职权形成规范，制定出章程，无论是什么人，只要从事该项工作就得有所遵从。

6.1.2.4 有效管理幅度原则

这一原则可以表述为：主管人员有效地监督、指挥直接下属的人数是有限的。影响管理幅度的因素有多个方面，如技术条件、工作类型、主管人员以及下属的能力等。因此管理幅度是因组织、因人而异的。由于管理幅度的大小影响和决定着组织的管理层次，以及主管人员的数量等一些重要的组织问题，所以，每一个主管人员都应该根据影响自身管理幅度的因素来慎重地确定自己的理想幅度，应当在保证有效管理幅度的前提下来寻求减少管理层次的途径。

6.1.2.5 精简效率原则

无论任何一种组织结构形式，都必须将精简效率原则放在首位。精简效率原则可以表述为：在服从有组织目标所决定的业务活动需要的前提下，力求减少管理层次，精简管理机构和人员，充分发挥组织成员的积极性，提高管理效率，更好地实现组织目标。一个组织只有机构精简，队伍精干，工作效率才会提高；如果组织层次繁多，机构臃肿，人浮于事，则势必导致人才浪费、官僚主义滋长、办事拖沓、效率低下的后果。因此，一个组织是否精简高效，是衡量其组织结构是否合理的主要标准之一。

6.1.2.6 统一指挥原则

统一指挥原则是指：组织的各种机构以及个人必须服从一个上级的命令和指挥，只有这样，才能保证命令和指挥的统一，避免多头领导和多头指挥，使组织最高管理部门的决策得以贯彻执行。根据这一原则，上级指示从上到下逐级下达，不许发生越级指挥的现象，下级只接受一个上级的领导，只向一个上级汇报工作并向他负责。这样，上下级之间就形成了一个“指挥链”。在这个指挥链上，上级既能了解下属情况，下属也容易领会上级意图。因此，按照统一指挥原则去办，指挥和命令如果能安排得当，就可以做到政令畅通，提高管理工作的有效性，而那些由于“多头领导”和“政出多门”所造成的混乱就可以避免。

统一指挥的原则在实践中可能会导致组织单位之间缺乏沟通和组织灵活性不足等问题。为了弥补这一缺陷，在应用中往往还规定主管人员有必要的临时处置、事后汇报的权力，其依据的原则为上一章介绍的“法约尔桥”。这个原则规定，根据统一指挥的原理，上级可授权下级相互进行直接联系，但必须将行动结果报告各方的上级，这样才不至于削弱反而有助于统一指挥的实施。

6.1.2.7 集权与分权相结合的原则

这一原则要求，在处理上下管理层次的关系时，必须将必要的权力集中于上级（集权）与把恰当的权力分散到下层（分权）正确地结合起来，只有这样才能加强组织的灵活性和适应性。如果事无巨细，把所有权力都集中在最高管理层，不仅会使最高管理层淹没于繁琐的事务当中，顾此失彼，而且会助长官僚主义和命令主义作风，忽视组织有关战略性、方向性的大问题。因此，高层主管必须将与下属所承担的职责相适应的职权授予他们，使下属有职、有责、有权，这样就可以让下属充分发挥他们的聪明才智，调动他们的积极性，以保证管理效率的提高，也可以减轻上层主管的负担，以集中精力抓大事。当然，在具体的组织中，究竟哪些权力应该集中，哪些权力应该分散，并没有统一的模式，往往是根据组织的特点与一定的管理经验来决定的。在当今信息时代，由于信息技术的飞速发展及广泛应用，使组织的集权与分权有了新的变化趋势。

6.1.2.8 稳定性与适应性相结合的原则

这一原则可以表述为：组织结构及其形式既要有相对的稳定性，不要频繁变动，又必须根据组织的长远目标及内外环境的变化做出相应的调整。任何一个组织都是一个开放的社会子系统，在其活动过程中，都与外部环境发生一定的相互联系和相互影响。一般来说，组织要进行有效的活动，就必须维持一种相对平衡的状态，组织越稳定，效率也越高。每次组织结构的调整和部门职权范围的重新划分，都会给组织的正常运转带来有害的影响。因此，组织结构不宜频繁调整，应保持相对稳定。但是，不仅组织本身是在不断运动着的，而且组织赖以生存的环境也是在不断变化的，当组织结构相对地呈现僵化状态，组织内部效率低下，而且无法适应外部的变化或危机存在时，组织的调整与变革就是不可避免的了。只有调整和变革，才会给组织重新带来效率和活力。在当今时代，由于经济全球化与信息技术的发展，组织的外部环境及技术条件出现了重大的变化，因此，组织结构的变革也成为一种必然。

6.1.2.9 执行与监督分设原则

这一原则要求，组织中的执行性机构同监督性机构（后者如质量监督、安全监督、财务监督等机构）应当分开设置，不应合并成一个机构。这样可以使“立法”部门与“执法”部门相互制约，从而进行有效控制与管理。执行性机构同监督性机构分开设置后，监督机构要执行监督职能，又要加强对被监督部门的服务职能。

以上原则是组织结构设计的一般原则，具有普遍性。但是依据这些原则设计出来的组织模式不应当是千篇一律的，而应当互不相同，各具特色。现代组织理论的精髓，不在于提供了那些普遍适用的共同原则，而是在于依据权变理论，从具体的权变因素出发，来具体应用这些普遍原则，设计出与组织的内外部环境相适应的组织结构。

6.1.3 影响组织结构的环境因素

组织必然要与组织外的环境发生关系，这同时也意味着组织环境必然对企业的组织结构产生影响。所谓组织环境是指存在于组织边界之外的并对组织具有潜在的或部分影响的所有因素。依据权变理论和资源依附理论的观点，认为组织应有意识地采取步骤以适应环境，改变组织结构以更好地符合环境的要求。

达夫特在其著作中归纳了对企业组织结构产生影响的十大环境因素，这就是：产业部门、原材料部门、人力资源部门、金融资源部门、市场部门、技术部门、经济环境部门、政府部门、社会文化部门和国际部门等，并且根据环境的稳定性及复杂性设计了不同的组织结构特征（参见图6—1）。

W·理查德·斯格特将整个组织环境分成制度环境与技术环境，制度环境因素包括对组织产生影响的一些象征性的、文化的特征，如文化、法则、信念等；技术环境因素则包括那些物质的、以资源为基础的特征，如资源、市场、技术等。从技术环境的角度来看，没有哪个组织是自给自足的，所有的组织都必须与环境发生交换。企业管理者应该保证资源的充足供应和选择适宜的市场，制定高效率的工作安排并协调和控制技术活动。组织结构应该同外部的技术要求和内部的工作系统紧密联系。从制度环境的角度来看，当代社会的许多制度化规则和模式，为组织的建立和发展提供了基础框架，所有的组织都是在制度环境里运行，而技术环境的许多方面依赖于制度基础，如市场就是处于制度法则的约束之下。

总之，在设计组织结构时，必须考虑组织环境的影响。

环境的变化		简单	复杂
	稳定	低度不确定性 1. 机械性结构；规范，集权化 2. 部门很少 3. 无整合作用 4. 很少模仿 5. 当前经营导向	中低度不确定性 1. 机械性结构；规范，集权化 2. 部门很多，某些跨越边界 3. 很少整合作用 4. 某些模仿 5. 某些计划
	不稳定	中高度不确定性 1. 有机结构，团队；参与性，分权化 2. 部门很少，边界跨度大 3. 很少整合作用 4. 模仿迅速 5. 计划性导向	高度不确定性 1. 有机结构，团队；参与性，分权化 2. 很多不同的部门，广泛的边界跨越 3. 很大的整合作用 4. 广泛的模仿 5. 广泛的计划，预测

环境的复杂性

图 6—1 环境的不确定性与组织结构特征①

6.1.4 组织结构的评估标准

组织结构是否有效，可以用以下标准来衡量：

1. 效率。组织成员完成任务的能力，以最小的投入获得最大的收益，可以用成本、收益等财务指标来衡量，也可以用交易成本的大小来衡量。

2. 速度。指完成工作的速度或对外部环境变化的反应速度。

3. 响应性。满足组织外部环境需求的能力，如可以用顾客满意度、市场占有率等指标来衡量。

4. 适应性。组织进行变革和随时间动态变化的能力，如企业及企业成员的学习能力。

5. 责任心。使组织成员对那些对组织有贡献的活动负有责任。如组织成员的工作态度、工作建议等。

不同的组织可以采用不同的评价标准。

作为一般原则，当组织结构不适合组织要求时，会出现一个或多个组织无效的特征：②

(1) 决策迟缓或质量不高。由于组织层级汇聚太多的问题和决策给决策者，他们可能负担过重，向低层的委托可能不足。另一种导致低质量的决策的原因是信息可能没有传达给合适的人。无论纵向还是横向，信息沟通都不充分，不能保证决策质量。也就是说，决定决策速度与质量的主要因素是权力分配（与交易成本有关）与信息的传递（与网络信息系统有关）。

(2) 组织不能创造性地对正在变化的环境做出反应。缺乏创新的一个原因在于部门之间不能很好地进行横向协调，在于组织的学习能力太低。

(3) 过多明显的冲突。当各部门目标发生冲突、各行其是，或者在压力之下，为完成

① ［美］理查德·L·达夫特：《组织理论与设计精要》，47 页，北京，机械工业出版社，1999。

② 参见［美］理查德·L·达夫特：《组织理论与设计精要》，115～116 页，北京，机械工业出版社，1999。

部门目标而不惜损害整体目标，这种组织结构便是失败的，缺乏足够的横向沟通机制。

组织结构的类型虽多，但任何组织结构都存在着三个相互关联的问题：第一，管理层次的划分；第二，部门的划分；第三，职权的划分。其中前两个问题是解决内部管理组织的分工形式，管理层次是纵向分工形式，部门属于横向分工形式。由于组织内外环境的变化影响着这三个问题，使得组织结构的形式呈现出多样性。因此，合理的组织结构设计就要正确处理这三个问题。

6.2 组织结构的层次化

组织结构的框架设计，包括纵向结构设计和横向结构设计两个方面。纵向结构设计又称层次结构设计，其任务是确定组织应设置多少管理层次以及这些层次间的相互关系。因此，所谓组织结构层次化是指组织在纵向结构设计时需要确定层次数目和有效的管理幅度，需要根据组织集权化的程度，规定纵向各层次之间的权责关系，最终形成一个能对内外环境要求做出动态反应的有效组织结构形式。

6.2.1 管理幅度与管理层次的关系

所谓管理幅度也称为组织幅度，是指组织中上级主管能够直接有效地指挥和领导下属的数量。这些下属的任务是分担上级主管的管理工作，并将组织任务层层分解，然后付诸实施。显然组织幅度应该是有限的。因为，一定幅度的下属数量固然能够减少上级直接从事的业务工作量，但同时也增加了上级协调这些人之间关系的工作量。法国管理咨询专家格拉丘纳斯（V. A. Graicunas）从上下级关系对管理幅度的影响的各方面进行深入研究。他指出，管理幅度以算术级数增加时，管理者和下属间可能存在相互交往的人际关系数将以几何级数增加。其公式为：

$$R=N(2^{N-1}+N-1)$$

式中：R——需要协调的人际关系数；

N——下属人员人数。

按照这个公式计算，如果一名上级有 2 名下属，那么该上级需要协调的人际关系数为 6；如果下级人数为 10，则人际关系数为 5 210。格拉丘纳斯设想的这许多关系，在现实生活中由于种种原因不一定全都发生，但管理幅度加大会引起上下级关系增多，导致管理工作复杂化，却是肯定无疑的。因此，传统的管理理论认为每一个上级领导所直接领导的下级人员不应超过 5～6 人。当然，有效管理幅度不存在一种普遍适用的固定人数，它的大小受许多因素的影响。

管理层次亦称组织层次，是指组织中最高一级管理组织到最低一级管理组织的各个组织等级。每一个组织等级即为一个管理层次。管理层次受到组织规模和组织幅度的影响。它与组织规模成正比，组织规模越大，包括的人员越多，组织工作也越复杂，则管理层次也就越多。

管理幅度与管理层次之间的关系十分密切。首先，它们具有反比例的数量关系。同样规模的组织，加大管理幅度，管理层次就少；反之，管理层次就多。其次，管理幅度与管理层次之间存在互相制约的关系，其中起主导作用的是管理幅度，即管理幅度决定管理层次，管理层次的多少取决于管理幅度的大小，则是由于管理幅度的有限性所决定的。产生这种有限性的原因在于：第一，组织领导者的知识、经验和精力都是有限的，因而能够有效领导的下级人数比较有限，超过一定限度，就不可能进行有效的领导。第二，下级人员受其自身知识、专业、能力等素质条件及分工条件的限制，需要上级领导直接指导其工作，这样，下级人员对上级领导的管理幅度也提出了限制。

6.2.2 管理幅度设计的影响因素

一名管理者，能够有效管理的下级的人数取决于一些基本因素的影响。综合不同学者的观点，这些因素一般包括：

1. 管理工作的内容和性质。管理工作的内容越多、越是复杂多变，上下左右之间的联系就越多，管理人员需要耗费的工作时间和精力也就越多，组织就越是需要缩小管理幅度。另外，下属人员工作的相似性越大，管理的指挥和监督工作就越容易，扩大管理幅度就越有可能。

2. 人员素质状况。管理人员和下级人员的素质状况，都会对管理幅度产生影响。如果管理人员和下属人员的素质较高、工作能力较强，管理人员就能够准确而迅速地把握问题的关键，及时提出指导性的建议和方法，而下属也同样能够准确而迅速地领会上级的命令和意图，从而减少协调和沟通的频率，有效扩大管理幅度。因此，加强管理者的素质修养和下属的培训，提高双方的工作能力，是使上下级接触的频率降低、时间减少，从而扩大管理幅度的有效措施。

3. 授权的明确程度。如果管理者对规定的任务明确授权，那么受过良好培训的下级能够在花费管理者最少时间和精力的情况下完成这项任务。但是如果下级的任务是不可执行的，或任务没有明确说明，或者下级没有职权来有效地执行任务，那么有两种结果，一种是任务没有完成，另一种是管理者不得不花费大量时间监督和指导下级的工作，这样，就必然导致管理幅度的缩小。

4. 计划的明确程度。下属的任务多数是由计划规定并依据它来实施的。如果这些计划很周密而且切实可行，对执行计划所需要的职权也进行了授权，并且下属明白所期望的结果，那么上级只需要花费较少的时间，这样管理幅度就可以扩大。负责大量重复作业的生产管理者就属于这种情况。因此，在大量生产工作服的工厂里，生产管理者可以管理30名下级人员。相反，如果计划制定得不明确，下级不得不按自己的计划来行事，那么他们可能需要大量的指导。但是，如果上级制定了清晰的政策来指导决策并且确保它们与部门的业务和目标一致，并且下级了解这些政策，那么上级只需要花费较少的时间。如果这些政策不清晰、不完整或者无法理解，那么仍需要花费上级较多的时间。

5. 信息沟通的方法和效率。如果每一个计划、指示、命令或指令都要通过个人接触来沟通，以及组织的每一个变化或人员问题都需要进行口头处理，那么管理者的时间很明显将不够用。许多管理者聘用助理或参谋人员作为一种沟通工具，来帮助解决主要与下属有关的问题。下级人员的书面建议以及对重要议事的总结常常可以加速决策，因而也可以拓宽管理人员的管理幅度。清晰、简洁的沟通计划和指示，可以提高沟通效率，有助于提高管理者的管理幅度。在当今时代，许多组织借助网络信息技术，彻底改变了组织的信息沟通方式，使沟通效率大大提高，因此，管理者的管理幅度也有了极大的扩张。

6. 组织变革的速度。组织不是一成不变的，但是，各个组织由于其具体条件不同，变化速度却有快慢之分。变化速度慢，意味着组织的政策比较稳定，措施比较详尽，组织成员对此也较为熟悉，能够按既定程序和要求妥善处理各种问题，从而减轻上级人员的负担，扩大管理幅度。然而，每一个组织都必须根据环境的变化及时进行调整，环境变化越快，组织遇到的问题就越多，组织变革的速度也就越快，主管人员对下属的指导时间和精力耗费也就越多，组织也就越不容易扩大管理幅度。

7. 下级人员和单位空间分布的状况。如果下级人员和单位在空间上的分布比较分散，就会增加上下左右之间协调和沟通的困难，尽管现代通信手段提供了较为便捷的联系渠道，但是，这多少会影响上级主管增加管理幅度的主动性。

以上七个因素在不同组织及不同时期，对管理幅度的影响是不同的。由于这些因素的影响，会产生两种不同的组织形态：随着管理幅度的增加，组织形成一种“扁平式”的组织结构（见图 6—2）；与此相反，狭窄的管理幅度使组织形成“高耸式”的组织结构（见图 6—3）。

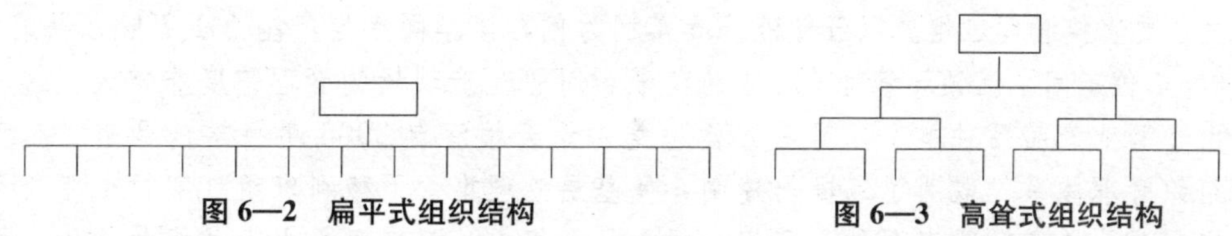

图 6—2　扁平式组织结构　　**图 6—3　高耸式组织结构**

在图 6—2 和图 6—3 中，两个组织结构都是 1 名高层管理人员有 14 名下属。高耸式组织结构有 4 个层次，管理幅度是 2。扁平式组织结构有 2 个管理层次，管理幅度是 14。

高耸式组织结构的优点是：由于管理的层次比较多，管理幅度比较小，每一个管理层次上的主管都能对下属进行及时的指导和控制；另外，层次之间关系也比较紧密，这有利于工作任务的衔接，同时也为下属提供了更多的提升机会。其缺点是：过多的管理层次往往会影响信息的传递速度，从而使组织的反应速度降低；信息在传递过程中可能会出现扭曲，这会增加高层主管与基层之间的沟通与协调成本，增加管理工作的复杂性；组织通常需要雇用较多的管理者，从而增加管理费用。像 IBM 和通用汽车这样的大公司每年要支付给管理者数十亿美元。正是由于高耸式组织结构存在以上缺点，并且由于组织内外部环境的变化，在当今时代，大多数组织有向扁平化发展的趋势。

扁平式组织结构的优点是：由于管理层次比较少，信息的传递速度比较快，因而信息的失真度也比较低，同时，上级主管对下属的控制也不会太呆板，这有利于发挥下属的积极性和创造性。其缺点是：过大的管理幅度增加了主管对下属的监督和控制难度，同时，下属也缺少提升的机会。自 20 世纪 90 年代开始，许多世界知名公司试图通过重组再造和减少员工人数来降低成本，由此成千上万的中层管理者被解雇。1996年，美国电报电话公司（AT&T）宣布鼓励其1/3的中高层管理人员（超过45 000人）接受一项提前退休计划，以削减公司的员工总数。AT&T认为，它不需要这么多的管理者来经营各种业务；此外，它还断定，拥有过多的管理者将会降低公司对通信产业的动态变化做出响应的能力。①

个案6—1

五粮液的生产运营组织结构

从解放初期的传统手工作坊，到如今年产量45万吨的现代化酒业大型企业，五粮液目前已成为世界最大的酿酒生产基地，拥有中国最大的窖房和世界最大的酿酒车间、行业最先进的全自动包装生产线，当之无愧地成为“中国酒业大王”。在酒业生产中，众多企业都感受到我国传统酿酒技艺与现代化的大规模工业生产的矛盾与冲撞，然而，五粮液在生产规模急剧扩张发展的过程中，通过其独特的生产运营组织管理系统，始终如一地继承、保有传统的酿造工艺，并使之与现代化的生产技术实现完美结合。

五粮液生产现场实施车间、作业区、班组3级组织管理。其中，车间主任1正3副，车间主任承担整个车间的生产管理任务，统管车间工作任务的分配，并向集团公司负责；车间副主任是车间主任的助手，同时兼任作业区区长。因此，这也就意味着每个车间4位车间主任要直接管理班组。以五粮液505车间为例，该车间年生产能力1万吨，共有144个班组，4位车间主任领导管理144位班组长，可见生产现场的管理跨度非常大。这一方面是由于酒业产品品种单一，另一方面也是由于五粮液自2006年科学地调整了生产运营的组织管理体系，取消了工段长建制，使基层管理重心下移到班组，实行班组长负责制。班组分为单组和联组两种，单组一般由5人组成，其中组长1人，组员4人；联组一般由10人组成，其中组长1人，组员9人。组长要负责班组的日常管理工作，要制定每日生产作业计划，指挥安排班组生产，并进行关键生产工序的实际操作（如摘酒、并坛等），因此组长既要有管理能力，同时又要求有较高的技术能力。组长管理能力和技术能力的高低直接决定了本班组生产任务及质量任务的完成情况，决定了本班组员工的效益工资。

6.3 组织结构的部门化

组织设计所说的部门，指的是承担一定管理职能的组织单位，它分布在组织的各个层次上。管理部门与上一节研究的管理层次两者都是组织内部的管理组织的分工形式，层次是纵向分工形式，部门属于横向分工形式，所以，部门设计与层次设计紧密相连。

---

① ［美］加雷思·琼斯、珍妮弗·乔治、查尔斯·希尔：《当代管理学》（第2版），188页，北京，人民邮电出版社，2003。

组织结构的部门化，就是按照职能相似性、任务活动相似性或关系紧密性的原则把组织中的专业技能人员分类集合在一个部门内，然后配以专职的管理人员，并授予相应的职权来协调领导，统一指挥。因此部门设计，实质上是进行管理业务的组合。

6.3.1 组织部门化的基本原则

要想有效、合理地集合组织资源，安排好组织内全部的业务活动，必须提供一些基本的指导原则，使组织部门化能够具有科学性和可操作性。

6.3.1.1 因事设职和因人设职相结合的原则

为了保证组织目标的实现，必须将组织活动落实到每一个具体的部门和岗位上去，确保“事事有人做”。另外，组织中的每一项活动终归要由人去完成，组织部门设计就必须考虑人员的配置情况，使得“人尽其能”、“人尽其用”。特别是在组织需要根据外部环境的变化进一步调整和再设计组织部门结构时，必须贯彻因事设职和因人设职相结合的原则，及时调整与组织环境不相适应的部门和人员，使组织内的人力资源能够得到有效的整合和优化。

6.3.1.2 分工与协作相结合的原则

分工与协作是社会化大生产的必然结果，古典的管理理论强调分工与协作是效率的基础。在组织的部门设计中，必须要对每一个部门、每一个岗位、每一项活动进行必要的工作分析和关系分析，并按照分工与协作的要求进行业务活动的组合。组织内所有活动或工作过程间的联系性可以用互倚性来表示。汤普森（Thompson）提出有三种互倚性：

（1）目标性互倚，即工作的相互联系仅仅在于每种要素或过程都有助于总体目标。如冰箱颜色的选择与制冷系统的设计之间的联系，仅仅在于这两者都有助于最终产品的完成。（2）连续性互倚，是指当某些活动必须完成于另一些活动之前时的依赖关系。如冰箱开始生产之前，必须先购买相关的原材料。（3）交互性互倚，是指当要素或活动既作为投入又作为产出的彼此关联达到一定程度时的互倚。

对于一个组织来说，最困难、最关键的决定，就是如何划分工作。应将哪些工作分配给哪些角色，以及应将哪些角色分配到哪些部门。传统的组织理论主张将相似的活动放在同样的组织单位，以期提高专业分工的细化水平。但是，过分强调专业化分工会造成管理机构增多，部门之间的协调困难等问题。在当今时代，这种分工形式已受到挑战。为了降低组织内部的协调费用，减少管理协调过程中的信息处理量，可以根据工作过程的互倚程度来划分部门：将交互性互倚的工作放在相同或紧密相邻的部门，将连续性互倚的工作放在不那么紧密相连的部门，将目标性互倚的工作放在最不毗邻的部门。这种安排的原因是，用以处理交互性互倚的管理协调机制（相互调整）会消耗最多的组织资源；而对于连续性和目标性互倚活动可以通过组织规则及计划进行协调，所以消耗的组织资源较少，所处理的信息量较少。这种工作活动的安排，将管理协调成本减到最低，使企业内部的交易成本最小。

6.3.1.3 精简高效的部门设计原则

部门精简高效是每一个部门设计者所追求的效果，该原则作为一项基本的原则贯彻在部门设计的每一个阶段和每一项活动过程中。按照这一原则要求，部门设计应当体现局部利益服从集体利益的思想，并将单个部门效率目标与组织整体效率目标有机地结合起来。另外，部门设计应在保证组织目标能够实现的前提下，力求人员配置和部门设置精简合理，不仅要做到“事事有人做”，而且要“人人有事做”，工作任务充裕饱满，部门活动紧密有序。诺基亚新事业在风险业务组织与业务群之间的转移，就很好地体现了该原则。

6.3.2 组织部门化的基本方法

按照部门划分所依据的标准不同，组织部门化的基本方法有以下几种。

6.3.2.1 按职能划分部门

按职能划分部门，就是按管理业务活动的性质与技能相似性，把全部管理业务活动分类。例如，把一切同产品生产制造有关的活动划归生产部门；一切同市场营销有关的活动划归销售部门；一切涉及选拔、雇用和培训人员的活动纳入人事部门；一切与资金筹措、保管和支出有关的活动分配给财务部门等。按职能划分部门和工作的结果，使传统的直线型组织演变为职能型组织。图 6—4 所表示的就是一个典型的按职能划分部门的组织结构。

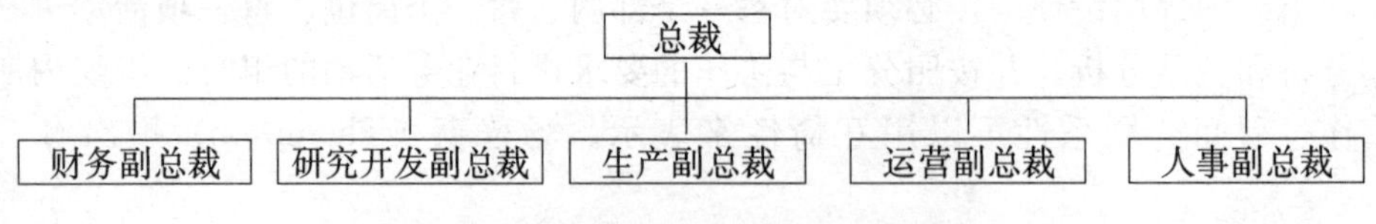

图 6—4 按职能划分部门的组织结构

按职能划分部门的主要优点是：能够突出业务活动的重点，确保高层主管的权威性并使之能有效地管理组织的基本活动；符合活动专业化的分工要求，能够充分有效地发挥员工的才能，调动员工学习积极性，并且简化了培训，强化了控制，避免了人力和物质资源的重复配置。

按职能划分部门的主要缺点是：由于人、财、物等资源的过分集中，不利于开拓新的市场或按照目标顾客的需求组织分工，使组织的灵活性降低；可能助长部门中的本位主义风气，使得部门之间难以协调配合，部门利益高于组织整体利益的后果可能会影响到组织总目标的实现；由于职权过分集中，部门主管虽容易得到锻炼，却不利于高级管理人员的全面培养和提高，也不利于“多面手”式人才的成长。

6.3.2.2 按产品或服务划分部门

在品种单一、规模较小的组织中，按职能进行组织分工是理想的部门划分方法。然而，随着组织的进一步成长与发展，管理工作越加繁重，而保持有效的管理幅度又限制了组织增添直属下级管理人员的问题，于是组织面临要按业务活动的结果为标准来重新划分组织活动的问题。按照产品或服务的要求对组织活动进行分组、划分部门，就是一种典型的结果划分法。像美国通用汽车公司、杜邦公司和福特汽车公司，都先后按这种部门化方法进行了管理组织改组。图 6—5 所表示的就是一个典型的按产品或服务划分部门的组织结构。

按产品或服务划分部门的主要优点是：各部门会专注于产品的经营，并且能够充分合理地利用专有资产，提高专业化水平，这不仅有助于促进不同产品和服务项目间的合理竞争，而且有助于比较不同部门对组织的贡献，有助于组织决策部门加强对产品与服务的指导和调整，另外，这种分工方式也为“多面手”式的管理人才提供了较好的成长条件。

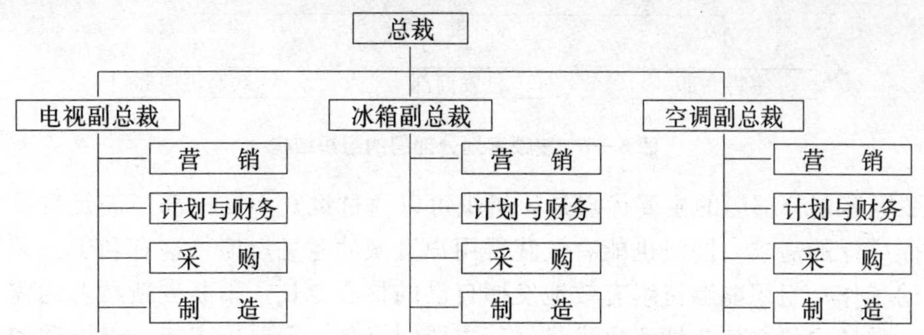

图 6—5　按产品或服务划分部门的组织结构

按产品或服务划分部门的主要缺点是：组织需要更多的“多面手”式的人才去管理各个产品部门；各个部门同样有可能存在本位主义倾向，这势必会影响到组织中目标的实现；部门中某些职能管理机构的重叠会导致管理费用的增加，同时也增加了总部对“多面手”式人才的监督成本。

6.3.2.3　按地区划分部门

按地区划分部门就是按照地区的分散化程度划分组织的业务活动，进而设置管理部门管理其业务活动。对于一个地理范围分布较广的组织，按地区进行部门化是十分重要的。如美国电话电报公司在早期都是按地区设立分公司，分公司包括中南贝尔公司、新英格兰贝尔公司、太平洋贝尔公司、山地贝尔公司等。许多跨国公司经营业务遍布海外各国，也经常采用按地区划分部门的办法设置组织。图 6—6 所表示的就是按地区划分部门的苹果公司的组织结构。

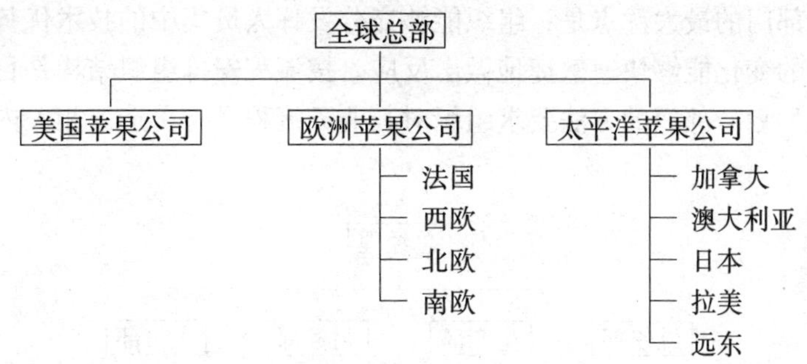

图 6—6　按地区划分部门的苹果公司的组织结构

6.3.2.4　按顾客划分部门

按顾客划分部门就是根据目标顾客的不同利益需求来划分组织的业务活动的部门划分方法。如联想集团在部门设计中，分别设有“消费 IT”部门和“商用 IT”部门，这两个部门面向不同的顾客，需要采用不同的产品政策、销售渠道、促销策略和价格政策。在激烈的市场竞争中，顾客需求导向越来越明显，组织应当在满足市场顾客需求的同时，努力创造顾客的未来需求，按顾客划分部门顺应了需求发展的这种趋势。图 6—7 所表示的就是一个按照顾客划分部门的组织结构。

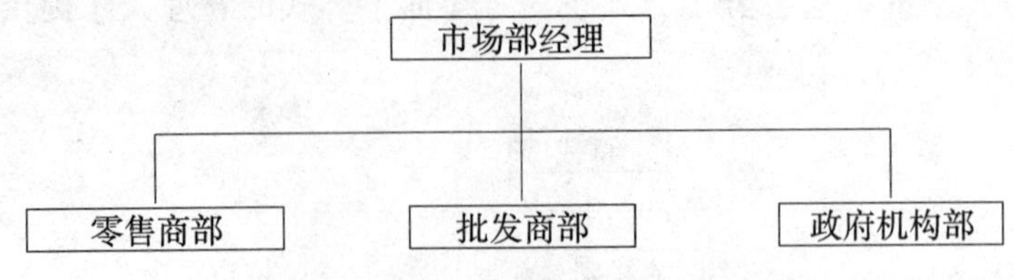

图 6—7　按顾客划分部门的组织结构

按照顾客划分部门的主要优点是：组织可以通过设立不同的部门满足目标顾客各种特殊而广泛的需求，同时也能有效获得用户真诚的意见反馈，这有利于组织不断改进自己的工作；组织能够持续有效地发挥自己的核心专长，不断创新顾客的需求，从而在这一领域内建立持久性竞争优势。其主要缺点是：需要更多能妥善协调和处理与顾客关系问题的管理人员和一般人员；另外，顾客需求偏好的转移，可能使组织无法时时刻刻都能明确顾客的需求，结果会造成产品或服务结构的不合理，影响对顾客需求的满足。

一般在企业组织中，按顾客划分部门较少用于企业的最上层组织中，对中层机构尤其是销售部门，按顾客类别进行细分比较常见。

6.3.2.5　按流程划分部门

按业务流程划分部门就是按照工作或业务流程来组织业务活动的部门划分形式。对企业组织而言，所谓流程是指以企业输入各种原料为起点到创造出对顾客有价值的产品或服务为终点的一系列活动。人员、材料、设备比较集中或业务流程比较连续紧密是流程部门化的思想基础。如一家发电厂的生产流程需连续地经过燃煤输送、锅炉燃烧、汽轮机驱动、电力输出、电力配送等几个主要过程。图 6—8 所表示的就是按流程划分部门的组织结构。

按流程划分部门的最大优点是：组织能够充分发挥人员集中的技术优势，易于协调管理，对市场需求的变化能够快速敏捷地做出反应。按流程安排组织结构是目前组织创新的趋势，但是，这种划分部门的方法要求组织对其业务流程进行再造。相关内容将在下一章进一步论述。

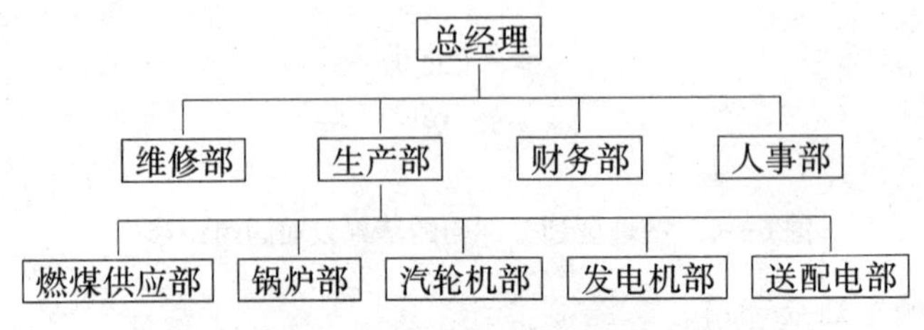

图 6—8　按流程划分部门的组织结构

除了以上论述的划分部门的方法之外，还有按项目划分组织，或者将以上几种方法结合到一起来划分部门，形成矩阵式组织结构。

6.4 组织权力

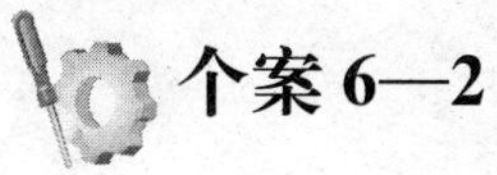

个案 6—2

宝洁公司的新全球等级体系①

在 1995 年以前，宝洁每个事业部的经理们都或多或少地制定一些决策。这样，负责英国肥皂和洗涤剂事业部的经理们在经营上独立于法国和德国的肥皂和洗涤剂事业部的经理。此外，即使在英国国内，肥皂和洗涤剂事业部在运作上也独立于宝洁的其他事业部。高层经理们认为，这种高度分散化的全球决策失去了不同国家相同类型事业部经理之间合作的协同效应。于是宝洁公司的高层经理们开拓了一种新型组织结构。他们把宝洁公司全球业务分成四个主要区域——北美、欧洲、中东和非洲及亚洲。在每个区域都设置一个新职位——全球执行副总裁，负责监管所在区域全部事业部的运作，负责使其所在区域各个事业部开展合作，共享能够形成协同效应的信息和知识。并且，把同一区域运作的事业部集中起来，使它们处于一位经理的控制之下。例如，英国肥皂和洗涤剂事业部的经理控制英国、爱尔兰、西班牙和葡萄牙的肥皂和洗涤剂业务，负责在他们之间取得协同效应。这样，职权就集中到全球区域层次上了。所有这些新的执行副总裁直接向宝洁公司总裁汇报，从而进一步集中了职权。

从宝洁的案例可以看出，在组织结构设计中，除了要决定组织层次和划分部门，还必须确定各层次、各部门相应的权力。组织权力的分配是组织结构设计中要解决的重要问题。

6.4.1 职权的种类

职权（authority）是指经由一定的正式程序赋予某项职位的一种权力，即职务范围内的管理权限。职权是主管人员行使职责的一种工具。在组织内部，最基本的信息沟通就是通过职权关系来实现的。通过职权关系上传下达，使下级按指令行事，上级及时得到反馈的信息，进行有效控制，做出合理的决策。

组织内的职权有三种类型：直线职权、参谋职权、职能职权。

6.4.1.1 直线职权

直线职权是上级指挥下级的权力，也就是拥有命令权的职权。在组织结构图中，这种职权关系用一条由上级部门或人员直通下级部门或人员的直线来表示，故形象地称之为直线职权。直线职权关系的特点是：上级有指挥命令权，下级必须贯彻执行，不允许自行其是；下级对自己的直线上级负责并报告工作。图 6—9 是企业生产管理系统直线职权关系

① ［美］加雷思·琼斯、珍妮弗·乔治、查尔斯·希尔：《当代管理学》（第 2 版），189 页，北京，人民邮电出版社，2003。

示意图。图中，从企业最高领导者开始，直到最基层的管理人员，自上而下逐级指挥，形成了一条连续的、有层次的指挥链。指挥链既是权力线，又是信息通道。在这个指挥链中，职权关系有两条必须遵守的原则：

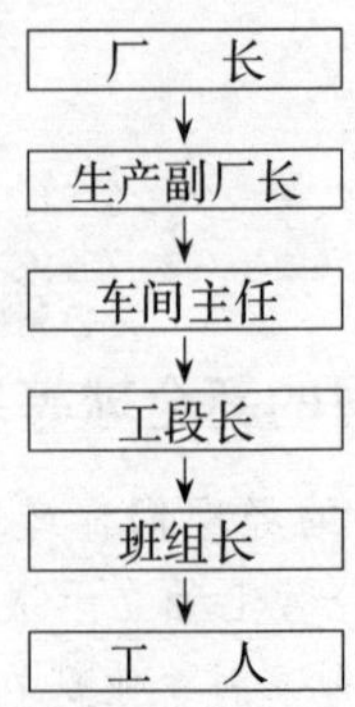

图 6—9　直线职权形成的指挥链

1. 分级原则。每一层次的直线职权应该分明，这样才有利于执行决策和信息沟通。例如，一位厂长既能保证他的职权不容侵犯，令行禁止，不被违抗；同时他也从来不侵犯副手的权力。这样生产才能有秩序地进行。因此，遵循分级原则就不能超越层次，否则，下级人员就会失去积极性、主动性和创造性。

2. 职责等级原则。作为下级来讲，应该"用足"自己的职权，在自己职权范围内做出决策，只有当问题的解决超越自己职权界限时，才可提交上级。相反，惧怕担当风险的主管人员，或才能平庸的主管人员，常常是把一切问题上交。这样，一方面造成上级忙于应付具体事务；另一方面，自己则失去指挥功能，徒占其位。

6.4.1.2　参谋职权

这是一种提出建议或提供服务，协助其他部门或人员做好工作的权力。同直线职权相比较，参谋职权的特点是：（1）它不能向其他部门或人员发号施令，不能决定而只能影响他人或部门的行为，即只能出主意、提建议、做指导，只起咨询作用；（2）在职权范围内执行参谋职权，不是去指挥其他部门或人员，而是帮助工作，发挥助手作用。但是，作为一个主管人员，他既可以是直线人员，也可以是参谋人员，这取决于他所起的作用及行使的职权。当他处在自己所领导的部门中，他行使直线职权；当他同上级打交道或同其他部门发生联系时，他又成为参谋人员。如企业内的公共关系部门对企业总经理来说是顾问性的，可以把它看做是一个参谋部门。但是在该部门内却存在着直线关系，公关部部长对其下属拥有直线职权。

在企业组织的实际工作中，各专业管理部门同生产系统所发生的基本职权关系就属于参谋职权关系，所以这些专业管理部门和人员，被称为参谋部门和参谋人员，而作业系统则称为直线部门和直线人员。由于专业管理部门各自承担着某一方面的管理职能，故习惯上又称之为职能部门和职能人员。

在组织结构图中，参谋部门与人员对上有一条直线连接着上级主管人员，表示对该领导负责并报告工作；对下则没有通向下级单位的职权线，以表明只起业务指导作用。图6—10 表示的是某制造企业的基本组织结构，全面反映了该公司的直线人员和参谋人员及其相互关系。

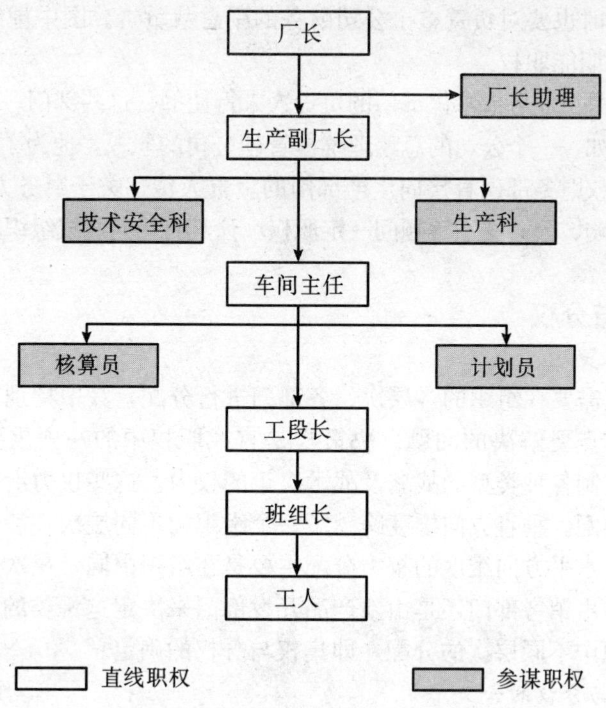

图 6—10　直线职权与参谋职权的关系

6.4.1.3　职能职权

这种职权是指参谋人员或部门的主管人员所拥有的原属直线主管的那部分权力。在纯粹作为参谋的情况下，参谋人员所具有的仅仅是辅助性职权，并无指挥权。但是，随着管理活动的日益复杂，主管人员不可能是完人，也不可能通晓所有专业知识，仅仅靠参谋的建议还很难做出最后的决定。这时，为了改善和提高管理效率，主管人员就可能把一部分本属于自己的直线职权授予参谋人员或某个部门的主管，这便产生了职能职权。例如，经过厂长授权，作为参谋部门的劳动人事部门拟定了劳动定额、劳动组织、劳动纪律、劳动保护等劳动人事制度；质量部门颁布了质量检查方法、质量信息反馈路线；设备部门确定了设备维修制度等。对于这些制度或规定，分厂或车间等下一级直线组织必须严格执行，这些都是职能职权的具体体现。如图 6—11 所示，部门 A 的财务经理依指挥链要向部门 A

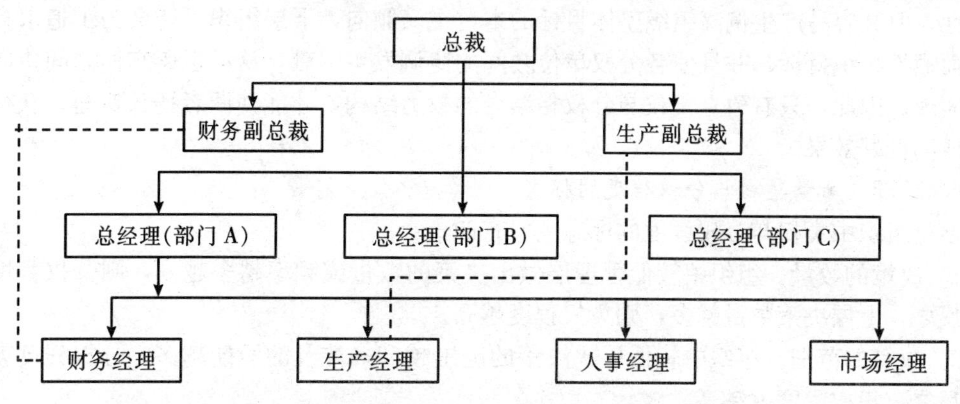

图 6—11　职能职权

的总经理报告，但同时也要对负责整个公司财务的副总裁负责。图中虚线即指参谋对于直线管理人员所负有的职能职权。

职能职权大部分是由业务或参谋部门的负责人来行使的，这些部门一般都是由一些职能管理专家所组成。例如，一个公司的总经理统揽管理公司的职权，他为了节约时间，加速信息的传递，就可能授权财务部门直接向生产部门的负责人传达关于财务方面的信息和建议，也可能授权人事、采购、公共关系等顾问一定职权，让其直接向直线组织发布指示等。

6.4.2 集权与分权

组织的各种职权需要在组织的各层次、各部门进行分配，其中特别是决策权的分配在组织结构设计中是重点要解决的问题。决策权是直线职权中的一项重要内容，它包括提出、批准、执行和控制各种类型的战略及战术决策的权力。这些权力沿着水平方向和垂直方向两个维度进行分配。垂直方向维度跨越了一个组织的不同层次，涉及对决策权的集中或分散程度的确定。水平方向维度的权力分配主要是在组织中同一层次上的活动安排。如新产品的规格特征是由销售部门还是由新产品开发部门来决定这一类的问题。在此，将主要论述决策权在组织中不同层次的分配，即集权与分权的确定。

6.4.2.1 集权与分权的含义

集权是指把较多和较重要的决策权集中于组织系统中较高层次上。分权则是指把较多和较重要的决策权分散下放到组织的中下层次上。

在组织管理中，集权和分权是相对的，绝对的集权或绝对的分权都是不可能的。如果最高主管把他所拥有的职权全部委派给下属，那他作为管理者的身份就不复存在，组织也就不复存在。因此，某种程度的集权对组织来讲是必要的。如果最高主管把权力都集中在自己手里，这就意味着他没有下属，因而也就不存在组织。因此某种程度的分权同样是组织所需要的。

集权与分权各有利弊。就集权而言，它有利于统一领导和指挥，有利于加强对中下层的控制，这对于贯彻落实组织的经营战略，合理利用组织资源，提高组织整体效益，具有重要作用。但是，集权也会限制中下层管理人员的主动性和创造性，加重高层领导的工作负荷，使组织的灵活性较差。实行分权有利于克服集权的上述缺点，增强组织的灵活性和适应性。但又容易产生偏离组织整体目标的本位主义倾向，下层组织可能会为了追求自身目标而牺牲组织目标，并且使各分权单位之间的协调发生困难，从而阻碍它们之间协同效应的实现。因此，只有建立集权与分权相结合的权力结构，才能使两者扬长避短，获得相辅相成的良好效果。

6.4.2.2 衡量集权与分权程度的标志

衡量组织中集权与分权程度的标志主要有四个：

1. 决策的数量。组织中较低管理层做出决策的数量或频率越多越高，则分权程度越高。反之，上层决策数量越多，则集权程度越高。

2. 决策的范围。组织中较低层次决策的范围越广，涉及的职能越多，分权程度就越高。反之，集权程度就越高。

3. 决策的重要性。组织中较低层次做出决策涉及的费用越多，且事关重大，则分权程度越高。相反，若下级做出的决策越无关紧要，则集权程度越高。

4. 决策的审核。上级对组织中较低层次做出的决策审核程度越低，该组织的分权程度越大。如果做出决策后还必须报上级批准，则集权程度较高。

按集权与分权的程度不同，可形成两种领导方式：集权制与分权制。集权制是指管理权限较多地集中在组织最高管理层。分权制就是把管理权限适当分散在组织的中下层。

集权制的特点是：决策权大多集中于组织上层，中下层只有日常的业务决策权限；对下级的控制较多；统一经营；统一核算。

分权制的特点是：决策权大多集中在组织的中下层；上级的控制较少，往往以完成规定的目标为限；在统一规划下可独立经营；实行独立核算，有一定的财务支配权。

6.4.2.3 集权与分权的确定

经济学家往往通过“代理理论”（agency theory）来解释企业组织内的权力分配。在现代企业组织中，存在许多代理关系。所谓代理关系（agency relationship）是指一种协议，协议的一方为委托方，另一方为代理方。如股东委托董事会作为自己的代理来管理企业，董事会又将许多经营权力委托给公司的高层经理，高层经理又进一步将有些任务委托给下一级职员，所以代理就是企业组织内的授权。然而，委托方与代理方的利益并不是天然一致的，存在代理问题。这时对于委托方来说有两种选择：第一种选择，尽量减少代理，由自己决策，但这要求委托方需要获取大量决策信息及相关的专门知识，可能会由于获取劣质信息而导致决策失误，从而使企业遭受损失，这种选择所付出的成本称为信息成本，随着授权的增加，信息成本逐渐降低。第二种选择，委托方委托代理进行决策，这时由于双方利益不一致，代理方可能会为了自身的利益而损害委托方的利益，这样由于信息不对称委托方往往需要设计相应的信息系统和控制系统，通过奖励与惩罚来约束代理方，信息系统和控制系统的代价巨大，会出现代理成本。代理成本包括设计、实现与维护恰当的激励与控制系统的成本，以及由完全解决这些问题的困难所造成的剩余亏损。代理成本随着授权的增加而逐渐增加。信息成本与代理成本的总和为企业组织授权过程中所产生的交易成本（参见图 6—12）。

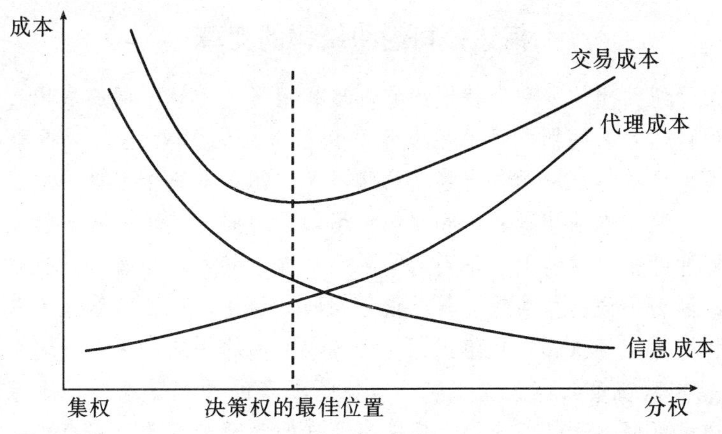

图 6—12 决策权分配所产生的代理成本、信息成本和交易成本

从图 6—12 可见，在极端的集权制下（位于横轴的原点），由劣质信息导致决策失误的信息成本很高，而由目标不相容导致的代理成本为零。当企业组织将决策权分配给组织中较低层次时，劣质信息导致决策失误的信息成本会下降，因为由拥有与决策相关的较多专门知识的代理人行使决策权，但与此同时，由于双方目标不一致导致代理成本增加。组织的总成本（交易成本）是信息成本与代理成本的总和。由图 6—12 可见，企业决策权的最佳位置位于信息成本的降低正好抵消代理成本的上升的位置（即信息成本和代理成本两条曲线斜率绝对值相等的那一点），此时企业组织内的交易成本最低。这里需要注意的是，专门知识存在于组织中的所有层次，而不仅仅是较低层次。如机器操作工拥有机器特性的专门知识，首席执行官可能拥有资本决策及战略问题的专门知识，提高效率的关键在于对每一个层次的每一个代理进行恰当授权，目标是使交易成本最低。图 6—12 说明了即使在最优点，一个组织也可能由于劣质信息和不相容目标所带来的冲突，而做出不良的决策。并且，企业组织的信息成本与代理成本受企业规模、信息技术及其他组织环境的影响。因此，企业组织权力的分配、集权分权的程度也要受企业规模、信息技术及其他组织环境的影响。如在一般情况下，随着企业规模的扩大，受管理幅度的限制，企业组织的分权程度会逐渐加大。如果企业组织处于一种稳定的环境，应用成熟、稳定的技术，生产各类大宗产品，则企业组织的分权程度较低，高层管理者完全可以通过集权实施统一控制；但是，企业组织处在不确定的、变化着的环境中，生产尖端科技产品，则高层管理者必须向员工授权，实行分权制，使企业组织能够跟上不断发生的变革。美国宝洁公司就是一个面临变革把全球层次的职权予以分散及集中的例子。在当今时代，信息技术的应用对组织权力的分配产生巨大影响，它使企业组织的集权与分权都得到加强，相关具体内容将在下一章论述。

6.5　组织结构的基本类型

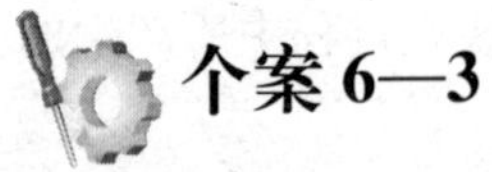

柯达公司组织结构的变革

柯达公司位于纽约州的罗切斯特城，它制造和销售上千种不同的成像产品。顾客成像事业部负责管理柯达著名的照相产品的分销和销售。直到 1995 年，成像事业部把顾客按地区分群，使用地区结构来分销和出售其照相产品。例如，一个地区内的全部顾客——包括大宗批发商店、照相专业店、药店和超级市场都是由同一支销售队伍服务。

然而顾客们开始抱怨，他们得不到所需要的个性化服务，销售人员也感到他们的才干被伸展得太开，因为不同类型店铺的需求很不相同。因此，事业部管理者决定重新设计组织，从地区结构变为市场（顾客）组织，使成像事业部的销售队伍更好地为顾客服务。

1995 年，销售队伍重新组合成小组，为特殊类型的顾客需求提供服务。例如，某小组只服务于药店或只服务于超级市场。成像事业部的管理者希望，每个小组更贴近特殊类型的顾客，因此能够更好地理解顾客面对的问题，并提供顾客订制式的解决方法。向市场结构的转变在成像事业部很成功，因此柯达 1996 年宣布，它将按照市场（顾客）而不再按照地区来重新组织它的专业和印刷成像事业部。

柯达的个案显示出，一个企业不同的组织结构，会给企业带来完全不同的结果。那么，企业究竟应该设计怎样的组织结构呢?

当组织确定了层级、划分了部门、明确了各个组织单位的权力，就可以组合形成完整的组织结构。组织结构形式没有固定的、统一的模式，随着现代组织的产生和发展，随着领导体制的演变，它也经历了一个发展变化的过程。组织结构的模式因组织、组织规模和组织生产经营的特点的不同而不同，同一组织在不同时期也会有不同的组织结构形式。因此，从理论上说，有许多种组织结构。但在实际中，传统的组织结构根据组织中划分部门的方法，其基本形式有三种——职能式、事业部式和矩阵式。

6.5.1 职能式组织结构

当一个组织发展到仅有一组人员和一个老板已无法胜任工作时，这便产生了最初的根据主要职能进行的劳动分工，如设计、采购、生产、销售和财务等，由此形成职能式组织结构（也被称为直线职能型组织结构）。随着组织的成长，职能会进一步细分，新的职能也随之增加。图 6—13 表示的就是一个最简单的职能式组织结构。

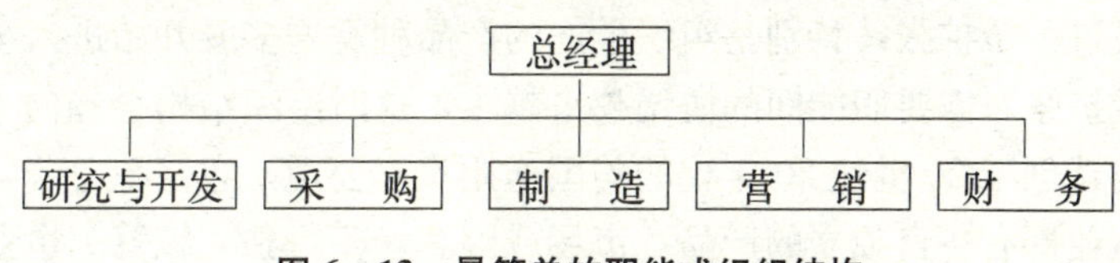

图 6—13　最简单的职能式组织结构

这种组织结构是按分工原则，将同类的工作划分在同一职能部门里，即部门是按职能划分的。这种结构中，各职能部门之间没有直接的联系，如果要求各职能部门之间交换信息或进行工作协助，这协调的任务主要落在总经理身上，总经理还要调节职能部门间发生的冲突。所以当企业规模进一步扩张，部门间的协调工作增多，则会增加一些职能参谋机构，如企业管理部门、人事管理部门、计划和预算部门。而且，每个职能部门的领导人会倾向于在各自部门中设置下一级职能部门。如销售部门分成销售和营销两部分，然后又进一部分为销售、营销和产品管理三个部门。每一种职能任命一个经理，然后又有经理助理，以后还会任命国内销售经理和地区销售经理。这样会使一些企业的组织机构在保持基本职能结构的基础上在垂直方向和水平方向无限扩大。上海三菱电梯有限公司采用的就是这种职能式组织结构，企业根据需要，设立了不同的职能本部。并且，在其各职能本部中又进一步按职能划分出下一级部门，如在营业本部中下设市场部、销售部、合同部等，在制造本部中下设生产计划部、供应部、设备动力部、金工车间、装配车间、钣金车间、电控车间、储运部等，具体组织结构如图 6—14 所示。

这种组织结构的优点是：由于按专业化分工划分组织单元，所以能够获取规模经济性，避免组织资源的重复配置，减少组织资源的浪费；并且，从事类似工作的人员被组合起来，管理者更易于监督和评估他们的表现。

这种组织结构的缺点是：它不能对变化的环境和那些要求对不同产品和顾客做出不同反应的公司环境做出响应，组织对环境变化的响应能力较弱；不同职能部门的协调困难，部门管理者往往强调部门利益，因此牺牲组织整体利益。

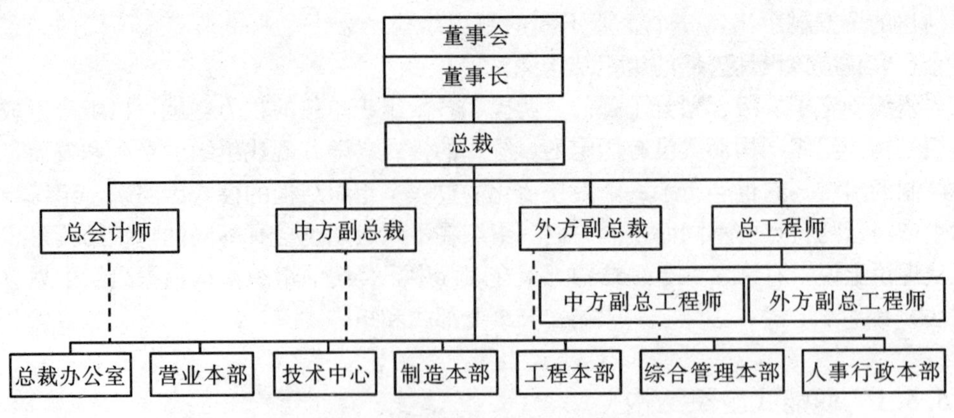

图 6—14 上海三菱电梯有限公司组织结构

因此，该组织结构适合于外部环境稳定、为顾客提供的产品或服务简单时采用。

6.5.2 事业部式组织结构

当组织规模进一步扩张，特别是组织生产的产品种类增多或开始进入全新的领域或者组织的市场区域扩张，需要职能间的协调越来越多，这时组织结构会趋向于事业部式。事业部式组织结构首创于 20 世纪 20 年代的美国通用汽车公司，它是在总公司领导下设立多个事业部，各事业部有各自独立的产品、市场或顾客，实行独立核算。事业部式组织结构一般按照产品或者地区市场或者顾客划分事业部，在每一个事业部中将不同的职能，如制造、研究与开发、营销等集中在一起，每个事业部对不同的产品、地区的市场和客户负责，如图 6—15 所示。

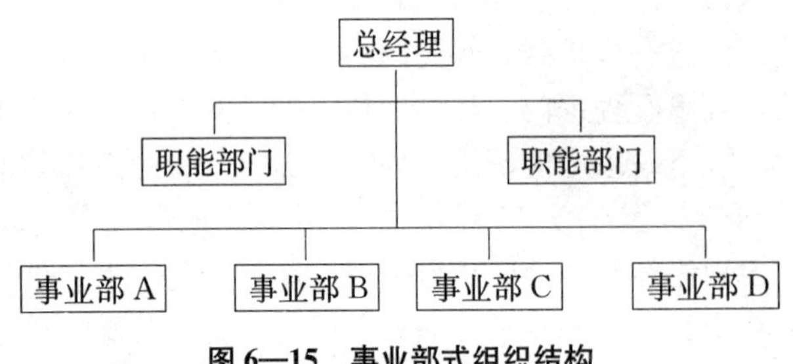

图 6—15 事业部式组织结构

事业部内部在经营管理上拥有自主性和独立性。每个事业部是收入中心、成本中心、利润中心或投资中心，即企业总部要考核各事业部的收入、成本、利润等。事业部之间的协调由总公司的管理人员负责，他们主要负责部门间资源分配和长期战略的制定。这种组织结构最突出的特点是：集中决策、分散经营，即总公司集中决策，事业部独立经营，这是在组织领导方式上由集权制向分权制转化的一种改变。海尔集团原有的组织结构就是事业部式的组织结构，如图 6—16 所示。

该组织结构的优点是：能够对市场需求做出较快的反应。因为每个事业部都有完整的职能资源，所以它可以对产品、市场、顾客或地区的需求做出响应。如对海尔集团而言，如果空调事业部的销售人员了解到市场需要环保空调，则该事业部可以立即调集本事业部的技术人员进行研究，然后安排生产、销售等，对市场需求做出迅速反应。

该组织结构的缺点是：(1) 无法充分获取规模经济性。如某企业有 50 个技术人员，如果是职能式组织结构，则这 50 个人同属一个部门，这样 50 个人可以进行合理的分工，能够进行深层次的技术、产品开发；但如果是事业部式组织结构，就会将这 50 个人平均分配给 5 个事业部，每个事业部 10 个技术人员，技术力量分散，无法进行深层次开发。(2) 由于机构重复布置，造成组织物质资源和人力资源的浪费。如青岛啤酒就由于各产品事业部都设有自己的销售公司，因而造成在同一条街上设有同一企业代表不同事业部的 3 个销售公司，造成企业资源的极大浪费。各事业部不愿意共享资源，都想单独控制全部资源。(3) 由于各事业部独立经营，使各事业部之间协调困难。特别是各事业部之间具有竞争关系，为了追求各自的目标，事业部间可能产生纷争，各事业部主管人员考虑问题往往从本部门出发，从而忽视整个组织的利益。如来自不同事业部的销售人员会为了吸引同一群顾客而相互竞争。

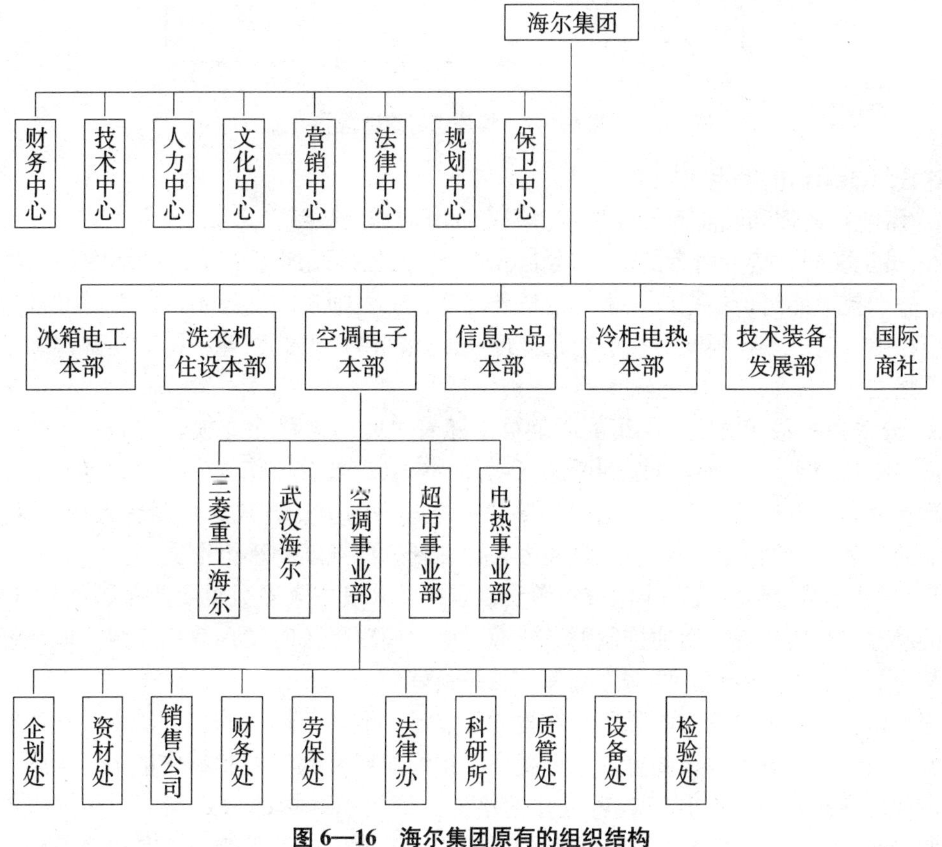

图 6—16　海尔集团原有的组织结构

这种组织结构多适应规模较大、从事多元化经营、产品较复杂的一些公司或组织。

6.5.3　矩阵式组织结构

当组织面临的市场环境更为严峻，当顾客需求或技术发生了迅速变化，则组织既需要职能部门内的专业技术知识，又需要职能部门之间的紧密协作，这时企业组织需要同时利用职能式和事业部式这两种结构的优点。这时的组织结构会演变为矩阵式（见图 6—17）。

因此，矩阵式组织结构就是把按职能划分的部门和按产品（或项目，或服务）划分的部门结合起来组成一个矩阵，同一名员工既同原职能部门保持组织与业务联系，又参与产品或项目小组的工作。

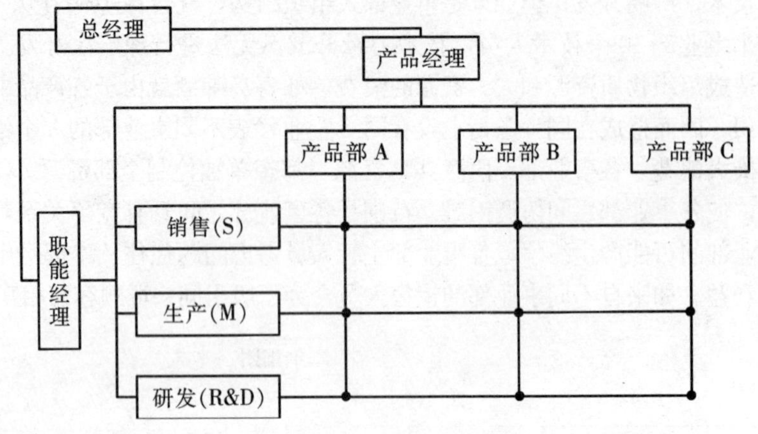

图 6—17　矩阵式组织结构

这种组织结构的特点是：

1. 事业部经理和职能部门经理在组织中拥有同样的权威。

2. 员工要同时接受两者的双重领导。如一个工程师既属于一个产品部的某一项目组又属于一个技术部门，在完成一个特定任务之后，工程师又回到技术部，然后又被分配到新的项目中。这个工程师同时接受项目经理和职能部门经理的领导，同时向两位不同的管理者汇报工作。

3. 分派到产品（项目）小组的职能员工随着时间的推移而变换。例如，在产品开发阶段，工程师和研发人员被分配到产品（项目）小组；当设计完成后，营销专家被指派到小组测量顾客对新产品的反应；当需要寻找最有效率的生产方式时，制造人员就加入了。在他们的具体工作结束时，小组成员离去，被重新分配到新的小组中。

4. 产品小组得到授权，小组成员负责制定产品开发中大多数重要决策。产品（项目）小组的经理充当监督者，由他控制财务资源，努力使项目按时在预算内完成。职能经理要提供符合要求的职能专家，要努力确保产品是最好的。

根据以上特点可以看出，该组织结构的优点是：能满足环境的多种需求；资源被灵活地分配；组织结构具有较大弹性，从而提高了组织对环境的反应和响应能力；加强了各职能部门间的横向联系；有利于各种人才的培养。该组织结构的缺点是：一是责权关系不明，职能经理与产品（项目）经理之间的责权关系不明。如产品定价，是由产品经理确定还是由销售部门的经理确定？二是资源分配困难。这包括资源在产品部之间及产品与职能部之间的分配，特别是人员的分配，每个产品部都希望从职能部门分配来的人员是最好的、最具影响力的。如每个产品部都希望拥有最强的营销人员、最高水平的技术人员。三是员工受两个上司领导，会左右为难，处理不当，会由于意见分歧而造成工作效率低下。解决这些问题的办法往往就是要花很多时间来开会协调。

矩阵式组织结构往往在高科技企业组织中用的较多，因为快速的创新对这些企业组织的生存至关重要。如联想集团采用的就是这种组织结构（参见图 6—18）。

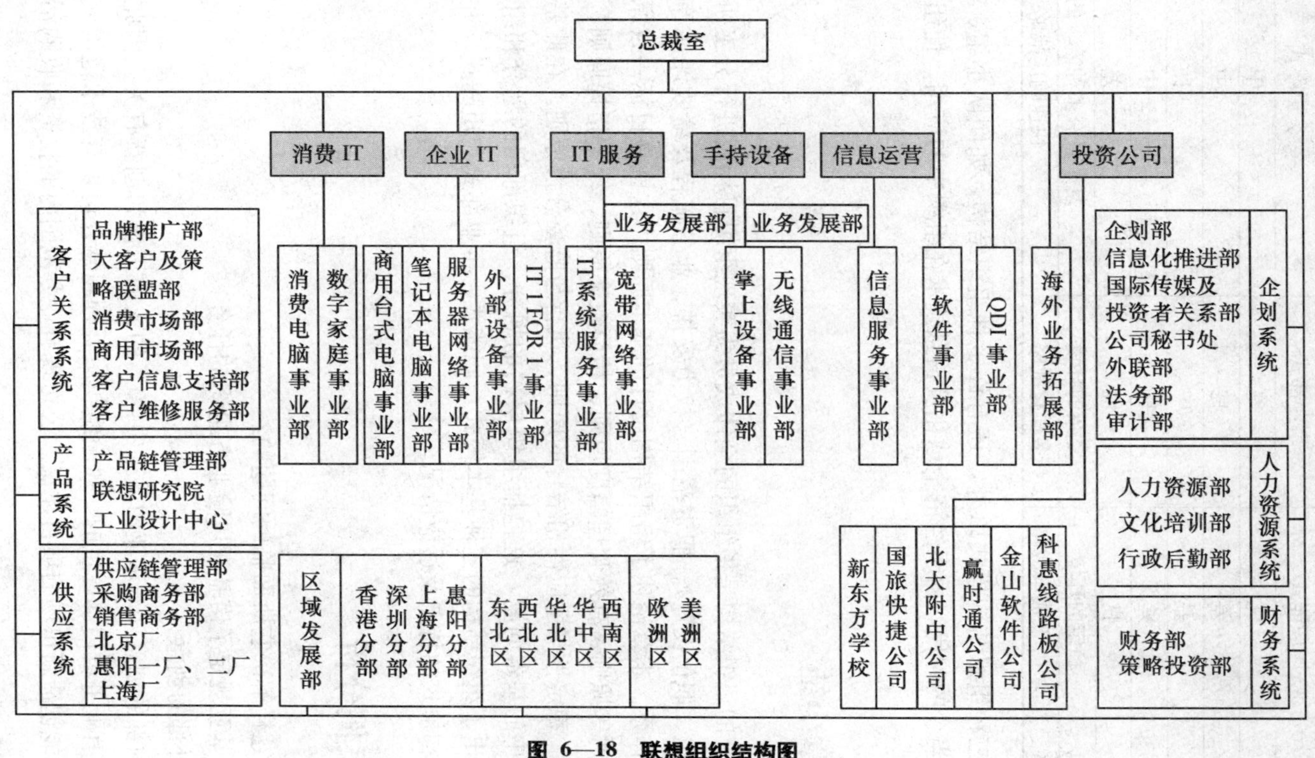

图 6—18 联想组织结构图

根据以上组织结构模式的特点，将各种组织结构的优点与缺点进行总结如表 6—1所示。

表 6—1　　不同组织结构的优点与缺点①

项目	职能式	事业部式	矩阵式
资源效率	优	差	中
时间效率	差	良	中
响应效率	差	中	良
适应效率	差	良	中
责任感	良	优	差
最适合的环境	稳定的环境	复杂的环境	复杂且有多种需求的环境
最适合的战略	集中/低成本战略	多样化战略	快速响应战略

除了以上三种组织结构模式以外，还有许多种组织结构，如团队小组、网络型组织等，特别是在当今的时代，由于经济全球化及信息技术在组织中的应用，使组织结构发生了很大的变革。

本章小结

本章所研究的组织结构是指组织的全体成员为实现组织目标而进行分工协作，从而在机构设置（岗位、职位设置）、职责范围、权力安排、业务流程及绩效评估等方面所形成的有机的结构体系。本章论述了组织结构设计的基本原则，这就是目标一致原则、分工协作原则、责权对等原则、有效管理幅度原则、精简效率原则、统一指挥原则、集权与分权相结合的原则、稳定性与适应性相结合的原则、执行与监督分设原则。在此基础上讨论了组织结构设计中的基本问题，这包括组织层次的划分、组织部门的划分和组织权力的分配。最后，提出了组织结构的三种基本模式：职能式、事业部式和矩阵式，并分别说明了这三种组织结构模式的特点及适应情况。

导入案例分析

诺基亚是这样解决它所面临的问题的：

首先，诺基亚规定了诺基亚风险业务组织的任务：

1. 寻找外部的创意。

2. 处理内部的创意（诺基亚的员工中 80%的人的工作和创新有关，因此诺基亚的许多创意是在现有业务群内部产生的。风险组织只处理超越公司现有技术范围或需要跨越业务单位并有可能创造新市场的项目建议。公司现有业务范围内的投资和收购活动是由各业务群做出的）。

3. 出售或剥离、退出不符合公司总体规划的业务，并按同样原则评估风险业务组织

---

① ［美］小詹姆斯·I·卡什、罗伯特·G·埃克尔斯、尼汀·诺里亚、理查德·L·诺兰：《创建信息时代的组织：结构、控制与信息技术》，39 页，大连，东北财经大学出版社，2000。

中开发的创意型业务。如诺基亚有一项从事健康服务的事业单位，该单位开发了一项以电信为基础的治疗糖尿病等疾病的技术，1998 年该业务单位从诺基亚移动电话公司总部转移到诺基亚风险业务组织，一年后出售，因为诺基亚认为买主可以为该业务创造更多价值。

4. 新创意的试验、检验、开发。

其次，诺基亚明确了诺基亚风险业务组织与其他组织的关系：诺基亚风险业务组织受诺基亚风险投资委员会的监管，该委员会由来自诺基亚风险业务组织、诺基亚研究中心和主要业务单位的人员组成。该委员会决定如何结合来自不同渠道的创意，是否将这些创意作为新业务，新业务如何纳入总公司组织架构内。

最后，诺基亚风险业务组织的工作程序包括：

1. 诺基亚风险业务组织寻找内、外部创意。

2. 诺基亚风险业务组织将特别有潜力的创意传递给诺基亚风险投资委员会，并由此决定该创意是否为公司的新业务。

3. 诺基亚风险业务组织组建项目小组对新业务进行试验、检验和开发。组建项目小组的方法是：在公司内部网上发布组建项目小组的招聘信息，并允许项目成员带着自己的创意进入风险业务组织。如诺基亚网络通信（NIC）是诺基亚有史以来最大的创意项目，该项目是由一群工程师发起，这些工程师后来调到诺基亚风险业务组织，并组建了项目小组，把他们在诺基亚研究中心开发的无线应用协议（WAP）技术进行产业化。这样的业务程序形成了鼓励全公司创新的机制，因为，如果你有好的创意，就可能通过诺基亚风险业务组织得到顺利实施。

4. 一旦开发的风险业务能够自立，就将该业务转移到和现有业务类似的运营环境之下。然而，该项新业务是否保持独立，是组建新的业务组织单位，还是和现有业务组织整合起来，决策的依据是这些业务实体之间能够产生合力，还是彼此不相容。

5. 一旦风险事业开发完毕，业务转移，项目小组的工作人员就会回到主流业务。除了少数经理以外，诺基亚风险业务组织没有永久性的员工。

显然，诺基亚通过灵活的组织设计，使诺基亚风险业务组织不是为自己而存在，而是为诺基亚而存在，因为根据该组织的机制设计，由风险组织开发出来的业务最终是要交托给其他的业务组织去进一步发展，这样较好地平衡了新旧事业的关系，使企业能够产生很多通道，让创意、人才、资金汇集到一起，创造欣欣向荣的新事业，保持企业的高增长。

思考与练习

1. 组织设计依据哪些基本原则？组织设计中需要解决的基本问题包括哪些？

2. 为什么说组织结构设计中部门化是横向分工的原则？并分别说明各种划分部门的优势及局限性。

3. 何谓管理幅度和管理层次？并说明海尔集团原有的组织结构（见图 6—15）有多少层次、职权是集中还是分散？其高层管理者与中、低层管理者的管理幅度如何？

4. 何谓矩阵式组织结构？有何特点？如何运用？请举例说明。

5. 职权有哪些种类？请举例说明是集权有效还是分权有效？

6. 说明组织在何时以及何种条件下应该将其组织结构由职能式改为事业部式?

案例研究

神州数码有限公司的组织结构

神州数码有限公司概述

联想集团成立于1984年，是一家以研究、开发、生产和销售自有品牌的计算机系统及其相关产品为主，在信息产业领域内多元化发展的大型企业。联想集团于1994年在香港联合交易所挂牌上市，联想集团有限公司（编号992）的市值达到约500亿港币，位居香港股市十大上市公司之列。

2000年4月5日，联想宣布一分为二，这是为全面进军互联网进行的组织架构改革，也是有史以来最大的一次结构手术。

联想集团的业务被分成了两大子公司。两名30多岁的“候补接班人”杨元庆、郭为分别成为两个子公司的少帅。一个子公司以杨元庆旗下的“联想电脑公司”为主体，主要负责网络接入端产品和信息产品，以及ISP和ICP的服务。在杨元庆手下有一批传统IT领域的行家里手；另一个以郭为领军的原“联想科技发展公司”为主，并整合联想集成系统有限公司和联想网络有限公司，组建“神州数码有限公司”，主要负责以电子商务为中心的网络产品，以及为客户提供全面的系统集成方案。在郭为麾下有一支传统分销系统的队伍。

神州数码有限公司于2001年6月1日独立分拆，在香港联合交易所主板上市。公司主旨是：立足中国市场，提供全方位电子商务基础建设产品、解决方案及服务。它不仅是国内最大的国际著名IT品牌产品的分销商，同时也是国内卓越的系统集成商和全线网络产品供应商。

神州数码有限公司的组织结构

神州数码有限公司的组织结构基本沿袭了过去联想集团的组织结构模式，围绕三个业务方向，即网络及网络基础平台搭建、以应用软件为核心的IT服务和发展推广e-bridge（商桥）平台，分为七大产品事业本部。其组织结构见图6—19。其中，七个事业本部与职能部门是平级关系。

组织结构内的细分结构

一、运作中心

运作中心主要分成两大部门：商务部和物控部。商务部下设的主要部门有：采购、销售、信用风险控制部，其主要职能为管理交易单据。物控部负责物流的安排，包括运输、报关、仓储部等。一般公司低端产品（如PC机）由事业部进行具体的产品决策，包括采购的产品品名、价格、生产商，并用手工与厂商签订好合同，然后将此合同交给运作中心。运作中心根据事业部的指令进行具体的采购、销售运作，即由运作中心的商务员将事业部的订单录入系统内，负责订单审批、与厂商对账等，进行统一的采购、销售。然而高端的产品（如系统解决方案）的采购、销售由事业部自己负责，其原因是高端产品的采购、销售非常复杂，需要随时与供应商、客户进行密切协商，运作中心无法统一管理。

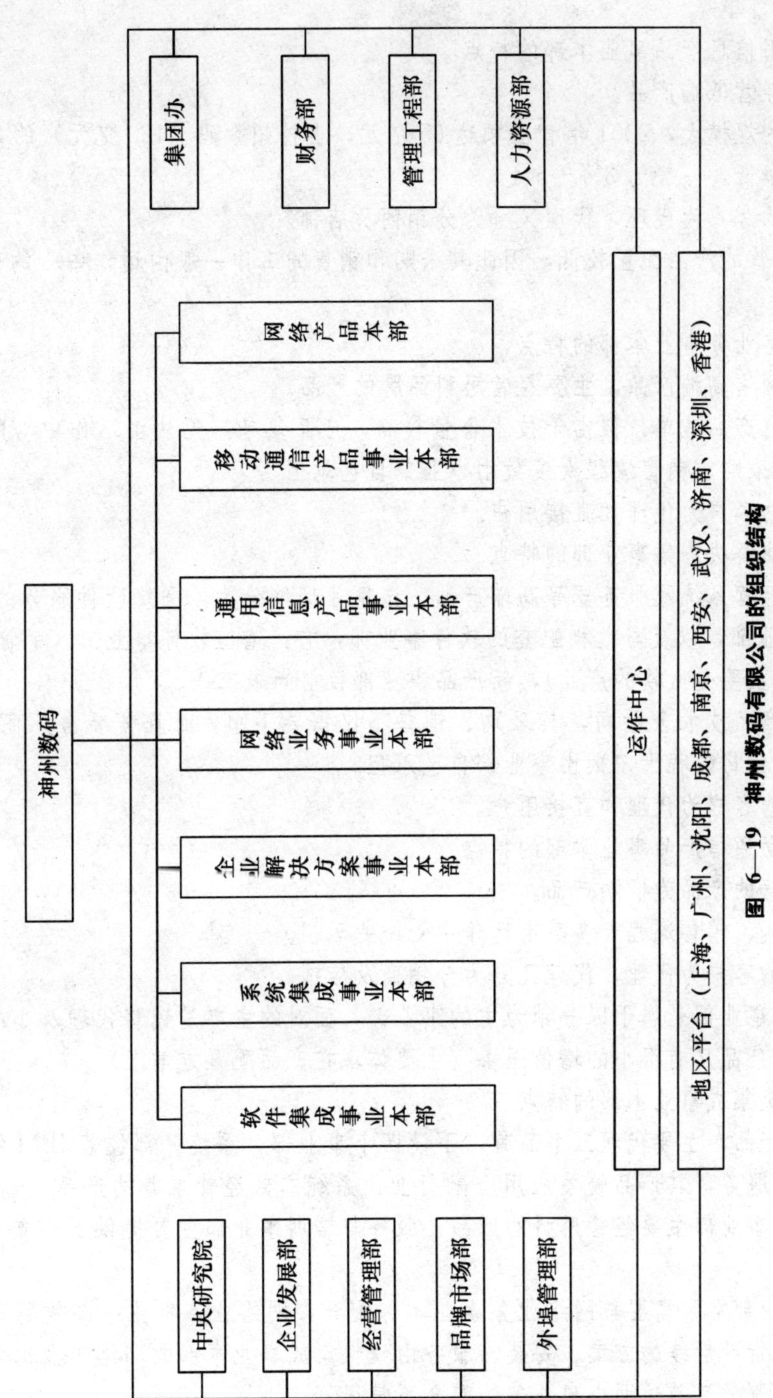

图 6—19 神州数码有限公司的组织结构

二、各事业本部的职能与特点

各事业本部内设有销售部与产品部。销售部负责销售预测，产品部负责制定产品政策、确定产品订单等。

（一）通用信息产品事业本部的特点

1. 主要经营低端产品。

2. 经营的规模大，2001年营业额达65亿元，占神州数码（120亿元）的50%以上。

3. 毛利率低，一般为3%～5%。

4. 面对的客户为代理，代理又分为分销商及店铺。

由于所经营的产品配置较低，因此其采购和销售的工作一般由运作中心的商务部来统一运作管理。

（二）网络业务事业本部的特点

1. 经营网络高端产品，主要经营思科品牌的产品。

2. 虽然有产品清单，但由于技术含量较高，产品复杂，无法由运作中心的平台统一运作，所以其采购、销售流程大多数由事业部自己承担。

3. 面对的客户为代理和直接用户。

（三）企业解决方案事业部的特点

1. 主要经营系统及服务器等高端产品。该事业部细分为：围绕硬件服务的IBM事业部和SUN事业部，以及与之相配套的软件事业部，有：增值软件事业部（甲骨文）、通用软件事业部（主要是微软的产品），新产品事业部目前尚未工作。

2. 由于产品技术含量高，其采购、销售不仅需要下单，而且需要与厂商沟通协调，所以其采购、销售流程大多数由事业部自己承担。

3. 面对的客户为代理和直接用户。

（四）移动通信产品事业本部的特点

1. 其经营的产品为低端产品。

2. 其采购、销售流程大多数由运作中心统一承担。

3. 面对的客户为代理，代理又分为分销商及店铺。

以上四个事业部是属于以分销为主的事业部，面对的主要是销售代理及小的系统集成商，其提供的产品只有很小的增值服务（主要体现在产品配置方案上）。

（五）系统集成事业本部的特点

1. 高端产品，主要代理三个品牌，下设四个事业部：系统一部经营IBM的产品，主要为金融行业服务，其产品较多应用金融行业；系统二部经营惠普的产品，包括服务器、主机等；网络事业部主要经营思科的产品；服务与培训事业部主要提供服务支持、客户培训等增值服务。

2. 该事业部常常需要与网络业务事业本部配合，网络业务事业本部是思科的硬件代理，只提供运货，后续的方案、安装、服务由硬件集成事业本部的网络事业部负责，但它们都由思科控制。目前这两个事业部的配合不是很好。

3. 经营过程为：填项目单、供货、安装、服务。与分销事业部的区别在于除了供货，还为客户提供硬件的使用方案、采购、安装、后期维护等，其提供的产品为集成模式。

4. 面对的是直接用户，有自己的运作部，负责采购、销售。

（六）软件集成事业本部的特点

1. 经营高端产品，下设五个事业部：金融事业部经营银行的应用软件、电信事业部经营电信应用软件、政府事业部经营税务系统应用软件、电子商务事业部主要经营ERP、软件产品部目前无工作内容。

2. 面对的是直接用户，自己有运作部。

（七）网络产品本部的特点

1. 下设与台湾友讯公司合资成立的神州数码网络有限公司；

2. 经营的是自有品牌：D-Link品牌的全线网络产品；

3. 面对的客户为：代理80%、直接用户20%。

地区平台（各地区公司）与七大事业本部的关系

一、地区平台设立的缘由

1997年联想将其业务分为联想电脑、联想分销、联想系统集成三大块，其中联想分销由郭为负责。当时联想分销（LTC）的组织结构是总部下设19个地区分公司，分公司是利润中心，这种机构设置对联想最初的市场开发发挥了重大作用，但是随着企业规模增大，该种架构的缺陷逐渐显示出来。为此，联想分销开始对其地区分公司进行改革，陆续将地区分公司转为地区平台。

1998年联想分销将19个分公司中的上海、广州、沈阳、成都四个分公司转做平台，这四个平台的销售额占总公司销售额的70%～80%。这四个分公司转做平台后，其业务增长了100%。

1999年，又将西安、济南、武汉、南京四个分公司转做平台，其业务同样增长了100%，至此公司获利较大的分公司全部转为平台，共计九个区域平台（包括香港），公司架构顺利由分公司转向平台制。

1999年初，联想集成业务也由郭为代管。2000年，联想分拆，神州数码成立，本年度又增加深圳区域平台，至此神州数码有限公司形成十个区域中心（对外称公司，对内称为平台）。

二、地区平台的特点

目前神州数码有限公司有十个对外具有独立法人资格的地区公司，但地区公司的法人对内并非真正的法人，而是公司的下属管理机构，不是利润、投资中心，仅是成本、费用中心。在管理上，各地区公司称为平台，在平台上实施业务纵向、管理横向。

1. 业务纵向表现在：

(1) 各平台对应各事业本部，设置相应事业分部，如上海平台设有通用上海分部、网络上海分部等，各分部由相应的事业本部管理；

(2) 各平台的事业分部内又对应事业本部内结构设有采购部、销售部和客户支持部，支持本部的采购、销售和客户服务的工作；

(3) 各平台实施商务、财务集中管理，由本部相应的职能部门（运作中心、财务部）管理，对地区业务进行支持；

(4) 实际上各事业部的人员都分配在各平台上，即各平台上的业务人员直接归本部管理、考核。

这样的设置，使公司的业务从最顶层直接贯穿于地区平台，有利公司整体战略的统一实施。

2. 管理横向表现在：

平台设有行政部（10 人左右）履行类似机场的作用，提供平台的后勤服务，包括人员的配备、办公地点的确定等。

三、本部与各地区平台呈现矩阵的组织结构（见图 6—20）

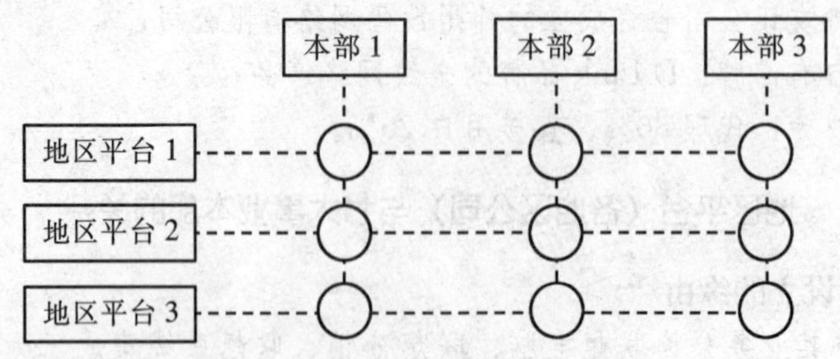

图 6—20 事业本部与地区平台的组织结构模式

四、地区公司的发展历程及发展方向

由神州数码的地区公司的发展过程可以看出，最初的地区公司是分公司，由分公司自主进行业务管理，是利润中心；现在地区公司是平台；将来，神州数码期望将地区公司发展为区域中心，即在业务纵向和管理横向的基础上，加上一个新职能：区域战略研究，其原因在于神州数码的优势之一是业务线较全，但目前各事业部独立决策，各事业部无协同，使该优势没得到发挥，通过建立区域中心，进行各事业部的业务协同，研究各地区的特点、差异，从而实施区域战略。

讨论题

1. 神州数码有限公司的组织结构属于何种类型的组织结构，其优点与缺点是什么？
2. 神州数码有限公司运作中心的设立及其有效运行的前提条件是什么？
3. 神州数码有限公司为何要将地区公司转变为地区平台？
4. 地区平台的管理模式有何优点及缺陷？
5. 如果该公司经营的产品全部为低端产品，你认为该公司应该如何设计组织结构？
6. 你认为该公司的组织结构为了适应信息时代的要求应该进行哪些调整？

实践与运行

管理实践

要求：

1. 实践项目：了解某企业的组织结构模式。

2. 实践目的：通过对一个企业的访问，了解该企业组织结构的模式及其设计组织结构模式的依据。

3. 实践内容及方法：（1）将全班分成三个大组，分别寻找职能式组织结构、事业部式组织结构、矩阵式组织结构的代表企业；（2）各组分别访问代表企业，考察该企业的组织结构；（3）分析代表企业的组织结构，分析内容包括：设计组织结构的依据、该种组织结构的优缺点、组织权力的划分、组织部门的划分等。

4. 实践考核：（1）每组写出访问报告或小结，与其他组的同学交流；（2）撰写实践报告。其内容包括：实践项目；实践目的；实践内容；本人实际完成情况；实践小结。

第7章

信息时代的企业组织创新

导入案例

海尔集团在整个发展过程中，其组织结构在不断调整。1993年11月19日，青岛海尔电冰箱股份有限公司股票在上海证交所上市，上市公司初始资本1.7亿元，其中，集团1.05亿元，二轻联社586万元，公众股5 916万元。这标志着海尔集团又一次进行了体制创新，进一步得到与自身现代化经营相适应的体制保证。集团内部形成适应经营特点的“联合舰队”体制框架，下属企业也按我国的《公司法》进行产权规范，建立了母公司与子公司、子公司与子公司之间相互交叉持股、参股的多元投资主体的产权关系。集团内部建立和完善了以资本为纽带的母子公司体制。

随着集团规模的扩大，海尔又一次调整组织结构，改为事业部形式，集团在组织结构上形成责权明确的四个层次的管理体系。集团总部是投资决策中心，各事业本部是经营决策中心，各事业部是利润中心，生产工厂、公司为成本控制中心，员工为质量中心。各个层次各负其责。这一事业部制基础上的“联合舰队”模式，使每个加入海尔集团的单位，都是有很强独立战斗力的舰只，既能各自为战，又是联合作战的一部分，最终实现整体大于各部分之和的经营效果。在投资方面，集团公司权力集中，集团的事业本部可以对外投资，但要总部批准，母公司行使投资权，另外，子公司也具有投资权和收益权。海尔集团实行总经理负责制。集团总部设五个中心：规划发展中心、财务中心、资产运营中心、人力资源开发中心、企业文化中心，它们都是集团的职能管理部门。

随着集团规模的进一步扩大，特别是随着跨国经营战略的实施，海尔的经营规模、经营的复杂性及其市场区域都有质的飞跃。海尔集团目前的供应商有978家，其中不乏世界500强企业，平均每个月接到6 000多个销售订单，订制7 000多种产品，需要采购的物料品种达15万余种，为此海尔集团需要整合各企业的资源。于是，海尔集团开始了信息化建设，海尔集团通过BBP（原材料网上采购）系统的上线，建立了与供应商之间基于互联网的业务和信息协同平台。与此同时，海尔原有的事业部式组织结构也面临挑战。如由于海尔不同产品事业部都有自己的工贸公司，这样同一商场在与海尔结账时，不得不在不同产品的工贸分公司之间穿梭，这种状况实际上降低了企业的竞争力。

无独有偶，伊利集团也曾经发生过代表公司不同产品事业部（液态奶、奶粉和冷冻产品）的三个业务代表，同时出现在同一商场的营业部，这样不仅使企业内部产生恶性竞争，而且企业资源也出现浪费；神州数码也出现了类似的情况，当某个集团客户想要购买一揽子产品（复合采购），由此希望得到相应的优惠，但是，由于不同产品属于不同事业部，使优惠的实施需要在不同事业部进行协调，因此客户期望获得的优惠变得几乎不可能。显然，在当今时代，这些以事业部形式为主的组织结构面临变革。

海尔集团、伊利集团、神州数码应该如何变革其组织结构?

本案例实际上反映了大多数企业的组织结构在新形势下所面临的困惑，即组织创新的问题。本章将讨论信息时代企业组织创新的必要性，分析信息时代企业组织结构的特点，研究在信息时代企业组织结构设计中的相关问题。

7.1 信息时代企业组织创新的必要性

7.1.1 组织结构的演化

第 6 章论述了组织结构的三种基本形式，即职能式、事业部式、矩阵式等。实际上，组织结构是一种有机的结构，是不断演化的。

大多数组织一开始都是职能式结构，该种结构通过有效的职能分工，使组织极大地获得了规模经济性。随着组织提供的产品和服务以及服务市场和顾客的变化，组织的规模变得越来越大、越来越复杂，职能式结构在对需要不同部门间协调的环境变化做出的响应能力越来越低。此时组织结构逐渐向事业部式发展，每个事业部对不同的产品系列或细分的子市场和客户负责，大大提高了组织对市场变化的反应能力，然而与此同时组织不得不牺牲组织的规模经济性，并且事业部之间的协调困难，资源被重复投入造成浪费。随着组织环境的不确定性加大，环境对组织的要求提高，如环境施加给组织的沉重压力并非某一个领域的专门技术即可解决，组织既需要职能部门内的专业知识，又需要职能部门之间紧密的横向协作，因此出现了同时利用职能式和事业部式这两种结构的优点的矩阵式组织结构。矩阵结构能使一个组织满足环境的多种需求，资源能被灵活地分配，组织也能够适应竞争和资源状况的变化。然而这种组织结构最大的缺陷是权责划分不清，并且由于缺乏管理与信息交流的工具，使这种组织的运转出现了许多问题。

由此可见，组织结构是随着组织内部条件和外部组织环境的变迁而逐渐发展和变化的。职能式、事业部式和矩阵式组织结构都是等级制领导关系的结构。这些结构强调决策权限、工作规则、计划和预算过程等正规机制。这种等级制组织结构的特征可以归纳为以下几点：

1. 严格的等级指挥链。等级制组织结构的形式如同一个金字塔，处于最顶端的是一名有绝对权威的指挥者，他将组织的总任务分成许多块，然后分配给每一个下一级负责，下一级负责人又将自己的任务进一步细分给更下一级，这样沿着一根不间断的链条一直延伸到组织的每一位成员。这种责任明确的等级指挥链条，使大中型企业组织可以有条不紊地进行运转，并且消除了潜在的冲突。指挥链中的每一位管理者在一项任务或责任上都有绝对的权力，并承担相应的责任。同时这种等级指挥链使企业组织可能形成多达 10～15

个管理层。

2. 根据职能或任务进行专业化分工。等级制通过劳动力的专业化分工，取得了有效的业绩，如获取了规模经济性，使大规模的机械化生产成为可能，劳动者的技能水平不断提高，生产效率随之而提高。

3. 明确的书面规则和政策。等级制组织结构有一套复杂的操作程序来决定报告渠道、权力层次、部门特权、工作界定和操作规则。判断来自组织顶层而行为却在底层，即自上而下。中层管理人员的作用是综合来自高层的信息，指导、督促和控制下属人员。为了确保责任及任务完成，每个人只有一个老板，下级服从上级。雇员的首要职责是立即按照上级的命令去做，而不需要考虑命令的正确与否。有关权力和责任的书面规则和政策，使权力和行为得到了很好的控制。有关工作程序的明文规定，使得每一项工作都具有标准化的执行程序，这样使得学习的行为标准化，使过去的经验得以总结、推广。

4. 组织成员在其职业生涯中的唯一成功标志是晋升。晋升带来了权力和地位的象征，通过晋升激励组织成员对组织保持长期忠诚。组织通过给雇员提供明确的职业阶梯（业务晋升），促使雇员的职业技能得到发展。

5. 大多数协调工作都由上级负责。在等级制组织中，雇员之间的工作是不需要协调的，只需要按照上级的指示及工作规程去独立完成。同级单位之间也不能协调，所有协调由上级负责。

6. 组织的边界清晰。在等级制下每一级单位的权力、责任都有明确的规定，所以组织内的各级单位的边界非常清晰。同时，组织与环境的边界也通过所有权得到清晰的界定。

等级制组织结构形式给工业时代的企业带来许多优势：实现规模经济、职责清晰、次序井然、工作效率提高、组织稳定性较好等。然而，当今时代环境又有了急剧的变化，特别是网络信息技术的出现，使企业面临一个不同以往的全新组织环境，在信息时代，这种组织结构暴露出越来越多的问题。因此企业的组织结构相应地出现了根本性的变革或创新。

7.1.2 信息时代企业组织创新的必要性

在工业经济时代，企业组织结构的目标仅仅是以一种有序的方式高效地实现企业的目标，因此，企业组织强调的是在指挥与控制的等级制约束下的凝聚力，与等级结构紧密联系的生产方式是有序生产大量标准化商品，商品与服务的标准化必然需要劳动力、组织以及最终管理过程本身的标准化。然而，在信息时代企业组织必须是具有灵活性、适应性、快速反应能力和快速创新能力，企业必须能够迅速把自己的新产品推向市场，能够依托劳动力的知识和技能持续改进生产过程，并能够在买方和卖方的互动中实现共同学习，从而在竞争中立于不败之地。时代对组织的要求已经改变，因此，在信息时代企业的组织结构必须创新，具体原因可以粗略地归纳出以下几点。

7.1.2.1 等级制组织结构本身所存在的不足

传统的等级制组织结构从其结构本身来看一直存在不足，其表现为：

1. 等级制组织结构割裂了部门间及职能间的联系、交流与学习。这一点，可以由最简单的等级制度组织模型来说明。在图 7—1 的模型中不难看出，A、B、C 三者之间最强的联系是 A 与 B 及 A 与 C，而最弱的联系是 B、C 之间。A 的责任是确保 B 和 C 做好由其分配的工作，A 因此而获得奖酬，并且，A 为此通常会设置一种竞争性的环境，使 B 和 C 为得到认可而努力奋斗。这种结构的设置，使 B 与 C 之间难以建立一种真正的合作、学习关系。B 在寻找 C 的弱点、漏洞，而不是信赖 C 的能力；反之，C 对 B 也如此。在不知不觉中，B 与 C 互相贬低了对方的能力。因此，这种等级制度造就的是一个结构化的、互不信任和一种互相贬低的组织，这极大地束缚了员工的创造性、主动性和积极性。

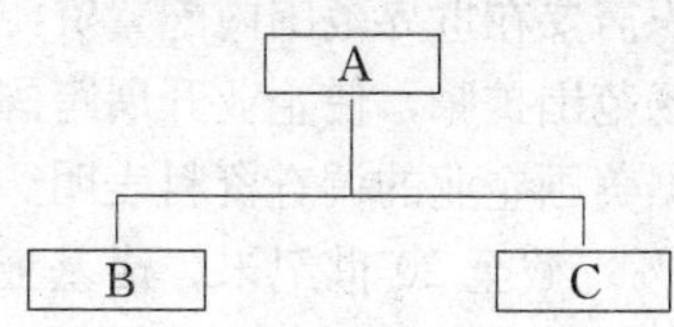

图 7—1　简化的等级制组织模型

2. 信息在传递过程中逐渐丢失或被误解。造成这种结果的原因，一是图 7—1 所表现出来的由于 B 和 C 之间的不信任，会使 B 和 C 都非常小心地控制 A 所能掌握的信息，致使 A 所掌握的信息常常都是不真实的，A 仅仅得到简单的经过挑选的信息；二是由于信息往往是从一个职能部门到另一个职能部门顺序传递，很容易造成信息在传递过程中丢失或被误解。

3. 由于管理层次较多，整个组织系统的适应性较差，无法提供严酷竞争下所需的灵活性和反应能力。在等级制组织结构中，无论自上而下还是自下而上的信息传递都是按照等级指挥链逐层传递的，由于管理层次过多（往往达 10～15 个层级），信息传递所花时间过长，降低了企业对市场变化的反应速度。

以上等级制组织结构的缺陷，在工业经济时代虽然也存在，但其矛盾并不尖锐，其中的问题表现得也并不突出，其原因是工业经济时代组织环境稳定、简单，决策所需要的信息量及信息的传递都极其有限，市场竞争的激烈程度较低，技术保持相对不变，企业组织并不需要很多的创造性，往往通过提高生产效率与质量，就可以满足市场竞争的需要。然而在信息时代，工业经济时代所创造的严格等级制组织模式受到极大的压力和挑战。信息时代要求企业不断创新，这就需要企业的个人、部门之间有效的合作及强有力的团队精神。

7.1.2.2　组织环境的变化

组织环境会影响到组织结构的构建，组织结构必须适应组织环境的要求。如在工业经济时代，企业的组织环境相对稳定，所以可以采用以分工为基础的等级制组织结构。然而，在信息时代，企业的组织环境发生了巨大的变化，这种变化主要表现在以下方面：

1. 经济全球化。经济全球化是指货物和生产要素在全球范围内的自由流动程度提高的过程。这种过程可以说早在几百年前就已开始，只不过 20 世纪 90 年代以来由于信息技术的飞速发展，这种流动的范围和速度大大提高。经济全球化给组织结构带来的影响是：

(1) 经济全球化使竞争范围扩大，竞争在世界范围展开，组织环境的不确定性增加。在传统经济中，竞争的范围更多地局限于某一国家或地区。企业清楚地知道自己的竞争对手是谁。但在信息时代中，任何企业无论在何地都可以方便地加入竞争市场中。在互联网的世界里，企业很难预料竞争来自何方。在用户利用互联网对世界上所有可能的供应商进行比较的前提下，如果企业不能为用户提供他所满意的产品或服务，则无法在竞争中取胜。因此，在信息时代下，企业必须认识到，其竞争是在世界范围内展开的。这也就意味着经济全球化要求企业以产业领先者的标准来衡量自己，意味着企业受到紧缩成本方面、创新方面更大的压力，意味着企业需要迅速响应市场的每一个变化。企业需要调整自己的企业组织，适应全球竞争的需要，以特有的竞争优势克服组织环境的不确定性所带来的影响。

（2）经济全球化使企业组织需要在世界范围内配置资源。经济全球化虽然使企业的竞争范围扩大，同时也使企业市场范围扩张，使企业开展跨国经营不仅是一种战略选择，而且是企业生存与发展的关键。据美国企业的调查资料表明，开展海外业务的企业比没有海外业务的企业的销售额高出 50%。截至 20 世纪末，诺基亚在 10 个国家进行生产，在 14 个国家进行研究开发，在 130 多个国家销售产品；美国的波音 747 飞机共有 450 万个零件，它是由 6 个国家、11 000 多家企业和 15 000 多家中小厂商协作生产出来的。至 2000 年底，我国境外企业已增加到 6 400 多家，一批优秀的企业如海尔、海信、上海广电等在跨国经营方面取得积极进展，从单纯的产品出口，发展到利用国际分工，主动开辟国际市场，并且已在海外投资建厂，实现本土化设计、生产和销售，使企业资源在世界范围内优化配置。然而进行跨国经营，并非简单的海外市场的选择，需要从组织上、制度上解决诸如如何构建与控制全球业务？采用合资、合伙或结盟、还是外包中的哪一种形式来利用自身以外的资源？如何解决市场、文化与人之间的矛盾等问题，企业不得不在管理的组织结构上有更大的灵活性。

总之，随着全球竞争的开展，企业资源的全球配置，企业的组织结构将会有根本性的改变。福特公司为取得供应、设计和生产的全球竞争优势，正在对其在欧洲和美国的经营进行合并，并进行了将世界范围的设计活动集中于其全球设计中心的组织重构。我国的海尔集团也为了适应跨国经营的需要对其组织结构进行了重构。

2. 科技迅猛发展与信息、知识的激增。科技迅猛发展与信息、知识的激增是信息时代的主要特征之一。信息技术改变了组织与组织之间、企业内组织单位之间的沟通联系方式，加快了企业的反应速度，使全球经营与虚拟经营成为可能。

以上仅列举了经济全球化与技术变化对组织结构的影响，除此以外其他的因素如国家政策、社会文化等都会对企业组织产生影响。由于经济全球化与信息技术是信息时代的主要特征，所以这两者成为企业组织变革的最主要的原因。

7.1.2.3 企业本身成长的需要

组织的生命周期理论认为在企业不同的发展时期企业的组织结构呈现不同的特点。如在企业的创业阶段，整个组织没有劳动分工，组织的创立者将他们所有的精力都投入到生产和市场的技术活动中。整个组织的控制是由企业主个人监督，决策权由企业主掌握，企业规模很小，产品单一，企业边界清晰。即在该阶段整个组织是非规范化的。在企业的成长期，随着企业规模的扩大，组织开始出现分工，管理层级出现，并实施控制与协调功能，但控制与协调的规范化还很差，依然采取集权的方式，产品已经开始多样化，企业组织边界清晰。在企业的成熟期，企业组织的工作分工更加精细，控制与协调完全规范化，决策权力开始分散，企业规模继续扩张，组织边界清晰。然而在信息时代，大型企业都面临剧烈的环境变化，如果固守过去的规范、制度、思想，将可能使企业走向衰退。如在20世纪50年代曾令IBM取得辉煌的经营理论在30年后却成为公司失误的症结。通用公司也曾因固守在发展期间形成的一套完整详细的经营规则而使企业遭受巨大损失。因此在信息时代，大型成熟企业进入一个全新的再创业阶段，我国的大型企业则面临如何面向国际市场求得生存与发展的关键时期。过去形成的组织制度将可能全部需要抛弃：团队合作开始取代精细的劳动分工，决策权力是集权与分权并存，控制机制将逐渐由自律取代，企业的规模根据自身优势的判定呈现两个极端（更大或更小），组织的边界日益模糊，联盟与虚拟组织开始成为重要的组织形式。从理论上认为，随着组织的成长、组织规模的扩张，组织结构将逐渐走向分权。然而，当组织成长超过某一点时，可能发生的事情将不仅仅限于单纯的、程度更深的结构分权，而将是组织结构的重组。在信息时代，由于技术的促进，使很多大型企业面临着组织的重组，如美国的通用、福特，中国的海尔、联想等。由此可见，随着企业的发展进入一个全新的阶段，企业组织的创新势在必行。

7.1.2.4　企业的内部条件的变化

在信息时代，企业的内部条件发生了根本性的变化：

1. 人员条件。信息时代的制造业企业对人员的要求发生了很大的变化。世界制造业企业在1950年到1980年间发展最为迅速，但是大多数工作需要的只是中低级的生产和运输技能。这些技能容易获得，并可无尽重复。但是，今天的现代生产企业由知识劳动统治着，甚至在装配线上的工作也需要较高技能的工人。目前超过15%的工厂生产线工人受过某种程度的大学教育，几乎30%从事精密生产或技术工作的工人是大学毕业。诸如顾客服务、战略计划、市场营销、研究与发展、金融和财会以及人力资源等职能为企业的增长和变革提供了动力，而这些工作很大部分由大学毕业生承担，他们一般都具有较高的学识。对操作线上工人负责的授权、协作和低水平决策的新技术和生产技术，都需要具有更高素养的劳动力。在新的以知识为基础的信息时代，企业已不能通过用低技能、低工资的雇员不断重复生产商品来保证增长。由此可见，在信息时代企业的人员条件已发生根本性变化，由过去从事简单、非创造性工作的工人、办公室文案人员向知识型员工转变，这类知识型员工对传统组织中的命令—控制模型持抵制态度。因此，在这样的观念指导下，企业的组织制度将会出现变革，如对人员的控制方式、管理程序、奖励方法、职员的职业生涯的发展路径等都将变革，这必然带来企业组织结构的变革。

2. 技术条件。在信息时代企业技术条件的变化包括：网络信息技术的采用、产品技术的日趋复杂、设备的自动化、机械化水平提高，带来了企业生产经营的管理方式的巨大变革，最终致使企业的组织结构改变。如由于技术条件的变化，制造业企业开始实施准时管理、精益化管理、柔性化管理及并行工程管理。生产经营管理方式的变革需要企业组织结构的变革相支撑。

3. 信息成为新的生产要素。从经济学的角度出发，生产要素主要包括：劳动、资本、技术、土地和企业家才能。然而，在信息时代，信息成为新的生产要素，它与资本、劳动一样成为企业重要的生产资源。这里的信息特指经过加工的、能反映客观现象和规律的有用信息，它涵盖了知识的范畴。信息是企业至关重要的资源。正确、及时、相关的信息可以增进组织成员之间的交流和了解，从而提高组织成效。信息是黏合剂，它将企业内部、企业与供应商、企业与顾客、企业与其他公众之间的各种职能、各个部门、各项目和一系列过程连接起来。信息的经济效益直接体现在生产经营和管理活动中，每个重视信息资源并有能力处理信息资源的企业组织，都能利用信息资源的即时性、准确性，提高工作效率，取得经济效益和社会效益。在信息时代，企业是否能够生存下去，其自身的关键在于巧妙连接信息情报与策略性管理。企业决策者必须迅速分析、理解与处理信息情报，同时付诸策略性思考，调整经营策略，以便掌握时机，让企业立于不败之地。信息时代企业间的竞争必须配合财务系统、营销网络系统、信息管理系统的全面整合。企业之间的竞争不仅是竞争而且是合作，信息的共享、充分运用是企业自身的要素之一。因此，信息时代的组织是以信息为基础的组织，在这样的组织中，每个人都要承担信息责任，企业需要简单而明确的共同目标。总之，当信息成为企业的重要资源，成为企业组织的基础时，企业的组织结构以及面临的管理问题都会发生巨变。

总之，通过以上对企业外部环境与企业内部条件的变化的分析，已经可以看出，在信息时代，传统企业组织建立以及运作的那些基础性假设条件已经不再适合当今的现实，组织创新势在必行。

7.2 信息时代企业组织的特点

在信息时代企业的组织环境发生了剧烈的变化，特别是随着信息技术在企业的全面应用，传统的等级制组织结构已不适应当今时代的要求。伴随着企业信息化建设的进程，企业的组织结构也在变革。信息时代的企业组织除了扁平化的特征之外还具有哪些特征？对此许多管理学家提出了不同的观点。理查德·L·达夫特认为后现代组织是一种分权化组织；罗恩·阿什克纳斯认为网络信息时代的企业组织是一种无边界的组织；道格·米勒认为网络信息时代的企业组织是一种变色龙组织等。以上观点仅仅描述了信息时代组织的某一方面的特征。如果从全面系统的角度来分析，信息时代的企业组织结构应表现为集中化、扁平化、综合化、业务流程管理标准化、组织单元的协调市场化，以及对外组织关系网络化等特点。

7.2.1 组织职能集中化

目前，有许多学者认为，信息时代的组织的职能具有分权化或分立化的特点。然而，从大量的企业实践来看，信息化后许多企业的组织职能却呈现集中化的特征。所谓组织职能集中化是指将原来分属不同部门的某些职能从纵向和横向两方面合并由统一的职能中心进行集中管理，实现权力的集中监控、资源的集中配置和信息的集中共享。一般可将分属不同部门的服务职能（如后勤）、采购和销售职能或对主要业务起支撑作用的职能（如人事、法律）进行合并，进行集中管理。在信息时代组织职能之所以呈现集中化的特征，是信息技术作用的结果。

随着企业规模扩大，企业组织所面临的不确定性、复杂性、多样性逐渐增加，当组织单位所承担的信息处理任务超载时，采取的办法有两种：一是减少信息处理量，二是提高信息处理能力。

在工业经济时代，随着企业规模的扩大，当管理者的信息处理任务超载时，在减少管理者的信息处理任务方面采取的措施主要有：(1) 组织逐渐由集权走向分权，每一个管理者的信息处理量减少，组织结构由职能式转向事业部式和矩阵式，在每一个事业部中都设有制造、研究与开发、营销、采购、人事、法律等下一级职能部门，每个事业部往往是根据产品、地区或客户划分的。(2) 建立缓冲部门，通过缓冲部门来吸收组织面临的不确定性。如采购部门增加原材料库存，设立多级仓库等。在提高信息处理能力方面，传统组织通常采取的方法是，扩大等级结构，设立更多的参谋管理人员；或者设立协调部门或岗位，促进相互依赖部门间的信息交换或协调，解决组织单位间的冲突。总之，在工业经济时代，随着组织规模的扩大，其趋势是不断地将组织职能进一步细化。这种组织管理方法虽然解决了每一个管理者的信息处理任务及其管理控制问题，但却造成组织单位之间职能重复、资源浪费、规模效益降低，组织内部的交易费用增加，特别是无法面向顾客实施统一的服务。这种状况实际上降低了企业的竞争力。

在信息时代，在减少管理者的信息处理量方面，往往利用信息系统强大的储存功能和集成功能，建立信息缓冲系统。如企业通过构建呼叫中心，将所有与客户有关的信息储存于呼叫中心的信息系统中，当客户需求出现，系统立即向承担客户服务的业务员提供该客户的所有需要的信息，大大减少了业务员的信息处理任务，并提高了他的工作质量。在提高组织信息处理能力方面，往往通过各种管理信息系统（如 ERP 系统、SCM 系统、CRM 系统）构建集成的信息处理平台。这样，分属不同事业部的同一职能的管理任务可以借助信息处理平台实施集中统一管理。在这种情况下，即使企业规模扩张也可以实施强有力的控制。因此，组织倾向于更能发挥规模效益的管理方式。所以，在信息时代，企业借助于信息技术，一方面使原有组织单元内部实行横向压缩，将原有企业单元中的服务部门抽出来，组成单独的服务部门，从而使各事业单位从各种后勤服务工作中解脱出来，提高生产效率。另一方面使生产环节的前后环节采购供应和产品销售及其起支撑作用的资金、人力资源、法律等职能资源实行集中管理。在信息时代，企业组织职能的集中化主要体现在：权力的集中监控、资源的集中配置和信息的集中共享。

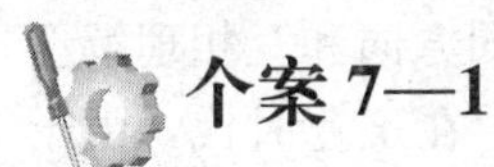

个案 7—1

国内外企业组织职能集中化的实践

在我国，随着企业信息化进程的加快，许多企业的组织职能根据集中化的原则进行了相应的调整。如神州数码借助企业的网络信息管理系统将各事业部低端产品的采购、销售、物流职能从各事业部分离出来，成立专门的运作中心，对企业的低端产品实行统一的采购、销售，并将各事业部的客户服务职能集中起来，成立面向整个公司客户的客户服务部。海尔集团为适应国际化战略的需求，根据信息技术的特点，对组织结构进行了全面调整。在组织职能集中化方面，体现得最为突出：把原来分属于每个事业部的财务、采购、销售业务全部分离出来，整合成独立经营的商流本部、物流本部、资金流推进本部，实行全集团范围内统一营销、统一采购、统一结算；把集团原来的职能管理资源进行整合，如人力资源管理开发、技术质量管理、信息管理、设备管理等职能管理部门全部从各个事业本部分离出来，成为独立经营的服务公司。整合后集团形成直接面对市场的核心流程体系和支持流程体系。

在国外，许多世界知名的跨国公司其组织结构的调整也呈现出集中化的趋势。索尼公司在2001年对其组织结构进行了大的调整：第一，明确了公司五项支柱业务，即电子、娱乐、游戏、互联网及通信服务、金融服务。第二，新成立了“全球业务管理中心”，该中心负责公司五大支柱业务的战略策划，并整合公司整体资源。第三，将公司财务、金融、法律、知识产权、人力资源、信息系统、公关、对外事务和设计等重要部门整合组成“全球业务支持管理平台（management platform for global staff support)”，该管理平台是个横向组织，通过公司的集成信息系统，面向整个索尼集团提供统一业务服务支持，使整个集团在全球范围内实现快速有效的管理。索尼公司新成立的全球业务管理中心和全球业务支持管理平台，都是在信息技术的支持下组织管理集中化的表现。

然而，信息化下的集中控制与原有职能制下的集中控制有本质的不同，原有职能制下的集中控制是以牺牲分散化决策（分权）为代价，因而导致灵活性、快速响应的丧失；信息化下，计算机网络系统是按分布计算原理设置的，即实施客户机/服务器的网络系统模式，所以整个网络系统有分散化的处理能力，企业信息系统将帮助下级组织根据环境变化进行资源配置及其生产经营决策。高层管理人员可以随时得到基层情况的反馈，随时实施控制权利。因此，信息化下的组织可以同时具有分权组织的灵活性及响应能力和集权组织的基层控制能力。信息化下，企业组织可以做到集中控制和分散化决策同时并存。如上海三菱电梯有限公司，有15个直属分公司，负担着每年几百万、几千万甚至上亿元的销售额，公司在给予各分公司充分、灵活的经营自主权的基础上，通过网上进行监控，这包括成本监控、价格监控、信用管理等，确保了整个公司经营活动的正常进行。

7.2.2 组织结构扁平化

企业组织结构的扁平化，主要是指减少整个企业的纵向管理层次。企业组织的运作过程实质上是信息的传递、处理过程。德鲁克认为“组织的一条基本规则是使组织的层次尽可能地少，指挥线路尽可能地短。每增加一个层次，就会使得保持共同方向和互相理解更困难一些。每增加一个层次，就会使目标歪曲而注意力分散。”然而，在工业时代，由于信息传递技术及信息处理能力的限制，需要设置更多的职能部门及管理层次传递信息，并分担信息的处理任务。但是，在信息时代，由于信息技术的应用，企业组织的信息传递和信息处理的能力大大提高，其结构呈现出扁平化的特征，管理层次比等级制组织要少得多。

7.2.2.1 信息技术的应用，使企业组织结构的扁平化成为可能

在等级制组织内，有关竞争者、顾客和业务运作的详细信息即业务信息主要存在于组织的底层，即“活动发生的地方”。底层管理者和员工了解他们的那部分具体业务的动态特征，他们在决策中总是更多考虑这些业务信息，并在此基础上制定局部最优的决策。业务信息获取状况在企业组织各层级的分布状况如图7—2所示。相反，有关整体战略方向和前景的信息以及企业整体的动态特性即企业的战略信息主要存在于组织的顶层（见图7—3)。因此，高层制定的决策虽然考虑整体的动机和战略方向，但可能由于对经营业务

了解不够深入而使决策出现偏差。

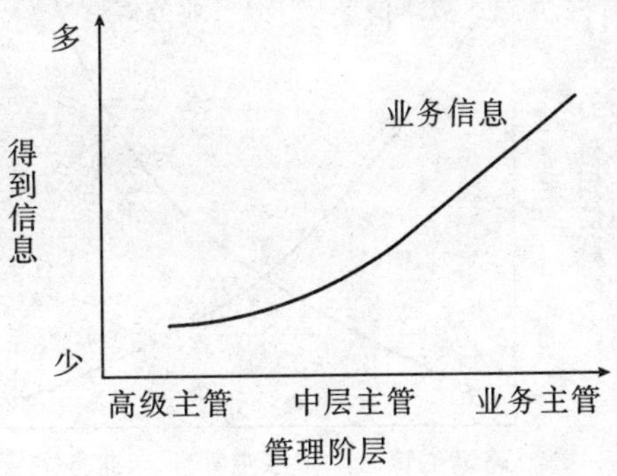

图 7—2　各管理阶层业务信息的获取状况

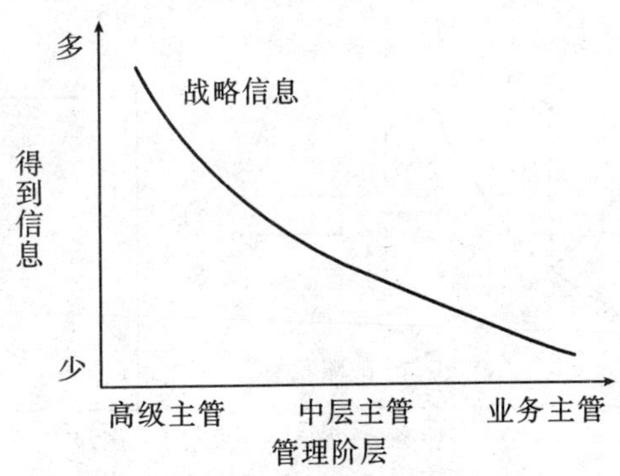

图 7—3　各管理阶层战略信息的获取状况

为此，在传统的等级制组织里，为了能够充分地使决策者获取两方面的信息，根据信息均衡原理，许多的大企业将决策制定和管理职责授权给中层管理者，他们所处的位置使他们既能得到具体业务信息，又能获得整体的战略信息（见图 7—4）。由此可见，在工业时代的等级制组织中，从有利于企业做出正确决策的角度来看，大量的中层管理者有存在的必要性。另外，在工业时代的等级制企业组织中，随着企业规模的扩张，由于信息传递技术的限制，每个管理者的管理幅度受到限制，大致为 8～10 人，这样不得不设置相应的主要用于传递上下各层信息的中间层级。但是，这样一种组织安排本质上是存在缺陷的。因为这样一来，来自于组织高层和底层的关键信息可能会丢失或失真。而且，通过中级管理层来交换信息所浪费的时间严重影响了企业运作的速度。然而，由于在工业时代，信息技术的限制，这样的组织安排对于企业的交易费用是最低的。在信息时代，网络信息技术使信息传递具有全通道的特性，信息化后的企业，信息传递的阻碍已经不存在。因此，一方面无论是企业的业务信息还是战略信息都可以很迅速地传递到需要者手中，这意味着所有的决策者，不管他们处在哪个组织层次，都能得到有利于做出灵敏、及时决策的信息，信息化后企业各层级组织获取信息及处理信息的能力大大提高（见图 7—5）。这样组织决策的权力就可以有两种安排：一种是直接由高层决策，从而降低由授权所带来的代理费用；另一种是由“活动发生的地方”即组织底层直接进行决策，从而降低信息成本。这两种安排都能使企业内部的交易费用降低。

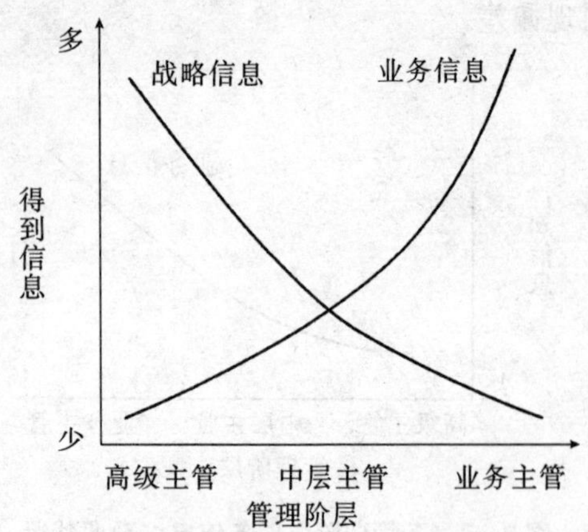

图 7—4　信息均衡原理在各管理阶层获取信息上的表现

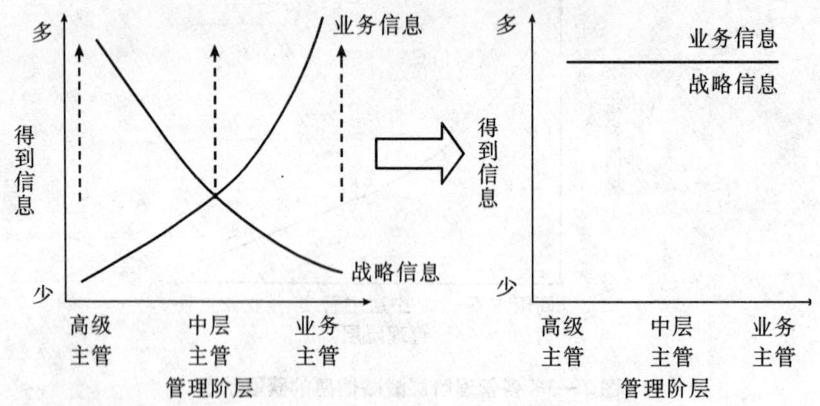

图 7—5　信息化后企业各管理阶层信息获取状况的变化

由此可见，在信息时代由于信息技术的应用，从决策权力的分配角度即从信息处理的角度来看，信息技术应用的结果将使企业组织的中层成为多余。另外，由于企业计算机技术及互联网技术的应用，使企业内外的信息传递更为方便、直接，大量原有组织内采取分析、评价和传递上下各层次信息的中间组织可以删除。由此可见，由于信息技术的特性，使企业组织信息传递和信息处理的能力大大加强，使企业组织内的大量中间组织的职能萎缩甚至消亡，这样就减少了管理层次，使企业组织扁平化成为可能。当然，信息技术仅仅为企业组织扁平化提供了技术保证，企业要真正实现扁平化，还必须设计相应的企业组织制度。

7.2.2.2　企业组织结构的扁平化成为信息时代对企业组织的必然要求

信息时代，要求企业必须有扁平化的组织，其原因在于：

1. “基于时间的竞争”是 20 世纪 90 年代以来企业的竞争法则。在信息时代，市场需求变化万千，市场机会稍纵即逝，谁能以最快的速度了解消费者的需求，推出新的产品和服务，谁就能赢得竞争的胜利。时间已成为企业赖以生存的关键因素。这就要求企业有快速的反应能力。因此，企业的组织结构不得不趋向扁平化，以此来加快企业对市场的反应速度。扁平化结构的益处之一就是减少了决策与行动之间的中间环节，加快了组织对市场和竞争动态变化的反应，从而使组织的能力变得柔性化，反应更加灵敏。正是基于这样的原因，韦尔奇在通用上任以后，发动了一场井然有序的运动，瓦解了在20世纪六、七十年代深植于通用的官僚系统，使组织走向扁平化，组织间的沟通变得容易。

2. 在工业时代，企业间的竞争主要依赖于企业的规模和产品的质量。因此，在传统的大规模企业中，大部分员工用不着动脑思考，只需服从上级的指挥、提高生产效率，就能为企业的竞争赢得优势。大规模所造就的多层级组织结构压制了员工的创造性，并产生了自大情绪，导致对环境变化失去弹性。但是，在信息时代，企业间的竞争依赖的是凝集着广大员工知识与服务的产品，企业利润的提高也越来越取决于员工们的知识与创造性。不断的创新是信息时代对企业的必然要求。为了鼓励员工的创造性，企业必须改变等级制下的命令控制模式，缩短领导者与知识生产者的心理距离，这就要求企业组织趋向于扁平化。组织的扁平化使知识员工能更积极和有效地参与企业的运作。而且，组织结构的扁平化，使企业员工与企业的领导者直接接触，有利于“暴露出那些不称职的经理”，优化企业的人才资源。

3. 在信息时代，企业要在竞争中取胜，其所有的部门及人员应充分了解、掌握各类信息，更直接地面对市场，这也促使企业尽量减少中间结构，保证组织结构扁平化。

由以上分析可见，信息时代要求企业组织结构趋向扁平化，从而缩短企业与市场的距离，加快企业的反应速度，增强企业的创造力，同时现代的信息技术又为企业组织结构的扁平化提供了技术条件。

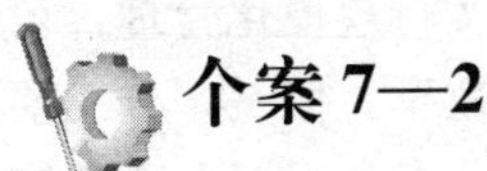

国内外企业组织结构扁平化的实践

20世纪90年代以来，国内外知名企业都在进行组织结构扁平化的变革。如联邦运通公司在董事长、总裁与公司最低一级职员之间只设立了5个管理层次；美国通用汽车公司经过合理化的改变，将管理层次由原来的28个减少到19个；黑龙江龙涤集团公司自1999年5月信息化建设工程启动以来，集团公司由过去的6个管理层次减少为3个管理层次，管理部门由13个整合为10个，集团公司副总经理不仅兼任一个部的部长，还兼任部门主要科室的科长；联想集团实施流程再造之后，将既有的金字塔组织结构拉平为一条管理流水线，总经理和部门经理不再只是监督和管理者，而且还参与到流程的运作当中，承担业务流程运作的部分工作，从而实现了组织结构的扁平化。图7—6反映了联想集团在流程再造之前与之后，组织结构扁平化的变化。

7.2.3 组织职能机构设置综合化

在信息时代，组织职能机构设置具有综合化的特征。即在企业职能机构设置方面，适当简化专业分工，横向压缩职能单位，把原来分设为许多个职能单位的结构归并成少量的综合性过程管理部门，力求在管理方式上实现每个部门对其管理的物流或业务流，能够做到从头到尾、连续一贯的管理，达到物流、信息流及管理过程的连续不断。通过机构的综合化，克服传统管理中存在的机构设置分工过细及业务分段管理的问题，实现业务的过程管理。

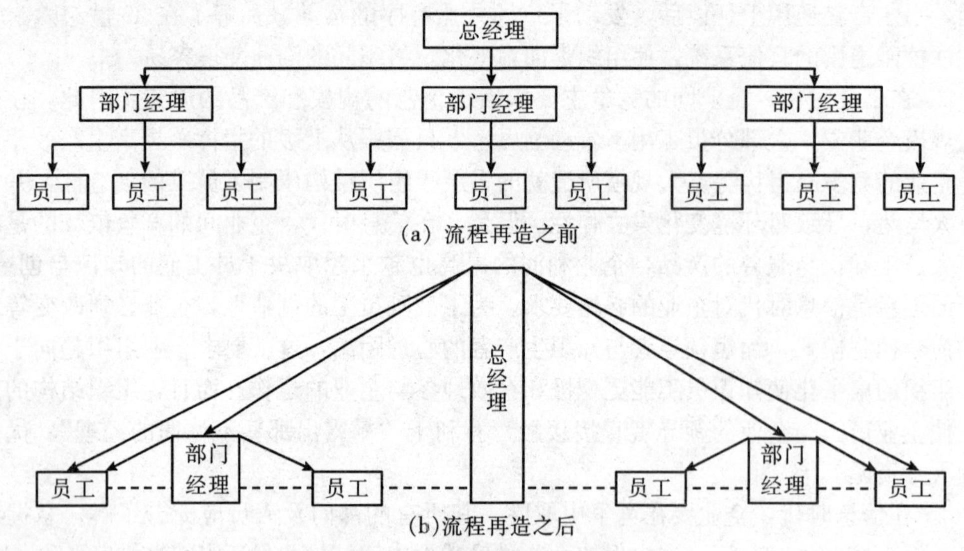

图 7—6　联想组织结构的扁平化

传统的组织理论认为，组织设计应遵循专业分工与协作的原则。即在企业内部设置职能机构，而且各职能单位之间实行专业分工。分工是大生产的标志，随着企业规模增大，不仅生产要有分工，而且管理也要分工。通过分工，可以对专项工作实行规模化管理，可以把各专项管理工作做得更加深入细致，从而提高管理工作的质量和效率。但是，分工要适当，并不是越细越好。分工过细也会带来一系列问题。例如，管理分工会引起办事程序和手续的复杂化；分工会增加部门之间的协调工作量，由此使企业的行政管理部门的规模不断膨胀；分工会助长专业管理人员的片面观点和本位主义等。因此，一旦分工过细，超过一定限度，分工带来的弊端就会超过其好处，反而使得管理效率下降。在工业时代，由于管理手段的限制，当企业规模扩张时，只能采取不断细化的分工，来减少管理者的信息处理任务，从而对各部门实施有效的管理与控制。在信息时代，由于现代网络信息系统的强大信息处理能力和全通道的信息交流方式，使企业管理者的管理幅度加大，从而可以使企业横向压缩管理部门，实现组织职能机构设置的综合化。

在信息时代，组织职能机构设置的综合化是按照过程管理的原则，将职能相关性强的部门归并到一起，做到一个基本职能设一个部门，一个完整流程设一个部门。其综合化的具体方式主要有以下三种。

7.2.3.1　相同职能的归并

即把原来分属不同部门的职能合并由同一部门或岗位来完成。如海尔集团把信息化前从属于十几个产品事业部的采购、配送、储运部门从原事业部剥离出来，合并成立物流推进本部，负责整个集团的物流运作管理，从而实现整个集团的统一采购、统一材料配送、统一成品配送。通过信息系统，整合内部资源，优化外部资源，使得采购、生产支持、物资配送战略上的一体化。

7.2.3.2　管理职能同辅助作业职能归并

即组织具有管理和辅助作业双重职能的部门。如新兴铸管股份有限公司信息化后，对一些管理部门进行了合并，将安全生产部和设备部合并为总调度室，既负责调度管理工作，又负责具体的设备管理、安全生产等业务工作。

7.2.3.3 执行职能同监督职能在一定条件下归并

在传统的等级制组织里，遵循传统组织理论的“立法”部门必须同“执法”部门分开设置的组织原则，往往将执行机构同监督机构分开设置，使这两者相互制约，从而加强了管理与控制。从监控的效果来看，将“立法”部门同“执法”部门分开的原则有其合理性，但是与此同时也产生一定问题，如机构增多、办事程序复杂、管理效率降低等。企业要做到在执行职能同监督职能的合并的条件下，依然能够实施有效的管理与控制，这需要具备一定的管理条件。在信息时代，由于信息技术的应用，一方面企业许多监督职能由信息系统自动承担，另一方面由于信息系统具有标准化、程序化及透明化的特点，使许多监控管理变得更为简单，因而执行部门往往有能力同时承担监督职能。同时，由于在信息时代，为了实现全面的创新，企业组织内追求的是一种合作、信任的组织关系。因此，借助于信息技术，实施执行职能同监督职能的合并，还将有助于企业建立新型的人际关系。但是，即使在信息时代执行职能同监督职能的合并也并非是绝对的，合并必须是以能够实施有效监控为前提。

总之，在信息时代企业组织结构呈现综合化的特点，从而解决传统管理方式下由分工过细带来的协调困难、机构臃肿、办事程序复杂等问题，实现过程管理。

7.2.4 业务流程管理标准化

所谓业务流程，是企业内相互衔接的一组能为顾客或最终使用者提供结果（如需求满足）的一系列活动。可以包括商品生产、采购、与供应商保持联系等内容。业务流程使那些为服务和满足顾客（内部和外部）而进行的彼此衔接的活动成为一个整体。传统企业的业务流程经常分散于几个不同的职能领域，处于分裂状态。工作的进展必须在相关部门之间移动，运作是笨拙、缓慢的。网络信息技术使企业能将整个业务流程的工作连为一体，使其运作更直接、更快。

在信息化企业内，整个网络信息系统是由不同的功能模块组成。如联想的 ERP（enterprise resources planning，企业资源计划）系统就包括 FI（财务会计模块）、CO（成本会计模块）、SD（销售与分销模块）、MM（物资管理模块）和 PP（生产计划模块）等核心系统。整个系统具有模块化、职能化和集成化的特点，系统通过各个模块自由地传递和共享信息，把企业的所有工作集成起来。在实际业务运作过程中，某一项业务往往会涉及众多的模块，图 7—7 表示一个粗略的订单管理过程。由图 7—7 可见，如果没有 ERP 系统，整个业务管理过程需要跨越销售与分销、生产计划、物资管理、财务四个职能部门。但是如果借助 ERP 系统，该业务过程的每一个步骤都要求一个不同的处理画面，但它们都是同一系统的组成部分，这些处理将共享相同的随时得以更新的信息。[①] 由此可见，信息化后的企业，不同职能的组合是由系统自动完成的。随着信息技术的发展，越来越多的标准化业务流程可以在很大程度上，甚至是完全实现自动化处理。

---

① ［美］苏米特拉·杜塔、让-弗朗索瓦·曼佐尼：《过程再造、组织变革与绩效改进》，182 页，北京，中国人民大学出版社，2001。

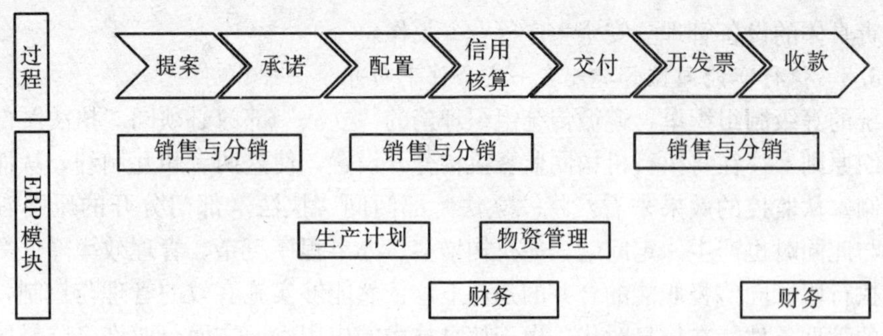

图 7—7　单一业务过程包含的 ERP 模块

如银行面对一份贷款申请，其整个决策流程都可以通过软件来实现，包括检查信贷记录、使用统计公式来衡量客户的执行状况等。例如，新兴铸管股份有限公司自 1999 年以来，对公司采购系统进行信息化开发，建成了集业务处理、过程控制、信息采集、科学决策为一体的采购管理系统，利用计算机网络监督、控制、管理采购计划编制、采购比价、合同签订、出入库、库存结算等业务环节。从供应商信息直至物资发放到使用单位，所有业务都通过计算机处理，其决策的基础数据由系统自动采集。

过去，企业各部门或各分公司的管理水平，往往取决于部门或分公司最高管理者的管理水平。而信息化企业，通过企业信息系统，实现企业业务流程管理的标准化，这样就可以对企业的管理方式、管理流程等进行复制，使企业业务流程管理标准化，并由此可以分散决策权，提高企业整体管理水平。

7.2.5　组织单元的协调市场化

在信息化的企业内，往往依据业务流程组建组织单元。整个组织的工作效率主要取决于业务流程的有效性以及业务流程之间的关系是否顺畅。那么，如何使业务流程在组织单元中顺畅流动，对此往往运用内部价格、市场及类似市场的机制来协调组织单元间的活动，如海尔集团的“市场链”主要就是把市场经济中的利益调节机制引入企业内部，在集团的宏观调控下，把企业内部的上下流程、上下工序和岗位之间的业务关系由原来的单纯行政机制转变成平等的买卖关系、服务关系和契约关系，通过这些关系把外部市场订单转变成一系列内部市场订单，形成以“订单”为中心、上下工序和岗位之间相互咬合、自行调节运行的业务链，即“市场链”。

根据交易成本理论，当通过市场进行资源配置的成本（交易成本）大于企业通过内部管理协调来配置资源的成本时，企业就产生了，其目的是减少交易成本。那么，在信息化下，企业组织内为什么要引进市场机制，建立内部模拟市场呢？其原因主要有以下三个方面：

1. 在工业经济时代，企业实施的是等级制的组织结构，因此，往往通过行政命令的指挥链条，即行政关系来协调、管理组织单元间的活动。然而，在信息时代，等级制的企业组织结构正在改变，特别是为了提高企业的创造力，企业逐渐放弃行政命令的控制手段。随着行政命令手段的减少，代之而起的是通过经济关系即引进内部市场机制来协调组织单元间的活动。而且，通过建立内部市场，可以把外部市场的压力传递给企业的每一位员工，拉近员工与市场的距离，使每一位员工把这种压力变成工作动力，从而最大限度地发挥每一位员工的创造力，更好、更快地满足市场需求。

2. 根据交易成本理论，企业存在的目的是降低交易成本。随着企业规模扩大，内部的管理费用逐渐上升，但管理费用上升到超过市场交易成本时，企业可以采用的办法是：缩减企业规模或者采取办法降低内部管理费用。然而，从当今信息时代企业的发展趋势来看，企业倾向于通过扩张规模来获取充分的规模经济性，从而降低成本，赢得价格竞争的优势。因此在信息时代企业只有在维持较大规模的前提下，采取措施降低内部管理费用。当管理费用大于市场交易成本，自然企业会引进市场机制，通过建立内部市场来降低内部的管理费用，即降低内部交易成本。

3. 企业信息化后，企业内部的交易成本可以大大降低，这主要是由于信息技术的应用，使企业内部市场的信息获取变得方便，其信息的费用、议定协商的费用、签订合同的费用等都由于信息工具的使用而大大降低。如上海易初通用机器有限公司，其所有的内部市场交易都通过企业的计算机网络和 IC 卡进行，使数据传递更迅速、更准确。企业通过 IC 卡和计算机网络完成确认、查询、监控、结算四大功能，从而节约了内部市场的交易成本。在信息化下，通过内部市场而发生的交易成本要远远低于通过行政命令而发生的管理费用。

企业在建立内部市场时，必须注意以下问题：

（1）建立一定的管理协调机制。建立内部市场的目的虽然是由市场机制代替行政管理机制，然而，应该注意，市场机制是不能完全替代行政管理机制的。这是因为：市场机制本身存在缺陷，如资源依靠市场完全调节可能会出现相应的资源浪费，市场调节失灵等。企业内部市场毕竟不是外部市场，需要在一定的管理控制之下，需要建立一定的管理协调机制。如海尔的 SST，在整个索赔、索酬过程中如果出现问题还有跳闸手段用于制约。

（2）整个内部市场应该是完全信息的，即必须做到企业信息是透明的，信息可以共享，并且企业员工应该对企业的经营状况非常了解，只有这样，才能真正做到全员经营。

（3）要注意市场对员工创造性的压抑。市场是残酷无情的，企业内部市场除了对企业员工产生压力以外，还应该能唤起员工的工作热情。这就需要在市场中赋予企业一定的文化内涵。如海尔的市场链是建立在其企业文化基础之上的，企业员工在市场链中不仅要“日事日毕”，还要“日清日高”，不断挑战自我、战胜自我、超越自我。

（4）信息技术手段的应用是必不可少的。在构建内部市场时企业应该借助信息技术，一方面使市场信息共享，另一方面简化内部交易手续，加快内部交易的速度。综合两方面的效果通过信息技术可以降低内部交易成本。如果没有信息手段的应用，很可能内部市场的交易成本会大大提高，当它大于通过行政控制手段所带来的管理费用时，内部市场就会被放弃。这也是许多企业在 20 世纪 80 年代采用市场手段管理企业后，又不得不相继放弃它的主要原因，今天，企业又开始重新使用市场手段管理企业主要的原因就是信息技术的应用。

7.2.6 对外组织关系网络化

企业对外组织关系网络化，就是以某一核心组织为主体，通过一定的目标，利用一定的手段，把一些相关的组织连接起来，形成一个合作性的网络企业组织群体。在这个组织群体中，每个组织都是独立的，通过长期契约和建立信任，与核心组织连接在一起，优势互补，形成命运共同体，共同发展。这里的网络是指通过网络信息系统所建立起来的，企业或者部门之间的非阶层的、平等的、多重联系的关系。

企业对外组织关系网络化，一方面是由于经济全球化、信息化和高新技术迅猛发展提出的客观要求，只有通过企业之间多种形式的联合与协作，企业才有可能克服自己在技术、经济、经营管理等方面存在的某些相对劣势。这是企业对外组织关系网络化的成因。另一方面，现代信息技术也为企业在全球发展企业与企业之间的组织联系提供了强有力的工具，使之变得极其方便、迅速，而且成本低廉。因此，网络信息技术的应用是企业对外组织关系网络化的技术基础。网络化企业的形成与运作，依赖物流、资金流和信息流的畅通。物流与资金流的运行也得靠信息流来调动，所以网络信息系统是网状企业的神经系统。从逻辑结构上说，信息网络的结构和网状企业的网络结构是相似的，因为信息网络在物理结构上有很多段使用了公用网络，而公用网络是四通八达的，显然这又为网状企业的形成与改组提供了很大的灵活性。

当然在没有现代的网络信息系统的条件下，依靠传统的信息工具也能使网状企业运行，如从 20 世纪 70 年代开始美国就选择一些供应商作为长期合作伙伴，由此形成企业网络；日本精益生产也是把外协厂组合起来，形成企业网络。但是，在信息时代使用先进的信息网络可以克服空间、时间距离的障碍，使网状企业的范围超出地区范围甚至国界。信息的快速传递不但加速了企业运转速度，而且能及时捕捉市场机会。尤其是建立在互联网、内联网与外联网上的信息系统，可以用较低的成本把活动范围扩展到世界各地。

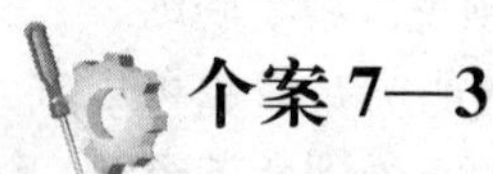

个案 7—3

沃尔玛的网络信息系统

美国最大的零售商沃尔玛的迅速发展，就是因为借助了网络信息系统与外部组织建立了网络联系。20 世纪 70 年代初沃尔玛的销售额才 4 000 万美元，到 1994 年就已高达 825 亿美元。自 20 世纪 90 年代初开始，沃尔玛在信息设施上投资 7 亿美元，并率先建立起世界上最大的自用卫星信息系统，把 3 800 家供应商和遍布美国的连锁店组织成高效的企业网络，使各连锁店每天的销售信息能够及时反馈给供应商，使他们及时安排生产，及时补充供货。通过信息网络，做到及时销售、及时生产，实现了无库存管理，大大压缩了产品的经营成本。沃尔玛的经营成本在全球零售业中是最低的，成本率才达 15.2%。

企业之间联结成网络关系的根本目的在于利用各方资源进行优势互补，形成新的竞争力。并且企业之间的网络化关系将会降低企业间的交易成本和企业内的交易成本。企业之间的网络化，构成一种新型的组织结构，它的具体形式主要有战略联盟和虚拟企业。

总之，在信息时代，工业经济时代所构建的企业组织已无法满足当今信息时代的要求，成为制约企业竞争力提高的要因之一。信息时代要求企业组织创新，与工业经济时代相比，信息时代的企业组织呈现许多全然不同的新特点。

7.3 信息时代企业组织结构的设计

在信息时代，工业时代所创造的严格等级制组织结构受到极大的压力和挑战。为了适应信息时代的特点及其发展趋势，作为管理基础的企业组织结构必须进行相应的变革。而不能简单地认为企业信息化就是在原体制下所进行的计算机化及网络化。在原有组织结构下所进行的简单的计算机化，只能使用计算机代替手工操作，而现有体制中的矛盾、混乱、缺陷依然本质性地存在。所以，在企业信息化过程中，应该依据信息技术的特点，对组织结构进行重新设计。

7.3.1 组织设计的目标

根据目标确立理论的主要原理：困难和特定的目标可导致高成就，反之，尽力而为的状况或不确定的目标，会导致低成就。因此在设计组织结构之前，必须明确组织的目标。在第 6 章我们曾经明确组织的评价标准为：绩效、速度、响应性、适应性，我们可以针对以上组织评价标准来设定组织设计的目标。

对企业组织结构进行重新设计，其最终目的是要改进组织的绩效。组织绩效指标包括财务状况、反应速度、顾客满意度、适应性等。

7.3.1.1 改善企业财务状况

企业要生存下去，必须获取利润。在市场经济环境下，企业的目标是追求利润最大化，所以，企业的财务状况决定企业的生存与发展。反映企业财务状况的指标有：利润、资产收益率、股票价格、市值、成本、资金利润率等。但是，需要注意的是，财务结果不一定能揭示正在发生的问题，因为财务指标是“滞后的绩效指标”。这些指标反映的不是决策之时的效果，决策的效果也许需要过很久才能表现出来。因此，财务指标所反映的绩效具有时间上的延迟性。如果需要评价企业现状，需要借助其他的指标。

7.3.1.2 提高企业的反应速度

在信息时代，企业间的竞争是一种时间竞争、速度竞争，企业只有具有快速的反应能力，才能应对千变万化的市场需求，才有可能赢得竞争的胜利。在信息时代，快速的反应是对企业的基本要求。要做到快速的反应，企业必须有扁平化的组织、顺畅的流程，简化的商业运作。

7.3.1.3 提高顾客满意度

顾客满意度是一个重要的绩效指标，因为对顾客满意度的损害通常伴随着市场份额的迅速丢失。企业必须在为顾客创造价值的同时，实现自己所需要的价值。顾客是否得到及时而且有帮助的客户服务，是衡量企业运作好坏的指标。成功的企业总是想办法来改善他们提供给客户的价值，真正做到以用户为中心。

7.3.1.4 增强企业的适应性

工业时代，企业所面临的组织环境具有一定的确定性。在信息时代，企业面临的环境是复杂的、多变的、不确定的，因此企业必须具有适应环境变化的能力。企业的适应性反映了企业对市场变化的跟踪和采取措施的迅速性和有效性。要具有适应性，企业组织必须有创造性，从而主动应对环境变化；企业组织必须有学习能力，以不断的学习应对不断的变化。

7.3.2 组织部门的划分

在信息时代企业组织的层次是扁平的，那么其组织中的部门应该如何划分呢？

在工业时代，企业组织部门主要根据职能来划分，每个部门完成整个任务的一部分。虽然后来随着企业规模的扩张、企业产品项目的增加，开始根据产品来划分组织部门，即产品事业部。但是在产品事业部内，往往依然是按职能将整个产品任务进行细分，分出一个个职能次级组织。所以，在工业时代，企业组织部门的划分主要是按职能进行划分的。

在信息时代，划分组织部门主要是以“过程导向”为原则，即在流程再造的基础上，组织部门由职能部门转化为流程工作小组，即将原来分散于不同职能部门的参与整个业务流程的人集合起来组成过程团队，每个团队关注企业价值传输过程中的一个关键因素，从头到尾负责整个业务流程的运作。这种组织部门的划分方法，打破了整个流程的中间障碍，拆除了职能间的高墙，可以大大降低业务过程中的交易费用。但是，在目前的理论研究中，究竟如何建立过程团队却并没有确定的答案。在企业实际的运作中，过程团队的性质、结构有较大的差异。通过研究，作者认为造成这种差异的主要原因是每个企业面临的顾客需求和自身产品技术的复杂性不同。当顾客需求和自身产品技术的复杂性不同时，顾客对企业的服务要求以及企业为满足顾客需求需要具备的条件会有较大的差异。此时，企业必须设定不同的过程团队，才能满足顾客的需求。因此，可以根据顾客需求的复杂性和企业产品技术的复杂性，将过程团队分成四种形式（见图7—8）。

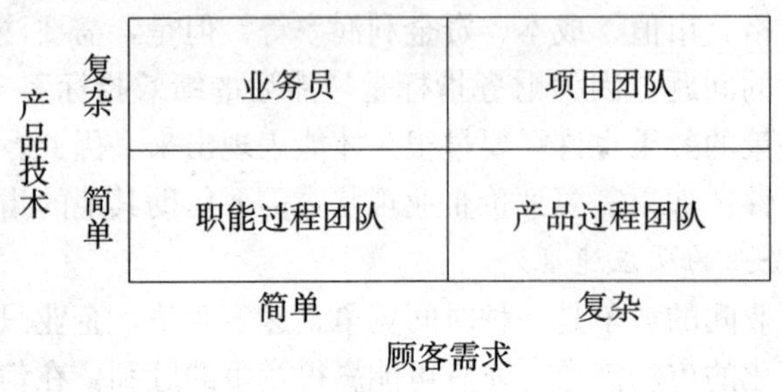

图7—8 过程团队的四种类型

7.3.2.1 职能过程团队

当顾客需求比较简单，企业满足顾客的这种需求不需要较高的技术性，同时产品本身的技术性又较简单的时候，整体流程运作的技术性不高。这时，企业可以组成一个个职能过程团队。如海尔集团，其顾客需求可以明确定义，究竟是冰箱还是彩电，再复杂的顾客需求都可以用语言明确描述，同时产品的技术比较成熟。因此，海尔的组织部门是由职能过程团队所组成。这种组织部门的设立的最大优点是打破了产品、地区的部门界限，能够实行集中管理，集中面对顾客（内部顾客和外部顾客）的需求，获取规模效益。但这种职能过程团队与传统的职能部门有本质的差别。主要表现在：

1. 传统的职能部门没有决策权，只是被动地依据上级的指示完成工作任务的一部分；职能过程团队具有决策权，可以根据顾客的需求进行独立的决策，往往各团队自己负责设定目标、编制短期和中期计划，对所负责的产品或顾客、任务的改进排出优先次序等。

2. 传统的职能部门不了解顾客的需求，不直接面对顾客，不清楚自己工作的价值所在；职能过程团队借助信息技术，可以直接了解顾客的需求，清楚自己工作所创造的价值。

3. 传统的职能部门往往按串行的方式依次完成任务的一部分。各职能过程团队则借助于信息系统，当顾客产生需求、订单一出现，所有过程团队立即根据订单需求开始运作，各职能团队的工作关系是并行的。这样，即使按职能划分流程，也能够面对顾客的需求做出迅速的反应。

4. 在传统的职能部门内，往往根据职能分工再对职能组织进行进一步的职能细分。这样，组织层级随着企业规模的扩大逐渐增加，变得越来越多；职能过程团队内部却是依据流程组织整个业务运作，团队内部组织结构是扁平化的。

5. 传统的职能部门之间是割裂的，信息在部门间的传递需要上级部门的参与、协调。因此，信息传递缓慢且失真；而所有的职能过程团队都在网络信息平台上运作，所以职能过程团队之间的信息沟通是顺畅的，加快了团队的反应速度。由此可以看出，这种职能过程团队之所以能克服过去传统职能部门的缺陷，其最主要的原因是信息技术的应用。

个案 7—4

海尔集团和神州数码公司的组织创新

海尔集团的一级组织单位的划分就完全由这些职能团队所组成（见图 7—9）。除此以外，还有些企业的部分团队也是这种集中管理的职能过程团队。如神州数码的运作中心，主要分成两大流程：商务流程和物控流程。商务流程下设的主要部门有：采购、销售及信用风险控制部，其主要职能为管理交易单据。物控流程负责物流的安排，包括运输、报关、仓储部等。公司的低端产品（如 PC 机）由于顾客需求和产品技术都较简单，所以对运作中心的人员的技术要求不高。因此，由运作中心根据订单进行统一的集中采购、销售，负责完成整个订单的业务流程。

7.3.2.2　产品过程团队

在顾客需求比较复杂而且并不确定的情况下，顾客在确定需求或接受服务时往往需要专业人员给予帮助。同时，产品本身的技术也并不复杂。所以，在面对顾客需求时，业务人员并不需要掌握全面的知识。在这种情况下，比较适合组成产品过程团队。如顾客在购买电脑产品时，往往需要技术专家对自己的需求进行分析，只有这样才能明确自己的需求。这种状况要求企业组织必须由技术专家面对每一位顾客。因此，企业无法实施统一的采购、销售管理，必须由产品过程团队负责整个业务流程的完成。产品过程团队对于包括经营计划、产品计划，以及开发、制造、营销（包括销售、配送及控制自己的销售队伍和销售渠道和顾客服务）等环节在内的整个价值增值全权负责。如神州数码和联想对企业的高端产品客户，特别是面对集团客户时，往往是由各产品事业部负责整个产品由商谈、订单合同签订、供应商的确定、采购，一直到产品送达顾客安装完毕整个业务流程。这种产品过程团队与传统的等级制下的事业部也有本质的差异。主要表现在：

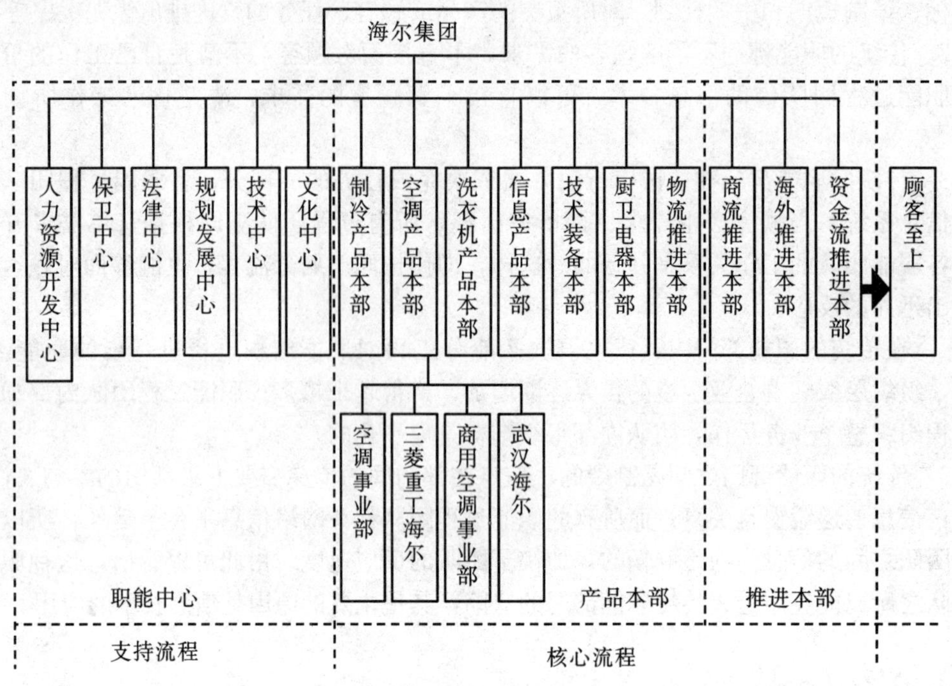

图 7—9　海尔流程再造后的组织结构

1. 传统的等级制下的事业部内往往依据职能进行进一步细分组织单位。所以，在事业部内存在严重的职能分割，产生沟通障碍，导致产品业务运作过程的破碎化，导致最终给顾客的价值降低。而产品过程团队内部的业务运作是按流程组织的。如通用电气公司的照明事业部按照扁平化的原则将其整个业务分解为 100 多个业务过程和项目。摩托罗拉公司的政府电子设备部门将其中的供应管理业务作为一个以外部顾客为终点的业务过程进行了重新设计。

2. 传统的等级制下的事业部最大的弊端为组织资源分散，各事业部职能机构重叠，特别是各产品事业部在各地区设置重复的、不同产品职能相同的机构，造成资源浪费，各自为政，关注局部利益，无法有效实施组织整体战略；然而，在信息化下所组成的产品过程团队可以借助信息技术有效克服这些弊端。组织可以将产品过程团队内的某些服务职能如劳动人事，采购、运输等集中起来组成职能服务中心，为整个企业的所有产品过程团队服务，从而提高组织的规模经济性，并实施企业组织的整体战略控制。如神州数码的各产品事业部内，产品决策、计划、商务谈判、供应商的选择等由各事业部负责，而这一切确定下来后，订单运作交给组织的运作中心集中负责。为解决产品事业部内跨地区跨部门合作问题，神州数码借助于网络信息系统，在各地区设置了面向所有产品事业部的地区支持平台。各平台实施商务、财务集中管理，由本部相应的职能部门（运作中心、财务部）管理，对地区业务进行支持。实际上各事业部的人员都分配在各平台上，即各平台上的业务人员直接归本部管理、考核。这样的设置，使公司的业务从最顶层直接贯穿于地区平台，有利于公司整体战略的统一实施。

7.3.2.3 项目团队

当顾客需求复杂，顾客在确定需求时必须与专业人员进行大量的协商，而且顾客所需要的产品的技术性非常复杂，需要企业的各类专家协同解决。这时，企业需要组成跨职能、跨部门的项目团队。如联想集团、神州数码等在面向企业、政府客户所提供的不是单一产品，而是解决方案时，企业一般组成项目团队。项目团队是为了某个特定的业务目标，在一段特定的时间内组建的跨职能团队，项目团队的成员来自不同的职能部门，企业提供充分的资源来支持他们实现预定的目标。团队成员可以是专职的，也可以是兼职的。大多数情况下，在经过一段特定时间或完成预定任务后，项目团队解散，成员回到原部门。项目团队是非常普遍的，许多企业经常依赖项目团队来激发创造性。如 IBM 公司为了应付竞争的挑战而组建了一个非常成功的项目团队，开发出了它的第一台个人电脑。虽然项目团队非常有效，但从过程的角度来看它存在一个不足，这就是它的临时性，当项目团队解散后，团队在执行项目过程中形成的关于过程的知识就会“丢失”。所以，企业应该建立相应的制度来改变这种状况。

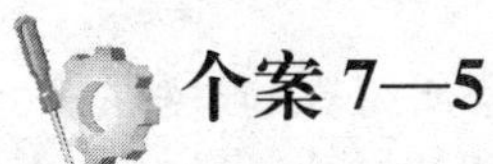

个案 7—5

上海埃通电气股份有限公司的组织创新

上海埃通电气股份有限公司就是按照项目团队来划分组织单位的。埃通公司的项目协作小组是一种以项目为核心的团队组织，即以完成某一项目为目标而组成一个精干的临时工作小组。有几个项目就有几个小组，项目完成后小组自行解散。小组组长一般由拿订单（项目）的销售人员担任，并由其进行“组阁”，把相关的采购人员（物资采购）、财会人员（成本核算）、技术人员（产品设计）、生产部门负责人（组织生产）、售后服务人员等组成一个小组共同完成订单（项目）工作，项目小组对整个顾客订单的完成过程负责。获得订单的销售人员在此过程中承担了两种角色的责任：一是代表埃通公司向客户争取订单；二是代表客户督促项目按质、按期、按量完成。小组成员由组长根据项目的需要进行挑选组合。这种项目团队在咨询业和法律事务所等也有广泛的运用。如安达信公司的业务就是由跨业务组合、跨事务所的项目团队来承担的。项目团队成员由不同等级层次的成员所组成。但是项目团队的运作需要大量的职能培训以及信息技术的支持。

7.3.2.4 业务员

业务员类似于项目团队，但项目成员只有一人。这种状况的前提条件是顾客需求相对简单而且明确，顾客需求的产品技术较复杂，因此，负责项目的业务员应该具有较深、较广的专业技能。由业务员一人面对顾客负责整个业务过程。但是，在这种情况下，需要一定的职能中心和信息系统给予支持。

大型企业组织单位的划分往往是混合型的，上述四种过程团队可能在同一企业内都存在。

由以上不同情况下所组成的过程团队来看，过程团队的运行，需要信息技术的支持，如果没有共享的、具有高速处理能力的网络信息系统，这种过程团队特别是跨职能、跨部门、跨地区的过程团队很难运作。

过程团队有效运行的另一个前提条件是职能中心的支持。当企业所面对的技术环境变化迅速时，需要职能部门在新知识的开发方面协助企业组织跟上技术发展的步伐，需要给小组成员提供条件增加技术技能。特别是组成的是项目团队、业务员、产品过程团队时，更需要职能部门的支持。为了使知识的整合和过程的整合有效结合，许多企业都在设置一定的职能中心的基础上叠加过程团队。也就是说，虽然信息化企业的组织单位主要由过程团队所组成，但并非完全否认等级职能制度存在的合理性。企业仍然需要一些级别的权力。任何一个企业组织，都有双重的需要：一是创造知识的需要；二是在顾客导向的过程中运用这些知识为顾客创造价值的需要。所以，职能部门主要负责知识的创造，过程团队负责为顾客创造价值。因此，信息化组织中的职能部门的工作重点将发生改变，职能部门间的分割高墙应该拆除。

高层管理团队主要负责企业组织的战略制定，组织单位的协调、控制，整个组织的资源整合，并对过程团队和职能中心提供支持与指导。如索尼公司的全球业务管理中心，就是一个这样的机构。其职能是整合索尼的整体资源，进行战略研究，对企业的业务运作提供咨询服务。

根据以上的论述，可以看出信息化下的组织结构是以根据业务流程所组成的过程团队为主，并设计必要的职能中心，同时借助信息技术平台，保证过程团队的有效运行。企业依据业务流程而形成的过程型组织结构如图 7—10 所示。

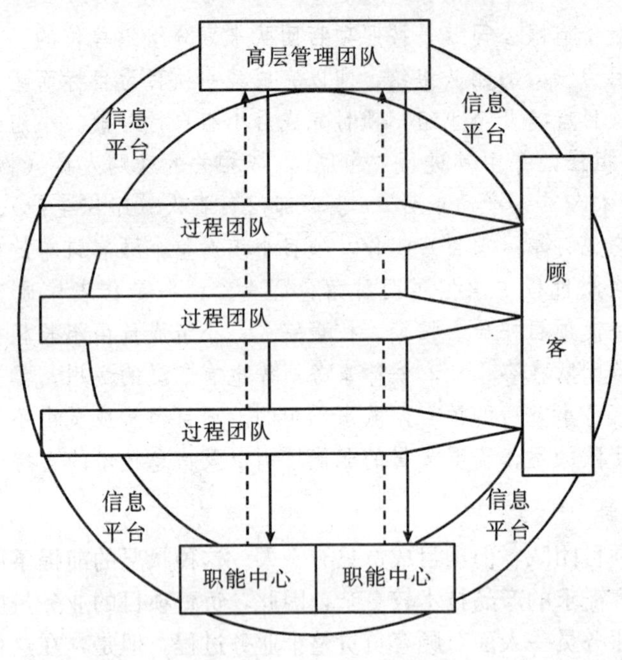

图 7—10　过程型组织结构

7.3.3　决策权限的划分

决策权包括提出、批准、执行和控制各种类型的战略及战术决策的权力。信息时代企业组织的决策权限的划分呈现以下特点。

7.3.3.1 集权与分权共存，并逐渐向下转移

信息化将使企业的决策权力向两个方向发展：集权和分权。一方面，由于信息技术的应用，使企业高层比较容易地掌握相关业务信息，即信息成本降低，从而企业高层可以有效实施控制，便于集中管理；另一方面，由于信息技术的应用，企业的业务层也较容易掌握企业的战略信息，而且信息的透明度增加，企业容易实施控制，使分权的代理成本降低，因此企业同时可以实行权力的下放。在信息时代，企业的权力状况是集权与分权共存。但是，从总的趋势来看，信息化下的企业组织，其决策权由企业顶层往下转移，即决策权力逐渐转移到授权的过程小组。这是因为：

1. 网络信息技术使以前组织中较高层次的专门信息更容易向低层次传递。

2. 知识将主要分散在企业的底层，存在于专家的头脑中，由各个授权小组所拥有。为了发挥组织成员的创造性，每个授权小组自行决定其工作方式，每个小组及其成员具有自我优化、自我设计、自我创造和自我组织的自由。

3. 在动态和不确定的环境中，快速而深入地了解市场是非常重要的，这样可以将决策权力随同必要的全局观点和政策信息转移到第一线的管理团队手中，可以使高层管理者更好地了解企业外部环境和企业内部经营的动态状况，从而提高企业组织有关战略方向和组织管理决策的质量。

7.3.3.2 决策权力由过程团队承担

在传统的等级制下，一般决策的权力由个人承担。相对于将决策权力分配给个人，决策权力分配给团队所获得的收益包括：

1. 能更有效地利用分散的具体知识。在企业组织中，与决策有关的具体知识通常分散在许多个人当中。在传统等级制企业组织之中，往往将具体知识经过组合传递给上层决策者，因此代价巨大，而且造成决策缓慢。还有，对于拥有各种具体知识的个人来讲，大家相互之间共享信息非常重要。通过在一个小组中共享信息，会产生许多新的见解和创意，并将每个人的具体知识自然融入决策过程。如果是个人决策，则没有这种效果。

2. 企业职员通常会怀疑管理层的决策有利于管理者，而不利于企业职员，这将影响决策的执行效果。而决策权力分配给团体，使职员有动力去执行自己做出的决策。但是团队决策也会有一定的弊端：其一，决策过程较为缓慢；其二，搭便车的问题。对于每个团队成员而言，为一项决策所花费的代价是个人的努力，而由此带来的收益则在团队成员中分享，这便会出现搭便车的问题。需要通过一定的业绩评估和奖励制度进行适当的限制。因此，在决策权力的分配中，实际上还要具体衡量由此所带来的收益和成本。

在信息化企业中并非所有的决策权都由过程团队负责。企业组织的集权与分权应该有机地协调统一。在企业高层中的集权方面重视方向性、战略性问题的决策，如企业投资决策、资产组合、计划、公共服务等。在过程团队中的分权方面重视具体性、战术性问题的决策，如成本管理、费用控制、营运资金管理、顾客服务等日常事务，高层管理团队仅给予宏观指导。同时，还必须明确决策管理权和决策控制权。决策管理权是开始并执行决策的权力，决策控制权是审定并监督决策的权力。对一般经营问题的决策，往往过程团队同时具有决策管理权与决策控制权。但是对企业组织的战略决策，过程团队仅有决策执行的权力，决策审定和控制权力由企业顶层掌握。

本章小结

本章分析了在信息时代企业组织创新的必要性，系统总结了信息时代企业组织所具有的特征，即信息时代的企业组织具有组织职能集中化、组织结构扁平化、组织职能机构设置综合化、业务流程管理标准化、组织单元的协调市场化及对外组织关系网络化等特点，并针对每一特征的内涵、原因及企业实践进行了深入细致的探讨、分析与论证。在此基础上，对信息时代企业组织结构设计中的部门划分、决策权力划分进行了深入研究。其中，根据顾客需求的复杂性和企业产品技术的复杂性，将信息时代企业内的组织部门——过程团队分成职能过程团队、产品过程团队、项目团队、业务员四种类型，深入分析了这四种过程团队的特点、适用条件及其建立的前提条件。最后，总结出信息时代企业组织结构的模式。

导入案例分析

1999 年 8 月 12 日，海尔集团根据国际化发展思路对集团的组织结构进行了战略性调整，第一步把原来分属每个事业部的财务、采购、销售业务分离出来，整合成独立经营的商流推进本部、物流本部、资金流推进本部，实行全集团范围内统一营销、统一采购、统一结算。第二步把集团原来的职能管理资源进行整合，如人力资源开发、技术质量管理、信息管理、设备管理等职能管理部门全部从各个事业本部分离出来，成立独立经营的服务公司。整合后集团形成直接面对市场的、完整的物流、商流等核心流程体系和资金流、企业基础设施、研发、人力资源等支持流程体系。第三步把这些专业化的流程体系通过“市场链”连接起来，设计索酬、索赔、跳闸标准。经过对原有的职能结构和事业部进行重新设计，把原来职能型的结构转变成了网络型结构，垂直业务结构转变成水平业务流程。在变革后的组织结构中，商流部门的建立，有效地整合了集团的营销资源，具体措施是：解除原有各事业部的销售公司，建立商流本部。商流本部内部建立企划部、市场资源部、广告部和全国各地工贸公司。全国各地工贸公司设产品线和区域线，产品线主要负责市场“订单”的获得和产品的直销工作；区域线主要负责商业单位“订单”执行及回款的控制；市场资源部主要负责营销渠道的建设和管理。由此可见，由于各地工贸公司及其内部区域线的设置，使原来事业部式结构中按产品事业部结账的问题就可以有效地得到解决。

伊利集团则通过建立分销与库存管理系统，实施统一分销，首先，伊利集团各大区事业部将直接面对其所有的大客户、分销商、分子公司。譬如，这些大客户的订单直接下到大区事业部，然后又从区总部根据订单的内容决定应该分配到哪个具体的相应的分子公司，并且根据各分子公司各地的库存情况来调配。然后再由这些具体的分子公司实现为客户配送和服务等环节。

在组织结构的设计上，神州数码公司实施统一销售将势在必行，否则将会大大影响其竞争力的提高。

思考与练习

1. 为什么在信息时代企业组织必须创新。
2. 信息时代组织结构的特点是什么？你认为除了书中所列的特点以外还有哪些特点？
3. 请找出信息时代企业组织职能集中化的实际企业案例。
4. 你如何认识信息时代企业组织内的集权与分权并存的情况。
5. 你认为信息时代企业组织结构的模式应该依据怎样的标准进行划分？

案例研究

供应链管理环境下的业务外包

中粮华夏长城葡萄酒有限公司（以下简称华夏长城）成立于1988年，是中国首家专业生产干红葡萄酒的出口型企业，隶属于中国粮油食品（集团）有限公司，坐落在河北昌黎县城的碣石山下。公司现有在册职工52名，其中留法硕士、高级工程师、工程师、会计师等专业技术人才占82%。

依靠不断的技术与管理方面的自主创新，华夏长城由一个小型企业发展成为中国著名的干红葡萄酒现代化生产企业，其生产能力由初期的年产1 000吨增长到2005年的3.5万吨，总资产由初期的700万元增长到6.2亿元；产品由三大产品发展为四个系列、70多个品种。自2001年以来，华夏长城葡萄酒一直稳步位居国内干红葡萄酒产销量第一位，连续9年产销量保持年递增30%以上的发展速度。至2005年底，华夏长城干红葡萄酒年产销量已突破3.5万吨，销售收入已近8亿元，在全国葡萄酒业名列前茅。

华夏长城的组织结构为：只设一个总经理（兼总工程师）、两个副总经理和两位副总工程师，公司下设三个部、一个室和一个分公司：三个部即生产部、行政部和财务部；一室为总工办公室，下设有两个中心——研发中心和质检中心；一个分公司就是销售分公司（该分公司现已从企业分离）。华夏长城的组织结构如图7—11所示。

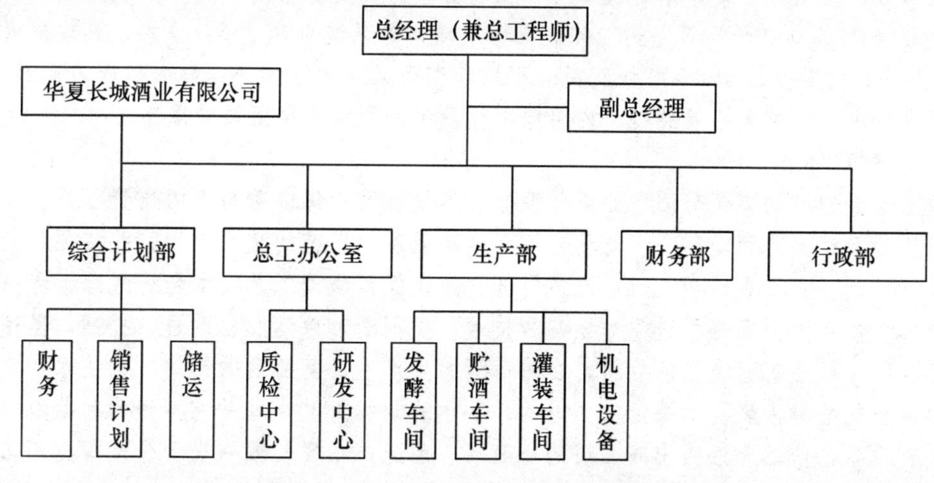

图7—11 华夏长城组织结构示意图

华夏长城之所以能以52名员工每年创造8亿元的销售收入，实现高速扩张，并能迅速、灵敏地反映市场需求，与其先进的组织管理模式——供应链管理环境下的业务外包有着密切的关系。10多年前，我国的大多数企业都在以“大而全”、“小而全”的思想管理与建设企业时，华夏长城就开始了供应链管理环境下的业务外包管理模式的探索，并使其成为华夏长城核心竞争力的重要内容之一。

华夏长城的供应链管理环境下的业务外包管理模式，是在葡萄酒整个生产经营的供应链上，确定企业的核心竞争力，并把企业内部资源集中在那些具有核心竞争优势的活动上，然后将剩余的其他业务活动外包给最好的专业公司或专业人员。

一、核心业务做强做大

华夏长城根据葡萄酒行业和企业资源特点以及构建企业核心竞争力的要求，将企业资源集中于葡萄酒的研发、酒窖的建设与生产环节。

（一）研究开发方面

华夏长城成立初期，就专门成立了“科研攻关小组”，承担了国家级和省部级十多项重大科研课题，在葡萄种植、葡萄酒酿造工艺等多方面获得了突破。在此基础上，成立了“华夏科研中心”，运用最先进的技术设备和最优秀的专业人才，承担起更多更重要的研发任务。十几年来，华夏长城先后投资近5 000万元，几次扩建研发机构。2002年在公司内建立了占地面积500平方米的中试、质控实验室。2003年华夏长城与中国农业大学联合在华夏建立了中国葡萄酒行业第一家“中国农业大学长城葡萄酒学院（硕士、博士）研发中心”。2004年，为应对中国加入WTO所带来的中外葡萄酒市场更为激烈的竞争，并在竞争中争取主动，进而构筑自身可持续发展的核心竞争力，在中国农业大学食品营养工程学院策划成立了中国第一个尖端的葡萄酒实验室——“中国农业大学长城葡萄酒科技发展中心”。

（二）酒窖建设

对于提升葡萄酒的品质而言，酒窖起着十分关键的作用，是葡萄酒等级的象征。由于酒窖建设耗资巨大，所以目前我国只有几家大的葡萄酒厂建有自己的酒窖。华夏长城早在20世纪80年代成立伊始，就按照国际葡萄酒酿造法规建造了自己的酒窖。1988年至2005年华夏酒窖历经七次扩建，累计投资超亿元，总面积已达10 399平方米，拥有从法国、美国等地购进的15 000余只百年树龄的优质橡木桶，每只造价高达6 000元，其规格大多为225升。酒窖的内壁由356 000块花岗岩石块嵌砌而成，多窖相连，如今已成为亚洲之最：占地面积最大，建筑风格最独特，内储橡木桶最多，所酿葡萄酒质量最高。

（三）生产环节

质量品质的控制在葡萄酒行业至关重要。华夏长城为保证葡萄酒的质量以及生产出国际高品质的干红葡萄酒，整个生产环节不断提高设备、工艺的技术水平，并按国际标准来进行生产控制。主要表现为：（1）设备引进。为了保证酿酒工艺技术始终跟踪世界一流水准，他们多次在国内率先引进先进设备和技术，并不断加以消化、改进、提高，迅速形成生产力。（2）酿酒工艺技术的创新。在葡萄酒的生产中，葡萄酒的制作工艺技术仍是制约葡萄酒品质的关键因素。如果没有先进的、科学的制作工艺，就是有再好的葡萄原料、再好的先进设备，依然无法酿出高品质的葡萄酒。因此，华夏长城一直十分重视酿酒工艺技术的创新活动。（3）质量控制技术的创新。华夏长城从成立初始就建立起了一套严格的、完善的质量控制标准和程序。

二、非核心业务实施供应链管理环境下的业务外包

对于没有资源优势的非核心业务，华夏长城采用了业务外包的管理模式，主要包括以下内容。

（一）农户—企业联合体

葡萄酒的品质先天决定于葡萄，而葡萄的品质很大程度上取决于种植葡萄的果农，所以担当葡萄种植任务的农户是葡萄酒生产经营供应链上的重要一环。华夏长城探索出独具特色的种植模式，与果农建立起一种互惠互利、相互依存的战略同盟关系。

为了充分发挥种植管理者的积极性、增强责任心，使葡萄园的管理达到更好的效果，华夏长城将 3 万亩基地的葡萄种植园实施目标责任制管理。根据当地土地分布情况，将 3 万亩土地大致划分为九个区域，分给相应的责任人进行管理，责任人必须服从公司的统一安排，按公司提出的四个统一，即统一规划、统一技术、统一植保、统一收购的实施方案进行管理。公司对葡萄园的种植管理技术提出特别要求：即按照国际种植管理模式，单臂架栽培，定植行距、株距，每亩定植株数，并根据葡萄酒的等级定产量。按照国家 AA 级绿色食品的种植管理规定进行管理，严格控制亩产量，保障优质酿酒葡萄原料的供应。

为使葡萄种植能够符合企业要求，华夏长城给予葡萄种植农户相当大的支持，并且承担很多重要的责任，其中包括：为农户提供葡萄园一次性架材、葡萄苗木、供水供电的配套设施；提供葡萄园第一年、第二年所需要的肥料、农药，提供葡萄园第一年所需要的地膜，并按每亩地实际用量由公司进行采购；负责提供管理期内的水电费及水泵维修费；对所管理的葡萄园进行考核，种植技术达标者公司给予用工补偿金。为支持责任人的工作，制定了华夏长城公司基地管理要求以及协议。华夏长城每年都要对葡萄种植承包人进行考核评定，根据责任人对葡萄园的全年管理表现，考核是否符合种植技术规定标准，是否服从公司的领导等，经公司每年考核评定后，双方才续签下一年度的种植承包协议。

（二）经销商—企业联盟

葡萄酒的销售是葡萄酒生产经营供应链的终端。华夏长城建厂初期只有 3 个常年在外做市场的销售员，之所以能够以 3 人的力量承担起整个企业的销售任务，这主要得益于华夏长城独具特色的营销模式，即销售外包。华夏长城的销售外包是采取区域独家代理营销模式而实现的，由此建立了经销商与生产企业的战略联盟关系。

所谓销售区域独家代理制度，是指只对签有区域代理协议的客户供货，签约商在签约区域从事公司授权产品的经营或推广活动，在合同有效期内，对来自于签约商区域内的其他客户有关代理商品的订单、询价，厂家都将其无条件地转交给签约商，同时，签约商也不得在非代理区域从事签约厂家授权产品的经营或推广活动。有了地区经销商，华夏长城不仅解决了资金紧缺问题（经销商的代理资格是通过拍卖获取的），而且达到了扬长避短的目的——把销售交给经销商，华夏长城可以专注于葡萄酒的研发与生产，从而实现了生产专业化所带来的高质量、高效率、低成本的目标。

（三）人力资源外包

华夏长城自创建以来，员工人数大大低于同等生产规模的其他葡萄酒企业。之所以可

以以较少的员工保持企业高速增长，就是因为采用了以灵活的季节用工为主要特征和内容的人力资源外包策略。

华夏长城的人力资源外包首先是销售人员使用上的外包，即通过上文所提到的区域独家代理营销模式，把产品销售完全交给区域总代理，而公司自身只是按照市场订单组织生产。其次是灵活的季节用工制度。由于葡萄酒的生产具有明显的季节性特征，因而在生产上实行灵活的季节用工制度，有利于大大节省企业成本。华夏长城除了几十名正式职工外，其余职工的雇用均采用临时用工形式。临时工可以根据公司工作量的大小随时增减，而不增加公司的固定费用。在劳动期间，华夏长城将这些临时工视同于公司的正式职工，在发放劳动工资的同时，还为他们缴纳劳动保险，并根据他们的工作表现发放奖金，逐年提高工资，由此也极大地提高了临时工的生产积极性。华夏长城精简的人力资源队伍已成为企业降低成本、提高运营效率的重要策略和公司的重要竞争武器之一。

（四）服务外包

服务外包是指所有为酿酒主业服务的职能岗位上的业务，如机械维修、货物运输、外宾接待等一律采取外包的形式。也就是说，华夏长城不设这些后勤服务部门，而需要这些职能服务时，则由专业服务机构提供。此外，华夏长城的人事档案的管理、海关报关业务、环境卫生和绿化等方面的工作均采用了外包的形式，委托相关专业机构完成，与这些服务外包企业建立了一种长期稳定、信任的合作伙伴关系。与实施服务外包相适应，在华夏长城实行的是一人多岗制。如一个操作工既是维修工，也是养护工，三岗合一。在这种岗位分工模式下，当机器设备出现一些常规性的小毛病时，由操作工自己解决，既省时又方便，也节省了费用开支。但是，若出现操作工解决不了的问题或需要更换零件、部件时，就交由事先选定的专业公司负责。设备维修服务的外包既节约了人工成本，减少了修理成本，提高了维修效率，同时又真正实现了备品配件零库存，节约库存成本。

华夏长城所实施的服务外包既减少了直接的人工成本，又减少了设备损耗和各种原材料、配件消耗的间接成本。以物流外包为例，在葡萄酒生产完成后，有关产品的包装、运输、储存保管、装卸搬运、流通加工、配送以及物流信息的收集、分析、加工、处理等一系列的物流业务，全部交给专业的物流公司负责。公司每年通过招标的方式选择优秀的物流公司负责公司的物流业务。物流外包给华夏长城带来了各方面的综合优势：第一，实现了存货的零库存，节省了仓储费用，降低了成本；第二，提高了物流管理效率。华夏公司所选择的物流公司是一流的物流公司，从物流设计、物流操作过程、物流技术工具、物流设施到物流管理都体现了极高的专业水平，这极大地提高了公司的物流管理效率，并提高了华夏公司的客户满意度。

总之，华夏长城这种将生产过程中的辅助工作采取外包的模式，提升了企业主营业务的快速发展能力，降低了企业运营成本，从而加快了华夏长城的发展速度。

讨论题

1. 你是否认可华夏长城的供应链管理环境下的业务外包管理模式？理由是什么？

2. 华夏长城的供应链管理环境下的业务外包管理模式的前提条件是什么？哪些企业适合采用该模式？哪些企业不适合采用该模式？

实践与运行

管理实践

要求：

请选定一个国内外知名企业，分析其组织结构变迁的过程及其组织结构的特点，提交一份关于该企业组织结构的分析报告。

第8章

决　策

导入案例

如果你是一名认真的长跑者，那么在20世纪60年代或70年代初，你只有一种合适的鞋可供选择：阿迪达斯（Adidas）。阿迪达斯是德国的一家公司，是为竞技运动员生产轻型跑鞋的先驱。在1976年的蒙特利尔奥运会上，田径赛中有82%的获奖者穿的是阿迪达斯牌运动鞋。

阿迪达斯的优势在于试验。它试用新的材料和技术来生产更结实和更轻便的鞋。它采用袋鼠皮绷紧鞋边。四钉跑鞋和径赛鞋采用的是尼龙鞋底和可更换的鞋钉。高质量、创新性和产品多样化，使阿迪达斯在20世纪70年代支配了这一领域的国际竞争。

20世纪70年代，蓬勃兴起的健康运动使阿迪达斯公司感到吃惊。一瞬间成百万以前不好运动的人们对体育锻炼产生了兴趣。成长最快的健康运动细分市场是慢跑。据估计，到1980年有2 500万～3 000万美国人加入了慢跑运动，还有1 000万人是为了休闲而穿慢跑鞋。尽管如此，为了保护其在竞技市场中的统治地位，阿迪达斯并没有大规模地进入慢跑鞋市场。

20世纪70年代出现了一大批阿迪达斯的竞争者，如彪马（Puma）、布鲁克斯（Brooks）、新布兰斯（New Ballance）和虎牌（Tiger）。但有一家公司比其他公司更富有进取性和创新性，那就是耐克（Nike）。由前俄勒冈大学的一位长跑运动员创办的耐克公司，在1972年俄勒冈的尤金举行的奥林匹克选拔赛中首次亮相。穿着新耐克鞋的马拉松运动员获得了第四名至第七名，而穿阿迪达斯鞋的参赛者在那次比赛中占据了前三名。

耐克的大突破出自1975年的“夹心饼干鞋底”方案。它的鞋底上的橡胶钉使之比市场上出售的其他鞋更富有弹性，夹心饼干鞋底的流行及旅游鞋市场的快速膨胀，使耐克公司1976年的销售额达到1 400万美元。而在1972年其销售额仅为200万美元，自此耐克公司的销售额飞速上升。今天，耐克公司的年销售额超过了35亿美元，并成为行业的领导者，占有运动鞋市场26%的份额。

耐克公司的成功源于它强调的两点：(1) 研究和技术改进；(2) 风格式样的多样化。公司有将近100名雇员从事研究和开发工作。它的一些研究和开发活动包括人体运动高速摄影分析，对300个运动员进行的试穿测验，以及对鞋及其材料的不断试验和研究。

在营销中，耐克公司为消费者提供了最大范围的选择。它吸引了各种各样的运动员，并向消费者传递出最完美的旅游鞋制造商形象。

到20世纪80年代初慢跑运动达到高峰时，阿迪达斯已成了市场中的“落伍者”。竞争对手推出了更多的创新产品，更多的品种，并且成功地扩展到了其他运动市场。例如，耐克公司的产品已经统治了篮球和年轻人市场，运动鞋已进入了时装时代。到20世纪90年代初，阿迪达斯的市场份额降到了可怜的4%。①

到20世纪90年代初，阿迪达斯的不良决策如何导致了市场份额的极大减少？

阿迪达斯的管理当局今天应采取什么措施纠正它以前的错误？

由于新的管理层及时而正确的决策，阿迪达斯生存下来了，而且开始了重新回升，但曾经辉煌的地位却难以找回。现在的管理者需要提升他们的决策水平，因为这将直接影响到公司的未来。可以说，决策水平决定了组织的发展、兴衰或成败。决策对管理者的每一方面工作来说都是非常重要的。决策渗透于管理的所有职能中，所以管理者在计划、组织、领导和控制时常被称为决策者。

本章我们主要探讨决策的概念及类型，研究决策过程的步骤和各种常用的决策方法等。

8.1 决策的含义

8.1.1 决策的概念

有关决策的概念，不同的管理学派从不同的角度进行了描述。一种简单的定义是，“从两个以上的备选方案中选择一个的过程就是决策”。一种较具体的定义是，“所谓决策，是指组织或个人为了实现某种目标而对未来一定时期内有关活动的方向、内容及方式的选择或调整过程”。另一种定义是，“管理者识别并解决问题以及利用机会的过程”。

综合以上观点，我们将决策定义为：决策就是决策者为了解决组织面临的问题，实现组织目标，在充分搜集并详细分析相关信息的基础上，提出解决问题和实现目标的各种可行方案，依据评定准则和标准，选定方案并加以实施的过程。这一概念包括以下两层含义：第一，决策是一种自觉的有目标的活动。决策总是为了解决某个问题，达到某种目的而采取的行动。第二，决策必然伴随着某种行动，是决策者与外部环境、内部条件进行某种交互作用的过程。

科学的决策必须具备以下条件：(1) 目标合理；(2) 对系统要素的寻求及考虑深入而广泛，对各要素间的顺序排列合乎逻辑推理关系；(3) 决策结果满足预定目标的要求；(4) 决策本身符合效率性、满意性和经济性。

企业的各项经营行为都会涉及决策活动，但简单地说，决策可以分为两类：一类是为企业未来发展、改进而进行的决策；另一类是为解决当前问题而进行的决策。这两类决策对企业的意义明显不同，通常从战略的角度来看，我们更强调对未来改进性决策的科学管理，因为这一决策的质量高低直接关系到企业制定、完成各项计划的正确与及时。

---

① ［美］斯蒂芬·P·罗宾斯：《管理学》（第4版），141页，北京，中国人民大学出版社，1997。

决策的主体是管理者，既可以是单个的管理者，也可以是多个管理者组成的集体或小组。决策在本质上是一个系统的过程，而不是一个瞬间做出的决定。人们可能认为，决策者的工作只是从所有可能的方案中选取最优方案。但事实上，决策者需要做大量的调查、分析和预测工作，然后确定行动目标，找出可行方案，并进行判断、权衡，选择最优方案。在这个过程中，每一阶段都相互影响，外部环境的变化和信息的取得都会影响决策的过程，因此，良好的决策活动必须依赖整个管理系统的辅助才能完成。

决策是否准确及时，对组织计划和企业经营的成败有着重大影响。正因为如此，决策技术日益受到管理阶层的重视，大量企业采用决策分析技术作为其制定发展战略和管理政策的主要工具。在企业中，决策分析技术的运用范围，包括有关产品开发、固定资产投资、工厂布局、产品定价、销售计划和其他各类财务及投资管理方面问题的解决。

8.1.2 决策的满意性原则

决策要遵循满意性原则，而不是最优原则。对决策者来说，要想使决策达到最优，必须做到：(1) 容易获得与决策有关的全部信息；(2) 真实了解全部信息的价值所在，并据此制定所有可能的方案；(3) 准确预期到每个方案在未来的执行结果。

但在现实中，上述这些条件往往得不到满足。具体来说是因为：(1) 组织内外存在的一切对组织的现在和未来都会直接或间接地产生某种程度的影响，但决策者很难收集到反映这一切情况的信息；(2) 对于收集到的有限信息，决策者的利用能力也是有限的，从而决策者只能制定数量有限的方案；(3) 任何方案都要在未来实施，而人们对未来的认识是不全面的，对未来的影响也是有限的，从而决策时所预测的未来状况可能与实际的未来状况有出入。现实中的上述状况决定了决策者难以做出最优决策，只能做出相对满意的决策。

8.1.3 决策的依据

管理者在决策时离不开信息。信息的数量和质量直接影响决策水平。这要求管理者在决策之前以及决策过程中尽可能地通过多种渠道收集信息，作为决策的依据。但这并不是说管理者要不计成本地收集各方面的信息。管理者在决定收集什么样的信息、收集多少信息以及从何处收集信息等的同时，要进行成本—收益分析。只有在收集的信息所带来的收益因决策水平提高而给组织带来的利益超过因此而付出的成本时，才应该收集信息。

所以我们说，适量的信息是决策的依据，信息量过大固然有助于决策水平的提高，但对组织而言可能不经济，而信息量过少则使管理者无从决策或导致决策收不到应有的效果。

8.2 决策的类型

由于企业在生产经营过程中所要解决的问题是多种多样的，因而其相应的决策也是多种多样的，根据不同的标准可分以下类型。

8.2.1 战略决策、战术决策与业务决策

按决策的重要性程度，可把决策分为战略决策、战术决策与业务决策。

战略决策又称高层决策。是指事关企业生存和发展的全局性、长期性、决定性的大政方针决策。这种决策对企业最重要，通常包括组织目标、方针的确定，组织机构的调整，企业产品的更新换代，技术改造等，这些决策牵涉企业的方方面面。

战术决策又称管理决策或中层决策。是指战略决策执行过程中的具体决策。战术决策旨在实现企业内部各环节活动的高度协调和资源的合理利用，如企业生产计划和销售计划的制定、设备的更新、新产品的定价以及资金的筹措等都属于战术决策的范畴。

业务决策又称执行性决策或基层决策。这是日常生产和业务活动中为提高生产效率、工作效率而做出的决策，牵涉范围较窄，只对企业产生局部影响。属于业务决策范畴的主要有：生产方案决策、库存决策、成本决策、岗位责任制的制定和执行、材料的采购等。

8.2.2 程序化决策与非程序化决策

按决策发生的重复性，可把决策分为程序化决策与非程序化决策。

企业中的问题可被分为两类：一类是例行问题，另一类是例外问题。例行问题是指那些重复出现的、日常的管理问题，如管理者日常遇到的产品质量、设备故障、现金短缺、供货单位未按时履行合同等问题；例外问题则是指那些偶然发生的、新颖的、性质和结构不明的、具有重大影响的问题，如组织结构变化、重大投资、开发新产品或开拓新市场、长期存在的产品质量隐患、重要的人事任免以及重大政策的制定等问题。

赫伯特·西蒙根据问题的性质把决策分为程序化决策与非程序化决策。程序化决策涉及的是例行问题，而非程序化决策涉及的是例外问题。程序化决策与非程序化决策往往和管理层次及问题类型有一定的关系，例行问题是与程序化决策相对应的，例外问题需要非程序化决策。低层管理者主要处理熟悉的重复发生的问题，因此，他们主要依靠像标准操作程序那样的程序化决策。而上层的管理者，他们所面临的问题越可能是例外问题。因为低层管理者常常是自己处理日常决策，而把他们认为无前例可循的或困难的决策向上呈送。类似的，管理者将例行问题的决策授予下级，以便将自己的时间用于解决更棘手的问题（如图 8—1 所示）。

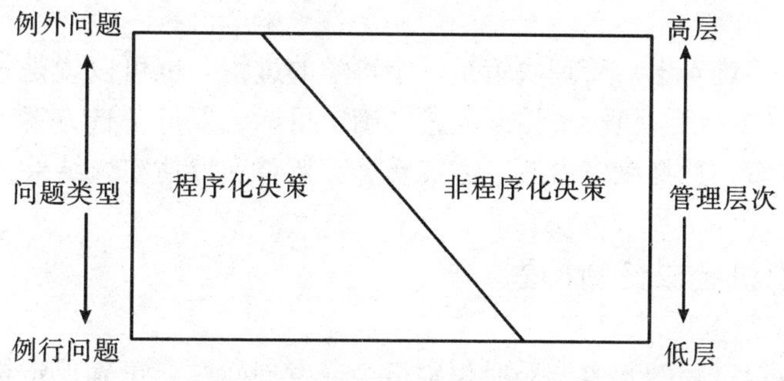

图 8—1　问题类型、决策类型与管理层次之间的关系

8.2.3 确定型决策、风险型决策与不确定型决策

按决策所处的条件可控程度，可把决策分为确定型决策、风险型决策与不确定型决策。

确定型决策是指在稳定可控条件下进行的决策。在确定型决策中，各个方案都是在事先已确定的状态下展开，并且每个方案只有一个确定的结果，决策者最终选择哪个方案，取决于对各个方案结果的优劣直接比较。如库存决策、生产任务的最佳分配等。

风险型决策也称随机决策。在这类决策中，自然状态不止一种，决策者不知道哪种自然状态会发生，但知道有多少种自然状态以及每种自然状态发生的概率，这时选择方案有一定的风险。如产品决策、企业投资规模与投资方向决策等。

不确定型决策是指在不稳定条件下进行的决策。在不确定型决策中，决策者可能不知道有多少种自然状态，即便知道，也不能知道每种自然状态发生的概率，只能根据决策者的主观经验进行判断。

8.2.4 集体决策与个人决策

按决策的主体不同，可把决策分为集体决策与个人决策。

集体决策是指多个人一起做出的决策，个人决策则是指单个人做出的决策。

相对于个人决策，集体决策的优点是：(1) 能更大范围地汇总信息；(2) 能拟订更多的备选方案；(3) 能得到更多的认同；(4) 能更好地沟通；(5) 能做出更好的决策等。但集体决策也有一些缺点，如花费较多的时间、产生“从众现象”以及责任不明等。

此外，还有其他一些分类，如从决策影响的时间看，可把决策分为长期决策（如投资方向的选择、人力资源的开发和组织规模的确定等）与短期决策（如企业日常营销、物资储备以及生产中资源配置等问题的决策）；按决策的起点，可把决策分为初始决策与追踪决策；按决策方法的不同，可把决策分为定性决策与定量决策等。

8.3 决策步骤

从决策的概念不难看出，管理决策是一个科学的过程，也可以说是一项系统工程，一般包括以下几大步骤：识别机会或诊断问题、确定目标、拟订备选方案、寻求相关或限制因素、评价备选方案、选择满意方案、方案实施、监督和评估实施结果。

8.3.1 识别机会或诊断问题

识别机会是决策过程的起点。及时识别机会或发现问题，正确界定机会或问题的性质及其产生的根源是利用机会、解决问题、提出改进措施的关键。这就要求管理者具备正确

的识别机会或诊断问题的能力，通常要密切关注与其责任范围有关的数据，这些数据包括外部的信息和报告以及组织内的信息，实际状况和所想要状况的偏差，以提醒管理者潜在机会或问题的存在。识别机会和问题并不总是简单的，因为要考虑组织中人的行为。有些时候，问题可能根植于个人过去的经验、组织的复杂结构或个人和组织因素的某种混合。因此，管理者必须特别注意要尽可能精确地评估问题和机会。另一些时候，问题可能简单明了，只要稍加观察就能识别出来。

评估机会和问题的精确程度有赖于信息的精确程度，所以管理者要尽力获取精确的、可依赖的信息。低质量的或不精确的信息使时间白白浪费，并使管理者无从发现导致某种情况出现的潜在原因。

即使收集到的信息是高质量的，在解释的过程中，也可能发生扭曲。有时，随着信息持续地被误解或有问题的事件一直未被发现，信息的扭曲程度会加重。大多数重大灾难或事故都有一个较长的潜伏期，在这一时期，有关征兆被错误地理解或不被重视，从而未能及时采取行动，导致灾难或事故的发生。更糟的是，即使管理者拥有精确的信息并正确地解释它，处在他们控制之外的因素也会对机会和问题的识别产生影响。但是，管理者只要坚持获取高质量的信息并仔细地解释它，就会提高做出正确决策的可能性。

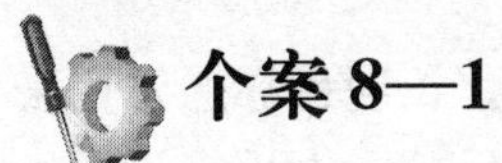

个案 8—1

IBM 两次衰落的教训①

IBM（国际商用机器公司）曾经是美国四大工业公司之一，营业额高达六七百亿美元，职工人数多达 40 余万人。但在 20 世纪 80 年代末，它逐渐陷入困境。

1964 年，IBM 向市场投放了与原有计算机都不兼容的 360 大型计算机，曾以 70%的占有率垄断了美国大型计算机市场。到 1973 年，计算机行业面临着一个复杂多变的市场，但是，IBM 高层经理沉醉于公司的巨大成功，并没有意识到市场的潜在威胁。直到 1986 年，才开始研制出 AS/400 小型机参与竞争，但小型计算机市场的领先地位已被在 1965 年就先行开发了小型机的 IBM 的竞争对手数据设备公司（DEC）占据了。

1981 年 8 月，IBM 的第一代 PC 机开发成功后，接连在 XT 个人电脑和 AT 个人电脑上取得了巨大成功。到 1984 年，IBM 个人电脑营业额已达到 40 亿美元，1985 年占据了市场份额的 80%。在此期间，畅销一时的 IBM 的 AT 微机，采用英特尔生产的 80286 中央处理器芯片，1984 年，英特尔开始开发新一代 386CPU 芯片，在开发中英特尔就向 IBM 打招呼，并希望 IBM 首先使用 386CPU 芯片开发 386 微机，然而 IBM 表现极为冷淡。直到 1985 年末，386 芯片生产出来，IBM 仍然拒绝使用。当 IBM 把送上门来的新技术拒之门外时，康柏、宏基等公司却抓住了机遇，向 IBM 的霸主地位提出了激烈的挑战。面对严峻的挑战，IBM 公司逐渐丧失了竞争力和获利能力。1986 年净收益比上年下降 27%，到 1991 年第一季度，发生了 17 亿美元亏损，全年亏损 28.6 亿美元，1992 年出现 49.7 亿美元的罕见大亏空。

---

① 徐国良：《企业管理案例精选精析》，32 页，北京，经济管理出版社，2000。

可见识别机会或诊断问题在决策过程中非常重要的。如果不能及时识别机会或发现问题，就无法做出正确的决策。IBM 的两次衰落主要是因为决策的失误，如果 IBM 在 20 世纪 60 年代中适时开发个人电脑，80 年代中尽早采用英特尔生产的 386 芯片，那么这两次衰落是可以避免的。目前，IBM 正处于第三轮“兴势”。能否保持，关键就看 IBM 能否吸取前两轮的教训。

8.3.2 确定目标

目标体现的是组织想要获得的结果，所想要结果的数量和质量都要明确下来，因为目标的这两个方面都最终指导决策者选择合适的行动路线。决策的目标往往不止一个，而且多个目标之间有时还会有矛盾，这就给决策带来一定的困难。要处理好多个目标的问题，一是尽量减少目标数量，把要解决的问题尽可能地集中起来，减少目标数量；二是把目标依重要程度的不同进行排序，把重要程度高的目标先行安排决策，减少目标间的矛盾；三是进行目标协调，即以总目标为基准进行协调。

目标的衡量方法有很多种，如我们通常用货币单位来衡量利润或成本目标，用次品率或废品率来衡量质量目标。

根据时间的长短，可把目标分为长期目标、中期目标和短期目标。长期目标通常用来指导组织的战略决策，中期目标通常用来指导组织的战术决策，短期目标通常用来指导组织的业务决策。无论时间的长短，目标总指导着随后的决策过程。

8.3.3 拟订备选方案

一旦机会或问题被正确地识别出来，管理者就要提出达到目标和解决问题的各种方案。这一步骤需要创造力和想象力，在提出备选方案时，管理者必须把其试图达到的目标牢记在心，要提出尽可能多的方案，而且这些可能的备选方案间，应互相具有替代作用。方案的数量越多、质量越好，选择的余地就越大。

管理者常常借助其个人经验、经历和对有关情况的把握来提出方案。为了提出更多、更好的方案，需要从多种角度审视问题，这意味着管理者要善于征询他人的意见。备选方案可以是标准的和鲜明的，也可以是独特的和富有创造性的。

8.3.4 寻求相关或限制因素

寻求相关因素与限制因素，就是列出各种对策所可能牵涉到的有利或不利的考虑因素。

所谓备选方案的限制因素或相关因素，是指评价方案优劣后果应考虑的对象。如对采购问题进行决策时，应该考虑的因素有：价格、成本、品质、交货时间、交货持续性、售后服务、互惠条件、累计折扣等，不同的决策问题，将有不同的考虑因素，决策者必须针对特定问题，思考可能的相关因素，以免遗漏。

例如，某电器公司的工厂位于上海，但其产品行销西南地区，其业务经理建议在昆明设立一个装配厂，以利就近服务顾客。目前该公司仅有一个仓库及分公司在昆明，公司的竞争力和售后服务都受到限制。公司总部在决定采用此建议前，必须考虑以下相关限制因素：

1. 运送成品及零件到昆明的运输成本；
2. 在昆明设立装配厂的工资成本、管理费用、生产成本、固定资产投资及其资金来源；
3. 影响西南地区电器需求的季节性因素及企业适应季节性变化的能力；
4. 设装配厂对当地顾客服务水平的影响，如送货、修理及其他售后服务等；
5. 新厂管理的难度；
6. 当地政府对设厂的财税优惠；
7. 新厂设立对公司总销售和总利润的影响。

8.3.5 评价备选方案

决策过程的第五步是确定所拟订的各种方案的价值或可行性，即确定最优的方案。为此，管理者起码要具备评价每种方案的价值或相对优势/劣势的能力。

在评估过程中，要使用拟定的决策标准如所想要的质量对每种方案的预期成本、收益、不确定性和风险进行评估，并对各种方案进行排序。例如，管理者会提出以下的问题：该方案会有助于我们质量目标的实现吗？该方案的预期成本是多少？方案有关的不确定性和风险有多大？

8.3.6 选择满意方案

在决策过程中，管理者通常要做出最后选择。但做出决定仅是决策过程中的一个步骤。尽管选择一个方案看起来很简单——只需要考虑全部可行方案并从中挑选一个能最好解决问题的方案，但实际上，做出选择是很困难的。由于最好的决定通常建立在仔细判断的基础上，所以管理者要想做出一个好的决定，必须仔细考察全部事实、确定是否可以获取足够的信息并最终选择最好方案。

8.3.7 方案实施

方案的实施是决策过程中至关重要的一步，在方案选定以后，管理者就要制定实施方案的具体措施和步骤。实施过程中通常要注意做好以下工作：

1. 制定相应的具体措施，保证方案的正确实施；
2. 确保与方案有关的各种指令能被所有有关人员充分接受和彻底了解；
3. 应用目标管理方法把决策目标层层分解，落实到每一个执行单位和个人；
4. 建立重要的工作报告制度，以便及时了解方案进展情况，及时进行调整。

8.3.8 监督和评估实施结果

一个方案可能涉及较长的时间，在这段时间，形势可能发生变化，而初步分析建立在对问题或机会的初步估计上，因此，管理者要不断对方案进行修改和完善，以适应变化了的形势。同时，连续性活动及涉及多阶段控制也需要定期的分析。

由于组织内部条件和外部环境的不断变化，管理者要不断修正方案来减少或消除不确定性，定义新的情况，建立新的分析程序。具体来说，职能部门应对各层次、各岗位履行职责情况进行检查和监督，及时掌握执行进度，检查有无偏离目标的现象，并及时将信息反馈给决策者。决策者则根据职能部门反馈的信息，及时追踪方案实施情况，对与既定目标发生部分偏离的，应采取有效措施，以确保既定目标的顺利实现；对客观情况发生重大变化，原先目标确实无法实现的，需要重新寻找问题或机会，确定新的目标，重新拟订可行的方案，并进行评估、选择和实施。

需要说明的是，管理者在以上各个步骤中都要受到个性、态度和行为、伦理和价值，以及文化等诸多因素的影响。

8.4 决策方法

决策是我们生活经验中的一个重要组成部分。在某些情况下，我们可以自动地做出决策或按程序做出决策，如我们从熟悉的地点到熟悉的目的地去，很少在可供选择的方案中进行有意识的比较，而代之以经验性决策。这类建立在经验基础上的决策，在管理活动中被大量运用。但是，在管理实践中，由于决策目标、可利用的资源及组织内外部环境的复杂多变，有的问题需要决策者借助决策模型和数学工具进行周密、全面的分析权衡，以实现对未来不确定性的管理，提高管理的正确性；也有的问题可以通过运用决策者的历史经验和主观判断来完成。通常决策有以下几种常用方法。

8.4.1 定性决策方法

8.4.1.1 头脑风暴法

头脑风暴法是比较常用的专家论证决策方法，该方法便于与会者发表创造性意见，因此主要用于收集新设想。通常是将对解决某一问题有兴趣的人集合在一起，在完全不受约束的条件下，敞开思路，畅所欲言。头脑风暴法的创始人英国心理学家奥斯本(A. F. Osborn)，他为该决策方法的实施提出了四项原则：(1) 对别人的建议不作任何评价，将相互讨论限制在最低限度内；(2) 建议越多越好，在这个阶段，参与者不要考虑自己建议的质量，想到什么就应该说出来；(3) 鼓励每个人独立思考，广开思路，想法越新颖、奇异越好；(4) 可以补充和完善已有的建议以便它更具说服力。

头脑风暴法的目的在于创造一种畅所欲言、自由思考的氛围，诱发创造性思维的共振和连锁反应，产生更多的创造性思维。这种方法的时间安排应在 1 至 2 小时，参加者以 5～6 人为宜。

8.4.1.2 德尔菲技术

这是美国兰德公司在 20 世纪 40 年代提出的，是按照规定的程序，背靠背地征询专家对决策问题的意见，然后集中专家的意见做出决策的方法。该方法常常被用来听取有关专家对某一问题或机会的意见。

运用这种技术首先是要确定决策课题。通常是定性的、技术性的决策问题，如管理者面临着一个有关用煤发电的重大技术问题。其次是要设法取得有关专家的合作。物色专家是决策成败的关键，专家人数不宜过多，一般 10～20 人。主要是根据决策课题的需要，选择那些精通业务、真才实学的专家。再次，是设计咨询和信息反馈。这是最重要的环节，一般要经过四轮征询和信息反馈：第一轮，组织者根据决策课题设计出反映决策主题、易于专家填写和整理归类的咨询表，将该咨询表连同有关的背景资料分别寄发给大家，征得专家的初次书面意见，并汇总归纳成决策时间表；第二轮，要求专家针对决策时间表的每一项写出自己的意见，由组织者整理汇总，列出几种不同的判断；第三轮，要求专家根据第二轮的统计材料，重新评价，修改自己的意见和判断，并陈述理由；第四轮，在第三轮的修正结果基础上，由专家做出再一次的判断。这样，意见就可以达到较为集中和比较固定的程度。最后，采用统计方法对所得数据进行处理，即可确定决策方案。

运用该技术的关键是：（1）选择好专家，这主要取决于决策所涉及的问题的性质；（2）决定适当的专家人数，一般 10～20 人较好；（3）拟订好意见征询表，因为它的质量直接关系到决策的有效性。

这种方法由于采用背靠背分开征求专家意见的方式，能充分发挥各位专家的作用，同时有利于专家根据别人的意见修正自己的判断，不致碍于情面而固执己见。加上经过统计处理，可以对专家的意见进一步进行定量化，从而取得较为准确的决策结果。当然这种背靠背的方法也可能存在讨论不彻底，缺乏严格论证的缺点。

8.4.2 定量决策方法

定量决策方法是建立在数学模型基础上的决策方法。它是根据决策目标，把决策问题的变量因素以及变量因素与决策目标之间的关系，用数学模型表达出来，并通过数学模型的求解来确定决策方案。由于方案是在未来实施的，所以管理者在计算方案的经济效果时，要考虑到未来的情况。根据未来情况的可控程度，可把有关活动方案的决策方法分为三大类：确定型决策方法、风险型决策方法和不确定型决策方法。下面根据这一分类，分别介绍每种决策常用的基本定量方法。

8.4.2.1 确定型决策方法

在比较和选择活动方案时，如果未来情况只有一种并为管理者所知，则应该采用确定型决策方法。常用的确定型决策方法有线性规划和量本利分析法等。

1. 线性规划。

线性规划是在一些线性等式或不等式的约束条件下，求解线性目标函数的最大值或最小值的方法。运用线性规划建立数学模型的步骤是：（1）确定影响目标大小的变量；

(2) 列出目标函数方程；(3) 找出实现目标的约束条件；(4) 找出使目标函数达到最优的可行解，即为该线性规划的最优解。

例 8—1 某企业生产两种产品：桌子和椅子，它们都要经过制造和装配两道工序。有关资料如表 8—1 所示。假设市场状况良好，企业生产出来的产品都能卖出去，试问何种组合的产品使企业利润最大？

表 8—1　　某企业的有关资料

	桌子（T）	椅子（C）	工序可利用时间（小时）
在制造工序上的时间（小时）	2	4	48
在装配工序上的时间（小时）	4	2	60
单位产品利润（元）	8	6	—

这是一个典型的线性规划问题。

第一步，确定影响目标大小的变量。在本例中，目标是利润（π），影响利润的变量是桌子数量 T 和椅子数量 C。

第二步，列出目标函数方程：$\pi=8T+6C$。

第三步，找出约束条件。在本例中，两种产品在一道工序上的总时间不能超过该道工序的可利用时间，即

制造工序：$2T+4C\leqslant48$

装配工序：$4T+2C\leqslant60$

除此之外，还有两个约束条件，即非负约束：

$$T\geqslant0$$
$$C\geqslant0$$

从而线性规划问题成为，如何选取 T 和 C，使 π 在上述四个约束条件下达到最大。

第四步，求出最优解——最优产品组合。上述线性规划问题的解为 $T_{max}=12$ 和 $C_{max}=6$，即生产 12 张桌子和 6 把椅子使企业的利润最大。

2. 量本利分析法。

量本利分析法又称保本分析法或盈亏平衡分析法，是通过考察产量或销售量、成本和利润的关系以及盈亏变化的规律来为决策提供依据的方法。这种方法是简便有效、使用范围较广的定量决策方法，它广泛应用于生产方案的选择、目标成本预测、利润预测、价格制定等决策问题上。

量本利分析的基本原理是边际分析理论。其具体方法是，把企业的总成本分为固定成本和可变成本后，观察产品销售单价与单位可变成本的差额，若单价大于单位可变成本，便存在“边际贡献”。当总的边际贡献与固定成本相等时，恰好盈亏平衡。这时每增加一个单位产品，就会增加一个边际贡献的利润。在应用量本利分析法时，关键是找出企业不盈不亏时的产量称为保本产量或盈亏平衡产量，此时企业的总收入等于总成本。如图 8—2 所示。

从图 8—2 中可知：当销售收入与总成本相等时，这一点所对应的产量销量就称为盈亏平衡点。在盈亏平衡点上，企业既不盈利也不亏损，因此盈亏平衡点又称为保本点或盈亏临界点。企业的产量若低于平衡点的产量，则会发生亏损；而高于平衡点的产量，则会获得盈利。这一基本原理在企业的经营决策活动中运用相当广泛。企业的经营决策，几乎

都与产量、成本、利润有关。许多问题都可以通过量本利分析加以解决。例如：企业是否应购置新设备，是否应进行技术改造，某种产品生产多少才能盈利，企业产品的定价水平是否合适等。

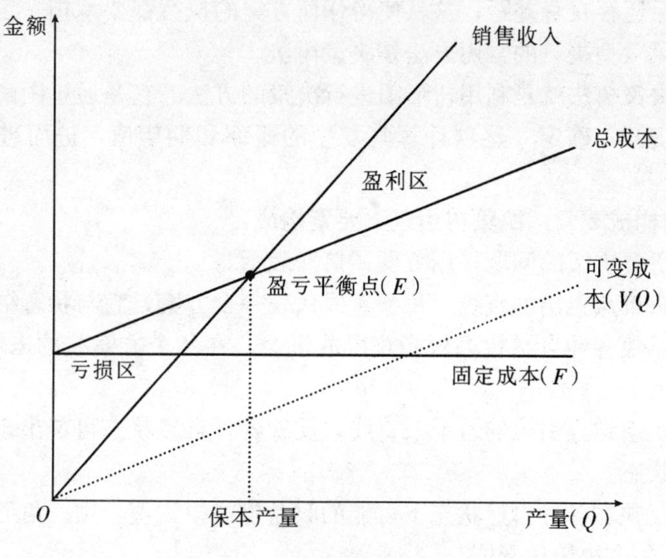

图 8—2　量本利分析图

由上述可知，当产品的销售价格、固定成本、可变成本都已知的情况下，就可以找出盈亏平衡点。

假设 P 代表单位产品价格，Q 代表产量或销售量，F 代表总固定成本，V 代表单位变动成本，π 代表总利润，M 代表边际贡献。

因为，当企业不盈不亏时：$PQ=F+VQ$

所以，保本产量为：$Q=F/(P-V)$

设日标利润为 π，则 $PQ=F | VQ | \pi$

这样，实现目标利润的产量为：$Q=(F+\pi)/(P-V)=(F+\pi)/M$

利润为：$\pi=PQ-F-VQ$

例 8—2　某企业生产某种产品，销售单价为 10 元/个，生产该产品的固定成本为 5 000元，单位产品可变成本 5 元/个。

求：(1) 企业经营的盈亏平衡产量；(2) 若企业目标利润为 5 000 元，求企业经营该种商品的目标利润销售量和销售额。

解：根据题意，盈亏平衡点产量为：

$Q_0=F/(P-V)=5\,000/(10-5)=1\,000$（件）

目标利润销售量 $Q=(F+\pi)/(P-V)$

$=(5\,000+5\,000)/(10-5)$

$=2\,000$（件）

目标利润销售额 $PQ=P\ (F+\pi)/(P-V)$

$=10\ (5\,000+5\,000)/(10-5)$

$=20\,000$（元）

8.4.2.2　风险型决策方法

风险型决策是指由于存在着不可控的因素，一个决策方案可能出现几种不同的结果，但对各种可能结果可以用客观概率为依据来进行的决策。由于客观概率只是代表可能性大小，与未来的实际还存在着差距，这就使得任何方案的执行都要承担一定的风险，所以称为风险型决策。风险型决策的常用方法是决策树法。

简单地说，决策树法就是利用树形图进行决策的方法。它是通过图解的方式将决策方案的相关因素分解开，确定并逐项计算其发生的概率和期望值，进而进行比较和选优的方法。

1. 决策树的构成要素。决策树由以下要素构成：

决策点：即所要决策的问题，用方框“口”表示。

方案枝：由决策点引出的直线，每条直线代表一个方案，它与状态结点相连。

状态结点：反映各种自然状态所能获得的机会，在各个方案枝的末端，用圆圈“○”表示。

概率枝：从状态结点引出的若干条直线，反映各种自然状态可能出现的概率，每条直线代表一种自然状态。

损益值点：反映在各种自然状态下可能的收益值或损失值，用三角形“△”表示。

图 8—3 即为一个决策树形图。

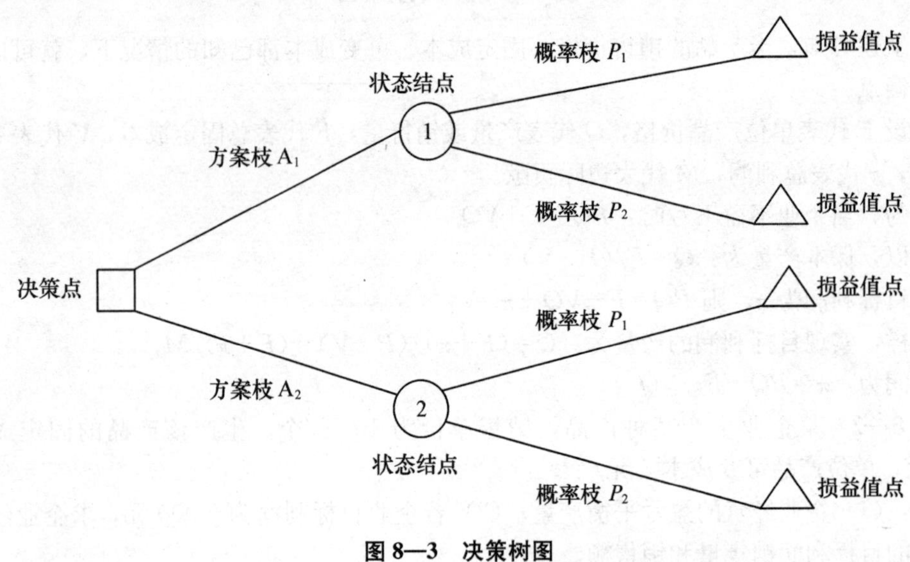

图 8—3　决策树图

2. 决策树法的步骤。应用决策树法进行决策，主要有三个步骤：

第一步是绘制决策树形图。从左至右，首先绘出决策点，引出方案枝，再在方案枝的末端绘出状态结点，引出概率枝，然后将有关参数包括概率、不同自然状态、损益值等注明于图上。

第二步是计算各方案的期望值。期望值的计算要从右向左依次进行。首先将各种自然状态的损益值分别乘以各自概率枝上的概率，再乘以计算期限，然后将各概率枝的值相加，标于状态结点上。

第三步是剪枝决策。比较各方案的期望值，如方案实施有费用发生，应将状态结点值减去方案的费用后再进行比较。除掉期望值小的方案，在落选的方案枝上画上“//”表示舍弃不用，最终只剩下一条贯穿始终的方案枝，它的期望值最大，是最佳方案，将此最大值标于决策点上。

例 8—3 某企业准备投产一种新产品，现在有新建和改建两个方案，分别需要投资 140 万元和 80 万元。未来五年的销售情况预测是：畅销的概率为 0.4，销售一般的概率为 0.4，滞销的概率为 0.2。各种自然状态下的年度销售利润如表 8—2 所示。问企业应选择哪个方案？试用决策树法进行决策。

表 8—2 **决策方案损益值表** 单位：万元

方案	畅销	一般	滞销
新建	120	50	—30
改建	100	30	10

解：

步骤 1：先绘制决策树形图和计算期望值，如图 8—4 所示。

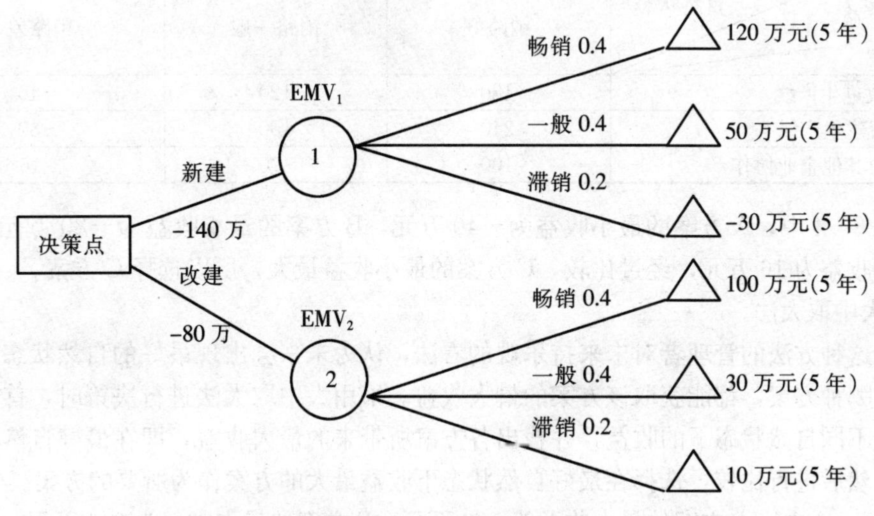

图 8—4 决策树计算图

结点① $EMV_1 = [120\times0.4+50\times0.4+(-30)\times0.2]\times5$
$=310$(万元)

结点② $EMV_2 = [100\times0.4+30\times0.4+10\times0.2]\times5$
$=270$(万元)

步骤 2：计算两个方案的净收益。

新建方案的净收益＝310－140＝170（万元）

改建方案的净收益＝270－80＝190（万元）

步骤 3：比较两个方案的净收益。

经比较，应选择改建方案，故应将新建方案除去。

8.4.2.3 不确定型决策方法

不确定型决策是指由于存在不可控的因素，一个方案可能出现几种不同的结果，而对各种可能结果没有客观概率作为依据的决策。对于不确定型决策来说，有一些常用的决策方法，如小中取大法、大中取大法和最小最大后悔值法等。下面通过举例来介绍这些方法。

例 8—4 某企业打算生产某产品。据市场预测，产品销路有三种情况：销路好、销路一般和销路差。生产该产品有三种方案：A 改进生产线；B 新建生产线；C 与其他企业协作。据估计，各方案在不同情况下的收益如表 8—3 所示。问企业选择哪个方案？

1. 小中取大法。

采用这种方法的管理者对未来持悲观的看法，认为未来会出现最差的自然状态，因此不论采取哪种方案，都只能获取方案的最小收益。采用小中取大法进行决策时，首先计算各方案在不同自然状态下的收益，并找出各方案所带来的最小收益，即在最差自然状态下的收益，然后进行比较，选择在最差自然状态下收益最大或损失最小的方案作为所选择的方案。

表 8—3 **各方案在不同情况下的收益** 单位：万元

收益 \ 自然状态 / 方案	销路好	销路一般	销路差
A 改进生产线	180	120	－40
B 新建生产线	240	100	－80
C 与其他企业协作	100	70	16

在例 8—4 中，A 方案的最小收益为－40 万元，B 方案的最小收益为－80 万元，C 方案的最小收益为 16 万元，经过比较，C 方案的最小收益最大，所以选择 C 方案。

2. 大中取大法。

采用这种方法的管理者对未来持乐观的看法，认为未来会出现最好的自然状态，因此不论采取哪种方案，都能获取该方案的最大收益。采用大中取大法进行决策时，首先计算各方案在不同自然状态下的收益，并找出各方案所带来的最大收益，即在最好自然状态下的收益，然后进行比较，选择在最好自然状态下收益最大的方案作为所要的方案。

在例 8—4 中，A 方案的最大收益为 180 万元，B 方案的最大收益为 240 万元，C 方案的最大收益为 100 万元，经过比较 B 方案的最大收益最大，所以选择 B 方案。

3. 最小最大后悔值法。

管理者在选择了某方案后，如果将来发生的自然状态表明其他方案的收益更大，那么他会为自己的选择而后悔。最小最大后悔值法就是使后悔值最小的方法，采用这种方法进行决策时，首先计算各方案在各自然状态下的后悔值。某方案在某自然状态下的后悔值＝该自然状态下的最大收益－该方案在该自然状态下的收益，并找出各方案的最大后悔值，然后进行比较，选择最大后悔值中最小的方案作为所选择的方案。

在例 8—4 中，在销路好这一自然状态下，B 方案新建生产线的收益最大，为 240 万元。在将来发生的自然状态属于销路好的情况下，如果管理者恰好选择了这一方案，他就不会后悔，即后悔值为 0。如果他选择的不是 B 方案，而是其他方案，他就会后悔没有选择 B 方案。比如，他选择的是 C 方案，该方案在销路好时带来的收益是 100 万元，比选择 B 方案少带来 140 万元的收益，即后悔值为 140 万元。各个后悔值的计算结果见表 8—4。

表 8—4　　各方案在各自然状态下的后悔值　　单位：万元

后悔值 自然状态 方案	销路好	销路一般	销路差
A 改进生产线	60	0	56
B 新建生产线	0	20	96
C 与其他企业协作	140	50	0

由表 8—4 中看出，A 方案的最大后悔值为 60 万元，B 方案的最大后悔值为 96 万元，C 方案的最大后悔值为 140 万元。经过比较，A 方案的最大后悔值最小，所以选择 A 方案。

8.4.3　有关活动方向的决策方法

管理者有时需要对企业或企业某一部门的活动方向进行选择，可以采用的方法主要有经营单位组合分析法和政策指导矩阵等。

8.4.3.1　经营单位组合分析法

该法由美国波士顿咨询公司（Boston Consulting Group，简称 BCG）建立，其基本思想是，大部分企业都有两个以上的经营单位，每个经营单位都有相互区别的产品市场，企业应该为每个经营单位确定其活动方向。

该法主张，在确定每个经营单位的活动方向时，应综合考虑企业或该经营单位在市场上的相对竞争地位和业务增长率。

相对竞争地位往往体现在企业的市场占有率上，它决定了企业获取现金的能力和速度，因为较高的市场占有率可以为企业带来较高的销售量和销售利润，从而给企业带来较多的现金流量。

业务增长率对活动方向的选择有两方面的影响，一方面它有利于市场占有率的扩大，因为在稳定的行业中，企业产品销售量的增加往往来自竞争对手市场份额的下降；另一方面它决定着投资机会的大小，因为业务增长迅速可以使企业迅速收回投资，并取得可观的投资报酬。

根据上述两个标准——相对竞争地位和业务增长率，可把企业的经营单位分成四大类，如图 8—5 所示。企业应根据各类经营单位的特征，选择合适的活动方向。

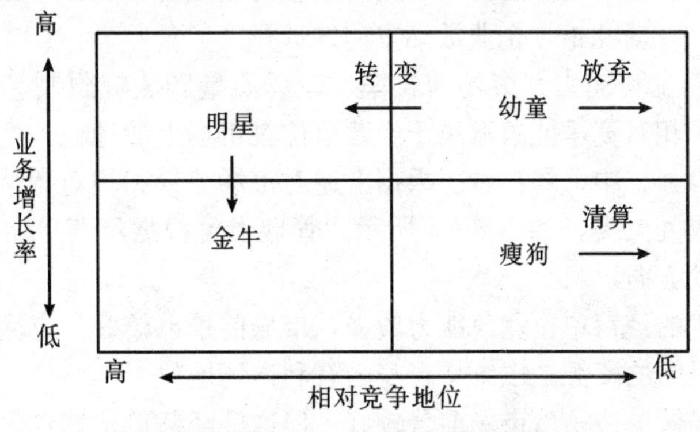

图 8—5　企业经营单位组合图

"金牛"型经营单位的特征是市场占有率较高，而业务增长率较低。较高的市场占有率为企业带来较多的利润和现金，而较低的业务增长率需要较少的投资。"金牛"型经营单位所产生的大量现金可以满足企业的经营需要。

"明星"型经营单位的市场占有率和业务增长率都较高，因而所需要的和所产生的现金都很多。"明星"型经营单位代表着最高利润增长率和最佳投资机会，因此企业应投入必要的资金，增加它的生产规模，使它成为业务增长稳定并且能给企业提供大量现金的"金牛"型经营单位。

"幼童"型经营单位的业务增长率较高，而目前的市场占有率较低，这可能是企业刚刚开发的很有前途的领域。由于高增长速度需要大量投资，而较低的市场占有率只能提供少量的现金，企业面临的选择是投入必要的资金，以提高市场份额，扩大销售量。使其转变为"明星"型经营单位，或者如果认为刚刚开发的领域不能转变成"明星"，则应及时放弃该领域。

"瘦狗"型经营单位的特征是市场份额和业务增长率都较低。由于市场份额和销售量都较低，甚至出现负增长，"瘦狗"型经营单位只能带来较少的现金和利润，而维持生产能力和竞争地位所需的资金甚至可能超过其所提供的现金，从而可能成为资金的陷阱。因此，对这种不景气的经营单位，企业应采取收缩或放弃的战略。

经营单位组合分析法的步骤通常如下：

1. 把企业分成不同的经营单位；
2. 计算各个经营单位的市场占有率和业务增长率；
3. 根据其在企业中占有资产的比例来衡量各个经营单位的相对规模；
4. 绘制企业的经营单位组合图；
5. 根据每个经营单位在图中的位置，确定应选择的活动方向。

经营单位组合分析法以"企业的目标是追求增长和利润"这一假设为前提，对拥有多个经营单位的企业来说，它可以将获利较多而潜在增长率不高的经营单位所产生的利润，投向那些增长率和潜在获利能力都较高的经营单位，从而使资金在企业内部得到有效利用。

8.4.3.2 政策指导矩阵

该法由荷兰皇家—壳牌公司创立。顾名思义，政策指导矩阵即用矩阵来指导决策。具体来说，从市场前景和相对竞争能力两个角度来分析企业各个经营单位的现状和特征，并把它们标示在矩阵上，据此指导企业活动方向的选择。

市场前景取决于盈利能力、市场增长率、市场质量和法规限制等因素，分为吸引力强、中等、弱三种；相对竞争能力取决于经营单位在市场上的地位、生产能力、产品研究和开发等因素，分为强、中、弱三种。根据上述对市场前景和相对竞争能力的划分，可把企业的经营单位分成九大类，如图 8—6 所示。管理者可根据经营单位在矩阵中所处的位置来选择企业的活动方向。

处于区域 1 和 4 的经营单位竞争能力较强，市场前景也较好。应优先发展这些经营单位，确保它们获取足够的资源，以维持自身的有利市场地位。

处于区域 2 的经营单位虽然市场前景较好，但这些经营单位的竞争能力不够强。应分配给这些经营单位更多的资源以提高其竞争能力。

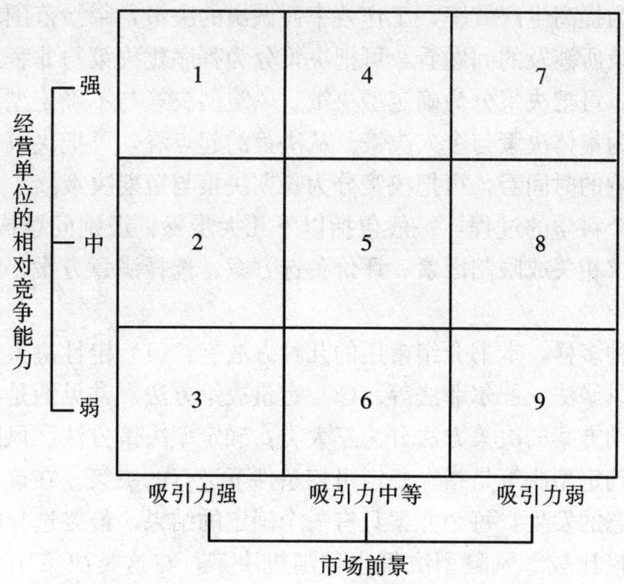

图 8—6　政策指导矩阵

处于区域 3 的经营单位市场前景虽好，但竞争能力弱。要根据不同的情况来区别对待这些经营单位：最有前途的应得到迅速发展，其余的则需逐步淘汰，这是由于企业资源的有限性所决定。

处于区域 5 的经营单位一般在市场上有 2～4 个强有力的竞争对手。应分配给这些经营单位足够的资源以使它们随着市场的发展而发展。

处于区域 6 和 8 的经营单位市场吸引力不强，且竞争能力较弱，或虽有一定的竞争能力，而且企业对这些经营单位进行了投资并形成了一定的生产能力，但市场吸引力较弱。应缓慢放弃这些经营单位，以便把收回的资金投入到盈利能力更强的经营单位。

处于区域 7 的经营单位竞争能力较强，但市场前景不容乐观。这些经营单位本身不应得到发展，但可利用它们的较强竞争能力为其他快速发展的经营单位提供资金支持。

处于区域 9 的经营单位市场前景暗淡，且竞争能力较弱。应尽快放弃这些经营单位，把资金抽出来并转移到更有利的经营单位。

本章小结

决策就是决策者为了解决组织面临的问题，实现组织目标，在充分搜集并详细分析相关信息的基础上，提出解决问题和实现目标的各种可行方案，依据评定准则和标准，选定方案并加以实施的过程。

在组织中决策具有普遍性和多样性。根据不同的分类方法，可以把决策分成多种类型。从决策的重要性看，可把决策分为战略决策、战术决策与业务决策。战略决策对组织最重要，通常包括组织目标、方针的确定，组织机构的调整，企业产品的更新换代，技术改造等，这些决策牵涉组织的方方面面，具有长期性和方向性；战术决策又称管理决策，是在组织内贯彻的决策，属于战略决策执行过程中的具体决策；业务决策又称执行性决策，是日常工作中为提高生产效率、工作效率而做出的决策，牵涉范围较窄，只对组织产生局部影响。从决策所涉及的问题看，可把决策分为程序化决策与非程序化决策。从环境因素的可控程度看，可把决策分为确定型决策、风险型决策与不确定型决策。从决策的主体看，可把决策分为集体决策与个人决策。从决策的起点看，可把决策分为初始决策与追踪决策。从决策影响的时间看，可把决策分为长期决策与短期决策。

管理决策是一个科学的过程，一般包括以下几大步骤：识别问题或机会、确定目标、拟订备选方案、寻求相关或限制因素、评价备选方案、选择满意方案、方案实施、监督和评估实施结果。

决策的方法多种多样，本书介绍常用的几种方法有：(1) 定性决策方法。常用的定性决策方法有：头脑风暴法、德尔菲法等。(2) 定量决策方法。常见的是根据未来情况的可控程度，把有关活动方案的决策方法分为三大类：确定型决策方法、风险型决策方法和不确定型决策方法。确定型决策是指在稳定可控条件下进行的决策。在确定型决策中，决策者确切知道自然状态的发生，每个方案只有一个确定的结果，最终选择哪个方案取决于对各个方案结果的直接比较。风险型决策也称随机决策，在这类决策中，自然状态不止一种，决策者虽然无法知道哪种自然状态会发生，但能知道有多少种自然状态以及每种自然状态发生的概率。不确定型决策是指在不稳定条件下进行的决策。在不确定型决策中，决策者可能不知道有多少种自然状态，即便知道，也不能知道每种自然状态发生的概率。(3) 有关活动方向的决策方法。常用的有经营单位组合分析法、政策矩阵法。

导入案例分析

20世纪70年代初，在迅速到来的市场竞争热潮中，阿迪达斯却满足于吃老本。那些新来的美国牌子，如耐克等，迅速抓住了阿迪达斯竞争上保守的这一弱点。虽然这时的美国消费者还是很崇洋媚外的，他们认为本国产品质量不如进口货可靠，样式也不好，而且价格太高。当时至1979年，耐克在方兴未艾的美国跑鞋市场上是最有竞争实力的名牌运动鞋，市场占有率为33%，而阿迪达斯只有20%，此时的阿迪达斯已远远落后于耐克了。两年以后，耐克占据了整个市场的50%。

毫无疑问，阿迪达斯在做决策时低估了运动鞋市场的发展程度。作为一个在行业经营40多年并一直习惯于缓慢稳步发展的老牌企业来说，面对突至的热潮，似乎不屑一顾，甚至怀疑这场热潮会有多么厉害，会持续多久。也就是说，阿迪达斯面对竞争浪潮，没有做出准确的判断，失去了最好的决策时机，直到被耐克等几家公司大幅度超过时，才大梦初醒。

1993年，法国商业家族的杰出后裔路易达福接管公司成为阿迪达斯公司的董事长，他拥有公司2.5亿美元的股份。路易达福购下阿迪达斯后，对公司结构进行了脱胎换骨的改造，废除了公司的某些官僚做法，采用了美国会计制度，并发挥自己的国际管理才能，1994年将公司人员消减到4 600人。路易达福将一些生产工厂转移到了工资水平较低的中国、印度和泰国，并卖掉欧洲的一些工厂；雇用了耐克过去的产品设计家彼特摩尔作为设计部主任，并在德国建立了设计工作室，以满足欧洲市场；在波特兰、俄勒冈的设计室则负责美国市场。并且，路易达福冒险将广告支出增加了一倍。实践证明阿迪达斯现在从事的市场策略非常正确，年青一代的人们将阿迪达斯作为一种象征充满生命力的品牌，而且公司在服装装饰上尤其具有实力。

思考与练习

1. 什么是决策？它有哪些基本类型？

2. 管理决策过程的主要步骤有哪些？你认为哪一个步骤最重要？为什么？

3. 什么是满意决策？对于许多组织问题，管理人员为什么不去寻求经济上最优的解决方案？

4. 你可以运用哪些技术来提高自己在决策中的效率和创造性？

5. 在过去20年中，组织越来越多地采用群体决策，你认为这是为什么？你建议在什么情况下采取群体决策？

6. 了解一个你熟悉的管理人员，分析过去6个月间他做出的三项决策中，哪些是程序性决策？哪些是非程序性决策？

案例研究

巨人集团的覆灭

1989年7月，一位名叫史玉柱的安徽青年带着仅有的、东挪西借的4 000元钱以及他耗费9个月心血研制的M-6401桌面排版印刷系统软件，开始在深圳创业。在初到深圳的那几天，他给《计算机世界》杂志社打电话，提出要登一个8 400元的广告“M-6401：历史性的突破”。

13天后，他的银行账号里收到了三笔总共15 820元的汇款。两个月后，他赚了10万元。这是他经商生涯中的“第一桶金”，他把这笔钱又全部投进了广告。一年后，他成了一个年轻的百万富翁。

1990年1月，史玉柱一头扎进深圳大学两间学生公寓里，除了每星期下一次楼买方便面外，他在计算机前待了整整150个日日夜夜，这次他拿出来的是M-6402文字处理软件系列产品。他从深圳来到珠海，给自己的新技术公司起了一个很响亮的名字——“巨人”。就在“巨人”诞生不久，史玉柱以数十万元的代价，闹腾腾地编织起了一张当时中国电脑行业最大的连锁销售网络。第二年，“巨人”的汉卡销量一跃而居全国同类产品之首，公司获纯利1 000多万元。

从1992年开始，“巨人”已赫然成为中国电脑行业的“领头羊”，1993年6月，史玉柱获珠海市第二届科技进步特殊贡献奖，同年，当选为“广东省十大优秀科技企业家”，1994年，史玉柱被评为“中国十大改革风云人物”，达到他事业的顶峰。

1992年，史玉柱决定建造巨人大厦。当时“巨人”的资产规模已经超过1亿元，流动资金有几百万元。最初，史玉柱计划盖38层的巨人大厦，大部分自用，并没有搞房地产的设想。这年下半年，一位领导来“巨人”视察。看到这座楼的位置很好，就建议盖得高一点，由自用转到开发房地产上。于是，巨人大厦的设计从38层改到了54层，后来很快又把设计改到64层，最后又定在70层。如果盖38层，巨人大厦的工程预算大致为2亿，工期两年，改为70层，预算增加到12亿元，大约6年完工。1994年2月，巨人大厦破土动工。

1993年，具有商人特质的他选中了当时最为火爆的保健品行业。从此，史玉柱走上了一条多线开战、俱荣俱损的大冒进之路。他亲自挂帅，成立了三大战役总指挥部，下设华东、华中、华南、华北、东北、西南、西北和海外八大方面军，其中30多家独立分公司改变为军、师，各级总经理都改为"方面军司令员"或"军长"、"师长"。

史玉柱想通过这样的"军事化"运作，从保健品市场上杀出一条血路。到了1995年5月18日，史玉柱下达"总攻令"。"巨人"以集束轰炸的方式，一次性推出电脑、保健品、药品三大系列30个新品的广告，减肥、健脑、强肾、醒目、开胃，几乎涵盖了所有的保健概念，摆出一副广种薄收的架势。这可能是中国企业史上广告密集度最高的一次产品推广活动。一时间，暴风雨般的广告、新闻炸弹疯狂地倾泻而下，数千名年轻而狂热的营销人员分赴各大市场，"巨人"的系列产品在最短的时间内出现在全国50万家商场的柜台上。不到半年，巨人集团的子公司从38家发展到了创纪录的228家，人员从200骤增到2 000。据统计，在巅峰时期，为巨人集团加工、配套的工厂达到了150家。

令史玉柱始料不及的是，此时国内保健品市场渐趋停滞，而巨人大厦则像一只永远张开着的大口，每天都要靠大笔的资金填下去才能继续长起来，多线开战的恶果终于显露了出来。在迫不得已的情况下，史玉柱只好不断地抽调保健品公司的流动资金填补到巨人大厦的建设中，可以说巨人大厦抽干了巨人产业的血，史玉柱把生产和广告促销的资金全部投入到大厦，结果生物工程一度停产，资金补给线中断，最终造成顾此失彼的局面。

从1996年10月开始，一些买了巨人大厦楼花的债权人开始依照当初的合同来向巨人集团要房子。可是他们看到的却是一片刚刚露出地表的工程，而且越来越多的迹象表明，巨人集团可能已经失去了继续建设大厦的能力。消息一传十、十传百，像台风一样卷刮到并不太大的珠海市的每一个角落。一拨一拨的人群拥进了巨人集团。

到了1997年1月12日，数十位债权人和一群闻讯赶来的媒体记者来到巨人集团总部，"巨人"在公众和媒体心目中的形象轰然倒塌，从此万劫不复。

尽管史玉柱想尽各种办法来挽救巨人集团，可是他已是回天乏力，最终一无所成，庞大的"巨人集团"最终分崩瓦解。

讨论题

1. 分析巨人集团发展过程中的主要决策点及主要的战略是什么？
2. 史玉柱建造巨人大厦的决策依据是什么？这个决策是否正确？为什么？
3. 请你运用所学的企业管理决策知识分析巨人集团失败的原因。

实践与运行

管理实践

1. 实践项目：了解某企业的战略或战术决策。

2. 实践目的：通过对一个企业战略决策或战术决策的分析，了解企业决策的程序与方法。

3. 实践内容：(1) 寻找一个在战略决策或战术决策上成功或失败的代表企业；(2) 针对代表企业分析其决策成功或失败的原因。

4. 实践考核：撰写分析报告，并与其他同学交流。

管理运行

管理者游戏——决策

在前4期经营中，李明遇到了一系列决策问题。通过对决策方法的学习，李明在第5期的经营中尝试着用一些决策方法来选定具体的经营方案。以下是一些具体决策：

1. 投资决策。

在"管理者游戏"经营决策中，李明面临是否购买教育培训筹码的决策，购买教育培训筹码的花费是20元，购买该筹码的可能收益是如果抽到"购买教育筹码，可独卖5个商品，价格32元"的风险卡，则可获取边际贡献80元（假定单位变动费用为12元，$MQ=5\times32$ 元 -5×12 元 -20 元 $=80$ 元），但如果没有抽到该风险卡，则购买教育筹码的20元花费则浪费了。那么，李明在第5期是否应该购买教育筹码呢？

李明用"大中取小法"对是否购买教育培训筹码做出了具体的决策。决策方法的应用如下：

第一，计算不同方案的边际贡献值及不同情况下的最大边际贡献值，如表8—5所示。

表8—5　　不同方案的边际贡献值表　　单位：元

方案	抽到"教育"风险卡	没抽到"教育"风险卡
购买教育培训筹码	80	−20
不购买教育培训筹码	−80	0
最大边际贡献值	80	0

第二，分别计算不同情况下的后悔值，并找出各方案的最大后悔值，如表8—6所示。

表8—6　　不同方案下的后悔值表　　单位：元

方案	抽到"教育"风险卡	没抽到"教育"风险卡	最大后悔值
购买教育培训筹码	0	20	20
不购买教育培训筹码	160	0	160

结论：从表8—6中的数据可见，最大后悔值中最小的是20元，所以，李明应该购买教育培训筹码。

2. 生产与停产决策。

李明正面临"管理者游戏"运营中的最后一轮竞卖。李明目前已销售22件商品，本次竞卖可以销售5件，本期固定费用为250元，单位变动费用为13元。李明所处的市场竞争异常激烈。在上一轮竞卖中，竞争者已叫出11元的价格。李明若想在本次竞卖中取胜，其价格必须低于11元。李明现有的价格优势为8元。这样，李明如果出价10元，加上价格优势，李明的最后价格可以达到18元。李明是否可以接受10元的价格？是否应该进行本次交易？

如果李明以全部成本为基础来定价，则最低价格为：

$$单位成本=单位变动费用+\frac{固定费用}{销售量}=13+\frac{250}{22}=24（元）$$

这样，李明如果接受 10 元的价格，即最后价格为 18 元，该价格小于单位成本。因此，按照这样的定价方法进行思考，李明不应该接受 10 元的价格，不应该参加本次的交易竞争。

但是，如果根据“停止营业点”理论，李明正确的决策应该考虑以变动费用定价，只要价格高于变动费用，商品销售就能获取边际贡献，就能减少企业亏损或增加企业利润。当李明接受 10 元的价格，则本次销售所获取的边际贡献为：

$$MQ=(P-V)\times Q=(18-13)\times 5=25(元)$$

因此，李明应该接受该价格。该价格可以使企业在原有利润的基础上，增加利润 25 元，或减少亏损 25 元。

由以上分析李明得出了一个一般结论：企业在营业过程中，能够接受的最低交易价格为平均变动费用。当然，这样的结论只有在短期内有效，如果企业长期处于亏损状态，则企业应该考虑退出该行业。

第9章

领　导

导入案例

一次重大的人事任免①

某钢铁公司领导班子会议正在研究一项重大的人事任免议案。总经理提议免去公司所属的、有2 000名职工的主力厂——炼钢一厂厂长姚成的厂长职务，改任公司副总工程师，主抓公司的节能降耗工作；提名炼钢二厂党委书记林征为炼钢一厂厂长。姚、林两人都是公司的老同志，大家对他们的情况可以说是了如指掌。

姚成，男，48岁，中共党员，高级工程师。20世纪60年代从某冶金学校毕业后分配到炼钢厂工作，一直搞设备管理和节能技术工作，曾参与主持了几项较大的节能技术改进，成绩卓著，在公司内引起较大震动。1983年晋升为工程师，先被任命为炼钢一厂副总工程师，后又任生产副厂长，1986年起任厂长至今，去年被聘为高级工程师。该同志属技术专家型领导，对炼钢厂的生产情况极为熟悉，上任后对促使炼钢一厂能源消耗指标的降低起了巨大的推动作用。工作勤勤恳恳，但群众普遍反应，姚厂长一贯不苟言笑，从没和他们谈过工作以外的任何事情，更不用说和下属开玩笑了。他到哪个科室谈工作，一进办公室大家的神情便都严肃起来，犹如“一鸟入林，百鸟压音”，大家都不愿和他接近。对他自己特别在行的业务，有时甚至不事先征求该厂总工程师的意见，直接找下属布置工作，总工对此已习以为常了。姚厂长手下有几位很能干的“大将”，却都没有发挥多大作用。据他们私下说，在姚手下工作，从来没受过什么激励，特别是当他们个人生活有困难需要厂里帮助时，姚厂长一般不予过问。用工人的话说是“缺少人情味”。久而久之，姚厂长手下的骨干就都没有什么积极性了，只是维持现有局面而已。

林征，男，50岁，中共党员，高中毕业。在基层工作多年，任车间党支部书记。该同志脑子灵活，点子多，宣传、鼓动能力强，具有较突出的工作协调能力。1984年出任炼钢二厂厂办主任，1986年调任公司行政处副处长，主抓生活服务。1988年炼钢二厂党委书记离休，林征又回到炼钢二厂任党委书记。林征长于做人的工作，善于激励部下，据说对行为科学很有研究。他对下属非常关心。周围的同志遇到什么难处都愿意和他说，只要是厂里该办的，他总是痛快地给予解决。林征民主作风好，工作也讲究方式方法，该他做主的事从不推三阻四。由于他会团结人，工作能力强，因此在群众中享有一定的威望。

① 吴照云：《管理学》(第3版)，419页，北京，经济管理出版社，2000。

他的不足之处是学历低，工作性质几经变化，没有什么专业技术职称（有人说他是“万金油”），对工程技术理论知之不多，也没有独立指挥生产的经历。

姚、林两人的任免事关炼钢一厂的全局工作，这怎么能不引起公司领导们的关注？公司领导们在心里反复掂量，考虑着对公司总经理这一重大人事变动提议应如何表态。

根据姚成的性格特点和技术专长，对他的这次任免是否合适？

林征会成为一名合格的厂长吗？

领导是管理工作中的一项重要职能。无数的企业实践表明，成功的管理者往往是组织群体中的领导者，他们对企业的生存和顺利成长具有深远的影响。那么领导者是与生俱来的，还是后天形成的？领导者与非领导者有何不同之处？怎样才能成为一个好领导？他们又是如何开展领导工作的？领导工作的规律性和特点是什么呢？

9.1　领导概述

9.1.1　领导与领导者的含义

9.1.1.1　领导

对于领导（leadership）的定义，美国管理学家哈罗德·孔茨和海茵茨·韦里奇（Heinz Weihrich）认为：领导是一种影响力，是引导人们行为，从而使人们情愿地、热心地实现组织或群体目标的艺术过程。

对这个定义可以分三个层次理解：

1. 它揭示了领导的本质，即影响力。这种影响力能够引导人们的行为。

2. 它明确指出了领导是一个过程，是引导人们行为的过程，也是一个艺术过程。领导者面对千变万化的组织或群体的内外环境，特别是面对着各种各样，有着不同的身份、不同的教育、文化和经历背景的人，他们进入组织或群体的目标和需要各不相同，而且人们的需要、目的等又都处在动态的变化之中。越是高层的领导行为，其面对因素的复杂性和不确定性越高，领导的艺术成分也就越多。

3. 它指出了领导的目的。领导是一种目的性非常强的行为过程，他的目的在于使人们心甘情愿地而非无奈地、热情地而非勉强地为组织或群体的目标而努力。

9.1.1.2　领导者

领导者（leaders）一般指的是那些能够影响他人并拥有管理权力的人。美国管理学家彼得·F·德鲁克则认为：领导者的唯一定义就是其后面有追随者。在领导工作中，领导者是领导行为的主体，但领导者和被领导者并不是对立的。领导者和被领导者是互相依存的，领导是一种双向的动态过程，即除了领导者通过指导、激励等影响被领导者之外，被领导者也给领导者以信息来修正领导者现在和未来的行动。人们的感受、能力和心态是在不断变化的，领导者与被领导者的关系也在不断修正，行动必须持续调整。

9.1.2 领导者与管理者的区别

领导者与管理者是不同的，不能将它们混为一谈。

管理者是被任命的，他们拥有合法的权力进行奖励和处罚，其影响力来自于他们所在的职位所赋予的正式权力。相反，领导者则可以是任命的，也可以是从一个群体中产生出来的，领导者可以不运用正式权力来影响他人的活动。

在理想情况下，所有的管理者都应是领导者。但是，并不是所有的领导者必然具备完成其他管理职能的潜能，有效地进行领导的本领是作为一名有效管理者的必要条件之一，一个人能够影响别人这一事实并不表明他同样也能够计划、组织和控制。从事其他一些必不可少的管理工作对于保证一名管理者成为有效的领导者具有重大影响。

9.1.3 权力

有效领导的关键成分是权力，领导者运用权力影响其他人的行为，使其他人按照某种方式工作。权力类型有法定权力、奖励权力、强制权力、专家权力和个人影响力。有效的管理者采取措施保证他们的每一种权力都有足够的水平，保证他们所拥有权力的实施对组织有益。

9.1.3.1 法定权力

法定权力来源于组织中正式的管理职位，是正式授予的。下属将这种权力视为法定的，从而服从管理者的领导。个人的领导风格常常影响管理者实施法定权力。

9.1.3.2 奖励权力

奖励权力是管理者履行和具有的有形奖励（如报酬增加、发奖金、提升等）和无形奖励（如口头表扬、赞许、尊重）的能力。奖励可以激励组织的成员产生高水平的业绩。有效的管理者在使用奖励权力时，应该使下属感到他们所得到的奖励是由于他们工作得好以及他们的努力得到了别人欣赏。无效的管理者用一种控制性更强的方式使用奖励（挥舞大棒，而不是提供胡萝卜），向员工们显示其处于有利的地位。

9.1.3.3 强制权力

强制权力是管理者惩罚其他人的能力。惩罚可以是口头谴责、报酬减少，甚至解雇。过度依靠强制权力的管理者作为领导者往往是无效的，也是有悖伦理的。

9.1.3.4 专家权力

专家权力是建立在领导者所具有的特殊知识、技能和专业知识基础上的权力。专家权力的本质根据领导者在组织中的层次不同而有所不同，一线和中层的管理者通常具有与他们的下属所执行任务相关的专业知识，对下属具有很大的影响力。有效的管理者采取措施保证他们具有一定的职业知识来履行他们的领导职能。他们可以通过参加教育或培训，跟踪最新的技术发展和变化；通过参与专业协会，了解其所处领域的变化；通过广泛阅读，了解组织任务和一般环境的重大变化。

9.1.3.5 个人影响力

个人影响力是领导者个人特征作用的结果，他来自于下属和同事的尊重、欣赏和忠诚，与其他权力相比是不正式的。受欢迎的领导者和下属希望作为榜样的领导者尤其具有影响力。管理者可采用诸如花点时间熟悉下属、关心他们等办法来提高个人影响力。

9.1.4 授权

个案 9—1

黛比·菲尔兹的转变①

黛比·菲尔兹（Debbi Fields）想做所有事情的愿望（即参与每一项决策）差点使她的糕点王国覆水难收。幸运的是，她及时发现了这一问题，并认识到了授权的重要性。

黛比·菲尔兹的故事尽人皆知。1977 年，20 岁的她开始销售巧克力小薄饼。该公司的年销售额从 1977 年的 20 万美元大幅度跃至 1988 年的超过 1 亿美元。但是，她所一直奉行的管理方式毁灭过许多发展中的公司：她没有授权。菲尔兹太太说道："……我总是询问主管他们需要什么，尔后我为他们来做。'你的冷冻设备坏了吗？你的牛奶用完了吗？由我来解决它。'如果我看到有什么令人不满意的事情，我就亲自动手改正它，处处如此。"

当她只经营一两个店铺时，这种微观的管理方式还能运作。但当她拥有 600 个分店时，则无法正常运行了。然而，菲尔兹太太仍坚持自己做每一件事，而未将精力放在公司发展的蓝图上。公司蓬勃发展的战略（包括从百事可乐公司手中购买面包连锁店以及进军欧洲市场的战略）都需要她的时间，然而她太忙了，根本不可能做出所有决策。她未实施授权所产生的失败始见于 20 世纪 80 年代末期，当时利润骤然跌落，入不敷出。1988 年，公司关闭了 85 家分店。

尽管对黛比·菲尔兹来说这并不容易，但她还是吸取了教训，将公司重组，增加了新的一层管理层。她将真正的决策权力授予下一级管理者。

令菲尔兹太太极为惊喜的是，通过授权，她事实上被员工们更为接纳。她现在有更多的机会参观分店、会见员工以及参与员工的培训和发展项目。

从黛比·菲尔兹的管理实践中可以看出，授权是有效领导的一项重要的技巧。授权（empowerment）是指给予组织中所有层次的员工决策自主、对结果负责、提高质量和降低成本的权力的过程。当领导者对下属授权时，下属就有了原先属于领导者和管理者的责任和权力。授权作为现代管理的要素在国内外许多大公司中已经成为一种流行趋势。授权能够导致成功的领导是由于：

1. 授权提高了管理者完成工作的能力，因为管理者拥有具备与工作任务相关的、特定知识的下属的支持和帮助。

2. 授权常常能提高工人的参与、激励和忠诚程度，这有助于保证工人朝组织的目标努力。

① ［美］斯蒂芬·P·罗宾斯：《管理学》（第 4 版），451 页，北京，中国人民大学出版社，1997。

3. 授权使管理者有更多的时间集中处理那些紧急的事情，因为他们花在日常监督活动上的时间减少了。

9.2 领导理论

9.2.1 特质理论（trait theory）

如果问一问走在大街上的普通人，在他们心目中领导是什么样的，可能会得到一系列有关品质特征的答案，如智慧、领袖魅力、决策力、热情、实力、勇气、正直和自信等。这些回答反映出领导的特质理论的本质。为了寻求区分领导者与非领导者的特质或特性，特质论的研究者所采用的方法远比在大街上的调查复杂得多。早期的领导理论研究的重点放在领导者的个人特性上。一些人认为，有人生来就具有领导者的特性。然而这些特性究竟是什么？许许多多的著名领袖人物他们的特性究竟有多少共同点，又有哪些区别？

一开始人们试图找出“伟人”身上的特性，许多专家假设领导者的素质是天生的，他们做了成千上万次研究探求领导的特性，有身体方面的，有能力方面的，更多的是个性和社会方面的特征。然而，众多分离特质的研究工作以失败告终。人们没有找到一些特质因素能对领导者与下属、有效领导者与无效领导者进行区分。

不过，考察与领导者高度相关的特质的研究却获得了成功。研究者发现领导者有六种特质不同于非领导者，即进取心、领导愿望、诚实与正直、自信、智慧和工作相关知识。表 9—1 简要描述了这些特质。

表 9—1　　区分领导者与非领导者的六项特质

特质内容	具体表现
进取心	领导者表现出高努力水平，拥有较高的成就渴望。他们进取心强，精力充沛，对自己所从事的活动坚持不懈，并有高度的主动精神。
领导愿望	领导者有强烈的愿望去影响和领导别人，他们表现为乐于承担责任。
诚实与正直	领导者通过真诚与无欺，以及言行高度一致而在他们与下属之间建立相互信赖的关系。
自信	下属觉得领导者从没缺乏过自信。领导者为了使下属相信他的目标和决策的正确性，必须表现出高度的自信。
智慧	领导者需要具备足够的智慧来收集、整理和解释大量信息并能够确立目标、解决问题和做出正确的决策。
工作相关知识	有效的领导者对于公司、行业和技术事项拥有较高的知识水平。广博的知识能够使他们做出富有远见的决策，并能理解这种决策的意义。

这些特质不像人的肤色、种族或性别那样都是与生俱来的。有效领导者所需的品质通过自身的学习和努力是可以培养的。

9.2.2 行为理论（behavior theory）

领导者对所获得的权力的使用方式称为领导方式或领导风格（leadership style）。有效领导者的行为是否有什么独到之处？如领导者倾向于更为民主还是更为专制？研究者希望行为理论所带来的实际意义将与特质论截然不同。如果行为研究找到了有关领导方面的关键因素，则可以通过训练而使人们成为领导者。

研究者在行为类型方面进行了大量的研究，在此我们简要介绍俄亥俄州立大学、密歇根大学有关行为理论的研究成果以及管理方格论。

9.2.2.1 俄亥俄州立大学有关行为理论的研究成果

1945 年起，美国俄亥俄州立大学对大型组织的领导行为进行了一系列深入研究，他们收集了大量的下属对领导行为的描述，将其归纳为两大类："定规"维度和"关怀"维度。

1. 定规维度（initiating structure）。定规维度指的是为了达到组织目标，领导者界定和构造自己与下属的角色的倾向程度。由领导确立组织目标，严格要求下属，确保其努力达到目标。具有高定规维度的领导者会向小组成员分配具体工作，要求员工保持一定的绩效标准，并强调工作的最后期限。

2. 关怀维度（consideration）。关怀维度指的是一个领导者具有信任和尊重下属的看法与情感的这种工作关系的程度。领导者和下属的相互关系体现为互相信任，互相尊重，上级关心并考虑下属的意见和感情，通过参与管理来调动人的积极性。具有高关怀维度的领导者愿意帮助下属解决个人问题，他友善而平易近人，公平对待每一个下属，并对下属的生活、健康、地位和满意度等问题十分关心。

这两种不同的领导方式相互结合可形成四种基本的领导风格，参见图 9—1。

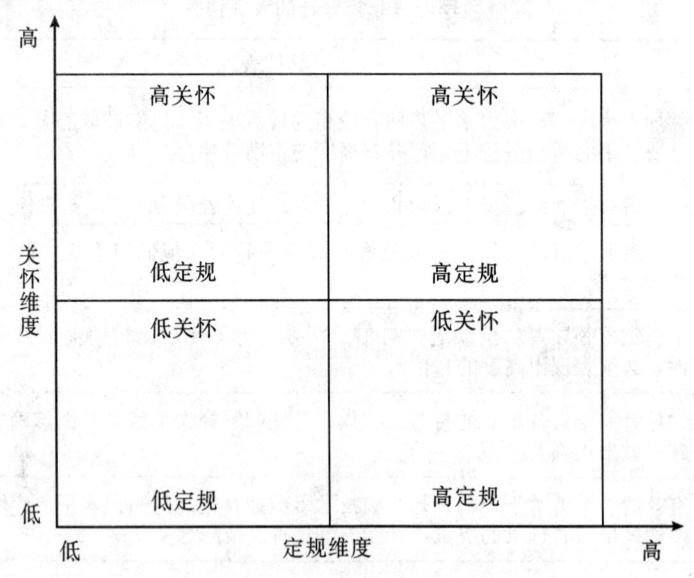

图 9—1 领导风格四分图

一个在定规和关怀方面均高的领导者即高—高型领导者（high-high leader），他常常比其他三种类型的领导者，即低定规高关怀、高定规低关怀、或二者均低的领导者更能使下属达到高绩效和高满意度。但是，高—高型风格并不总是产生积极的效果。比如，当工人从事常规任务时，以高定规为特点的领导行为导致了高抱怨率、高缺勤率和高离职率，工作的满意度水平也很低。

9.2.2.2 密歇根大学有关行为理论的研究成果

与俄亥俄州立大学的研究同期，密歇根大学调查研究中心也进行着相似的研究，即确定领导者的行为特点，以及它们与工作绩效的关系。

密歇根大学的研究小组也将领导行为划分为两个维度，称之为员工导向和生产导向。在以员工为中心的领导方式下，下级拥有根据自己的意愿和方式进行工作的自由。领导者明确所需要完成的目标和要求，并给予下级进行该项工作的自由。这样对于下级的问题领导者可以将注意力放在有关人的因素方面。相反，在以工作为中心或以生产为中心的领导方式下，下级始终处于提高生产率的压力之下。领导者认为生产计划及其细节比人员因素更重要。

密歇根大学研究者的结论对员工导向的领导者十分有利，他们与高群体生产率和高工作满意度成正相关。而生产导向的领导者则与低群体生产率和低工作满意度联系在一起。

9.2.2.3 管理方格论

布莱克（Blake）和莫顿（Mouton）二人发展了领导风格的二维观点，在“关心人”和“关心生产”的基础上提出了管理方格论（managerial grid），充分概括了俄亥俄州立大学的关怀与定规维度以及密歇根大学的员工取向和生产取向维度。

管理方格如图 9—2 所示，横坐标表示领导者对工作的关心程度，纵坐标表示领导者对人的关心程度。关心工作程度的范围与关心人程度的范围都从低（1）到高（9）连续变化，从而生成了 81 种不同的领导类型。其中有 5 种最具代表性的类型。

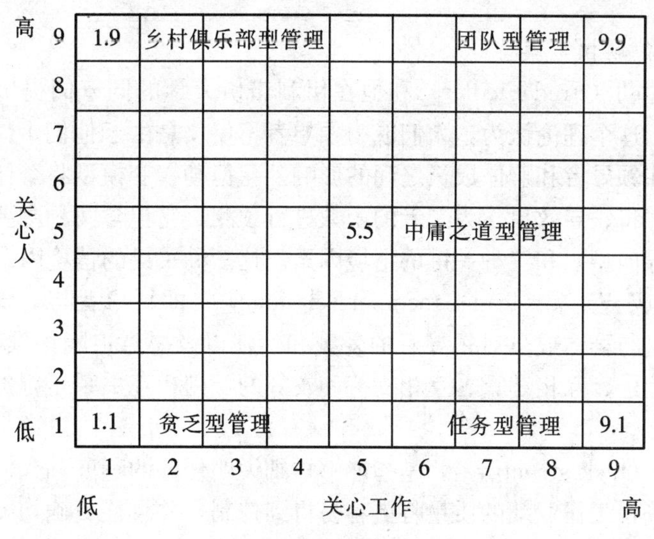

图 9—2 管理方格

1. 贫乏型管理（1.1）：领导者付出最小的努力完成工作（对工作和对人都很少关

心)。

2. 任务型管理(9.1):领导者只重视任务效率而不重视下属的发展和下属的士气(对工作关心、对人很少关心)。

3. 乡村俱乐部型管理(1.9):领导者只注重支持和关怀下属而不关心任务效率(对工作关心很少、对人关心较多)。

4. 中庸之道型管理(5.5):领导者维持足够的任务效率和令人满意的士气(在关心工作和关心人两者之间取得平衡)。

5. 团队型管理(9.9);领导者通过协调和综合工作相关活动而提高任务效率与工作士气(对工作和人都很关心)。这是一种最为理想的领导风格,管理者应向此风格发展。

管理方格理论主要强调的并不是产生的结果,而是领导者为了达到这些结果应考虑的主要因素。管理方格图在实践中常作为培训领导能力的一种工具。

9.2.3 权变理论

简单的具有某些品质或实行某些行为,不能保证管理者在所有需要领导的情况下是一个成功的领导者。管理者往往需要在不同的组织和环境中领导,并且有在许多环境条件下执行任务的下属。在不同的领导环境中,一个管理者不一定都能成为有效的领导者。如一个军队的将军可能不会成为成功的大学校长,一个成功的饭店经理可能不会成为成功的工厂经理。领导权变理论考虑了领导者所处的情境。根据权变模型,管理者能否成为成功的领导者取决于管理者的职责、管理者的具体工作、领导所处的处境之间的相互作用。领导是一种动态的过程,其有效性将随着领导者的特点及环境的变化而异。在此主要介绍五种典型的权变领导理论:菲德勒权变模型、赫塞—布兰查德的情境理论、路径—目标理论、领导者参与模型与领导替代物模型。这些领导模型是互补的,它们分别关注了组织成功领导的不同方面。

9.2.3.1 菲德勒权变模型

弗雷德·菲德勒(Fred Fiedler)和他在伊利诺伊大学的同事们提出了一种有关领导能力的权变理论。这个理论认为,人们成为领导者不仅仅是由于他们个性的原因,还有各种情境因素以及在领导者和群体成员之间的影响。菲德勒权变模型将个体的个性和特点与情境联系起来,并将领导效果作为二者的函数进行预测。它包含两种主要的领导风格(任务导向型和关系导向型)和三种关键的情境因素。这三种关键的情境因素包括:

1. 领导者—成员关系(leader-member relations),即领导者与下属互相信任、信赖和尊重的程度。这与群体成员对领导者的爱戴和信任以及愿意追随该领导者的程度有关。假如双方是高度信任、互相尊重、互相支持和友好的,则相互关系是好的,处境就对领导者有利;反之亦然。

2. 任务结构(task structure),是指能够详细说明任务的程度和人们对任务负责的程度。只要任务明确,工作业绩的质量将更容易得到控制,并且能更确切安排群体成员承担实现业绩的责任。当任务结构高时,处境对领导者有利;当任务结构低时,目标可能是模糊的,下属或许不知道他们应该做什么以及如何做,这样的处境对领导者是不利的。

3. 职位权力(position power),是指一名领导者能使群体成员遵从命令的程度。这是由于领导者在组织中的地位而享有一定的法定权力、奖励权力和强制权力。一名拥有清晰和相当大职位权力的领导者，能够比没有此种权力的领导者更容易博得他人真诚的拥护。

为了衡量领导风格以及确定一名领导者是任务取向型还是关系取向型，菲德勒使用了一种不同寻常的测试问卷：最难共事者问卷（least-preferred co-worker questionnaire，简称 LPC），如表 9—2 所示。问卷由 16 组对应形容词构成。菲德勒通过要求领导者回想一下与自己共过事的所有同事，并找出一个最难共事者，在 16 组形容词中按 8 个等级对他进行评估。菲德勒相信，在 LPC 问卷的回答基础上，可以判断出领导者最基本的领导风格。

表 9—2　　菲德勒的 LPC 问卷

快乐——	8	7	6	5	4	3	2	1	——不快乐
友善——	8	7	6	5	4	3	2	1	——不友善
拒绝——	1	2	3	4	5	6	7	8	——接纳
有益——	8	7	6	5	4	3	2	1	——无益
不热情——	1	2	3	4	5	6	7	8	——热情
紧张——	1	2	3	4	5	6	7	8	——轻松
疏远——	1	2	3	4	5	6	7	8	——亲密
冷漠——	1	2	3	4	5	6	7	8	——热心
合作——	8	7	6	5	4	3	2	1	——不合作
支持——	8	7	6	5	4	3	2	1	——敌意
无聊——	1	2	3	4	5	6	7	8	——有趣
好争——	1	2	3	4	5	6	7	8	——融洽
自信——	8	7	6	5	4	3	2	1	——犹豫
高效——	8	7	6	5	4	3	2	1	——低效
郁闷——	1	2	3	4	5	6	7	8	——开朗
坦诚——	8	7	6	5	4	3	2	1	——防备

关系导向型领导者倾向于用相对积极的词汇描述最难共事者（LPC 得分高），他们很乐于与同事形成友好的人际关系。相反，任务取向型领导者倾向于用消极的词汇描述最难共事者（LPC 得分低），他们对工作完成的情况十分关心，这使得他们对完成工作有困难的人的看法很差。

用 LPC 问卷对个体的基本领导风格进行评估之后，需要再对情境进行评估，并将领导者与情境进行匹配。菲德勒及其助手在做了大量研究的基础上，根据三项权变变量的不同组合，即领导者—成员关系好或差、任务结构高或低、职位权力强或弱，得到八种不同的情境或类型，每个领导者都可以从中找到自己的位置。

菲德勒将“情境的有利性”定义为在既定的情境下使领导者能够对群体施加影响的程度。菲德勒模型指出，当个体的 LPC 分数与三项权变因素的评估分数相匹配时，则会达到最佳的领导效果。菲德勒研究了 1 200 个工作群体，对八种情境类型的每一种，均对比了关系取向和任务取向两种领导风格，发现在非常有利的情境和非常不利的情境下，即Ⅰ、Ⅱ、Ⅲ、Ⅶ、Ⅷ型的情境中，任务导向型的领导者工作得最有效（见图 9—3）。也就是说，当领导者的职位权力微弱、任务结构不清晰、领导与成员之间的关系不良时，情况对领导者来说是不利的，此时最有效的领导者将是任务导向型领导者。在另一极端情况下，即职位权力强大、任务结构清晰、领导成员之间的关系良好时（如战争中的军队），情况对于领导者来说是相当有利的，任务导向型也是最有效的。而关系取向的领导者则在中度有利的情境，即Ⅳ、Ⅴ、Ⅵ型的情境中干得更好，也就是说领导者应注重合作和良好的人际关系。

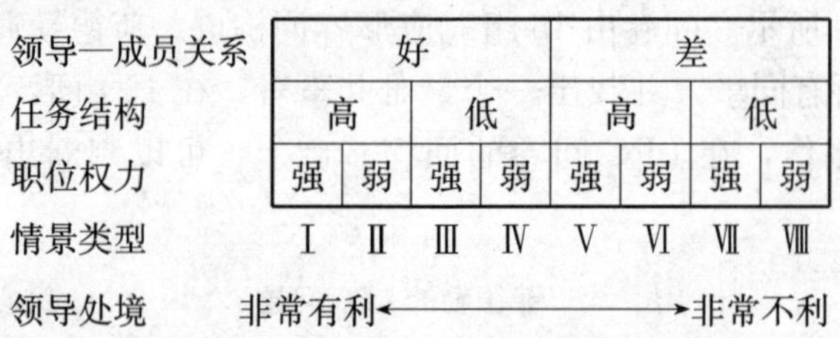

领导—成员关系	好				差			
任务结构	高		低		高		低	
职位权力	强	弱	强	弱	强	弱	强	弱
情景类型	Ⅰ	Ⅱ	Ⅲ	Ⅳ	Ⅴ	Ⅵ	Ⅶ	Ⅷ
领导处境	非常有利←→非常不利							

图 9—3　菲德勒的权变领导理论

菲德勒还发现，领导绩效对于组织的依赖与其对于领导者本人品质的依赖是相同的。只能说某一领导者在某种情景中倾向于有效而在另一种情境中倾向于无效。如果需要提高组织和群体的有效性，不但必须了解如何更有效地培训领导者，而且必须了解如何去建立一个使领导者能良好地履行职能的组织环境。因此提高领导者的有效性实际上只有两条途径：（1）可以替换领导者以适应情境。在棒球比赛中，教练可以根据击球手的情境特点而决定起用左手投手还是右手投手，从而获得比赛的胜利。再比如，如果群体所处的情境被评估为十分不利，而目前又是一个关系取向的管理者进行领导，那么替换一个任务取向的管理者则能提高群体绩效。（2）改变情境以适应领导者。通过重新建立任务结构或提高或降低领导者可控制的权力（如加薪、晋职和训导活动），可以做到这一点。假设任务取向的领导者处于第Ⅳ类型的情境中，如果该领导者能够显著增加他的职权，即在第Ⅲ类型中活动，则该领导者与情境的匹配十分恰当，从而会获得更高的群体绩效。

9.2.3.2　赫塞—布兰查德的情境领导理论

另一个被广泛推崇的领导模型是保罗·赫塞（Paul Hersey）和肯尼思·布兰查德（Kenneth Blanchard）开发的情境领导理论（situational leadership theory），这是一个重视下属的权变理论。赫塞和布兰查德认为，下属主动工作的程度是不一样的。那些能力有限、未受到足够的培训、或者感到不安全而不太主动工作的人，与那些能力强、有技术、有自信而工作主动性极强的人员应由不同风格的人来领导。这一理论常被作为主要的培训手段加以应用，如美国《幸福》杂志 500 家企业中的北美银行、IBM 公司、美孚石油公司、施乐公司等都采用此理论模型，它还被所有的军队服务系统所承认。

赫塞和布兰查德将成熟度（maturity）定义为：个体对自己的直接行为负责任的能力和意愿。它包括两项要素：工作成熟度和心理成熟度。前者指的是一个人的知识和技能；后者指的是一个人做某事的意愿和动机。工作成熟度高的个体拥有足够的知识、能力和经验完成他们的工作任务而不需要他人的指导；心理成熟度高的个体不需要太多的外部鼓励，他们靠内部动机激励。

赫塞—布兰查德情境领导理论使用的两个领导维度与菲德勒的划分相同：任务行为和关系行为。但是，赫塞和布兰查德更向前迈进了一步，他们认为每一维度有低有高，从而组合成以下四种具体的领导行为：

1. 指导型（高任务—低关系）。领导者对角色定义，告诉下属应该干什么、怎么干及何时何地去干。

2. 推销型（高任务—高关系）。领导者同时提供指导性的行为与支持性的行为。

3. 参与型（低任务—高关系）。领导者与下属共同决策，领导者的主要角色是提供便利条件与沟通。

4. 授权型（低任务—低关系）。领导者提供极少的指导或支持。

管理者应该使用哪一种行为使领导有效？这取决于下属的成熟度。赫塞—布兰查德的情境领导理论定义了下属成熟度的四个阶段，见图 9—4。

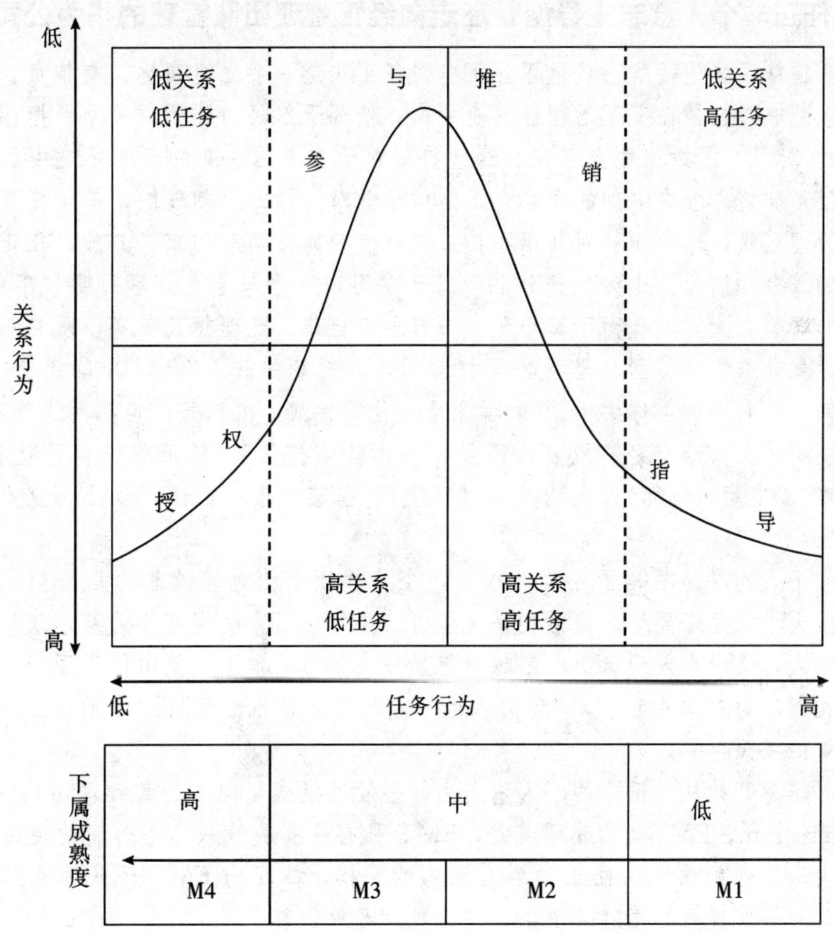

图 9—4 情境领导理论模型

第一阶段（M1），这些人对于执行某项任务既无能力又不情愿。他们既不胜任工作又不被信任。

第二阶段（M2），这些人缺乏能力，但却愿意从事必要的工作任务。他们有积极性，但目前尚缺乏足够的技能。

第三阶段（M3），这些人有能力却不愿意干领导者希望他们做的工作。

第四阶段（M4），这些人既有能力又愿意干让他们做的工作。

图 9—4 概括了情境领导理论的各项要素。当下属的成熟度水平不断提高时，领导者

不但可以不断减少对活动的控制，还可以不断减少关系行为。在第一阶段中，下属需要得到明确而具体的指导。在第二阶段中，领导者需要采取高任务—高关系行为。高任务行为能够弥补下属能力的欠缺；高关系行为则试图使下属在心理上“领会”领导者的意图。在第三阶段中出现的激励问题运用支持性、非指导性的参与风格可获最佳解决。最后，在第四阶段中，领导者不需要做太多事，因为下属愿意且有能力担任责任。

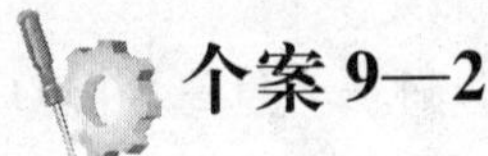

个案 9—2

从任正非个人意志主导型管理走向经营管理团队管理的华为公司[①]

任正非造就了华为，华为成就了任正非。任正非是一个立意高远、有抱负、对目标有狂热的追求、充满激情而又不乏理性的企业家，他善于驾驭内外矛盾关系、把握处理内外矛盾关系的“度”，是政治型企业家。这些特质对于在中国企业的经营环境中成功生存尤为重要。任正非对人性有深刻的理解，正是由于他对人性的深刻理解，善于把握知识分子的需求和管理底线，因而能够对知识型员工进行有效的激励与约束。此外，任正非懂得对知识分子的尊重和回报。比如他请外脑，善于学习，敢于与他人分享财富和事业的价值。同时任正非心胸宽大，大气而不算小账，不自私但自律，既理想又务实，既专制又善于授权。比如，他让郭平到美国与思科公司打官司，只对郭平说：“要学韩信能受胯下之辱，但要站着回来，剩下的由你去干。”表面上看，他很独裁，很霸气，但实际上能高度放权，在处理一些事情上只给原则、战略，不具体去指挥“打仗”。任正非说自己就管三件事：方向（战略）、节奏（均衡）、人均效率（管理），在某种意义上任正非是企业的战略家而不是战术家。

企业家个人的成功不等于企业的成功。企业规模小的时候依靠的是企业家个人的能力，企业做大了以后需要组织能力和系统能力。虽然任正非制定《华为基本法》的初衷是要培养接班人，实现个人到组织的超越。但显然《华为基本法》集中体现了任正非的个人意志，如在《华为基本法》中，“我们永远不进入信息服务行业”、“绝不让雷锋吃亏”等都具有浓重的任氏色彩。

现在，华为开始从任正非的个人意志主导型管理模式走向了经营管理团队（executive management team，EMT）的管理模式，EMT 具有最高决策权。华为新的使命与战略已经在文字表达上开始摆脱了任正非个人意志的风格，体现出 EMT 团队的意志与价值诉求，更加具有全球视野和国际化思维，变得更加开放、兼容。

9.2.3.3 路径—目标理论

路径—目标理论（path-goal theory）已经成为当今最受人们关注的领导理论之一，它是由加拿大多伦多大学教授罗伯特·豪斯（Robert House）开发的一种领导权变模型，该理论认为，领导者的责任是激励下属去实现他们的目标，并提供必要的指导和支持以确保各自的目标与群体或组织的总体目标相一致。

按照路径—目标理论，领导者的行为被下属接受的程度，取决于下属是将这种行为视

① 彭剑锋：《“华为基本法”的嬗变与重构》，载《销售与管理》，2006（7）。

为获得满足的即时源泉，还是作为未来获得满足的手段。成功的领导者激励下属实现目标可以通过以下步骤来实现：(1) 找出员工想从他们的职业和组织中得到什么结果。这些结果包括满意的报酬、稳定的工作、合理的工作时间和有趣的、充满挑战性的工作安排。(2) 用员工期待的结果，奖励那些做出优异成绩和实现目标的员工。(3) 向下属明确实现目标的路径，排除妨碍优异成绩的任何障碍，对下属的能力表示有信心。这并不意味着管理者需要告诉下属做什么，相反，而是表明了管理者需要保证下属清楚他们应该努力完成的工作和具备的能力、资源和他们取得成功所需要的信心水平。

豪斯将领导的行为分为四类：指导型、支持型、参与型、成就导向型。

- 指导型领导让下属知道期望他们的是什么，以及完成工作的时间安排，并对如何完成任务给予具体指导。
- 支持型领导十分友善，并表现出对下属需求的关怀。
- 参与型领导则与下属共同磋商，并在决策之前充分考虑他们的建议。
- 成就导向型的领导设定富有挑战性的目标，并期望下属达到自己的最佳水平。

管理者应该使用哪一种行为使领导有效？这取决于下属的品质和管理者所做的工作。与菲德勒的领导行为相反，豪斯认为领导者是灵活的，同一领导者可以根据不同的情境表现出任何一种领导风格。

路径—目标理论提出了两类情境或权变变量作为领导行为与结果关系的中间变量：(1) 工作环境的权变因素（任务结构、正式权力系统以及工作群体）；(2) 下属的权变因素（控制点、经验和知觉能力）。如图 9—5 所示。

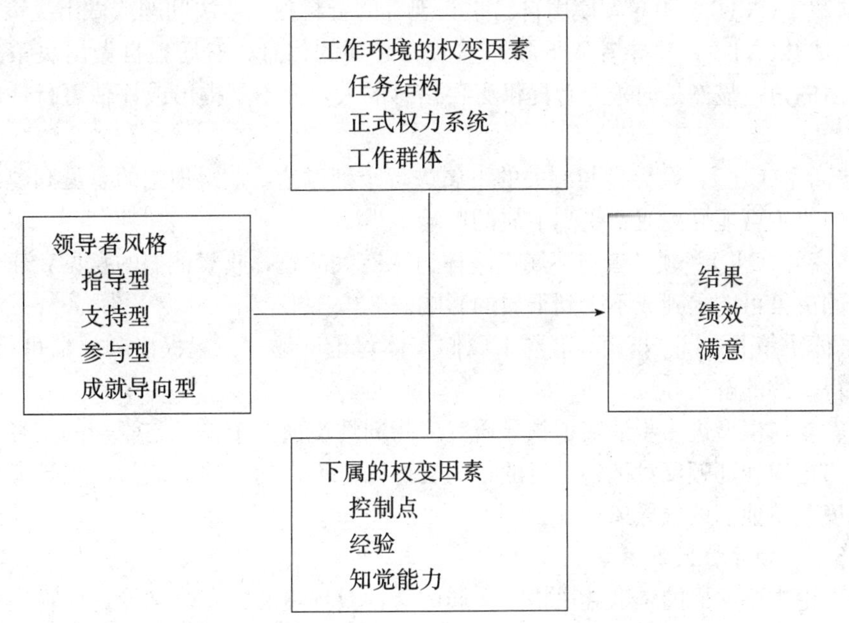

图 9—5　路径—目标理论的两种权变因素

以下是由路径—目标理论引申出的领导行为如何适应环境的假设范例：

- 相比具有高度结构化和安排完好的任务来说，当任务不明或压力过大时，指导型领导能取得更高的满意度；

■ 当下属执行结构化任务时，支持型领导导致了员工高绩效和高满意度；

■ 对知觉能力强或经验丰富的下属，指导型的领导可能被视为多余；

■ 组织中的正式权力关系越明确、越官僚化，领导者越应表现出支持型行为，降低指导型行为；

■ 控制点为内部的下属，对指导型风格更为满意；

■ 当任务结构不清时，成就导向型领导将会提高下属的努力水平，从而达到高绩效的预期。

路径—目标理论分析法虽然复杂，但其得出的结论大部分是鼓舞人心的。而且将领导行为与不同的环境相结合以激励员工，为领导者提供了一个新的激励员工的思维方式。

9.2.3.4 领导者参与模型

1973年维克多·弗鲁姆（Victor Vroom）和菲利普·耶顿（Phillip Yetton）提出的领导者参与模型，主要指出了领导行为和决策参与的关系。由于认识到常规活动和非常规活动对任务结构的要求各不相同，研究者认为领导者的行为必须加以调整以适应这些任务结构。弗鲁姆和耶顿的模型是规范化的，它提供了根据不同的情境类型而遵循的一系列的序列规则，以确定参与决策的类型和程度。这一决策树模型包括了七项权变因素（可通过“是”或“否”选项进行判定）和五种可供选择的领导行为。

该模型认为，对于某种情境而言，五种领导行为中的任何一种都是可行的，它们是：独裁Ⅰ(AⅠ)、独裁Ⅱ(AⅡ)、磋商Ⅰ(CⅠ)、磋商Ⅱ(CⅡ) 和群体决策Ⅱ(GⅡ)。具体描述如下：

1. 独裁Ⅰ(AⅠ)：领导者使用自己手头现有的资料独立解决问题或做出决策。

2. 独裁Ⅱ(AⅡ)：领导者从下属那里获得必要的信息，然后独自做出决策。在决策中下属扮演的角色显然是向领导者提供必要信息的人，而不是提出或评估可行性解决方案的人。

3. 磋商Ⅰ(CⅠ)：领导者与有关的下属进行个别讨论，获得他们的意见和建议。领导者所做出的决策可能受到或不受到下属的影响。

4. 磋商Ⅱ(CⅡ)：领导者与下属们集体讨论有关问题，收集他们的意见和建议。领导者所做出的决策可能受到或不受到下属的影响。

5. 群体决策Ⅱ(GⅡ)：领导者与下属们集体讨论问题，一起提出和评估可行性方案，并试图获得一致的解决办法。

领导者参与模型进一步证实了领导研究应指向情境而非个体。与豪斯的路径—目标理论相同，弗鲁姆和耶顿反对把领导者的行为看做固定不变的，他们认为，领导者可以根据不同的情境调整他们的领导风格。

9.2.3.5 领导替代物模型

权变理论主要考虑的是领导风格、下属的特性及环境的特点。领导替代物模型认为领导有时是不需要的。领导的替代物（leadership substitute）是指能取代领导的影响和使领导可有可无的东西。下属的特征（如技巧、能力、激励等）、工作和组织变量可以作为“领导的替代物”，从而替代了领导者的影响。

首先，当下属的特点是有经验、受过专业培训或有独立需要时，则替代了领导的效果。这些特点取代了为了进行结构化和降低任务模糊性而需要的领导方面的支持和领导能力。同样，当工作本身十分明确、规范或自身能满足个体时，对领导的需要也大大减少。最后，某些组织的特点，如明确正式的目标、严格的规章和程序或高内聚力的工作群体等，都可以代替正式的领导活动；正式规定与工作程序可替代领导的任务导向；领导与下属的隔离则使得两种领导的作用都被抵消。如表9—3所示。

表9—3　领导替代物对领导的替代和抵消作用

变量	具体因素	任务导向型	关系导向型
组织变量	群体凝聚力	替代	替代
	正式	替代	无效
	稳定	抵消	无效
	职权低	抵消	抵消
	隔离	抵消	抵消
任务特点	高度结构性任务	替代	无效
	自动反馈	替代	无效
	内在满意度	无效	替代
群体特点	有专业技术	替代	替代
	培训/有经验	替代	无效

领导的替代物能提高组织的效率和效益，由于它们使管理者拥有了一些宝贵的自由时间，使其能集中精力去发现提高组织效益的新途径。

9.2.4　领导的最新观点

9.2.4.1　转换型领导

个案9—3

韩国的转换型领导①

在1989年，李亨约（Lee Hun-Jo）成为韩国曾经一度成功的电器和电子公司——金星公司（Goldstar）的总裁，当时这家公司正走向衰败。国际和国内的市场份额正在萎缩，质量降低，甚至普通的员工也认为，如果不及时改变，公司就要破产。在李亨约接管不到10年的时间里，作为韩国洗衣机、冰箱、彩色电视机顶尖生产者的金星公司恢复了元气（1994年改名为LG电子公司）。LG在国际上也赢得了液晶显示器和半导体的一席之地。

李亨约从一开始就认识到，缺乏一种大转变不会使LG电子走向繁荣。正如他所说："你必须改变你的员工……如果你不能改变你的员工，就不能改变你的组织。如果你不能

① ［美］加雷思·琼斯、珍妮弗·乔治、查尔斯·希尔：《当代管理学》（第2版），312页，北京，人民邮电出版社，2003。

做到这一点，就不能达到你的目标。”

李亨约对 LG 电子公司规划的愿景包括成为国际和国内的最好者。他也预见了组织文化和结构的突出变化。像许多的韩国公司一样，LG 电子有一个相对僵化的等级结构，集中于上层的决策制度和尊重权威以及传统的文化。李亨约的愿景包括分散决策和支持效率、效益及创新的文化。在数次面对面的会议上，李亨约充满激情地将他的愿景传达给 LG 的所有员工，做了很多的改变来支持这个愿景，甚至采取象征性的措施让大家知道事情正在改变。如李亨约不戴受韩国高层管理者喜爱的比较保守的领带，他戴色彩鲜艳的领带；与管理者开会时，他拒绝坐在传统的留给总裁的位置上。

李亨约有许多的方法聪明地激励他的下属。他开放非管理者与管理者之间沟通的新途径，公开地与员工讨论公司的问题，使他们感到有义务帮助公司解决问题。决策分散了，所有的员工得到了激励，在对公司改进和提出新产品的设想及提高质量的方法等方面负有责任。LG 电子公司拿回诸如日本公司这样的国外竞争对手开发的产品，进行复制，然后为韩国市场定做。李亨约的部分愿景是 LG 电子公司开发自己的创新性产品，他使产品开发的工程师感到有责任这样做。派他们和 LG 电子公司的客户交流，以发现客户真正需要什么。作为激励的一个结果，LG 电子公司现在有一种革新的和最好卖的产品——一种为保持泡菜（Kimchi，一种由腌的和发酵的卷心菜和萝卜做的韩国人喜爱的菜）新鲜味道特别设计的电冰箱，它比传统的电冰箱保存泡菜的时间长得多。

李亨约也实施了发展性的关怀。他采取引人注目的措施，来提高与团体的联系，他不仅与团体的领导者分享信息，而且他鼓励员工无论什么时候都可与他见面，只要他们是关于 LG 电子公司如何改进的。他希望他的员工发挥潜能，他正在尽其所能，帮助他们发挥潜能。李亨约也广泛阅读有关管理思想最新发展的资料，并了解美国和其他国家的管理实践，使他成为一个有效的管理者和领导者。总而言之，李亨约看来是 LG 电子公司重新获得高绩效国际化组织所需要的领导者——转换型的领导。

转换型领导（transformation leadership）作为一种新的领导正风靡全球。不论是大的还是小的、成功还是失败的组织，当他们的管理者更多地充当转换型领导者时都能获益，并且，当一个组织处于困境的时候，转换型领导的好处最明显。什么是转换型领导呢？转换型的领导一般以下列三种方式改变他们的下属：

1. 转换型的领导者使下属知道他们的工作对组织是多么的重要，以及他们尽力做好那些工作是如何的必要，从而帮助组织实现目标；

2. 转换型的领导者让他们的下属知道他们对个人成长、发展和成就的需要；

3. 转换型的领导者激励他们的下属为组织的整体利益工作，而不是仅仅为了他们个人的所得或利益工作。

当转换型领导者通过这三种方法转变他们下属的时候，下属就相信转换型领导者，并被高度激励，从而帮助组织实现目标。

转换型领导者通过三种方法来影响他们的追随者：成为有魅力的领导者、聪明地鼓励下属、实施发展性的关怀。

（1）成为有魅力的领导者（charismatic leader）。这就要求制定出组织的愿景。作为组织结构、文化、战略、决策和其他过程及因素变化的结果，组织的愿景通常包含了团体和组织业绩的突出变化。这样的愿景为赢得竞争优势铺平了道路。有魅力的领导者对他们所制定的组织愿景既兴奋又有热情，并将这样的愿景向下属传达。这种兴奋、激情和自信能够激发下属热情地支持他们所制定的组织愿景。表9—4总结了有领袖魅力的领导者所应该具备的关键特征。

表9—4　　有领袖魅力的领导者的关键特征①

1. 自信	有领袖魅力的领导者对他们自己的判断能力有充分的信心
2. 远见	他们有理想的目标，认为未来一定会比现状更美好。理想目标与现状相差越大，下属越有可能认为领导者有远见卓识
3. 清楚表述目标的能力	他们能够明确地陈述目标，以使其他人都能明白。这种清晰的表达表明了对下属需要的了解，然后，它可以成为一种激励的力量
4. 对目标的坚定信念	他们被认为具有强烈奉献精神，愿意从事高冒险性的工作，承受高代价。为了实现目标能够自我牺牲
5. 不循规蹈矩的行为	他们的行为被认为是新颖、反传统、反规范的。当获得成功时，这些行为令下属们惊诧而崇敬
6. 作为变革的代言人出现	他们被认为是激进变革的代言人而不是传统现状的卫道士
7. 环境敏感性	他们能够对需要进行变革的环境约束和资源进行切实可行的评估

（2）聪明地鼓励下属。转换型的领导者与下属公开地分享信息，以便下属知道问题所在和改变的必要性。并引导下属与领导者的愿景一致，从不同的角度看待他们团体或整个组织的问题，引导下属把问题看做是必然会遇到并且能克服的挑战。领导者也授权使下属承担帮助解决问题的责任。

（3）实施发展性的关怀。当管理者实施发展性关怀的时候，他们不仅对下属体现真正的关心，而且给员工提供强化技能和能力及在工作中成长和完善的机会。

9.2.4.2　性别与领导

随着越来越多的女性进入管理层，研究人员开始探索性别与领导之间的关系。

研究表明，男性与女性作为领导者同样有效，但确实采用不同的领导风格。女性相对于男性倾向于采用更为民主型或参与型的风格，而较少采用专制型或指导型的风格。女性更乐于鼓励参与，共享权力与信息，并努力提高下属的自我价值。她们通过包容而进行领导，并依赖她们的领袖魅力、专业知识、接触和人际交往技能来影响他人。女性倾向于运用变革型的领导方式，通过将员工的自身利益转化为组织目标而激励他人。

男性则更乐于使用指导型、命令加控制型的风格。他们以自己岗位所赋予的正式权力作为影响基础。男性运用事务型领导方式，通过奖励优异工作和惩罚不良工作而进行领导。

个案9—4

罗琼的多种领导风格②

罗琼临危受命，担任某全球食品饮料公司一个分公司的经理。当时分公司正陷入一场

① ［美］斯蒂芬·P·罗宾斯：《管理学》（第4版），427页，北京，中国人民大学出版社，1997。

② 吴维库：《领导学》，239页，北京，高等教育出版社，2006。

严重的危机，连续六年完不成指标，最近一年亏损严重。最高管理层士气低落，彼此抱怨，毫无信任。总公司给罗琼的指令是明确的：必须扭亏为盈。

上任伊始，罗琼意识到必须在短时间内展示自己高超的领导能力，并且与管理团队建立融洽与信任的关系。同时她也明白，当务之急就是要有人告诉她问题出在哪里，因此她首要的任务就是听取关键人员的意见和想法。

在上任的第一周，她与管理团队的每一位成员共进午餐和晚餐，目的是让每一个人都理解公司目前的处境。当时她的用意与其说是理解每个人如何诊断问题，不如说是理解他们本人。

同时她还扮演了一种角色，尽力帮助团队成员实现个人梦想。例如，有一位经理总是得到负面反馈，他向罗琼吐露了烦恼：大家对他的意见很大，抱怨他没有团队精神，但是他自己却不这样想。罗琼看出他是一位很能干的管理人员，对公司来说很有价值，于是就与他达成了一项协议：一旦他的行为看起来有些违背团队精神，罗琼会悄悄地告诉他。

在三天的外出会议期间，罗琼继续与员工们一对一地促膝谈心。此时她的目的是建设团队，号召大家为当前出现的危机献计献策。她在这时扮演的是另一种风格的领导者，鼓励大家畅所欲言，表达自己的困惑与不满。

三天会议期结束后的次日，罗琼要求团队成员集中精力解决问题，每个人都必须拿出三个具体方案，阐明应该采取的措施。当罗琼把大家的方案集中到一起，她惊奇地发现，大家对于公司当务之急已经形成了共识，比如都意识到了要削减成本。

在大家献计献策的同时，罗琼实际上已经得到了她想要的东西——团队成员的奉献精神。

远景目标清晰了，罗琼开始采用一种新的领导方式。她将任务落实到人，要求每个管理人员都对自己的任务负责。

在随后的几个月里，罗琼不停地向员工阐述公司最新的远景目标，让每位员工牢记自己与这一目标紧密相连。特别是在计划开始的几个星期里，罗琼认为这是成败的关口，如果有人此时不能尽职尽责，那么她有理由采取专制的方法。“在监督计划实施方面我必须毫不留情，用铁的纪律和全身心的投入来保证完成任务。”

罗琼一系列行动的最终结果是：公司的工作氛围焕然一新，员工不断创新，他们谈论公司的远景目标，并争相表示自己愿意为这一明确的新目标奋斗。

灵活运用各种领导风格使得罗琼赢得了胜利果实：她上任仅仅 7 个月，公司的利润就达 5 000 万美元，超过了全年利润指标。

本章小结

本章所研究的领导是指一个人对其他人施加影响，鼓励、激励并指导他们的活动朝着有利于团体或组织目标实现方向发展的过程。领导者可以利用五种权力：法定权力、奖励权力、强制权力、专家权力和个人影响力。领导特质理论描述了对有效领导者有贡献的个人特征，即进取心、领导意愿、诚实与正直、自信、智慧、工作相关知识。然而拥有这些特质并不能保证成为领导，因为其中忽略了情境因素。领导行为理论描述了大多数领导者所具有的两种行为：关心人和关心生产。领导权变理论考虑了领导环境的复杂性与决定管理者是否有效的情境的作用。根据菲德勒的权变模型，在非常有利和非常不利的情境中，任务导向型的领导者最有效；在中度有利或不利的情境中，关系导向型的领导者工作得更好。赫塞和布兰查德的情境领导理论认为存在四种领导行为：指导、推销、参与、授权。领导者选择何种行为风格取决于下属的工作成熟度和心理成熟度。路径—目标理论指出领导者所选择的具体行为（指导型、支持型、参与型、成就导向型）应与环境要求和下属特点相匹配。领导替代模型说明了由于下属在没有管理者影响下有高效的业绩，管理者有时不需要履行领导角色。领导的最新观点指出，转换型领导常常会使组织获益，女性和男性管理者在领导风格上不同。

导入案例分析

我们可以将姚成和林征进行以下对比：

第一，在领导特质方面，他们都具备了作为有效领导者的一些品质，如进取心、领导意愿、诚实与正直、自信、智慧、工作相关知识。

第二，在领导风格上，他们存在着截然不同的差别，姚成是生产导向型或专制型的领导方式，而林征是关系导向型或民主型的领导方式。

第三，根据权变理论，他们处于一种中等有利的情境中：工作任务结构比较清晰，职位权力强，职工的成熟度水平中等。因此，关系导向型或民主型领导更有效。

所以，公司免去姚成的厂长职务是正确的，林征应该能够成为一名合格的厂长。

思考与练习

1. 什么是领导？什么时候领导是有效的或无效的？
2. 列举几个你认为对领导有用的个人特性。这些特性在哪些场合下特别有用？
3. 领导风格的特质理论与行为理论有什么区别。
4. 你是否认为大多数管理者在实践中都运用权变观点来提高领导效力？
5. 你认为对领导来说，领导风格是固定的还是变化的？
6. 描述什么是转换型领导，管理者如何把握它？

案例研究

青岛双星集团汪海的领导方式

青岛双星人至今仍记忆犹新的一段往事是：五年前，一个对大陆企业抱有很深成见的台商气冲冲地来找双星总经理汪海，他要看看汪海用什么绝招，把一个和他做了20多年生意的美国大客户抢走了。他在双星一个车间一个车间地连转了三天，怒气慢慢变成了服气，最后，他抓住汪海的手，发自内心地说道："真没想到双星规模这么大，真没想到你领导双星那么好！"不光台商没想到，就是美国的大鞋商到双星看后也感到惊讶，但惊讶过后，则把他们在韩国、菲律宾的订货单拿到了双星。

纽约《世界鞋报》记者从美国鞋商口中知道了双星的情况，在双星举办的新闻发布会上，他问总经理汪海："请问您是怎样领导这样大规模企业的？采取了什么先进的管理办法?"对美国人的疑问，汪海的回答简单明了："我们针对制鞋业劳动密集型、手工操作的特点，提出'人是兴厂之本，管理以人为主'，坚持管理以人为本，采取了'超微机的管理'，并且形成了一整套自己的管理理论和管理哲学，创造了具有鲜明特色的'双星九九管理法'。"

对管理，汪海曾在字面上做过这样的诠释："管"，就是对人的管理。双星公司总经理曾专门研究了日本松下公司的管理，他发现，松下公司取得成功，除了得力于组织机构、管理技巧、科学技术外，更重要的是得力于其经营理念，一种"繁荣、幸福、和平"的企业文化功能。它把人的历史传统、价值标准、道德规范、生活观念等统一于企业内部共同目标之下，使企业如大家庭般上下忠诚和谐。他更发现松下的这套东西不过是秉承中国的"诚意正心、修身齐家、治国平天下"的儒家思想。汪海开始琢磨：徒尚如此，况师乎？社会主义市场经济，必然要受传统文化的影响，而传统文化又必然要接受现代市场经济意识的洗礼。经过认真思考和分析，汪海紧紧抓住了"人"这个决定因素，以对人的九项管理为纵轴，以对生产经营的九项管理为横轴，为双星的管理勾画出一个直角坐标，提炼出物质文明与精神文化互相促进的"双星九九管理法"。

在人的管理上，双星人要达到三环、三轮原则。他们继承传统的并借鉴国外的以创造自己的，以此三环来刻意求新；他们把思想教育当前轮，经济手段、行政手段做后轮，同步运行，共同提高效能。

在生产经营上，双星人要实现三分、三联、三开发。他们分级管理、分层承包、分开算账，以此增加了企业的活力；他们搞加工联产、销售联营、股份联合，进一步扩大了企业的实力；他们进行人才、技术产品和市场的全方位开发，使双星在市场上提高了竞争力。

汪海在实施九九管理法的纵横交叉中，终于找到了把人与物的管理相结合的最佳结合点。

现在，双星集团公司总经理汪海又在积极探索新的领导方式，力争把双星集团公司带入国际大公司行列，实现"世界的鞋业在中国，中国的鞋业在双星"的宏伟战略目标。

讨论题

1. 分析双星集团公司总经理汪海领导方式有何特点。
2. 根据布莱克和穆顿的管理方格理论，分析汪海的领导方式属于何种类型。

实践与运行

管理实践

要求：查阅三家大型国内外知名企业的最高领导者的相关资料，完成以下实践活动：

1. 实践项目：去图书馆或上网查阅三家大型国内外知名企业的最高领导者的文献资料。

2. 实践目的：通过文献资料的查阅，了解这三家企业领导者的领导方式及其类型。

3. 实践内容：(1) 了解这三家企业的经营状况；(2) 总结这三家企业的领导者的特

征及其领导方式、领导风格，并根据领导理论模型对其进行归类；(3) 对这三家企业领导者的领导方式进行比较分析。

4. 实践考核：(1) 写一份查阅资料小结，与其他同学交流；(2) 撰写实践报告。其内容包括：实践项目；实践目的；实践内容；本人实际完成情况；实践小结。

第 10 章

激　　励

导入案例

李英现已 40 岁的年龄。回首这二十几年的奋斗历程，很为自己早年艰苦而又自强不息的日子感叹不已。想当初自己没有稳定的工作就结了婚，妻子是位孤女，有父母留下的一栋虽然面积不小但很破旧的平房。妻子当时没有工作，两人常为生计发愁。后来，李英在某企业找到了一份固定的工作，并很快地被提拔为工段长、车间主任，进而升为生产部长。他记得那段日子对他个人和公司来说，都是极为重要的转折。他没命地为公司工作，很为自己是其中的一分子感到自豪。他的付出也给他带来了丰厚的回报。他的工资收入已相当可观了，更重要的是，在不断的提拔升级中，妻子很为他感到自豪。有段时间，他自己也沾沾自喜过，可现在细细想来，他觉得自己并没有成就什么，心里老是空落落的。他现在是企业生产的总指挥官，可他看着企业一年比一年不景气，很想在开发新产品方面为企业做些更大的贡献，可他在研究开发和销售方面并没有什么权力。他多次给企业领导提议能否变革组织设计方式，使中层单位能统筹考虑产品的生产、销售及研究开发问题，以增强企业的活力和创新力，可领导一直就没有这方面的想法。所以，李英想换个单位，换个职务不要太高但能真正发挥自己潜能的地方。可自己都步入中年了，“跳槽”的决定又谈何容易。①

请对李英的历程中所体现的个人需要的满足情况及他目前的困惑心境做一分析。

如果李英有意跳槽到你所领导的单位来工作，你应在哪些方面采取措施，以吸引他并给他提供他所看重的激励。

一个组织即使有好的战略和适当的结构，但公司的员工没有被激励起来创造出高水平的业绩时，这个组织还不能称之为是有效的。适宜的、具有针对性的激励措施对于吸引和留住人才尤为重要。成功的管理者必须知道用什么样的方式适时地调动下属的工作积极性。

在本章我们将探讨什么是激励，它从何而来，激励的过程是怎样的。我们还将讨论几个重要的激励理论：需要层次理论、双因素理论、后天需要理论、公平理论、期望理论、

① 周毕文：《2003 年 MBA 联考管理考试应试指南与模拟试卷》，110 页，北京，机械工业出版社，2002。

强化理论。本章的最后，我们将介绍一些提高激励水平的一些方法。

10.1 激励的概念与过程

激励是一种存在于人的内部或外部的、能唤起他的热情和耐力去工作的力量，激励可以被认为是一种心理的力量，它决定了组织中人的行为方向、努力程度、在困难面前的耐力。

激励可以分为内在的和外在的两种。内在激励是指人在执行某个特定的行为的过程中所获得的满足感。完成一个复杂的任务可以使人有一种愉悦的实现感，解决某个有益于他人的问题也可使人满足。例如，喜欢教小孩的幼儿园老师、喜欢解决程序问题的电脑程序员和喜欢拍有点创意的照片的摄影师都会受到内在激励。对于这些个人，激励来自于做好他们的工作，不管他们是教育小孩、发现计算机程序的病毒还是拍照片。外在激励的源泉是行为的结果，而不是行为本身。例如，汽车销售人员受到的激励是因为他能从他所销售的汽车中得到佣金；律师能从与他的职业有关的收入和地位中受到激励；工厂的工作人员从能获得稳定收入的机会中受到激励。他们所受到的激励来源于他们的工作结果，都是外在激励。

人们可以受到内在激励、外在激励或者同时受到两种激励。从管理好一个大的公司、努力达到年终的目标、获得很高的奖金中获得成就感的高级管理者，他们同时受到内在和外在激励；同样，一个喜欢帮助和关心病人的护士，他所受到的好的福利、稳定职业的激励，也属于内在和外在激励。

激励的过程如图 10—1 所示。

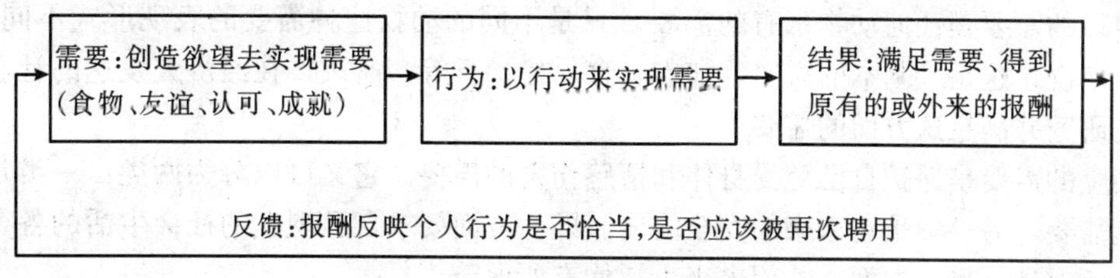

图 10—1 一个简单的激励过程

10.2 激励的理论

10.2.1 激励的内容理论

这类激励理论，根据对人性的理解，着重突出激励对象未满足的需要类型。有两种思路：一种是从社会文化的系统出发，对人的需要进行分类，通过提供一种未满足的需要的框架，寻求管理对象的激励效率，称之为需要层次理论；另一种是从组织范围角度出发，把人的需要具体化为员工切实关心的问题，称之为双因素理论。这两种激励理论形成于20世纪50年代。后期还有与强调需要相关的后天需要理论。

10.2.1.1 需要层次理论

这一理论是由美国社会心理学家亚伯拉罕·H·马斯洛提出来的，因而也称为马斯洛需要层次理论。

需要层次理论主要试图回答这样的问题：决定人的行为的尚未得到满足的需要包括什么内容？早在20世纪30年代著名的霍桑试验中，梅奥等研究人员就以工厂为研究对象，希望找出提高工人劳动生产率的手段，研究除泰罗从前倡议的经济利益刺激外，是否还有其他激励内容。结果发现，工人劳动积极性的提高在很大程度上取决于他们所处的环境，既有车间又有工厂外的社会环境。为此，梅奥认为工人在劳动过程中被激励的前提，是作为"社会人"的人格状态而存在的人，而不仅仅是简单的"经济人"。

马斯洛在这种意义上深化了包括霍桑试验在内的其他关于激励对象的行为科学研究，通过对需要的分类，找出对人进行激励的途径，即激励可以看成是对具体的社会系统中未满足的需要进行刺激的行为过程。

马斯洛的需要层次理论有两个基本出发点。一个基本论点是人是有需要的动物，其需要取决于它已经得到了什么，还缺少什么，只有尚未满足的需要能够影响行为。换言之，已经得到满足的需要不再起激励的作用。另一个基本论点是人的需要都有层次，某一层需要得到满足后，另一层需要才出现。

在这两个论点的基础上，马斯洛认为，在特定的时刻，人的一切需要如果未能得到满足，那么满足最主要的需要就比满足其他需要更迫切。只有前面的需要得到充分的满足后，后面的需要才显示出其激励作用。为此，马斯洛认为，每个人都有五个层次的需要：生理的需要、安全的需要、社会的需要、尊重的需要、自我实现的需要。

生理的需要是任何动物都有的需要，只是不同的动物这种需要的表现形式不同而已。对人类来说，这是最基本的需要，如衣、食、住、行等。所以，在经济欠发达的社会，必须首先研究并满足这方面的需要。

安全的需要是保护自己免受身体和情感伤害的需要。它又可以分为两类：一类是现在的安全需要，另一类是对未来的安全需要。即一方面要求自己现在的社会生活的各个方面均能有所保证，另一方面，希望未来生活能有所保障。

社会的需要包括友谊、爱情、归属及接纳方面的需要，这主要产生于人的社会性。马斯洛认为，人是一种社会动物，人们的生活和工作都不是孤立地进行的，这已由20世纪30年代的行为科学研究所证明。这说明，人们希望在一种被接受或有归属的情况下工作，而不希望在社会中成为离群的孤鸟。

尊重的需要分为内部尊重和外部尊重。内部尊重因素包括自尊、自主和成就感；外部尊重因素包括地位、认可和关注或者说受人尊重。自尊是指在自己取得成功时有一种自豪感，它是驱使人们奋发向上的推动力。受人尊重，是指当自己做出贡献时能得到他人的承认。

自我实现的需要包括成长与发展、发挥自身潜能、实现理想的需要。这是一种追求个人能力极限的内趋力。这种需要一般表现在两个方面：一是胜任感方面，有这种需要的人力图控制事物或环境，而不是等待事物被动地发生或发展；二是成就感方面，对有这种需要的人来说，工作的乐趣在于结果和成功，他们需要知道自己工作的结果，成功后的喜悦要远比其他任何报酬都重要。

马斯洛还将这五种需要划分为高低两级。生理的需要和安全的需要称为低级的需要，而社会的需要、尊重的需要与自我实现的需要称为高级的需要。高级需要是从内部使人得到满足，低级需要则主要是从外部使人得到满足。马斯洛的需要层次理论会自然得出这样的结论，在物质丰富的条件下，几乎所有员工的低级需要都得到了满足。马斯洛的需要层次理论如表10—1所示。

表10—1　　马斯洛的需要层次理论

	需要	描述	管理人员如何在工作中满足人们的这些需要
高级需要	自我实现的需要	实现作为一个人的所有潜能的需要	使人有最大可能发挥他们的能力和技巧的机会
	尊重的需要	对自身和自己的能力感觉良好、被其他人尊重和获得认同和欣赏的需要	提升和成就的认同
	社会的需要	对社会交往、友谊和爱的需要	建立好的人际关系和组织像公司野餐这样的社会活动
低级需要	安全的需要	对安全、稳定和安全环境的需要	提供稳定的工作、足够的医疗福利和安全的工作环境
	生理的需要	对人生存所必需的诸如食物、水、住所等东西的需要	提供能保证个体购买食物、衣服和拥有适当住所的一定水平的报酬

马斯洛的理论得到了实践中的管理者的普遍认可，这主要归功于该理论简单明了、易于理解、具有内在的逻辑性。在李英的案例中出现的前期与后期的需要不同也是这一理论的主要结论。但是，正是由于这种简洁性，也提出了一些问题，如这样的分类方法是否科学等。其中，一个突出的问题就是这种需要层次是绝对的高低还是相对的高低？马斯洛理论在逻辑上对此没有回答。事实上，需要被满足是一种相对的过程。我国管理学者从这一问题出发，对马斯洛的需要本身进行了讨论，认为人类需要实际上具有多样性、层次性、潜在性和可变性等特征。需要的多样性，是指一个人在不同时期可有多种不同的需要，即使在同一时期，也可存在着好几种程度不同、作用不同的需要。需要的层次性，应是相对排列，而不是绝对由低到高排列的，需要的层次应该由其迫切性来决定。对于不同的人在不同时期，感受到最强烈的需要类型是不一样的。因此，有多少种类型的需要，就有多少种层次不同的需要结构。需要的潜在性，是决定需要是否迫切的原因之一。人的一生中可能存在多种需要，而且许多是以潜在的形式存在的。只是到了一定时刻，由于客观环境和主观条件发生了变化，人们才感觉到这些需要。需要的可变性，是指需要的层次结构是可以改变的。

因此，只有在认识到了需要的类型及其特征的基础上，企业的领导者才能根据不同员工的不同需要进行相应的有效激励。马斯洛的需要层次理论为企业激励员工提供了一个参照样本。

10.2.1.2　双因素理论

这种激励理论也叫“保健—激励理论”，是由美国著名的心理学家赫茨伯格于 20 世纪 50 年代后期提出来的。这一理论的研究重点，是组织中个人与工作的关系问题。赫茨伯格试图证明，个人对工作的态度在很大程度上决定着任务的成功与失败。为此，他在 20 世纪 50 年代后期，在匹兹堡地区的 11 个工商业机构中，对近 200 名白领工作者进行了调查。在调查中，他用设计的诸多有关个人与工作关系的问题，要求受访者在具体情景下详细描述他们认为工作中特别满意或特别不满意的方面。最后，通过对调查结果的综合分析，赫茨伯格发现：引起人们不满意的因素往往是一些工作的外在因素，这些因素大多同他们的工作条件和环境有关；能给人们带来满意的因素，通常都是内在的，是由工作本身所决定的。

由此，赫茨伯格提出，影响人们行为的因素主要有两类：保健因素和激励因素。保健因素是那些与人们的不满情绪有关的因素，如公司的政策、管理和监督、人际关系、工作条件等。保健因素处理不好，会引发对工作不满情绪的产生；处理得好，可以预防或消除这种不满。但这类因素并不能对员工起激励作用，只能起到保持人的积极性、维持工作现状的作用。所以保健因素又称为“维持因素”。激励因素是指那些与人们的满意情绪有关的因素。与激励因素有关的工作处理得好，能够使人们产生满意情绪；如果处理不当，其不利效果顶多只是没有满意情绪，而不会导致不满。他认为，激励因素主要有：工作表现机会和工作带来的愉快、工作上的成就感、由于良好的工作成绩而得到的奖励、对未来发展的期望、职务上的责任感等。这两类因素与员工对工作的满意程度之间的关系如图 10—2 所示。

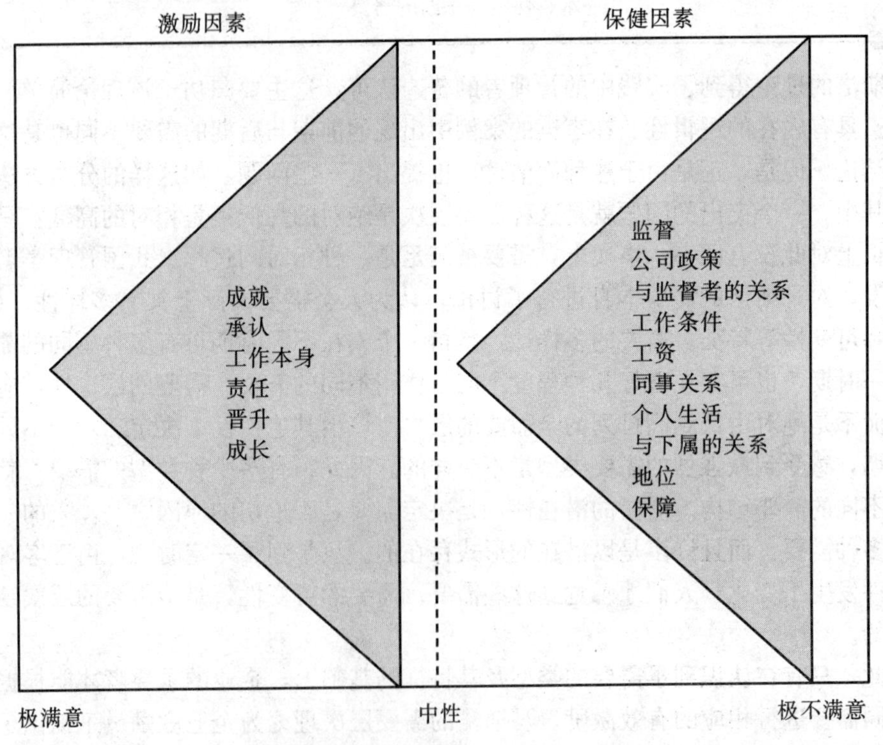

图 10—2　激励因素和保健因素与员工对工作的满意程度之间的关系

赫茨伯格双因素理论的重要意义，在于它把传统的满意—不满意（认为满意的对立面是不满意）的观点进行了拆解，认为传统的观点中存在双重的连续体：满意的对立面是没有满意，而不是不满意；同样，不满意的对立面是没有不满意，而不是满意（见图10—3）。这种理论对企业管理的基本启示是：要调动和维持员工的积极性，首先要注意保健因素，以防止不满情绪的产生。但更重要的是要利用激励因素去激发员工的工作热情，努力工作，创造奋发向上的局面，因为只有激励因素才会增加员工的工作满意感。

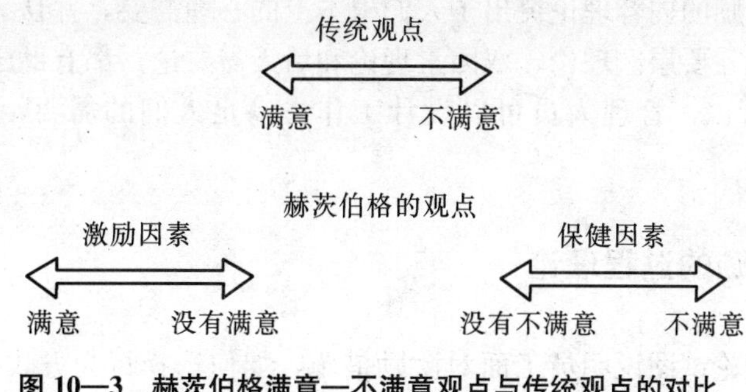

图10—3　赫茨伯格满意—不满意观点与传统观点的对比

不过，正如马斯洛的需要层次理论在讨论激励的内容时有缺陷一样，赫茨伯格的双因素理论也有欠完善之处。像在研究方法、研究方法的可靠性以及满意度的评价标准这些方面，赫茨伯格的这一理论都存在不足。另外，赫茨伯格虽然讨论了员工满意度与劳动生产率之间存在的一定关系，但他所用的研究方法只考察了满意度，并没有涉及劳动生产率。

10.2.1.3　*后天需要论*

前面两种激励理论出现于20世纪50年代，后来，研究人员对它们的一些明显不足之处进行了补充，构成了当代激励理论。在当代激励理论中，后天需要论较有代表性。

后天需要理论认为，在人的一生中，有些需要是后天获得的。换句话说，人们不是生来就有这些需要的，而是通过生活经验进行学习的。其中，人们对三种后天需要的研究最多，它们是：(1) 成就的需要，指渴望完成困难的事情、获得某种高的成功标准、掌握复杂的工作以及超过别人；(2) 依附的需要，指渴望结成紧密的个人关系、回避冲突以及建立亲切的友谊；(3) 权力的需要，指渴望影响或控制他人、为他人负责以及拥有高于他人的职权的权威。

早期的生活阅历决定着人们是否获得这些需要。如果鼓励儿童做自己的事情，并且让他们接受强化培训，他们就会获得某种实现成就的需要；如果让他们加强形成温暖的人际关系，他们就会发展某种依附的需要；如果让他们从控制别人那儿获得满足，那他们就会获得某种权力的需要。

美国管理学家麦克利兰（David Maclelland）指出，有着强烈成就感需要的人，是那些倾向于成为企业家的人。他们做事情喜欢比竞争者做得更好，并且敢冒商业风险。另一方面，有着强烈依附感需要的人，是成功的“整合者”。他们的工作是协调组织中几个部门的工作。整合者包括品牌管理人员和项目管理人员，他们必须具有过人的人际关系技能，能够与他人建立积极的工作关系。不过，麦克利兰指出，这种需要一直未能引起研究人员的足够重视。高归属需要者喜欢合作而不是竞争的环境，希望彼此间的沟通和理解。而有着强烈权力需要的人，则经常有较多的机会晋升到组织的高级管理层。例如，麦克利兰对美国电报电话公司的管理跟踪研究了16年，结果发现，那些有着强烈的权力需要的人，更有可能随着时间的推移而逐步晋升。在这家公司，高层管理者中有一半以上的人对权力有强烈的需要。相比之下，有强烈的成就需要但没有强烈的权力需要的人，容易登上他们职业生涯的顶峰，只不过职位的组织层次较低。原因在于，成就的需要可以通过任务本身得到满意，而权力的需要只能通过上升到某种具有高于他人的权力层次才能得到满足。

总的来说，激励的内容理论突出了人们根本上的心理需要，并认为正是这些需要，激励人们采取行动。需要层次理论、双因素理论和后天需要论，都有助于管理人员理解是什么在激励人们。所以，管理人员可以设计工作去满足人们的需要，并付诸适当的工作行为。

10.2.2 激励的过程理论

激励的过程理论试图说明员工面对激励措施，如何选择行为方式去满足他们的需要，以及确定其行为方式的选择是否成功。过程理论有两种基本类型：公平理论和期望理论。

10.2.2.1 公平理论

员工不是在真空环境中工作，他们总是在进行比较。如果一个人大学刚毕业就有人提供一份月薪4 000元的工作，他可能会很乐意接受，并且工作努力，对自己的收入也十分满意。可是，假如他工作了一两个月后，发现另一位最近毕业的、与他年龄、教育经历相当的同事，月收入为4 500元时，有何反应呢？可能会很失望。虽然对于一个刚毕业的大学生来说，4 000元的绝对收入已相当可观（自己也知道这一点），但这并不是问题所在。问题的关键在于相对的收入和本人的公平观念。大量事实表明员工经常将自己的付出与所得和他人进行比较，而由此产生的不公平感将影响到此人以后付出的努力。

公平理论由斯达西·亚当斯（J. Stacey Adams）提出，这一理论认为员工首先思考自己收入与付出的比率，然后将自己的收入—付出的比与相关他人的收入—付出比进行比较。如果员工感觉到自己的比率与他人相同，则为公平状态；如果感到二者的比率不相同，则产生不公平感，也就是说，他们会认为自己的收入过低或过高。这种不公平感出现后，员工们就会试图去纠正它。如表10—2所示，表中A代表某员工，B代表参照对象。

表10—2　　公平理论的内容

觉察到的比率比较	员工的评价
A所得/A付出＜B所得/B付出	不公平（报酬过低）
A所得/A付出＝B所得/B付出	公平
A所得/A付出＞B所得/B付出	不公平（报酬过高）

在公平理论中，员工所选择的与自己进行比较的参照对象是一重要变量，我们可以划分出三种参照类型：“他人”、“制度”和“自我”。

“他人”包括同一组织中从事相似工作的其他个体，还包括朋友、邻居及同行。员工通过口头、报刊及杂志等渠道获得了有关工资标准、最近的劳工合同等方面的信息，并在此基础上将自己的收入与他人进行比较。

“制度”指组织中的薪金政策与程序以及这种制度的运作。对于组织层面上的薪金政策，不仅包括那些明文规定，还包括一些隐含的不成文规定。组织中有关工资分配的惯例是这一范畴中主要的决定因素。

“自我”指的是员工自己在工作中付出与所得的比率。它反映了员工个人的过去经历及交往活动，受到员工过去的工作标准及家庭负担程度的影响。

特定参照对象的选择，与员工所能得到的有关参照对象的信息以及他们所感知的自己与参照对象的关系有关。基于公平理论观点，当员工感到不公平时，他们可能会采取以下几种做法：(1) 曲解自己或他人的付出或所得；(2) 采取某种行为使得他人的付出或所得发生改变；(3) 采取某种行为改变自己的付出或所得；(4) 选择另外一个参照对象进行比较；(5) 辞去他们的工作。

公平理论认为每个人不仅关心由于自己的工作努力所得到的绝对报酬，而且还关心自己的报酬与他人的报酬之间的关系。他们对自己的付出与所得和他人的付出与所得之间的关系做出判断。他们以对工作的付出，如努力程度、工作经验、教育程度及能力水平等为根据，比较其所得，如薪金、晋升、认可等因素。如果发现自己的付出与所得之比和其他人相比不平衡，就会产生紧张感，这种紧张感又会成为他们追求公平和平等的动机基础。

大量研究支持了公平理论的观点：员工的积极性不仅受其绝对收入的影响，而且受其相对收入的影响。一旦员工感知到不公平，他们会采取行动纠正这种情况，其结果可能会降低或提高生产率，改善或降低产出质量，导致缺勤率或自动离职率提高或降低。

通过以上的讨论，我们发现了公平理论也存在一定的问题，该理论在一些关键问题上并不十分明了。例如，员工如何来界定付出与所得？他们对二者又是怎样衡量的？不过，尽管存在诸多问题，公平理论仍不失为一种颇具影响力的理论，它有助于我们进一步深入研究员工的激励问题。

个案 10—1

何谓 CEO 薪金的“公平”①

美国公司中的员工平均工资与 CEO 的工资差距最大。虽然这种状况在员工被解雇或不加薪时有时遭到反对，但是在高度自由主义的美国文化中，如果公司的业绩良好，大多数人能够公正地接受 CEO 的工资。

在欧洲，一个 CEO 平均每年的报酬是 389 711 美元，而他们在美国的同行平均为 819 428 美元。这种差距给一些欧洲公司带来了恐慌，即美国的多国公司会把欧洲最优秀的管理人才挖走。一些人建议那些和多国公司前沿竞争的管理人员应得到同他们的竞争对手相接近的工资待遇。有几个欧洲的多国公司现在实行同美国相类似的工资水平。要求提高工资的支持者号召提高欧洲的 CEO 的报酬，以接近美国水平，同时将 CEO 的报酬更多地和公司业绩相联系。

然而，批评家们谴责新的工资相对于欧洲传统的公平报酬是不公平的。英国和瑞典的股票交易改变了他们的规定，即要求管理者的工资袋公开。当瑞典通讯设备公司爱立信的

① [美] 约翰·B·库伦：《多国管理：战略要径》，355 页，北京，机械工业出版社，2000。

CEO Lars Ramquist 得到增长 1 倍的工资时，瑞典人被伤害了。调查斯德哥尔摩股票交易的领导人认为这种薪金增加是“令人不悦的”。瑞典首相的代言人指控瑞典主要多国公司的 CEO 们像“被宠坏的孩子”一样请求增加工资。英国和法国的政治与劳工领袖也持有相似的批评意见。英国甚至要取消股票期权交易这种美国管理人员的主要报酬刺激作为管理人员报酬一部分的做法。

10.2.2.2 期望理论

弗鲁姆的期望理论认为，当人们预期到某一行为能给个人带来既定结果，且这种结果对个体具有吸引力时，个人才会采取这一特定行为。它包括以下三个变量或三种联系：

1. 努力—绩效的联系。个体感觉到通过一定程度的努力而达到工作绩效的可能性。

2. 绩效—奖赏的联系。个体感觉到通过一定工作绩效后即可获得理想的奖赏结果的信任程度。

3. 吸引力。即奖赏与个人目标之间的联系。如果工作完成，个体所获得的潜在结果或奖赏对个体的重要性程度，与个人的目标和需要有关。

图 10—4 为期望理论的一个简化模式，图中，A 代表努力—绩效的联系，B 代表绩效—奖赏的联系，C 代表吸引力。它表明了该理论的主要内容。一个人从事工作的动机强度取决于他认为自己能够实现理想的工作绩效的信念程度。如果这一目标得以实现（达到了一定的绩效水平），他是否会获得组织所给予的充分奖赏？如果组织给予了奖励，这种奖励能否满足他的个人目标？让我们假设有一份工作机会，进一步来看一下期望理论中所包含的这四个步骤：

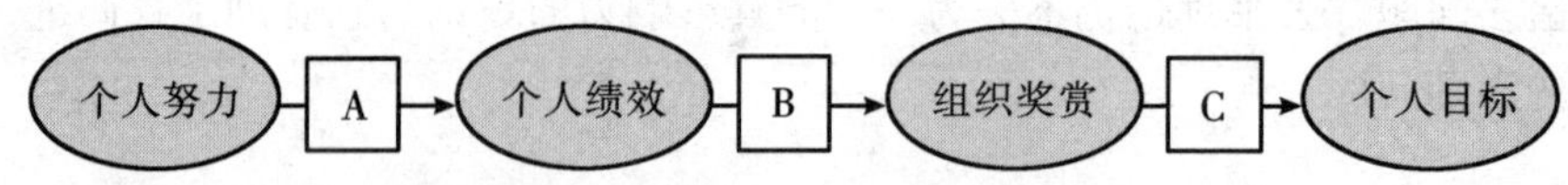

图 10—4 简化的期望理论模式

（1）员工感到这份工作能提供什么样的结果？这些结果可以是积极的，如工资、人身安全、同事友谊、信任、额外福利、发挥自身潜能或才干的机会等；也可以是消极的，如疲劳、厌倦、挫折、焦虑、严格的监督与约束、失业威胁等。也许实际情况并非如此，但这里我们强调的是员工知觉到的结果，无论他的知觉是否正确。

（2）这些结果对员工的吸引力有多大？他们的评价是积极的、消极的还是中性的？这显然是一个内部的问题，与员工的态度、个性及需要有关。如果员工发现某一结果对他有特别的吸引力，也就是说，他的评价是积极的，那么他将努力实现它。对于同一工作，有些人则可能对其评价消极，从而放弃这一工作，还有些人的看法可能是中性的。

（3）为得到这一结果，员工需采取什么样的行动？只有员工清楚地知道为达到这一结果必须做些什么时，这一结果才会对员工的工作绩效产生影响。比如，员工需要明确了解在绩效评估中“干得出色”是什么意思？使用什么样的标准来评价他的工作绩效？

（4）员工是怎样看待这次工作机会的？在员工衡量了自己可以控制的决定成功的各项能力后，他认为工作成功的可能性有多大？

期望理论的基础是自我利益，它认为每一员工都在寻求获得最大的自我满足。期望理论的核心是双向期望，管理者期望员工的行为，员工期望管理者的奖赏。期望理论的假设是管理者知道什么对员工最有吸引力。期望理论的员工判断依据是员工个人的知觉，而与实现情况关系不大。不管实际情况如何，只要员工以自己的知觉确认自己经过努力工作就能达到所要求的绩效，达到绩效后就能得到具有吸引力的奖赏，他就会努力工作。

因此，期望理论的关键是，正确识别个人目标和判断的三种联系，即努力与绩效的联系、绩效与奖赏的联系、奖赏与个人目标的联系。

激励过程的期望理论对管理者的启示是，管理人员的责任是帮助员工满足需要，同时实现组织目标。管理者必须尽力发现员工在技能和能力方面与工作需求之间的对称性。为了提高激励，管理者可以明确员工个体的需要，界定组织提供的结果，并确保每个员工有能力和条件（时间和设备）得到这些结果。企业管理实践中不时有公司在组织内部设置提高员工积极性的激励性条款或措施。如为员工提供担任多种任务角色的机会，激发他们完成工作和提高所得的主观能动性。通常，要达到使工作的分配出现所希望的激励效果，根据期望理论，应使工作的能力要求略高于执行者的实际能力，即执行者的实际能力略低于工作的要求。

10.2.3 激励的强化理论

这种理论观点主张对激励进行有针对性的刺激，只看员工的行为及其结果之间的关系，而不是突出激励的内容和过程。如果这种刺激对员工有利，则这种行为就会重复出现；若对他不利，则这种行为就会减弱直到消失。因此管理要采取各种强化方式，以使人们的行为符合组织的目标。根据强化的性质和目的，强化可以分为正强化和负强化两大类型。

10.2.3.1 正强化

所谓正强化，就是奖励那些符合组织目标的行为，以使这些行为得到进一步加强，从而有利于组织目标的实现。正强化的刺激物不仅包含奖金等物质奖励，还包含表扬、提升、改善工作关系等精神奖励。为了使强化达到预期的效果，还必须注意实施不同的强化方式。有的正强化是连续的、固定的，譬如对第一次符合组织目标的行为都给予强化，或每隔一固定的时间给予一定数量的强化。尽管这种强化有及时刺激、立竿见影的效果，但久而久之，人们就会对这种正强化有越来越高的期望，或者认为这种正强化是理所应当的。管理者要不断加强这种正强化，否则其作用会减弱甚至不再起到刺激行为的作用。另一种正强化的方式是间断的，时间和数量都不固定，管理者根据组织的需要和个人行为在工作中的反映，不定期、不定量实施强化，使每次强化都能起到较大的效果。实践证明，后一种正强化更有利于组织目标的实现。

10.2.3.2 负强化

所谓负强化，就是惩罚那些不符合组织目标的行为，以使这些行为削弱甚至消失，从而保证组织目标的实现不受干扰。实际上，不进行正强化也是一种负强化，譬如，过去对某种行为进行正强化，现在组织不再需要这种行为，但基于这种行为并不妨碍组织目标的实现，这时就可以取消正强化，使行为减少或者不再重复出现。同样，负强化也包含着减少奖酬或罚款、批评、降级等。实施负强化的方式与正强化有所差异，应以连续负强化为主，即对每一次不符合组织的行为都应及时予以负强化，消除人们的侥幸心理，减少直至消除这种行为重复出现的可能性。

总之，强化理论的实质是强调行为是其结果的函数，通过适当运用即时的奖惩手段，集中改变或修正员工的工作行为。强化理论的不足之处，在于它忽视了诸如目标、期望、需要等个体要素，而仅仅注意当人们采取某种行动时会带来什么样的后果，但强化并不是员工工作积极性存在差异的唯一解释。

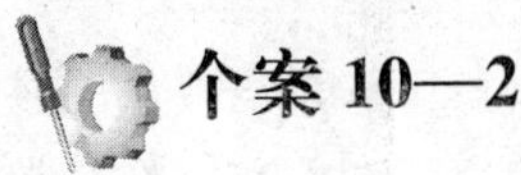

个案 10—2

海尔的“三工”动态转换制度

自 1993 年 10 月海尔开始实行“三工”动态转换制度。所谓“三工”动态转换制度就是根据员工对企业贡献的大小，把企业所有员工按条件转化为“优秀员工、合格员工和试用员工”三种工种，不同的员工会获得不同的报酬，三种员工根据标准随时可以转化，“优者上，劣者下”。

该制度的第一个特点是平等，企业员工上至总裁、下至一线的每个操作工，都遵守这个制度，按照规定标准进入三种工种：“优秀员工、合格员工和试用员工”。

该制度的第二个特点是动态激励性。三种员工不是一成不变的，根据标准，员工符合了一个条件会向上一个档次或向下一档次的形式转换，一旦转化，工资福利等将立即随之变化。这样，既可以激励低级员工向高级员工转换，又可以约束高级员工使其不致对工作麻痹大意。既给后进人员关起了后退的大门，又为能者架起了前进的桥梁，起到了激励与约束的双重作用。

平等竞争和动态激励性的有机结合，使人的潜能得到最大限度的开发。例如，海尔冰箱厂的检验处有位老工人，有一次由于工作疏忽，将一台应换侧板的冰箱盖上了周转章，转到了下一道工序，没有把严质量关，造成损失 2 000 多元，因此按规定被由合格员工转换成试用员工。这种转换对他震动很大，他拿出“三工”转换制度小本，一遍遍地到有关部门咨询可以上转的标准。在那之后的四个月中，他针对本岗位的薄弱环节，提出合理化建议十几条，其中有 2/3 的建议被相关部门采纳，并在一次生产中及时发现、处理了上一班工人生产的 7 个废箱体，避免了一次大质量事故的发生。因此又按规定把他由试用工转换成合格员工。后来，他又以更大的贡献，争取到了优秀员工的工种。

10.3 激励的方法

激励的方法是实现激励目标的途径和具体形式。依照作用方式不同，可以将其分为内在激励和外在激励两大类。内在激励指通过工作本身的趣味性、价值、挑战性，以及完成工作的成就感等激发职工的积极性。外在激励则是借助环境以外的物质奖励、表扬、晋升等引发职工的积极行为。两类激励包含一系列具体方法，其中内在激励方法有工作丰富化、参与管理、目标管理等；外在激励方法有奖酬制度、提供发展机会、改善工作环境、构造企业文化和团队精神、加强信息反馈等。下面就几种主要方法做一介绍。

10.3.1 内在激励方法

10.3.1.1 工作丰富化

所谓工作丰富化是指通过改进工作设计，丰富工作内容，赋予职工更多的尝试机会，来增加工作本身的刺激性和挑战性，使职工获得发挥聪明才智和取得个人成就的机会，从而一方面提高工作效率，另一方面增进职工的满足感。工作丰富化立足于满足成就感、创造欲、自我实现等高层次的心理需要，力求使职工从工作本身获得激励，而无需过多地依赖外在奖酬的刺激，因而对薪金、工作环境、组织结构等问题的关注程度相对较低。实践证明，实行工作丰富化可以比较稳定、持久地激发职工的工作积极性，具有良好的激励效果（见个案10—1)。在李英的案例中就可以采用这一方式对其加以激励。

在企业环境中，可以采取以下措施促进工作丰富化：

1. 在决定诸如工作方法、工作次序和作业速度方面给职工以更大的自由；
2. 使每个职工对自己的工作负有明确的责任；
3. 把工作完成情况及时反馈给职工；
4. 使职工明确认识到自己的工作对企业整体发展的意义及所做出的贡献；
5. 安排和鼓励职工定期轮换工作岗位和工种，并参与某项业务活动的全过程。

值得注意的是，工作丰富化的激励作用是有限定条件的，其效果大小往往因人及情况而异。这是由于首先并非所有职工都具有丰富工作内容的心理需要。研究表明，技术水平较低的职工通常更加注重职业安定、增加工资、良好的人际关系、领导的关心等外部因素的满足。只有那些具有较高成就欲和自我实现需要的职工，才渴望通过丰富的工作内容来施展才华，展示个人价值。其次，并非所有工作都适宜丰富化。某些技术性、专业性较强的工作，流水线作业，严格受机器运转规律制约的劳动以及频繁变换人员会严重影响效率的工作，都难以实现工作丰富化。因此，运用工作丰富化实施激励时，必须充分考虑职工的需求差异和工作性质的特点，切忌简单划一。

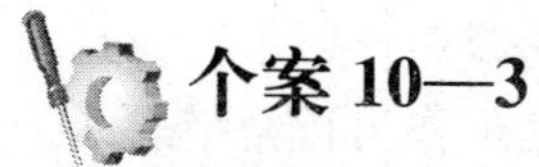

日本基于团队的工作丰富化

在日本的一家索尼工厂，4个工人组成的团队进行全部的组装工作，并最后对摄影机进行检测。这样，产出比以前传送带装配线提高了10%。在NEC的电话工厂，8个人组成的团队在一个星形的圆中工作，通过转台相望，他们自己设定工作进度。一些小组成员制作整个子元件，然后放在面前的转台上，其他小组成员旋转转台取得元件，生产出成品电话。因为新技能是必须的，所以使培训成本上升了。但是，现在35个人生产的电话数量和以前系统中70个人生产的数量一样多。①

10.3.1.2 职工参与管理

职工参与管理是现代企业管理的基本制度，也是激励的重要方法之一。研究表明，参

① ［美］约翰·B·库伦：《多国管理：战略要径》，361页，北京，机械工业出版社，2000。

与管理与多种因素及机制相关。在企业中赋予职工较大的自主权和参与权，鼓励职工实行自治管理，并参与企业重大问题的商讨和决策，对管理人员实行监督，可以满足职工多方面需要，激发其采取积极行为的动机，达到有效激励的目的。

1. 通过参与管理活动，职工可以全面了解企业的有关情况，如发展规划、人事变动、财务状况、利润分配等，从而提高环境的透明度，使职工获得安全感和信任感，保持稳定的心理状态和工作情绪。

2. 通过直接参加决策制定过程并充分发表意见，可以提高职工对企业决策的承认和接受程度，形成心理上的认同感和归属感，增强作为企业主人的自我感受，并在执行决策中采取主动合作的积极态度。

3. 通过参与管理，可以充分调动职工的个人潜能，发挥其聪明才智，同时提高职工对自身地位及存在价值的认识，从而增强自尊心与自信心，获得成就感及自我实现需要的满足。

职工参与管理的形式有多种，如成立由若干比例职工参加的机构委员会，保证职工直接参与企业的重大决策；设立职工提案建议制度，鼓励职工就企业经营管理问题积极发表意见，提出合理化建议；建立职工代表大会制度，为职工全面行使民主权利、参与决策、实施监督和保障职工权益，提供组织和制度保障；吸收职工参股入股，通过职工与股东双重身份的兼容，促进职工个人利益与企业利益的高度融合，形成兴衰与共的命运共同体；组织工人自治小组，由工人自主完成某项业务活动的全部程序，并承担相应的计划、组织、指挥、控制等各项管理职能。

10.3.2 外在激励方法

10.3.2.1 奖酬

奖酬是外在激励的主要方法之一。它是通过评价鉴定职工的工作表现及其成果，并给予相应的报酬和奖励，来达到激励职工积极性的目的。奖酬的内容包括工资、奖金、提升、表扬、福利、社会地位等。

奖酬与多种激励因素相关。首先，奖酬作为行为发生的诱因，可以引导职工行为指向特定目标，并通过个人目标的追求，促进企业目标的实现。其次，奖酬作为行为结果的报酬，能够满足职工物质或精神等多方面的心理需要，成为其采取积极行为的驱动力。再次，奖酬可以作为强化因素，通过对职工行为进行肯定的正向强化，使积极行为得以重复和延续。此外，奖酬还是对行为后果的重要反馈。通过奖酬，职工可以了解自身行为的正确与否、工作绩效的大小以及与企业目标的偏离程度，从而增加对奖酬激励的感受和反应程度，并自觉地及时修正不合理行为。可见，奖酬对职工行为具有多方面的激励作用，是一种综合性的激励手段。

奖酬的激励效果大小取决于运用方式的正确与否。在奖酬中应坚持公正合理的原则，将奖酬的多寡与职工的工作表现和贡献大小紧密结合起来；在给予职工物质奖酬的同时，要充分重视精神奖酬的作用，以便从不同角度满足职工的多方面需要；应将本企业的奖酬制度与其他企业的奖酬制度进行比较，避免本企业的奖酬水平过低于其他企业；应对企业内部各类人员的奖酬加以权衡比较，以免因职工之间奖酬的不合理、不平衡，而影响部分职工的满意程度。同时，应充分考虑不同职工对奖酬要求的差异性，灵活采用多种奖酬形式，给予其所需要或期望满足的奖酬，唯有如此，才能达到良好的激励效果。近年来国外提出一种自助式奖酬制度，即由企业提供一套包括多种形式的奖酬办法，职工可以根据个人需要任意选择最渴望得到的某种奖励，例如提薪、奖金、休假、旅游、退休待遇，或当众表扬、授予荣誉等。这种奖酬方式虽然较为复杂，但可以在不增加费用支出的情况下提高奖酬的效果，因而有助于增强激励效果。

10.3.2.2 培训

给个人提供各种学习、锻炼的机会是一种有效的激励方式。培训意味着为自身能力和素质的提高、自身人才资本的增值以及为将来更好的发展提供机会和条件。特别是进入信息社会，知识的更新越来越快，人们在工作岗位上受到的挑战也越来越多，对学习的需要越来越强烈。因此，培训这种激励方式也越来越受到青睐。

10.3.3 选取不同激励方法的原则

要能最大限度地满足员工需要，激励员工的士气，在选取合适的激励方式时，应注意遵循以下原则：

1. 物质利益原则。人们进行社会活动，都是直接或间接地和物质利益联系在一起的，这是马克思主义关于历史唯物主义的一个基本观点。物质利益除了经济方面的重要作用外，还是人的安全、自尊等不可缺少的依据，因此在员工的物质利益未得到充分满足时，对员工的激励应注重物质利益原则；即使在个人物质利益已被认为充分满足之后，也不应忽视物质利益的激励作用。

2. 公平原则。根据公平理论，人们是需要公平的，而公平是在比较中获得的，人们注重的不只是所得的绝对量，更注意的是可比的相对量，因此管理者应充分考虑一个群体内以及群体外相关人员激励的公平性。“按劳分配”的原则就是为了体现公平性，但公平理论中的公平原则与“按劳分配”相比，更考虑到个人的主观感受，因而显得更加实际。公平的衡量标准在不同文化、不同国家有巨大的差异。

3. 差异化和多样化原则。所谓差异化就是针对不同的个人采用不同的激励方式；所谓多样化就是不应拘泥于一种方式，而应该视情况不同，灵活运用多种激励方法。这是从激励的本质出发的，既然激励的本质就是满足个人的需要，而人的需要又是多种多样、不断发展变化的，因而激励方式也就必须是多种多样、彼此差异的。事实证明，在激励工作中只有坚持差异化和多样化原则，才能保证激励的有效性。

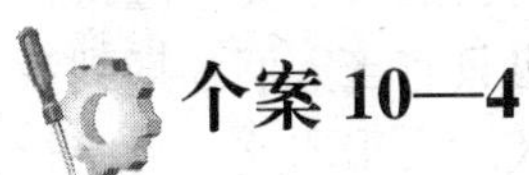

个案 10—4

人才激励贵在“量身定做”①

一次，在美国底特律举行的全球名牌企业管理论坛上，大部分跨国企业的CEO达成共识，即拥有一套卓有成效的人才激励机制是企业立于不败之地的管理法宝。

---

① 林文钦：《人才激励贵在“量身定做”》，载《光明日报》，2008-11-06。

与此相比，我们企业的一些管理者长期以来却采用单一的“以钱为本”的激励机制，往往无法提升大部分员工的士气。众所周知，人都有喜新厌旧的特点，企业的人才激励机制若长期采用“样板戏”的方式，易使青年员工丧失“初生牛犊不怕虎”的锐气，养成“得过且过”的钝感。对此，企业管理者应首先走出观念上的困局，将人才激励的方式从“以钱为本”调整到“以人为本”上来，大力激发职工的积极性和创造性，以促进企业的更好发展。

“人心不同，各如其面”，每位员工的激励需求自然各不相同，因而，对人才的激励要有的放矢，要满足其需要，这其中有物质方面的，更有源自精神和情感层面的内容。

在开展个性化的人才激励方面，那些世界级的“百年老店”可谓不拘一格、各有特色。像惠普的赞美激励法、松下电器的尊重激励法和通用电气的宽容激励法，都从不同角度让员工得到相应的褒赏，成为激发他们创新工作的良好催化剂。

要让激励机制产生效果，管理者和员工们应经常性地沟通，及时把握他们的思想脉搏和价值取向，制定出多元的个性化激励方案，并在实践中不断加以改进、推陈出新。对工作绩效好的员工，可将其调整到更理想的岗位去工作；对学习力较强的员工，可予以其学习进修的机会，并报销一定费用；对喜欢旅游的优秀员工，可为其安排更多的休假，去享受异域休闲和快乐等。

“适合的就是最好的。”企业给予人才恰到好处的激励，终极目的在于给予员工合适的发展机会和发展空间，实现员工个人成长和企业发展的共赢。

本章小结

激励可以分为内在和外在激励两种，它是一种能唤起一个人热情和耐力去工作的力量。简单的激励过程分为需要—行为—结果等阶段。

需要层次理论认为，人类有五个层次的需要：生理需要、安全需要、社会需要、尊重需要和自我实现的需要。个体试图不断努力以逐层满足这些需要。一种需要相对得到满足就不再会产生激励作用了。激励—保健理论认为，不是所有的工作要素都对员工产生激励作用。保健因素只能安抚员工，而没有激励作用，它们不能使员工产生工作满足感。而另一些因素（如成就、认可、责任及晋升等）使人们感受到内部的回报，它们对员工具有激励作用，使员工产生工作满意感。后天需要论把人的需要分为成就需要、依附需要和权力需要。公平理论认为个人总是将自己的付出—所得比与相关他人进行比较，如果他们感到自己的收入低于应得报酬，则工作的积极性将降低，如果他们认为自己的收入高于应得报酬，则会激励他们努力工作以使自己的报酬合情合理。期望理论指出只有当人们预期到某一行为能给个人带来既定结果，且这种结果对其具有吸引力时，个人才会采取这一特定行为。它主要包括以下三种联系：努力与绩效之间的联系，绩效与奖赏之间的联系，以及奖赏与个人目标之间的联系。强化理论强调奖励管理模式，它认为只有使用正强化而非负强化才能奖励理想行为。这一理论认为，行为是由环境因素导致的。

在管理实践中，内在激励方法包括工作丰富化、职工参与管理等；外在激励方法包括奖酬、培训等。在选取合适的激励方式时，应注意遵循物质利益原则、公平原则及差异化和多样化原则。

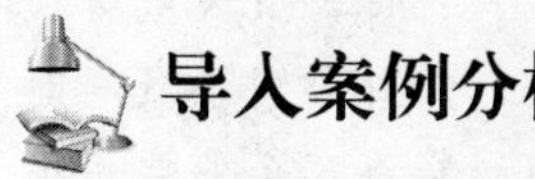

导入案例分析

马斯洛的需要层次理论提出人类的生理、安全、社会、尊重和自我实现这五方面的需要是依次发展的，据此可用来分析李英在这二十年奋斗历程中所经历的个人需要的满足情况和目前面临的心境。李英的心理需要已经上升到了自我实现这一高层次，而他现在的工作并不能使他体验到该类需要的满足，这是他“思变”的主要原因。

要吸引和激励处于这种需要状态的员工，管理者必须在工作环境条件即“保健因素”方面使他得到相当于现有水平的基本满足，与此同时，将激励的重点放在与工作内容密切相关的“激励因素”上，使他在发现自己才能的同时为组织做出贡献。具体说来，可设法在组织结构设计和人员配置中使工作本身具有内在的激励。比如，若是在采取或拟采取事业部制结构的企业中，可让李英负责一个事业部的工作，使他成为独当一面的综合管理人员。或者，在现阶段仍实行职能型结构的组织（类似与李英目前服务的企业）中，可通过设立开展全过程新产品开发工作的项目小组，并任命李英为项目小组负责人，让他成为一名“准企业家”或“内企业家”。

思考与练习

1. 试述需要层次理论与双因素理论的关系。
2. 如果你要为公司设计一种奖金制度，你将要采用哪种理论的何种要素，为什么？
3. 对于管理岗位，具有高成就需要的个人是一个好的候选人吗？
4. 你认为员工队伍的多样化会给管理者应用公平理论造成什么困难？
5. 列出五种你选择职务时最重要的标准（如报酬、承认、挑战性等），按重要程度进行排列，然后将其分组并比较你的反应，你可能会发现什么模式？

案例研究

德国大众公司的动态薪酬体系①

德国大众公司是当今世界排名第五的大型跨国汽车工业公司，在美国《财富》(*Fortune*) 杂志按营业额评选的世界500强中排名前30位，总部设在德国沃尔夫斯堡，在我国的一汽大众和上海大众分别占有49%的股份。

大众公司的人力资源管理的核心即两个成功：第一个成功是指使每个员工获得成功，人尽其才，个人才能充分发挥；让员工提合理化建议，增强主人翁意识，参与企业管理。第二个成功是指企业的成功，使企业创造出一流的业绩，使企业像雪球一样越滚越大。

两个成功互为前提，相辅相成，在员工实现自身价值的同时，最大限度地保证企业成功。公司管理人员认识到，员工应当自由支配一生中的工作时间，对每个员工都应有灵活

① 中国金融网。

的安排，通过使员工与其所能适应的工作位置相匹配，实现员工的自身价值，最大限度地激发员工的积极性和创造力。要防止辞退现象，保证员工岗位的存在，做到公司不景气时不辞退员工，不能遇到困难就辞退员工。大众公司强调要建立社会市场经济，企业要承担应有的社会责任。企业要建立动态的薪酬制度，以适应经济状况的变动，使企业成为在市场经济海洋中“有呼吸的企业”。

一、构建动态薪酬体系

所谓动态薪酬体系，主要有几层含义：一是根据公司生产经营和发展情况，以及其他有关因素变动情况，对薪酬制度及时更新、调整和完善；二是根据调动各方面员工积极性的需要，如调动管理人员、科研开发人员和关键岗位员工积极性的需要，随时调整各种报酬在报酬总额中的比重，适时调整激励对象和激励重点，以增强激励的针对性和效果。这其中包括基本报酬、参与性退休金、奖金、时间有价证券、员工持股计划和企业补充养老保险六项。

(1) 基本报酬：保持相对稳定，体现劳动力的基本价值，保证员工家庭基本生活。

(2) 参与性退休金：于1996年建立，员工自费缴纳相当于基本报酬2%的费用，滞后纳税，交由基金机构运作，确保增值。属于员工自我补充保险。

(3) 奖金：于1997年建立，一是平均奖金，每个员工都能得到，起保底奖励作用；二是绩效奖金，起进一步增强激励力度的作用，使员工能分享公司的新增效益和发展成果。

(4) 时间有价证券：于1998年建立。

(5) 员工持股计划：于1999年建立，体现员工的股东价值。

(6) 企业补充养老保险：于2001年建立，补充养老保险相当于员工基本报酬的5%。

二、实行以岗位工资为主的基本工资制度

动态薪酬体系中的基本报酬部分，实行岗位工资制度，具体内容包括：第一，建立职位分析和岗位评价制度。第二，建立以职位分析和岗位评价制度为基础的岗位（职位）职务等级工资制，共分22级，其中，蓝领工人基本报酬是1～14级，白领是1～22级。第三，根据员工业绩和企业效益建立奖金制度。按照劳资协定，蓝领工人绩效奖金约占工资总额（基本报酬+奖金）的10%；白领占30%～40%；高级管理人员占40%～50%。第四，提高工资水平，理顺报酬关系。2000年大众公司总部全体员工年工资平均水平为4.72万德国马克，最高工资是最低工资的6.25倍。

三、职务消费

大众公司有一套严格的职务消费管理办法，根据职务高低，管理层人员有金额不等的职务消费权力，既有激励力度，又有约束力度。监事会对董事会成员的职务消费做出决定；董事会对高级管理人员的职务消费做出决定；公司人事部对职务消费制定具体实施办法。享有职务消费权力的人员包括高级管理人员120人、中层经理1 700人、基层经理1 180人。职务消费包括签单权、车旅费报销等。如国外子公司副总经理拥有专机，基层科长有2部车。高层管理人员的签单权有分级标准，其中，二级经理的签单权为一年5万德国马克等。

讨论题

1. 你认为大众公司的薪酬制度体系有哪些需要改进的地方？

2. 结合本案例讨论企业薪酬设计的技巧。

实践与运行

管理实践

要求：了解企业激励方式与手段，完成以下实践活动：

1. 实践项目：了解某企业的激励方案及沟通方式。

2. 实践目的：通过对一个企业的访问，了解领导、激励、沟通理论如何在该企业管理中应用。

3. 实践内容：(1) 通过对一个企业的走访，了解该企业所应用的激励方案及所采取的主要沟通方式；(2) 访问企业员工，考察上述措施实际效果，了解他们对现有激励及沟通方式的态度。

4. 实践考核：(1) 写出访问报告或小结，与其他同学交流；(2) 撰写实践报告。其内容包括：实践项目；实践目的；实践内容；本人实际完成情况；实践小结。

第 11 章

沟 通

导入案例

杨瑞的困惑[①]

杨瑞是一个典型的北方姑娘，在她身上可以明显地感受到北方人的热情和直率，她喜欢坦诚，有什么说什么，总是愿意把自己的想法说出来和大家一起讨论，正是因为这个特点，她在上学期间很受老师和同学的欢迎。杨瑞从西安某大学的人力资源管理专业毕业，她认为，经过四年的学习自己不但掌握了扎实的人力资源管理专业知识，而且具备了较强的人际沟通技能，因此她对自己的未来期望很高。为了实现自己的梦想，她毅然只身去广州求职。

经过将近一个月的反复投简历和面试，在权衡了多种因素的情况下，杨瑞最终选定了东莞市的一家研究生产食品添加剂的公司。她之所以选择这家公司是因为该公司规模适中、发展速度很快，最重要的是该公司的人力资源管理工作还处于尝试阶段，如果杨瑞加入，她将是人力资源部的第一个人，因此她认为自己施展能力的空间很大。

但是到公司实习一个星期后，杨瑞就陷入了困境中。

原来，该公司是一个典型的家族企业，企业中的关键职位基本上都由老板的亲属担任，其中充满了各种裙带关系。尤其是老板给杨瑞安排了他的大儿子做杨瑞的临时上级，而这个人主要负责公司研发工作，根本没有管理理念，更不用说人力资源管理理念。在他的眼里，只有技术最重要，公司只要能赚钱，其他的一切都无所谓。但是杨瑞认为越是这样就越有自己发挥能力的空间，因此在到公司的第五天，杨瑞拿着自己的建议书走向了直接上级的办公室。

“王经理，我到公司已经快一个星期了，我有一些想法想和您谈谈，您有时间吗?”杨瑞走到经理办公桌前说。

“来来来，小杨，本来早就应该和你谈谈了，只是最近一直扎在实验室里就把这件事忘了。”

“王经理，对于一个企业尤其是处于上升阶段的企业来说，要持续发展必须在管理上狠下工夫。我来公司已经快一个星期了，据我目前对公司的了解，我认为公司主要的问题在于职责界定不清，雇员的自主权力太小，使他们觉得公司对他们缺乏信任，员工薪酬结

① http://jpkcwucc.cn:8080/glgt/Detail.aspx? CourseInfo_ID=3793。

构和水平的制定随意性较强，缺乏科学合理的基础，因此薪酬的公平性和激励性都较低。”杨瑞按照自己事先所列的提纲开始逐条向王经理叙述。

王经理微微皱了一下眉头说：“你说的这些问题我们公司也确实存在，但是你必须承认一个事实——我们公司在盈利，这就说明我们公司目前实行的体制有它的合理性。”

“可是，眼前的发展并不等于将来也可以发展，许多家族企业都是败在管理上。”

“好了，那你有具体方案吗?”

“目前还没有，这些还只是我的一点想法而已，但是如果得到了您的支持，我想方案只是时间问题。”

“那你先回去做方案，把你的材料放这儿，我先看看然后给你答复。”说完王经理的注意力又回到了研究报告上。

杨瑞此时真切地感受到了不被认可的失落，她似乎已经预测到了自己第一次提建议的结局。果然，杨瑞的建议书石沉大海，王经理好像完全不记得建议书的事。杨瑞陷入了困惑之中，她不知道自己是应该继续和上级沟通还是干脆放弃这份工作，另找一个发展空间。

良好的沟通需要注意哪些技巧？致使杨瑞产生困惑的沟通失败的原因是什么？

管理者每天的工作都离不开沟通。人际间的相互作用，与上司、下属和周围的人都要进行交流，决策、计划、组织、领导和控制等管理职能的执行都必须通过相互间的信息的传递。可见，沟通是个人和组织日常生活中的主要部分，沟通与管理成效密切关联。

11.1　沟通概述

对管理者来说，有效沟通不容忽视，因为管理者所做的每一件事中都包含着沟通。管理者没有信息就不可能做出决策，而信息只能通过沟通得到。一旦做出决策，就要进行沟通。否则，将没有人知道决策已经做出。最好的想法、最有创见的建议、最优秀的计划，不通过沟通都无法实施。因此，管理者需要掌握有效的沟通技巧。

11.1.1　什么是沟通

沟通包含着意义的传递。如果信息或想法没有被传递到，则意味着沟通没有发生。也就是说，说话者没有听众或写作者没有读者都不能构成沟通。

但是，要使沟通成功，意义不仅需要被传递，还需要被理解。如果你写给某人的一封信使用的是他不懂的一种语言，那么不经翻译就无法称之为沟通。沟通（communication）是信息的传递与分享（理解）的过程。也就是说，信息要在发送者与接受者之间传递，信息接受者接受到信息并理解信息，产生相应的反应。完美的沟通，应是经过传递之后被接受者感知到的信息与发送者发出的信息完全一致。

人际沟通（interpersonal communication）是指存在于两人或多人之间的信息的交换与理解，其对象是人而不是物体。

11.1.2 沟通过程

沟通发生之前，必须存在一个意图，称为要被传递的信息（message）。它在信息源（发送者）与接受者之间传送。信息首先被转化为信号形式（编码，encoding），然后通过媒介物（通道，channel）传送至接受者，由接受者将收到的信号转译回来（解码，decoding）。这样信息的意义就从一个人那里传给了另一个人。

图 11—1 描述了沟通过程（communication process）。这一过程包括七个部分：

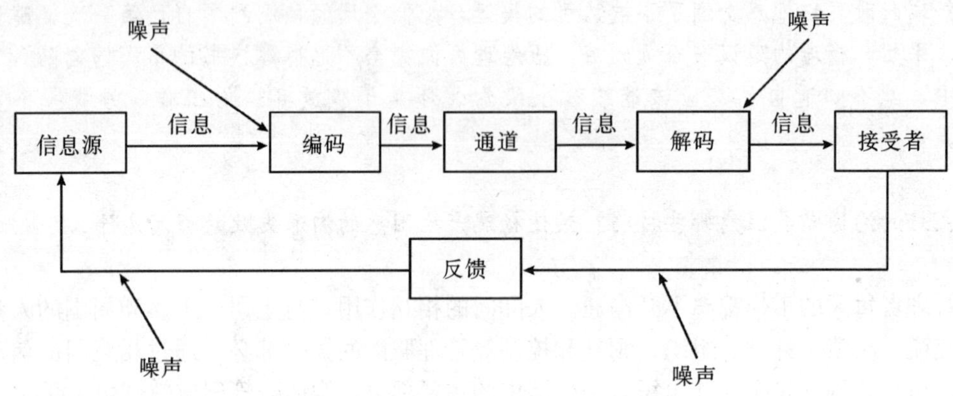

图 11—1 沟通过程

1. 信息源：信息源是指持有信息、意图、观念的人，又叫发送者。作为发送者最重要的是确立概念，明确自己要传递的信息。被编码的信息受到四个条件的影响：技能、态度、知识和社会文化系统。

2. 信息：是指某种思想、想法或意图。起着连接沟通过程的各个部分的作用。

3. 编码：是指适当的传递符号，如言语、文字、图片、模型、身体姿势、动作表情等。人际沟通的主要编码是语言。

4. 通道：是指传递信息的媒介物，即信息传递渠道。如面对面讲话、通电话、会议、备忘录、政策条例等。如口头交流的通道是空气；书面交流的通道是纸张。通道由信息发送者选择，一个具体的信息可以通过不同的通道发送。

5. 解码：是指信息接受者的思维过程，包含了对已编码的信息的解释。

6. 接受者：是指接受并解释信息的个人。沟通的接受者会受自身的技能、态度、知识及社会文化系统的限制。同一信息，不同接受者会有不同的理解，即使同一个接受者，由于接受信息时的情绪状态、或场合不同，也可能做出不同的解释。信息源应该擅长于写或说，接受者则应擅长于读或听，而且二者均应具备逻辑推理能力。一个人的知识水平不仅影响着他传送信息的能力，同样影响着他的接受能力。

7. 反馈：是指接受者把所接受到的信息返还给发送者。经过反馈可使发送者知道信息是否被接受，或及时做出正确的解释，及时修正沟通内容。若无反馈，沟通就是单向的，有了反馈它才能成为双向沟通。

在沟通过程中，很容易受到噪声（noise）的影响。这里的噪声指的是信息传递过程中的干扰因素。典型的噪声包括难以辨认的字迹，电话中的静电干扰，接受者的疏忽大意，以及生产现场中设备的背景噪声等。即所有对理解造成干扰的因素，无论是内部的（如说话人或发送者的声音过低），还是外部的（如同事在临近的桌旁高声喧哗），都意味着噪声。噪声有可能在沟通过程的任何环节上造成信息的失真。

在沟通过程中，无论使用什么样的支持性装置来传递信息，信息本身都会出现失真现象。我们的信息事实上是经过信息源编码的物理产品。当我们说的时候，说出的话是信息；当我们写的时候，写出的内容是信息；绘画的时候，图画是信息；做手势的时候，胳膊的动作、面部表情是信息。我们用于传递意义的编码和信号群、信息本身的内容，以及信息源对编码和内容的选择与安排所做的决策，都影响着我们的信息，三者之中的任一方面都会造成信息的失真。

11.1.3 沟通方式

沟通方式指的是信息传递的形式，即用什么信息媒介把所要表达的信息内容传递出去并使接受者理解。采用不同的信息媒介，就形成了不同的沟通方式。组织中最普遍使用的沟通方式有口头沟通，书面沟通，非言语沟通及电子媒介。

11.1.3.1 口头沟通

人们之间最常见的交流方式是交谈，也就是口头沟通。常见的口头沟通包括面谈、会议、演说、正式的一对一讨论或小组讨论、非正式的讨论以及传闻或小道消息的传播。

口头沟通的优点是比较灵活、速度快、双方可以自由讨论、有亲切感。在面对面交换信息的过程中，不仅可以传递信息，而且可以传递感情、态度，特别是可以借助手势、表情等体态语言来增强沟通的效果。可以立即获得对方的反应，具有双向沟通的好处，且富有弹性，可随机应变。

口头沟通的主要缺点是信息失真的潜在可能性很大。在信息的传递过程中，每个人都以自己的方式解释信息，当信息到达终点时，其内容常常与最初大相径庭。同时，口头沟通具有时效性，一过即逝。另外，口头沟通对信息发送者的口头表达能力要求较高，如果信息发送者口齿不清或不能掌握要点、提纲挈领地发表意见，就无法使信息接受者准确把握信息。

11.1.3.2 书面沟通

书面沟通是指用文字作为信息媒介来传送信息的沟通方式。包括备忘录、报告书、通知、信件、组织内发行的期刊、布告栏及其他任何传递书面文字或符号的手段。

书面沟通的优点很多，主要有：书面沟通以文字的形式固化信息，可以使信息长期保存，持久、有形、可以核实。对于复杂或长期的沟通来说，这尤为重要。书面沟通通常有一种关注的意味，往往重要的信息沟通都以书面沟通为准，“口说无凭，立字为据”。书面沟通以“白纸黑字”避免了信息传递过程中的随意性，显得更为周密，逻辑性强，条理清楚。

当然，书面沟通也有自己的缺陷。书面方式更为精确，但耗费了更多的时间。事实上，花费一个小时写出的东西只需 10～15 分钟就能说完。书面沟通的另一个主要缺点是缺乏反馈。口头沟通能使接受者对其所听到的东西提出自己的看法，而书面沟通则不具备这种内在的反馈机制。其结果是无法确保所发出的信息能被接收到；即使被接收到，也无法保证接受者对信息的解释正好是发送者的本意。

11.1.3.3 非言语沟通

非言语沟通（nonverbal communication）是相对于言语沟通来讲的一种沟通方式，它包括动作、表情、声调等。一个人所用的办公室和办公桌的大小，一个人的穿着打扮都向别人传递着某种信息。非言语沟通中最为人知的领域是体态语言和语调。体态语言（body language）包括手势、面部表情和其他身体动作。比如，一副咆哮的面孔所表示的信息显然与微笑不同。手部动作、面部表情及其他姿态能够传达诸如攻击、恐惧、腼腆、傲慢、愉快、愤怒等情绪或心情。语调（verbal intonation）指的是个体对词汇或短语的强调。假设学生问教师一个问题，教师反问道："你这是什么意思?"反问的声调不同，学生的反应也不同。轻柔、平稳的声调与刺耳尖利、重音放在最后一词所产生的意义完全不同。大多数人会觉得第一种语调表明某人在寻求更清楚的解释；而第二种语调则表明了此人的攻击性或防卫性。

一名研究者发现，在口头交流中，信息的55%来自于面部表情和身体姿态；38%来自于语调；而仅有7%来自于真正的词汇。这充分说明了非语言信息所传达的思想和情绪比我们仔细挑选语言表达的意思更强烈。身体语言通常很雄辩地传递了我们的真实情感。

11.1.3.4 电子媒介

当今时代，我们依赖于各种各样复杂的电子媒介传递信息。除了极为常见的媒介（电话及公共邮寄系统）之外，我们还拥有闭路电视、计算机、静电复印机、传真机等一系列电子设备。将这些设备与言语和纸张结合起来就产生了更有效的沟通方式。其中发展最快的应该算是电子邮件（e-mail）了。只要计算机之间以适当的软件相连接，个体便可通过计算机迅速传递书面信息。存储在接受者终端的信息可供接受者随时阅读。电子邮件迅速而廉价，并可同时将一份信息传递给多人。它的其他优缺点与书面沟通相同。

个案 11—1

沟通过程的跨文化观点

人际沟通在世界各地并不是以相同的方式进行的。比较强调个人主义价值观的国家（如美国）与强调集体主义价值观的国家（如日本）就可发现这一点。

在美国等一些国家中，重视和强调个人，沟通风格也是个体取向的，并且直言不讳。比如，对于组织内部的协商，美国管理者习惯于使用备忘录、布告、论文以及其他正式的沟通手段表明自己的看法和观点。美国主管为了使自己获得晋升机会或使下属接受自己的决策和计划，常常保留机密信息。出于自我保护的目的，下级员工也同样如此行动。

而在如日本这样的集体主义国家中，人际间的相互接触相当频繁，而且更多是非正式的。与美国不同，日本管理者针对一件事首先进行大量的口头磋商，而后才以文件的形式总结已做出的决议。面对面的沟通方式在这里受到鼓励。另外，开放式的沟通是日本人工作环境的一个固有组成部分。他们的工作空间是开放式的，不同等级的工作人员挤在一起工作。而美国管理者则强调权力、等级和沟通的正式线路。

美国与日本的这些文化差异使得经营管理人员在谈判过程中遇到不少困难。比如，有关谈判的研究发现，两国人员在谈判桌前各有不同的目标。美国人一开始就切入正题，日本对手则以建立关系为开始；美国人希望一开始就涉及数字和细节问题，日本官员则以谈及通则入手；美国人倾向于直截了当、不拐弯抹角地表明他们的拒绝，而大多数日本人却将这视为攻击和冒犯。

11.1.4 沟通渠道

信息沟通犹如水在水渠里流动一样，总是沿着一定的线路，按一定的方向在特定的人群之间流动的，这种沟通途径就称为沟通渠道。组织系统中的沟通渠道分为正式渠道和非正式渠道两大类。

11.1.4.1 正式沟通渠道

正式沟通是指通过正式的组织程序所进行的沟通。它是沟通的主要形式，一般与组织的结构网络和层次相一致。主要包括：按正式组织系统发布的命令、指示、文件，组织召开的正式会议，组织内部上下级之间或同事之间因工作需要而进行的正式接触。正式沟通渠道传播的消息称为“官方消息”。

由于正式沟通带有强制性，比较规范，井然有序，约束力强，沟通效果较好。在企业管理中一般的信息都要通过正式沟通渠道下达及反馈。正式沟通渠道的弱点是：传播线路固定、呆板，沟通速度较慢；中间环节较多，信息易损耗；对人的素质要求较高，信息易失真。

信息在不同人之间以不同方向流动就形成了沟通模式。根据人们的观察及实验室研究，正式沟通渠道主要有五种模式：链型、Y型、轮型、环型、全通道型（见图11—2）。

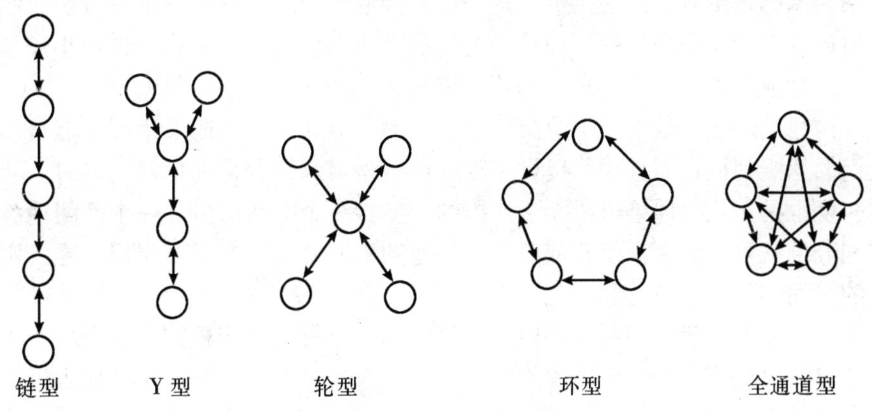

图11—2 五种正式沟通模式

1. 链型：代表的是五个垂直层次的结构，在这种情况下，只能向上或向下逐级传递信息。可发生在一个只有直线型权力关系而没有其他关系的组织中。

2. Y型：表示在四个层次的逐级沟通中，两位领导者通过一个人或一个部门进行沟通。若把Y型倒过来，则表示在四个层次的逐级沟通中，一位领导得通过一个人或一个部门进行沟通。

3. 轮型：表示一个管理者与四个下级沟通，而四个下级之间没有相互沟通现象。

4. 环型：表示允许其他成员与相邻的成员交流，但不允许其他交流。可以表示管理者对两个下级进行沟通，而两个下级又分别与各自的下级再沟通。

5. 全通道型：允许每一个成员自由地与其他四位成员交流，交流是平等的，并无明显的中心人物。

这五种沟通模式对组织内群体行动的影响差异见表 11—1。

表 11—1　　五种沟通模式的效能比较

沟通模式 评价标准	链型	Y 型	轮型	环型	全通道型
集中性	适中	较高	高	低	很低
速度	适中	快	快（简单任务） 慢（复杂任务）	慢	快
正确性	高	较高	高（简单任务） 低（复杂任务）	低	适中
领导能力	适中	高	很高	低	很低
团体成员满意度	适中	较低	低	高	很高

如表 11—1 所示，如果管理者看重解决问题的速度，那么使用 Y 型和全通道型的沟通模式是最好的；如果看重信息传递的精确度，那么链型、Y 型和轮型的沟通模式是最好的；如果看重领导者权威，则需要用轮型沟通模式；如果看重通过信息沟通来增加员工的满足感，则最好使用环型和全通道型沟通模式。

11.1.4.2　非正式沟通渠道

非正式沟通渠道指的是正式制定的规章制度和正式组织程序以外的各种沟通渠道。它以社会关系为基础，带有一定的感情色彩。这种沟通不受组织监督，也没有层次结构上的限制，是由员工自行选择进行的，如员工之间的交谈，议论某人某事，传播小道消息、流言等。非正式沟通渠道传播的信息又称“小道消息”。

非正式沟通渠道虽不是由组织明文规定建立的，但非正式沟通渠道不仅能真实地表露或反映人们的思想动机，而且往往提供了正式沟通渠道难以获得的信息。同时，非正式沟通渠道的速度也是正式沟通渠道所无法比拟的。如打一个电话向另外一个部门请教一个问题，只需五分钟就可以解决，但若依照正式沟通的程序来进行，需要层层批准，则可能花上一整天的时间。

非正式沟通渠道一般有四种沟通模式：单串型、流言型、随机型、集合型。单串型是指通过一长串的人把信息传递给最终的接受者。流言型是指某人积极主动地告诉别人。信息由 A 传递给人，A 是非正式渠道中的关键人物。随机型是指个人之间随机地相互转告。信息由 A 随机地传递给某些人，这些人再随机地传递给另一些人。集合型是指一些人有选择地转告他人。信息由 A 传递给经过选择的人，此人又依次把信息转告其他经过选择的人。在管理人员中大多数的非正式沟通都是按照这一类型进行的。

非正式沟通的主要功能是传播职工（包括管理和非管理人员）所关心和与他们有关的信息，它取决于职工的社会和个人兴趣、利益，与组织正式的要求无关。非正式沟通渠道有以下基本特征：

1. 非正式沟通渠道内的信息是不完整的，无规律可循，不能作为决策的依据。

2. 非正式沟通渠道涉及较多的有关情感和情绪的问题，有很强的感情色彩，容易被出自不同动机和目的的人所利用。

3. 非正式沟通渠道的建立与个性的相似性有关，“趣味相投”者更容易沟通，更易形成非常合作、凝聚力强的工作群体或小团体。

4. 非正式沟通渠道传播速度快，如果信息与他本人或其亲朋好友有关，则传递得更快。

5. 非正式沟通渠道是正式沟通渠道状态的晴雨表。一般在企业内部正式沟通渠道不畅时，非正式沟通渠道才会丰富起来，特别活跃。

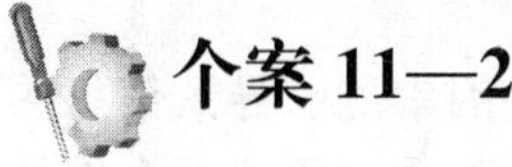

个案 11—2

本田公司的沟通渠道[①]

在世界摩托车大赛中多次夺冠的本田公司，以 100 万日元的资本起家，在十几年的时间内由摩托车王国发展成为汽车王国，与丰田、日产鼎足而立，成为日本汽车产业的支柱之一。本田公司在经营上值得注意的一个主要经验就是管理上特别重视内部团结和人际关系。

本田公司为了建立上下左右全面团结的组织内部结构，着眼点主要放在避免和减少上下级、同级、同事以及各个环节之间的矛盾和冲突上。方法是尽力找出并消除产生矛盾和冲突的根源。本田公司规定各级管理人员都要同工人一样，上班必须穿白色工作服，戴黄色安全帽，以消除可能由于着装的差别而产生的距离。本田宗一郎作为老板也不例外，而且为了和普通职工保持亲近，他还经常在职工食堂和工人一起进餐，或者到车间同工人一起动手干活。这样，本田宗一郎不但可以直接了解工人的情绪和要求，掌握生产情况，还可以知道职工的许多意见，这些情况和意见经常成为本田宗一郎对重大问题做出决策、改善内部管理的重要依据。

本田宗一郎在他的企业内发展了一种金字塔式的领导制度。他居于最高的领导地位，负责企业的政策，从工人开始，建立起一种从车间主任、科室领导直到经理和董事长的等级制度，这一切都符合传统的结构。但是本田宗一郎在董事长这个职位上直接观察下面的运转情况，并且同普通工人一样劳动。这样，他就有了双重视野：从上往下看和从下往上看。而在多数情况下，他认为从下到上地进行管理和慢慢地形成决定是恰当的。本田宗一郎努力推行一种“升降机”政策。他在下面研究他所做出决定的效果、新出现的问题，然后他又到最上层。他在每层楼梯的平台上停下来，以听取那里的意见，并亲眼目睹某一项工作和他制定的政策的进展情况。当然，他从上下两面双重的角度观察一切，他既是普通工人，也是车间主任、研究员、经理、董事长，而又从来不在这一来回过程中的任何一个地点被绊住。他喜欢这样做，因为他能听到多种多样的意见。

公司中每个部门通常有 200 名职工，经理处为每一个部门指定 5 名代表，他们组成经

---

① http://glx.ujn.edu.cn/onews.asp?/69html。

理处下属的委员会，负责该部门的工作。如果企业中某个成员想提建议，他就填写一张表格，他在这张表格上详细阐明自己的计划。表格随后被送到部门的委员会立即进行审核，如果认为这个想法明智可行，就把建议提交经理处。如果建议被采纳，那么按其重要程度发明者就会得到一定数量的积分。谁要积累了 300 分，就可以到国外去旅行一次。如果他一次就得了 300 分，还可因此获得特别奖即本田奖。

11.2 有效沟通的障碍

我们在沟通过程的讨论中，提到过信息失真的潜在可能性。哪些因素能够导致信息的失真？除了沟通过程中所指出的一般类型的失真之外，还有一些其他障碍也干扰了有效的沟通。

11.2.1 过滤

过滤（filtering）指故意操纵信息，使信息显得对接受者更为有利。比如，管理者所告诉上司的信息都是上司想听到的东西，这位管理者就是在过滤信息。

过滤的程度与组织结构的层级和组织文化两个因素有关。在组织等级中，纵向层次越多，过滤的机会也越多。组织文化则通过奖励系统或鼓励或抑制这类过滤行为。如果奖励越注重形式和外表，管理者便越有意识按照对方的品味调整和改变信息。

11.2.2 选择性知觉

在沟通过程中，接受者会根据自己的需要、动机、经验、背景及其他个人特点有选择地去接受信息。解码的时候，接受者还会把自己的兴趣和期望带进信息之中。

11.2.3 情绪

在接收信息时，接受者的情绪也会影响到他对信息的解释。不同的情绪感受会使个体对同一信息的解释截然不同。极端的情绪体验，如狂喜或抑郁，都可能阻碍有效的沟通。这种状态常常使人们无法进行客观而理性的思维活动，代之以情绪性的判断。因此最好避免在很沮丧的时候做决策。

11.2.4 语言

同样的词汇对不同的人来说含义是不一样的。年龄、教育和文化背景是三个最明显的因素，它们影响着一个人的语言风格以及他对词汇的界定。在一个组织中，员工常常来自于不同的背景。横向的分化使得专业人员发展了各自的行话和技术用语。纵向的差异同样造成了语言问题。比如，像刺激和定额这样的词汇，对不同的管理层有着不同的含义。高层管理者常常把它们作为需要，而下级管理者则把这些词汇理解为操纵和控制，并由此而产生不满。

11.2.5 非言语提示

非言语提示是信息传递的一种重要方法。非言语提示几乎总是与口头沟通相伴，如果二者协调一致，则会彼此强化。比如，上司的语言告诉某个下属他很生气，他的语调和身体动作也表明很愤怒，于是下属推断出他很恼火，这极可能是个正确的判断。但当非言语提示与口头信息不一致时，不但会使接受者感到迷茫，而且信息的清晰度也会受到影响。如果上司告诉下属他真心想知道其困难所在，而当下属告诉他情况时，他却在浏览自己的信件，这便是一个相互冲突的信号。

11.3 克服沟通障碍

对于前面提到的这些沟通障碍，管理者如何克服它们？以下的建议将使沟通更为有效。

11.3.1 运用反馈

很多沟通问题是由于误解或不准确造成的。如果管理者在沟通过程中使用反馈回路，则会减少这些问题的发生。这里的反馈可以是言语的，也可以是非言语的。反馈是沟通体系中的一个重要方面，提供反馈或为接受者提供寻求澄清的机会，有利于增强沟通的有效性。反馈不必一定以言语的方式表达。行动比言语更为明确，因为它们往往是接受者潜意识的流露。

11.3.2 重复

重复是改善沟通的一项有效技术。使用不同的字词或语句对信息数次重复，可以有效地使信息被理解和接受。许多广告都使用这种方法。

11.3.3 双向沟通

双向沟通是解决一些沟通问题的另一有效途径。许多传统组织依靠单向沟通，即在组织内从上到下地传递信息和命令，下级无法表达自己的感觉、意见和建议。

11.3.4 简化语言

由于语言可能成为沟通障碍，因此管理者应该选择措辞并组织信息，以使信息清楚明确，易于接受者理解。管理者不仅需要简化语言，还要考虑到信息所指向的听众，以使所用的语言适合于接受者。有效的沟通不仅需要信息被接收，而且需要信息被理解。通过简化语言并注意使用与听众一致的言语方式可以提高理解效果。比如，医院的管理者在沟通时应尽量使用清晰易懂的词汇，并且对医务人员传递信息时所用的语言应和对办公室工作人员不同。在所有的人都理解其意义的群体内的行话会使沟通十分便利，但在本群体之外使用行话则会造成无穷问题。

11.3.5 积极倾听

倾听并不是简单地听，这两个词之间存在着很大的差异。倾听是对信息进行积极主动的搜寻，而单纯地听则是被动的。在倾听时，接受者和发送者双方都在思考。倾听的失败表明不感兴趣。我们常常看到在商谈、会议及谈话中，有些人总是倾向于多说少听，这样做或许仅仅是为了给别人留下深刻印象，而并不能增强沟通的有效性。

积极倾听（active listening）常常比说话更容易引起疲劳，因为它要求脑力的投入，要求集中全部注意力。我们说话的速度是平均每分钟 150 个词汇，而倾听的能力则是每分钟可接受将近 1 000 个词汇。二者之间的差值显然留给了大脑充足的时间，使其有机会思考其他问题。

11.3.6 抑制情绪

我们知道，情绪能使信息的传递严重受阻或失真。当管理者对某件事十分失望时，很可能会对所接受的信息发生误解，并在表述自己信息时不够清晰和准确。此时管理者应该暂停进一步的沟通直至恢复平静。

11.3.7 注意非言语提示

我们说行动比言语更明确，因此很重要的一点是注意你的行动，确保它们和语言相匹配并起到强化语言的作用。非言语信息在沟通中占据很大比重，因此，有效的沟通者十分注意自己的非言语提示，保证它们也同样传达了所期望的信息。

本章小结

沟通是意义的传递与理解。沟通过程始于有信息需要传递的沟通信息源（发送者）。信息被转化为信号形式（编码），并经过通道传递给接受者，接受者再将信息解码。为了保证信息的准确性，接受者应向发送者提供反馈以检查自己是否理解了所接受的信息。沟通方式有口头沟通、书面沟通、非言语沟通、电子媒介。组织内的沟通渠道有正式沟通渠道和非正式沟通渠道。克服沟通障碍的技术包括：运用反馈、重复、双向沟通、简化语言、积极倾听、抑制情绪以及注意非言语提示。

导入案例分析

影响信息沟通的因素包括：(1) 信息发送者的技能、态度、知识和价值观；(2) 接受者的技能、态度、知识和价值观；(3) 沟通渠道的选择。良好的沟通应该注意到所有影响沟通的因素。本案例中杨瑞作为信息的发布者在选择沟通的时间和方式上有欠缺，同时民营企业的管理者作为信息的接受者，受其态度、技能和价值观的影响，对于信息的接受本身存在着障碍，这些都是导致杨瑞困惑和沟通失败的原因。

思考与练习

1. 为什么有效的沟通不是达成协议的代名词？
2. 在沟通过程中，哪些地方容易出现信息失真？
3. 在组织中，哪些沟通方法是人们最常使用的？
4. “低效的沟通是由于发送者的错误导致的”。你是否赞同这一观点？谈谈你的看法。

案例研究

阿维安卡 52 航班①

1990 年 1 月 25 日晚 7:40，阿维安卡（Avianca）52 航班飞行在南新泽西海岸上空 37 000 英尺的高空。机上的油量可以维持近两个小时的航程，在正常情况下飞机降落至纽约肯尼迪机场仅需不到半小时的时间，这一缓冲保护措施可以说十分安全。然而，此后发生了一系列耽搁。首先，晚上 8:00 整，肯尼迪机场航空交通管理员通知 52 航班的飞行员，由于严重的交通问题他们必须在机场上空盘旋待命。8:45，52 航班的副驾驶员向肯尼迪机场报告他们的“燃料快用完了”。管理员收到了这一信息，但在 9:24 之前飞机没有被批准降落。在此之前，阿维安卡机组成员再没有向肯尼迪机场传递任何情况十分危急的信息，但飞机座舱中的机组成员却相互紧张地通知他们的燃料供给出现了危机。

9:24，52 航班第一次试降失败。由于飞行高度太低及能见度太差，因而无法保证安全着陆。当肯尼迪机场指示 52 航班进行第二次试降时，机组成员再次提到他们的燃料将要用尽，但飞行员却告诉管理员新分配的飞行跑道“可行”。9:32，飞机的两个引擎失灵，1 分钟后，另外两个也停止了工作，耗尽燃料的飞机于 9:34 坠毁于长岛，机上 73 名人员全部遇难。

当调查人员考察了飞机座舱中的磁带并与当时的管理员讨论之后，他们发现导致这场

① ［美］斯蒂芬·P·罗宾斯：《管理学》（第 4 版），465 页，北京，中国人民大学出版社，1997。

悲剧的原因是沟通的障碍。为什么一个简单的信息既未被清楚地传递又未被充分地接受呢？下面我们对这一事件进行进一步的分析。

首先，飞行员一直说他们“油量不足”，交通管理员告诉调查者这是飞行员们经常使用的一句话。当被延误时，管理员认为每架飞机都存在燃料问题。但是，如果飞行员发出“燃料危急”的呼声，管理员有义务优先为其导航，并尽可能迅速地允许其着陆。一位管理员指出，“如果飞行员表明情况十分危急，那么所有的规则程序都可以不顾，我们会尽可能以最快的速度引导其降落的。”遗憾的是，52 航班的飞行员从未说过“情况紧急”，所以肯尼迪机场的管理员一直未能理解到飞行员所面对的真正困难。

其次，52 航班飞行员的语调也并未向管理员传递有关燃料紧急的严重信息。许多管理员接受过专门训练，可以在这种情境下捕捉到飞行员声音中极细微的语调变化。尽管 52 航班的机组成员之间表现出对燃料问题的较大忧虑，但他们向肯尼迪机场传达信息的语调却是冷静而职业化的。

最后，飞行员的文化和传统以及机场的职权也使得 52 航班的飞行员不愿意声明情况紧急。当对紧急情况进行正式报告之后，飞行员需要写出大量的书面汇报。另外，如果发现飞行员在计算飞行中需要多少油量方面疏忽大意，联邦飞行管理局就会吊销其驾驶执照。这些消极的强化因素极大阻碍了飞行员发出紧急呼救。

讨论题

1. 使用本章所提供的沟通过程分析 52 航班飞行员与肯尼迪机场交通管理员之间的沟通。

2. 具体陈述如何使用积极倾听技术以阻止这场空难。

3. 目前在主要的国际机场中大量航班是国外航班，因而飞行员与国际空中管理员所使用的母语通常不同，此时管理员如何能有效地工作？

实践与运行

管理实践

在近 25 年的时间里，Childress Buick/Kia 公司一直在菲尼克斯地区为别克轿车客户提供服务，并已成为该品牌在当地的头号经销商。该经销商是一个家族制企业，他们有着很好的沟通和服务质量，老客户的忠诚度比同行业高出 40%。公司创始人和主席 George Ray Childress 很受外界欢迎，被称为“Mr. C”。他一直寻求一种使他的员工实现个人发展前景的方法，为此，他抓住机会将计算机技术引入该公司。此时 Childress 发现他那些计算机根本没什么用处，因为自从那些机器进入公司后，顾客的抱怨反而更多了，同时自己的员工也不断发生口角。销售额日趋下降，在经销商的顾客服务排行中的地位也有所下降。Mr. C 让他正在担任营销部主管的儿子 Rusty 担任一个新的角色，那就是所有者关系经理。他的责任并不是修理计算机，而是改善组织中的沟通，目标是改进顾客和员工的满意度。①

为了增强企业内的凝聚力，请你为 Rusty 写一份改进沟通的分析报告。

---

① ［美］理查德·L·达夫特：《管理学》，534 页，北京，机械工业出版社，2003。

第 12 章

控　制

凯西是华盛顿某政府机关办公室的管理员。最近她的下属们士气低落，原因是他们原先实行了弹性工作制，现在又恢复了上午 8 时至下午 4 时半的传统工作制。

上级批准她可以实行弹性工作时间时，她慎重地宣布了弹性时间制度。上午 10 时至下午 2 时半为核心时间，每个人均须上班；上午 6 时至下午 6 时除核心时间以外可由个人自行选择上下班时间补足八小时。她相信职工是诚实的并且已经被激励，因此没制定新的控制制度。

刚开始实行弹性工作后，一切工作进展顺利，士气旺盛。两年后，从总会计办公室来了位审计员，经他调查后发现凯西的职工平均每人每日只工作七小时，有两位雇员只在核心时间工作达两个多月之久。凯西的部门经理看到审计员的报告后，命令凯西的办公室恢复一般工作制。凯西极为不安，对她的下属很失望，她认为自己信任的人使她下不了台。

凯西的部门经理对问题的处理是否恰当？为什么？

这一案例提供的材料直接和间接涉及了怎样的管理职能？为什么？

管理的控制职能，是对组织的计划、组织、领导等管理活动及其效果进行衡量和校正的过程，以确保组织的目标以及为此而拟订的计划得以实现。控制职能是每一位主管人员的主要职责，正确地和因地制宜地运用控制原理和方法，是使控制工作更加有效的重要保证。

12.1　控制概述

在现代管理系统中，人、财、物等要素的组合关系是多种多样的，时空变化和环境影响很大，内部运行和结构有时变化也很大，加上组织关系错综复杂，随机因素很多，处在这样一个十分复杂的系统中，要想实现既定的目标，执行为此而拟订的计划，求得组织在竞争中的生存和发展，不进行控制工作是不可想象的。

12.1.1　控制的含义

从一般意义上讲，控制就是使结果与标准相一致的过程。这里的标准可以是规章、制度，也可以是计划、政策、目标，甚至可以抽象为组织的基本宗旨，因此其包括的内容是非常丰富的。所有各类标准的执行，都涉及组织各类要素的配置和运用，因此控制过程就是动态地使组织各类要素的实际配置和运用与相关的要求保持一致。

12.1.1.1　控制与计划的关系

计划和控制是一个问题的两个方面。管理人员首先要制定计划，同时计划又成为评定行动及其效果是否符合需要的标准，计划越明确，控制效果也就越好。没有计划就无法衡量行动是否偏离计划，更谈不上纠正偏差。因此，计划是控制的前提，控制则是完成计划的保证。如果没有控制系统，没有与计划的比较，就不知道计划是否完成，计划也就毫无意义，所以控制和计划是密不可分的。从这个意义上来说，控制就是通过制定计划或业绩的衡量标准以及建立信息反馈系统，检查实际工作的进度及结果，及时发现偏差以及产生偏差的原因，并采取措施纠正偏差的一系列活动。

12.1.1.2　控制与管理过程的关系

控制工作使管理过程形成了一个相对完整的系统。在这个系统中，计划职能选择和确定组织的目标、战略、政策和方案及其实现它们的程序。然后，通过组织工作、人员配备、指导与工作等职能去实现这些计划。为了保证计划的目标能够实现，必须在计划实施的不同阶段，根据由计划产生的控制标准，监控计划的执行情况。这就是说，虽然计划是管理的首要职能，但不是唯一职能，没有其他各项职能的密切配合，其目标是不会实现的。一旦计划付诸实施，就必须要有组织保证，必须要有合适的人员，必须给予正确的指导和领导，控制工作就必须在这其中进行。所以说，控制工作存在于管理活动的全过程中，不仅涉及计划工作，而且涉及包括控制本身在内的所有其他各项工作；不仅可以维持和完成其他职能的正常活动，而且有时还可以通过采取必要的措施来改变其他管理职能的活动。

12.1.1.3　控制与组织活动的关系

在一个组织中，往往存在两类问题：一类是组织平衡的维持问题，为维持平衡需要经常处理各种破坏平衡的日常现象；另一类是组织平衡的“打破”问题，通过原有平衡的“打破”来建立组织新的平衡。这两类问题从根本上说都是螺旋管理过程中的控制问题。螺旋管理过程使组织活动出现两个方向：一个是水平的方向；另一个是垂直的方向。水平方向的组织活动就是组织长期或者短期计划的实施过程，垂直方向的组织活动就是组织主动或者被动地突破原有的活动性质和活动领域，这种突破可以是短期的、部分的，也可以是长期的、根本性的，从而产生新的计划、新的组织。组织的螺旋管理过程是一个系统，无论从空间上或者从时间上来看，大的过程中都包含着许多小的过程。对这一过程水平方向的控制就是组织平衡的维持问题，垂直方向的控制就是组织平衡的“打破”问题。

在各类组织中大量存在着第二类问题，但人们往往只注意解决第一类问题而忽视解决第二类问题。这是因为第二类问题是在长期的活动中逐渐形成的，产生的原因复杂多样。人们对于组织原有的平衡已经“习以为常”，以至于适应了它的存在，不注意发现或者即使是已经发现了，也不愿意承认和解决由于第二类问题所带来的对组织发展的影响。而第一类问题是经常产生的，对多数人的工作和利益会产生显而易见的影响，故容易被人们发现、承认和解决。因此，从组织发展的某一个周期来看，控制工作的重点是解决第一类问题，而从组织的长期发展来看，要使控制工作真正起作用，就要重点解决第二类问题，打破现状，求得螺旋形上升。

12.1.2 控制的重要性

在现代管理系统中，人、财、物等要素的组合关系是多种多样的，受时空变化和环境影响很大，内部运行和结构有时变化大，加上组织关系复杂，随机因素很多，处在这样一个复杂系统中，组织如果缺少有效的控制就易产生错乱，甚至偏离正轨。对组织来说，控制工作之所以必不可少，主要原因有以下几个方面。

12.1.2.1 组织环境的迅速变化

组织所处的环境是一个复杂多变、不稳定的环境，在组织实现目标和计划的过程中，各种因素都可能发生变化，如顾客消费心理的改变、市场的转移、材料和新产品的出现、新的经济法律法规的公布实施和国内经济形势的改变等，这些环境因素的变化使得组织原来建立的和制定的计划无法执行和实现。环境的变化，给组织带来更多的机会和更严峻的挑战，组织就必须建立一个控制系统来帮助管理者监察、预测对组织活动有重大影响的变化，从而制定相应对策，做出及时反应。

12.1.2.2 组织的复杂性

当今的组织越来越复杂，规模大，类型多种多样，有着跨地区、跨国家的市场，实行分散化经营等，为使各方面实现有效协调，就应有周密的计划和严格的控制系统。

12.1.2.3 管理者的失误

组织的各项工作都是由管理者来执行的，管理人员在执行工作的过程中，可能由于个人能力的限制或个人动机、个性等原因，犯各种各样的错误。因此，需要有一个控制系统来减少这些错误，并对已发生的错误和失误及时纠正以避免失误可能带来的严重后果，做到防微杜渐。

12.1.2.4 授权中责任的体现

组织的各项工作是由各阶层的管理者共同完成的，管理者在授权过程中，其所承担的责任因授权而解除或减轻，因此在授权的过程中应建立一个控制系统以控制工作的进程。要使人们负责，他们必须确切知道他们的职责是什么，他们的绩效是如何考核的，以及评估过程中绩效标准是什么。如果没有一个有效的控制系统，管理者就无法检查工作的进程和结果，就可能失控。

12.2 控制过程

控制工作的过程涉及三个基本步骤：第一步是为应完成的任务制定标准；第二步为衡

量实际绩效来对照这些标准；第三步，如果绩效与标准不相符合，则应采取纠偏行动。这三个步骤必须按上述顺序去实施，否则很难取得控制效果。

12.2.1 制定标准

12.2.1.1 标准的含义

所谓标准，即一种作为模式或规范而建立起来的测量单位或具体尺度。对照标准管理人员可以判断绩效和成果。标准是控制的基础，离开标准要对一个人的工作或一个制成品进行评估，则毫无意义。

12.2.1.2 企业中的标准

在可能的情况下，标准应尽量数字化和定量化，以减少主观性和个人对控制过程的影响。企业中常用的标准有以下几种：

1. 时间标准：是指完成一定数量的产品，或做好某项服务工作所限定的时间。

2. 生产率标准：是指在规定的时间内完成产品和服务的数量。

3. 消耗标准：是根据生产货品或服务计算出来的有关消耗。

4. 质量标准：是指保证产品符合各种质量因素的要求，或是服务方面需达到的工作标准。

5. 行为标准：是对职工规定的行为准则。对企业的活动来说，也应建立其业务活动标准。

美国通用电气公司在八个主要的成就领域中建立了标准，分别是：(1) 获利性；(2) 市场地位；(3) 生产率；(4) 产品的领导地位；(5) 人员发展；(6) 雇工态度；(7) 公共责任；(8) 短期目标与长期目标间的平衡。

在服务性行业中，对经理和雇员的仪表、态度一般都有严格的标准，其工作人员必须穿着整洁的工作服，对顾客以礼相待，违反者要受到纪律处分。在快餐业中，麦当劳制定的服务标准包括：一是在顾客到达后3分钟之内，95%以上的人应受到招呼；二是预热的汉堡包在售给顾客前，其烘烤时间不得超过5分钟；三是顾客离开后，所有的空桌需在5分钟内清理完毕等。

12.2.1.3 定额的制定与职工参与

企业中生产部门工时定额的制定也是管理中的一项基础工作。制定这类标准时，一线管理人员在该部门工作的实践经验和知识可作为参考依据。如车间中的工长，一般对于其部门中某项工作耗时多长，需多少原材料，工艺水平的高低是心中有数的。所以，根据以前的预算、过去的产量及其他部门的记录，管理人员对各部门的作业标准是不难制定的。

除了一线管理人员的经验与知识外，国外在建立定量性的作业标准时，常常借助于作业工程师的专业知识，用动作研究和时间研究来确定标准定额。动作研究是指对一项现行工作的做法进行分析，除去、改变或合并某些步骤，以使该工作能更易更快地去做好。通常，先对该工作所需的各个步骤做观察和记录，然后画出流程图（作业程序图或人—机图等），再通过对各项动作的分析和调整布置，最后由工业工程师提出一个最佳工作法。

一旦最佳工作法设计完毕，接着就做时间研究，即对所做的工作确定时间标准。这一过程是用较为科学和系统的方式，挑选一个平均水平的雇员加以观察，记录下该工作各部分所用的时间，再加上各种调整因素，如疲劳的休整、个人的需要及不可避免的耽搁等。当所有这些因素被适当地综合时，从事该工作的时间标准就被确定了。

这种方法虽然看上去较为科学，然而用这种方法来制定生产定额，既非绝对科学，也非没有争议，但是它毕竟为建立一个客观的标准提供了一个基础。此外，它也为基层管理人员更均衡地安排工作、更合理地评估工人的绩效，以及预估所需的人工和费用等提供了有益的帮助。

用工时研究来制定工时定额常常会招到工人的抵制和反对。制定绩效标准是为了建立一个现实的指标，这种指标不仅应是能达到的，而且也应是合理与公平的。所以工人若能参与这些标准的制定，并认识到它的合理性与公平性，那么他们就更易接受这些标准了。

让工人参与制定标准的办法就是由管理人员、技术人员（作业工程师）和工人三者结合，组成一个集体班子，共同负责定额的制定工作。参加班子的工人代表，应是那些一贯表现良好的职工。

此外，管理人员和作业工程师应努力向所有职工解释清楚有关工时研究的实质、内容（包括那些涉及主观判断的地方）。同时，也应允许工人对所制定的定额提出异议。如果被认为不合理，需要时可重新对该工作进行研究。只要管理人员有诚意，只要这些定额是合理的，让工人理解这些标准，并使绝大多数工人接受这些绩效标准是能够做到的。

12.2.2 对照标准检查实际绩效

对照标准检查实际绩效是控制过程的第二步，有的书上又把它分为两个子步骤，即衡量绩效与对照比较。管理人员通常可采取多种方式来完成这一步骤。

12.2.2.1 个人观察

在检查职工的绩效时，直接观察和个人接触对一线管理人员来说是最为有效的方法了。一线管理者较之高层管理者有更多的机会深入基层做个人观察。高层管理者由于远离“火线”，所以常常不得不依靠下属的报告，而一线管理者则有大量的机会做直接观察，这正是他们所具有的优势。

当管理人员在观察过程中发现标准偏高的情形时，应持有一种分析态度，而不是去故意找碴或急于提出批评指责。当然作为管理者并不应该忽视错误，但他们应对这些错误以谨慎的态度提出一些问题。例如，作为一线管理者，可以问一问是否有什么方法能帮助其下属更容易、更安全或更有效地去完成工作？当有些标准在叙述中较为笼统时，则管理者应寻找一些具体的事例来说明究竟哪些情形不符合标准。诸如产品不对路、工作疲沓或不安全的做法等。要指出职工的错误并使之信服并不容易，管理人员如能举出具体的事例，则有助于职工认识到所存在的差距。

用个人观察的办法来检查职工的绩效也有其局限性。首先，它十分费时，管理人员必须走出办公室深入基层，才能掌握一手资料；其次，有可能漏看一些重要的活动，这些活动往往发生在关键时刻；最后，职工在被观察时和检查过后的行为可能不相一致。但不管怎样，个人观察仍是检查职工绩效使用最为广泛，同时可能也是最佳的办法。上海华联超市在管理上是较具特色的，其创建的“啄木鸟”制度，即用一些便衣检查人员做个人观察，确实在控制工作中起了很大的作用。

12.2.2.2　口头与书面报告

组织中部门较大，工作地点分散在不同地区，或按时间进行分班工作的那些单位，就有必要使用报告制度。例如，纺织厂中实行三班制（指早、中、晚三班），那么，管理者要了解评估各班绩效时，常常需要靠下级提交的报告来掌握情况。

管理者应要求报告做到简明、全面和正确。在可能的情况下，最好是把书面报告和口头汇报结合起来，报告中如能提供统计数据加以证明，则更为有效。

下属和职工能否如实地报告准确的情况（不管报告中是否含有负面的结果），这往往取决于管理者对报告的反应及上下级之间现有的人际关系。假如管理者能以建设性的或帮助的姿态来对待那些反映存在问题的报告，对诚实的错误能表示谅解，而不是简单地定功过，那么下属职工即使在报告中涉及不利于自身的内容的情况下，也能真实地反映情况，提交可靠而又准确的报告。

在检查报告时，管理者通常会发现许多活动都是符合标准的，对于这些合乎标准的活动一般可快速带过，而集中于那些大大超过或低于标准的领域。管理人员甚至可要求下属对已合理达到标准的活动不必再加以报告，而只报告那些例外的、低于或高于标准的活动。显然，一旦绩效大大低于标准的话，就应转入控制的第三步，即进行纠偏，但如果绩效大大超出了原先的标准，管理者也应研究一下原因，这种突出的绩效是如何取得的，以便将来能应用这些方式。

12.2.2.3　抽样检查

假如有些职工的工作是不适合报告的，管理人员最好还是应用抽样检查的方法。例如，电话公司中修理部门是每天24小时服务，所以在不同的时间班次中，应时时做抽样检查，看看该部门究竟运作得怎么样。

12.2.3　采取纠偏行动

在衡量绩效后，若没有偏差发生，或偏差发生在规定的“容限”之内，则该控制过程只需前两个步骤就已完成。但是，如果通过个人观察、报告及抽样检查发现了偏差或不一致，则管理者应考虑采取第三个步骤——纠偏行动，使绩效符合于标准。

在采取纠偏行动前，管理人员应记住，导致某项工作产生偏离标准的原因是多种多样的，因此并非所有偏离标准的情况均需采取纠偏行动，有时则需要个人的判断。假如一位工人偶尔迟到了15分钟，当经理了解到迟到是不得已发生的，而原谅了他，也是完全正常的。

通常产生偏差的原因主要有：

1. 因标准本身是基于错误的假设和预测，从而使该标准无法达成；
2. 从事该项工作的职工不能胜任此项工作，或是由于没有给予适当的指令；
3. 和该项工作有关的其他工作发生了问题；
4. 从事该项工作的职工玩忽职守。

因此，采取纠偏行动的第一步是分析事实，以确定产生偏差的原因。只有对问题做了彻底的分析后，管理人员才能采取适当的纠偏行动。

第二步是管理人员需决定采取何种补救措施，以便在将来能得到较好的结果。通常纠偏行动可分别采取两种不同的措施，一种为立即执行的临时措施（应急措施），另一种是永久性的根治措施。

对于某些“症状”，即可能迅速地、直接影响组织正常活动的“急性问题”，多数应立即采取行动。例如，某一特殊规格的部件一周后要交货，否则其他部门会受其影响而出现停工待料。一旦该部件的加工出现了问题，此时不应考虑追究什么人的责任问题，而是必须按计划如期完成任务。凭借管理者的权力，一般可采取以下行动：(1) 要求工人加班加点；(2) 增添工人和设备；(3) 派专人负责指导完成；(4) 请求工人努力抓紧，短期“突击”；(5) 若仍不能解决，只得重新设计程序，变更整个生产线等。

危机克服后，可转向针对问题产生的原因提出根治措施。这里不仅要分析问题是如何发生的和为什么会发生，而且为了避免重蹈覆辙，还要分析应采取什么预防措施。不少管理人员在控制工作中常常充当“救火员”的角色，而不认真探究“失火”的原因。例如，有的经理人员常常为职工的“跳槽”而操心，他们到处物色合适的人选，但从不考虑新职工不安于位、频繁离职的真正原因：也许是监管人员不受职工欢迎，也许是工资水平低于同行业中的其他单位。不论问题何在，均需确定原因，采取针对性的纠偏措施。如果产生偏差的原因在于标准的本身，那么管理者必须相应地修改标准；如果是因职工的不称职导致的绩效问题，那么加强培训和督导工作可能是解决问题的办法；如果问题出在管理者本身，如没有给予下级以适当的指令，那么管理者则必须自我检查并改进指令的方式；如果问题纯粹是由下属的过失而引起的，则可考虑和下属面对面地讨论，或给予口头批评；如果问题性质严重，有时还可采取纪律措施，包括降职、减薪、调离甚至开除等。

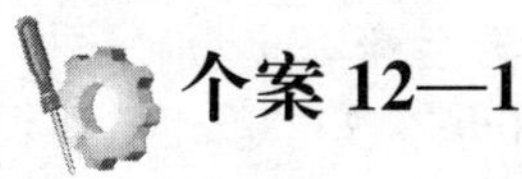

个案 12—1

格力的有效控制与经营成功[①]

格力耗时 8 年与春兰争夺业界第一，终于在 1997 年分出胜负，至 1998 年 8 月底，格力售出 150 万台空调，产销量、出口、市场占有率皆位居第一，比 1997 年增长 30%。对于格力获胜的原因，众说纷纭，本报记者深入格力集团发现：除了专业化经营、科学营销网络之处，最重要的是格力的质量控制体系。

变频空调在世界空调器中已占 70%的份额。中国在这方面刚刚起步，却已有不少厂家推出，作为业界老大的格力却迟迟未见动静。总经理朱江洪认为，目前变频空调变频时会有噪声，而且受电磁波干扰，容易造成麻烦。格力终于在 2000 年 10 月份攻克这一技术难题，并推出格力变频空调与消费者见面。朱江洪认为：推出不成熟的新产品，也许会在短期内占领市场，但先让消费者使用，经市场反馈再做改进，这样的做法往往得不偿失，企业损失会更大。“一定不能拿消费者做试验品”，这是格力人的原则。

格力并不是一开始就重视质量控制问题。1993 年的时候，格力空调和其他国产空调

① http://jpkc.ywu.cn/glx/News/News.asp? Id=1694。

一样存在着噪声等问题，当时格力对此争论也颇多，一种意见认为格力和春兰、科龙比质量并不差，没有必要在这个问题上花更大力气，应该在规模上、价格上向同类对手发起冲击，朱江洪亦认为质量改进是慢慢进行的过程。但一件小事改变了格力人的看法，当时一个意大利公司进口的20台格力空调全部遭退货，原因是其中一台室外机的外壳在使用3个月后出现了一个锈斑。格力人认识到国际市场存在一个更高的标准，格力必须把质量控制放在国际市场与未来市场的标准上来重新考虑。为此朱江洪不仅把国内空调材质全部换成镀锌钢板，而且考虑构筑格力的质量体系。1995年3月，格力成立了独一无二的筛选工厂，600人的工厂不产生效益，只负责对所有购进零件进行100%的筛选，然后提供给组装车间。这看似人员和财力的极大浪费，格力人却有自己的见解：只要有1%的零部件不合格，那么生产出来的整机便100%不合格。尽管是"笨方法"，但筛选工厂的钱省不得，因为即使一部整机一个零件出问题，后期无论提供多高质量的维修和服务，消费者心中都会有抹不去的阴影与不舒服感。

筛选工厂对格力的质量控制起了很大作用，也为格力在1996年扩大规模、获得空调界第一打下基础。目前格力空调在社会上的保有量已达600万台，如果一旦1%的产品出问题，其维修量是其他厂家的3倍多，而筛选工厂可以保证格力在质量得到严格控制的条件下，迅速轻松地扩大规模，筛选工厂成为格力的制胜法宝。

除了筛选工厂，格力总共有400多个检测员。格力以零缺陷工程著称，试图把问题消灭在最初的环节。朱江洪搞技术出身，制定了18条严格的总裁禁令。其中一条甚至专门规定海棉条贴法：两头按好，中间一抹。只有这样的贴法才能平整并减少噪声。禁令规定任何工人在贴海绵条时少这一抹，发现两次立即开除。在格力车间，工人因朱江洪的严格质量要求，称其为"质量宪兵队队长。"

格力认为质量控制不仅包括产品品质的稳定，还要包括新产品开发过程的控制。格力新产品开发以"开发一代、预研一代、生产一代"为标准，当年在与春兰争夺市场时，格力就以变化多著称。1994年格力彻底解决了空调噪声问题，现在格力不仅有彩色空调，还有移动式分体空调等300个新品种。主抓质量与开发的朱江洪认为格力只做空调，而且目前是空调行业唯一的专业厂，没有退路可言，逼得格力只有在空调技术开发上下工夫，今后10年的市场才有保证，正是专业化的劣势促成了专业化的优势。格力已投资2个亿兴建科技大楼，其中模拟环境实验室将有助于解决空调零下20度开机运作问题，一旦解决，格力可望在东北市场延长空调使用时间，从而促进销售。格力在市场宣传方面从无炒作新闻之类的想法，连其广告语也是平淡无奇"好空调、格力造。"格力认为一个好企业不可能像一桩事件或一个策划来发展、来渲染，只能在每个管理细节中下工夫。

12.3 控制的类型

12.3.1 控制类型的划分

控制按照实施阶段的不同，可分为事前、事中和事后控制。事前、事中和事后控制是指针对一项具体活动在活动开始以前、活动进行过程当中和活动结束以后的控制。这里的活动可以是指具有某种性质的一项总的活动，如某种产品总的生产和销售活动，也可以是指某一项具体的分活动，如某一件（一批）产品（零件）的生产和销售活动。对一项总活动的控制必然要具体化为对它的每一个完整的分活动的控制，因此事前、事中和事后控制必然存在着密切的内在联系。事前、事中和事后控制的内容比较丰富，我们将在本节下一个问题中进行详细阐述。

控制按照实施方式的不同，可分为直接控制和间接控制。直接控制是指对于某一项活动（管理活动或者业务活动）采用直接执行该项活动控制标准的方式来进行的控制。同样，对某项活动的间接控制就是不直接执行该项活动的控制标准，而是以该项活动的服务对象对服务的客观评价为控制标准，来控制该项活动。不管是直接控制还是间接控制，其控制效果的好坏最终都要表现为其服务对象对服务的客观评价。

12.3.2 事前、事中和事后控制

12.3.2.1 事前控制（预防控制）

事前控制主要是通过动态地保持计划本身的正确性，而使计划对其实施过程起到直接有效的控制作用。为了实现这一条，组织管理系统的所有职能，包括计划职能、组织职能、领导职能和控制职能都要积极给予配合，及时提供有可能导致计划修订的各种信息，根据各方面的信息，要慎重地做好计划的重新修订工作和各项管理的调整工作。对计划所进行的动态调整既要依据组织的外部环境，又要依据组织的内部环境；既要在计划的抽象形式的各个层面上进行，又要在计划的具体表现形式的各个层面上进行。

1. 事前控制的标准。一般来说，上一层次计划是下一层次计划的目的，而下一层次计划则是上一层次计划的手段。事前控制的对象是作为手段的计划，其标准就是在其之上的作为目的的计划，作为目的的计划可以是组织宗旨、组织使命和目标、组织政策等抽象计划，也可以是较高层次的具体计划。

2. 事前控制的内容。事前控制的工作内容包括：（1）动态运用计划职能进行延续意义上的和非延续意义上的环境调查、分析和预测。在分析中特别要注重无先例事件和组织能动作用对计划的影响；（2）动态运用计划职能对其他各项管理职能提供的、计划落实和实施过程中的反馈信息；（3）计划修订方案的提出、论证、比较和选择等；（4）必要时调整已制定的计划。

3. 事前控制的重点。事前控制的重点一般指组织各类要素在计划意义上的动态调整（涉及所有各项管理职能和整个活动过程）和各类偶然事故的预防。

4. 事前控制的前提条件。事前控制的前提条件有：（1）对计划和控制系统做出透彻、仔细的分析，确定重要的输入变量；（2）在组织的控制系统中建立事前控制子系统；（3）要保持事前控制系统的动态性，事前控制系统的结构应动态反映客观情况，反映输入变量的变化情况；（4）定期收集和输入受控变量的数据和信息；（5）定期或不定期地对受控变量的原则假设进行求证分析，估计假设与实际之间的偏差，并评价这些偏差对最终预期成果的影响；（6）事前控制系统作用的有效发挥必须有措施保证，必须有所有各项管理职能的积极配合。

12.3.2.2　事中控制

事中控制是在计划允许的范围以内，必要时也可以超出个别计划允许的范围，为保证整体计划的实施而对组织系统和组织外部环境进行协调。事中控制也包括为最大限度地减少无效劳动而对局部性的和阶段性的劳动成果进行筛选，反馈计划修订所需的各种信息。

1. 事中控制的标准。事中控制的标准包括组织活动正常开展所依据的各项具体计划在控制点上的预期结果。在特殊情况下或者紧急情况下，也可以超越组织活动的原则依据的各项具体计划进行灵活性控制。

2. 事中控制的内容。事中控制的内容包括：(1) 针对实施计划的各项工作给予工作人员适当的指导；(2) 对计划实施过程进行仔细的检查和有效的监督；(3) 运用整个控制系统尽可能系统化地及时发现和纠正偏差；(4) 淘汰局部性和阶段性不合格劳动成果；(5) 向计划部门输送计划修订所需的各种内容。

3. 事中控制的重点。事中控制的重点是在计划实施过程中所涉及的各种因素，特别是直接涉及的各种因素。

4. 事中控制的前提条件。事中控制的前提条件有：(1) 完善的计划；(2) 严密的组织；(3) 精良的队伍；(4) 有效的指导；(5) 充分的激励；(6) 通畅的沟通。

12.3.2.3　事后控制（反馈控制）

事后控制包括在计划实施过程的终点对输出的劳动成果进行筛选控制，在整个计划完成以前向计划实施的输入端和执行过程反馈偏差信息，以及在整个计划完成以后向下一轮计划反馈总结信息。

1. 事后控制的标准。事后控制的标准为计划实施过程终点上的预期成果，包括计划所要求的预期成果和总的预期成果。

2. 事后控制的内容。事后控制的内容包括：对输出的劳动成果进行检验和筛选；通过对偏差的分析，从输入端开始对计划实施过程进行动态的反馈控制；全部计划任务完成以后，通过总结对下一轮计划进行反馈控制。

3. 事后控制的重点。事后控制的重点是对输出的劳动成果进行计量、检验和筛选。

4. 事后控制的前提条件。事后控制的前提条件有：(1) 明确的计划目标，包括进度目标、最终目标和各种单项目标；(2) 有效的检验手段和检验方法；(3) 科学的偏差分析技术；(4) 快捷的信息传递通道；(5) 有力的纠偏手段；(6) 善于对总的计划实施情况进行概括和总结。

12.4　预算控制

预算是政府部门及企业使用最广泛的控制手段。预算就是用数字来编制一定时期的计划，也就是用财务数字（如在投资预算和财务预算中）或非财务数字（如在生产预算中）来表明预期的结果，如政府部门通过金额来反映政府财政收支计划，企业通过金额和数量反映企业的各项计划。

一个组织可以有整个组织的预算，也可建立部门、单位及个人的预算。从预算的时间来说，虽然也可能有月度和季度的预算，但一般来说，财务上的预算多为一年期。另外，虽然预算一般都是用货币单位，如收入、支出和投资预算等，但是，有时也有用产品单位或时间单位来表示，如直接工时或产量等方面的预算。

预算控制是通过编制预算，然后以编制的预算为基础，来执行和控制企业经营的各项活动，并比较预算与实际的差异，分析差异的原因，然后对差异进行处理。预算的编制与控制过程是密切联系的。通过编制预算，可以明确组织及其各部门的目标，协调各部门的工作，评定各个部门的工作业绩，控制企业日常的经营活动。

12.4.1 预算的种类及全面预算体系

预算的种类一般划分为业务预算、财务预算和专门预算三大类。各类预算还可以进一步细分，不同行业其具体内容有所差别。下面以制造业为例描述各种预算的内容。

12.4.1.1 业务预算

业务预算是指企业日常发生的各项具有实质性活动的预算，它主要包括销售预算、生产预算、直接材料采购预算、直接人工预算、制造费用预算、单位生产成本预算、销售及管理费用预算等。

销售预算是编制全面预算的基础。企业首先应根据市场预测和企业生产能力的情况确定销售目标，编制年度及季度、月份的销售数量、销售单价、销售金额及销售货款收入情况。

生产预算是根据销售预算所确定的销售数量，按产品名称、数量分别编制生产预算。生产预算必须考虑合理的存货量。存货量＝预计生产量－预计销售量＋预计期末库存量－预计期初库存量。生产预算编制好后，为了保证均衡生产，一般还必须编制生产进度日程表，以便控制生产进度。

直接材料采购预算是根据生产预算所确定的生产量以及各种产品所消耗材料的品种、数量、单价，根据生产进度确定材料采购数量及现金支付情况。

直接人工预算是根据生产所需的工时，确定各种工种总工时和工资率及直接人工成本。

制造费用预算是根据销售量和生产量水平确定各种费用总额，包括制造部门的间接人工、间接材料、维修费及厂房折旧费等。

单位生产成本预算是根据直接材料、直接人工及制造费用预算确定单位产品生产成本。

销售及管理费用预算是根据销售预算情况及各种费用项目确定销售及行政管理人员薪水、保险费、折旧费、办公费及交际应酬费等。

12.4.1.2 财务预算

财务预算是企业在计划期内反映现金收支、经营成果及财务状况的预算，它主要包括现金预算、预计损益表、预计资产负债表、预计财务状况变动表。

现金预算是反映计划期内现金收入、现金支出、现金余额及融资情况的预算，通过现金预算反映计划内企业现金流动的情况，控制现金的收支，做到合理理财。

损益表是根据现金预算而编制的，反映了企业在一定期间内的经营成果。企业可通过损益表了解自身的盈利情况。

资产负债表反映企业的资产、负债及收益情况，还可以反映企业财务状况及偿债能力。

财务状况变动表是根据前面的预算编制的，用于反映企业在计划期内资金来源和资本运用及其变化的情况，以及企业理财的情况。

12.4.1.3 专门预算

专门预算是指企业不经常发生的、一次性的预算，如资本支出预算、专项拨款预算等。

12.4.1.4 全面预算体系

全面预算是企业全部计划的数字说明，它包括业务预算、财务预算和专门预算，各种预算相互联系，构成全面预算体系。

12.4.2 编制预算的新方法

以上介绍的预算一般是以预测的销售量为基础，在一定业务量水平下编制的预算，称为静态预算。但是，企业的环境不断变化，使得企业所预测的销售量比实际的销售量可能更高或更低，原来编制的预算就无法使用。针对这种情况，可采用下面的三种新方法来编制预算。

12.4.2.1 弹性预算

弹性预算就是在编制费用预算时，考虑到计划期业务量可能发生的变动，编制一套能适应多种业务量的费用预算，以便分别反映各业务量所对应的费用水平。由于这种预算是随着业务量的变化随机调整的，本身具有弹性，故又称为弹性预算。

编制弹性预算时，应把所有的费用分为变动费用和固定费用两部分。固定费用在相关范围内不随业务量变动而变动，变动费用随业务量变动而变动。因此，在编制弹性预算时，只需要按业务量的变动调整费用总额即可，不需重新编制整个预算。

12.4.2.2 滚动预算

滚动预算，或称永续预算，其特点是预算在其执行中自动延伸，当原预算中有一个季度的预算已经执行了，只剩下三个季度的预算，就把下一个季度的预算补上，经常保持一年的预算期，或者是每完成一个月的预算，就再增加一个月的预算，使预算期永远保持12个月。

编制滚动预算的优点是根据预算的执行情况，调整下一个阶段的预算，使预算更加切合实际和可行，并且使预算期保持一年，使企业保持一个稳定的短期目标，以免等预算执行完再编制新的预算。

根据滚动预算的编制原理，企业可以把长期规划与短期目标结合起来，并根据短期目标的完成情况来调整长期规划，使企业的各项活动能够及时反馈，及时发现差异，及时处理。

12.4.2.3 零基预算

零基预算是以零为基础编制的预算，其原理是：对任何一个预算（计划）期，任何一种费用项目的开支，都不是从原有的基础出发，即根本不考虑各项目原有的费用开支情况，而是一切都以零为基础，从零开始考虑各费用项目的必要性及其预算的规模。

其具体做法主要是：组织下属各部门结合计划期内的目标和任务，提出所需费用项目及具体方案、目的和费用数额；对每一项目方案进行成本—效益分析，对各个费用方案进行评价比较，确定轻重缓急，排出先后顺序；按照所确定的顺序，结合计划期间可动用的资金来源，分配资金，落实预算。

采用零基预算法，一切以零为起点，重新评价和计算，编制预算的工作量非常大。但零基预算考虑每项费用的效益，可以精打细算，减少不必要的开支，是事前控制的一种好办法。

12.5 审计控制

审计是对反映企业资金运动过程及其结果的会计记录及财务报表进行审核、鉴定，以判断其真实性和可靠性，从而为控制和决策提供依据。根据审查主体和内容的不同，可将审计划分为三种主要类型：(1) 由外部审计机构的审计人员进行的外部审计；(2) 由内部专职人员对企业财务控制系统进行全面评估的内部审计；(3) 由外部或内部的审计人员对管理政策及其绩效进行评估的管理审计。

12.5.1 外部审计

外部审计是由外部机构（如会计师事务所）选派的审计人员对企业财务报表及其反映的财务状况进行独立的评估。为了检查财务报表及其反映的资产与负债的账面情况与企业真实情况是否相符，外部审计人员需要抽查企业的基本财务记录，以验证其真实性和准确性，并分析这些记录是否符合公认的会计准则和记账程序。

外部审计实际上是对企业内部虚假、欺骗行为的一个重要而系统的检查，因此起着鼓励诚信的作用。由于知道外部审计不可避免地要进行，企业就会努力避免做那些在审计时可能会被发现的带有欺骗行为的事。

外部审计的优点是审计人员与管理当局不存在行政上的依附关系，不需看企业经理的眼色行事，只需对国家、社会和法律负责，因而可以保证审计的独立性和公正性。但是，由于外来的审计人员不了解内部的组织结构、生产流程和经营特点，在对具体业务的审计过程中可能产生困难。此外，处于被审计地位的内部组织成员可能产生抵触情绪，不愿积极配合，这也可能增加审计工作的难度。

12.5.2 内部审计

内部审计是由企业内部的机构或由财务部门的专职人员来独立进行的审计。内部审计兼有许多外部审计的特点。它不仅要像外部审计那样核实财务报表的真实性和准确性，还要分析企业的财务结构是否合理；不仅要评估财务资源的利用效率，而且要检查和分析企业控制系统的有效性；不仅要检查目前的经营状况，而且要提供改进这种状况的建议。

内部审计是企业经营控制的一个重要手段，其作用主要表现在三个方面：

1. 内部审计提供了检查现有控制程序和方法能否有效地保证达成既定目标和执行既定政策的手段。例如，制造质量完善、性能全面的产品是企业孜孜以求的目标，这不仅要求利用先进的生产工艺、工人高质量的工作，而且对构成产品的基础——原材料提供了相应的质量要求。这样，内部审计人员在检查物资采购时，就不仅限于分析采购部门的账目是否齐全、准确，而且将力图测定材料质量是否达到要求。

2. 根据对现有控制系统有效性的检查，内部审计人员可以提供有关改进公司政策、工作程序和方法的对策建议，以促使公司政策符合实际、工作程序更加合理、作业方法被正确掌握，从而更有效地实现组织目标。

3. 内部审计有助于推行分权化管理。从表面上来看，内部审计，作为一种从财务角度评价各部门工作是否符合既定规则和程序的方法，加强了对下属的控制，似乎更倾向于集权化管理。但实际上，企业的控制系统越完善，控制手段越合理，越有利于分权化管理。因为主管们知道，许多重要的权力授予下属后，自己可以很方便地利用有效的控制系统和手段来检查下属对权力的运用状况，从而可能及时发现下属工作中的问题，并采取相应措施。内部审计不仅评估了企业财务记录是否健全、正确，而且为检查和改进现有控制系统的效能提供了一种重要的手段，因此有利于促进分权化管理的发展。

虽然内部审计为经营控制提供了大量的有用信息，但在使用中也存在不少局限性，主要表现在：

（1）内部审计可能需要很多的费用，特别是如果想进行深入、详细的审计的话。

（2）内部审计不仅要搜集事实，而且需要解释事实，并指出事实与计划的偏差所在。要能很好地完成这些工作，而又不引起被审计部门的不满，需要对审计人员进行充分的技能训练。

（3）即使审计人员具有必要的技能，仍然会有许多员工认为审计是一种“密探”或“检查性”的工作，从而在心理上产生抵触情绪。如果审计过程中不能进行有效的信息和思想沟通，那么可能会对组织活动带来负激励效应。

12.5.3 管理审计

外部审计主要核对企业财务记录的可靠性和真实性；内部审计在此基础上对企业政策、工作程序与计划的遵循程度进行测定，并提出必要的改进企业控制系统的对策建议；管理审计的对象和范围则更广，它是一种对企业所有管理工作及其绩效进行全面系统的评价和鉴定的方法。管理审计虽然也可由组织内部的有关部门进行，但为了保证某些敏感领域得到客观的评价，企业通常聘请外部的专家来进行。

管理审计的方法是利用公开记录的信息，从反映企业管理绩效及其影响因素的若干方面，将企业与同行业其他企业或其他行业的著名企业进行比较，以判断企业经营与管理的健康程度。

反映企业管理绩效及其影响因素的主要包括以下内容：

1. 经济功能。检查企业产品或服务对公众的价值，分析企业对社会和国民经济的贡献。

2. 企业组织结构。分析企业组织结构是否能有效地达到企业经营目标。

3. 收入合理性。根据盈利的数量和质量（指盈利在一定时期内的持续性和稳定性）来判断企业盈利状况。

4. 研究与开发。评价企业研究与开发部门的工作是否为企业的未来发展进行了必要的新技术和新产品的准备；管理当局对这项工作的态度如何。

5. 财务政策。评价企业的财务结构是否健全合理，企业是否有效地运用财务政策和控制来达到短期和长期目标。

6. 生产效率。保证在适当的时候提供符合质量要求的必要数量的产品，这对于维持企业的竞争能力是相当重要的。因此，要对企业生产制造系统在数量和质量的保证程度以及资源利用的有效性等方面进行评估。

7. 销售能力。销售能力影响企业产品能否在市场上顺利销售。这方面的评估包括企业商业信誉，代销网点、服务系统以及销售人员的工作技能和工作态度。

8. 对管理当局的评估。即对企业的主要管理人员的知识、能力、勤劳、正直、诚实等素质进行分析和评价。

管理审计在实践中遇到了许多批评，其中比较重要的意见认为，这种审计过多地评价了组织过去的努力和结果，而不是根据现存销售量和生产效率水平确定各种费用总额，包括制造部门的间接人工、间接材料、维修费及厂房折旧费等。管理审计致力于预测和指导未来的工作，以至于有些企业在获得了管理审计的极好评价后不久就遇到了严重的财政困难。

尽管如此，管理审计不是在一两个容易测量的活动领域进行比较，而是对整个组织的管理绩效进行评价，因此可以为指导企业在未来改进管理系统的结构、工作程序和结果提供有益的建议。

个案 12—2

海尔集团的SST控制手段

海尔集团通过市场链，依据SST制度对各流程自动实施控制。SST是指索酬、索赔、跳闸的第一个拼音字母。表12—1表示的是海尔物流与产品事业部、资金流与物流间的控制条件及规则。

表 12—1　　物流及相关部门的SST控制内容

类别	工作目标	索酬（S）	索赔（S）	跳闸（T）
物流与产品事业部	1. 产品事业部每年10月20日下达年度计划，每月15日下达月度计划，每周四12点下达周计划。 2. 物流根据计划进行物资采购并配送货物到位，保障生产，供货保障率达到100%。	物流按照计划的目标送货物到工位，产品事业部按约定的价格向物流支付货款。	1. 产品事业部下达计划延期，按照合约，物流向产品事业部进行索赔。 2. 物流送货不及时导致产品事业部停产，产品事业部计算停产损失，按照合同规定向物流索赔。	生产能力平衡与实施对策不能按时完成、供货能力不足、供应商供货网络混乱、库存储备超标等情况出现，跳闸。

续前表

类别	工作目标	索酬（S）	索赔（S）	跳闸（T）
资金流与物流	1. 应付闸口：执行3个月付款原则，账目清晰。执行日付款规定，降低材料价格。 2. 应收闸口：执行应收账款当月到期款的日收款制度，加速资金循环。 3. 税收闸口：降低企业整体税负率，争取政策，减少资金流出，依法纳税。 4. 资金闸口：保证合理的生产经营资金需要，降低资金使用成本。 5. 其他：培训、咨询、会计核算、财务分析、会计监督等代理。	1. 对整合前的财务进行核对，每对清一户向物流索酬。 2. 对整合前的应收账款进行核对，每对清一户，按照标准向物流索酬。 3. 减免税额的50%作为资金流的索酬。 4. 按照标准收取部分酬资款。 5. 按照销售收入进行一定额度的项目效益分成。	1. 预算内有款不付、超期入账的，物流按照标准向资金流索赔；物流发票延迟、预算外付款，资金流向物流索赔。 2. 日收款制度不执行、事业部日收款不按时交纳而物流不及时反映，资金流向物流索赔。 3. 由于资金问题导致税款交纳不及时，物流向资金流索赔。 4. 资金流筹款不利导致无款支付，按照标准物流向资金流索赔。 5. 代理不按照标准执行，物流向资金流索赔。	日收款亏空、亏损材料定价、超合理储备付款、不规范发票、不符合集团和国家规定的业务处理、经营指标随意调整等情况出现，跳闸。

12.6 质量控制

质量是企业的生命，质量控制历来是各个企业管理控制的重要手段。质量控制的发展过程经历了事后检验、统计抽样检验、全面质量管理等阶段。

事后检验是在产品已经完成后做终端检查，只能防止不合格品出厂，对已经造成的损失已无法挽回，而且还可能有“漏网之鱼”，对一些需要做破坏性检验的产品更是束手无策。

统计抽样检验将质量控制的重点从生产过程的终端移到生产过程的每道工序，通过随机抽样检验，将其数据用统计分析方法制作各种“控制图”，由此来分析判断各道工序的工作质量，从而防止了大批不合格产品的产生，减少了大量损失，但是其质量控制的重点仍然停留在具体的产品生产过程上。

全面质量管理（TQC）是由美国质量管理专家戴明（W. Edwards Deming）首先提出，却在日本开花结果，从而风靡全世界。全面质量管理的特点就在“全面”上，所谓“全面”有以下四方面的含义：

1. 是全面质量的管理。所谓全面质量就是指产品质量、过程质量和工作质量。全面质量管理不同于以前质量管理的一个特征，就是其工作对象是全面质量，而不仅仅局限于产品质量。全面质量管理认为应从抓好产品质量的保证入手，用优质的工作质量来保证产品质量，这样能有效地改善影响产品质量的因素，达到事半功倍的效果。

2. 是全过程质量的管理。所谓的全过程是相对制造过程而言的，就是要求把质量管理活动贯穿于产品质量产生、形成和实现的全过程，全面落实预防为主的方针，逐步形成一个包括市场调研、开发设计直至销售服务全过程所有环节的质量保证体系，把不合格品消灭在质量形成过程之中，做到防患于未然。

3. 是全员参加的质量管理。产品质量的优劣，取决于企业全体人员的工作质量水平，提高产品质量必须依靠企业全体人员的努力。企业中任何人的工作都会在一定范围和一定程度上影响产品的质量。显然，过去那种依靠少数人进行质量管理是很不得力的。因此，全面质量管理要求不论是哪个部门的人员，也不论是厂长还是普通职工，都要具备质量意识，都要承担具体的质量职能，积极关心产品质量。

4. 是全面科学的质量管理方法。TQC 使用的方法是科学全面的，它以统计分析方法为基础，综合应用各种质量管理方法。全面质量管理提出了“一切为了顾客，一切以预防为主，一切凭数据说话，一切按计划—执行—检查—处理循环（即 PDCA 循环）办事”。这里尤其值得一提的是，它说的“顾客”，不仅仅是产品或服务的购买者，还包括“公共顾客”，即与企业有关的周边环境、社会公众，企业的各类中间商，还有生产过程中的下道工序等。PDCA 循环也称戴明环，整个质量管理体系按照其顺序循环运行，大环套小环，一环扣一环。“一切凭数据说话”即使用老质量管理七种工具（即统计分析表、排列图、因果图、直方图、控制图、散布图等方法）和新质量管理七种工具（即关联图法、K 线法、系统图法、矩阵图法、矩阵数据解析法、PDPC 法、箭头图法）作为控制技术，进行数理统计分析，并由此了解质量状态。

从质量管理的发展进程可以看出，质量控制从事后检查产品或服务，转变为控制工作质量，即从间接控制发展为直接控制，变事后控制为事先控制及现场控制，控制重点越来越靠前，控制方法越来越科学，控制范围越来越全面，而且形成了完整系统的质量保证体系，即包括实施质量管理所需的组织结构、程序、过程和资源。

随着科学技术的进步和社会生产力的发展，产品品种越来越繁多，越来越多的使用者无法判断产品的质量和性能。另外，国际贸易迅速发展，采购方要求得到质量保证的渴望也越来越强烈，所以，质量控制不仅仅是每个组织内部要求进行，而且延伸到组织外部，大家都希望在质量管理方面有共同的语言、统一的标准和共同的规范。与此同时，由于质量管理的发展，特别是全面质量管理的广泛应用，世界各国都积累了丰富的经验，因此，国际标准化组织在全面分析、研究和总结的基础上，制定发布了 ISO 9000 系列标准，它一产生就得到世界各国的认同和采用。1994 年国际标准化组织又对该系列标准进行了修订，成为影响最大的质量管理方面的国际标准。

12.7 管理信息系统

随着信息时代的来临，信息在管理控制中发挥的作用越来越大。能否建立有效的管理信息系统，及时有效地收集、处理、传递和使用信息，是衡量管理控制系统的标志之一。

“管理信息系统”（management information system，简称 MIS），就是向组织内各级主管部门（人员）、其他相关人员，以及组织外的有关部门（人员）提供信息的系统。更具体地说，我们可以把管理信息系统的定义表述如下：管理信息系统是一种由许多个人、各种机械装置以及有关程序所组成的用以从内源和外源两方面提供有关信息的结构性综合体。它通过提供作为决策依据的统一的信息来为一个组织的计划工作、组织工作、人员配备、指导与领导工作、控制工作，以及日常的作业服务。一个管理信息系统应当向主管部门提供四种主要的信息服务：确定信息需要、搜集信息、处理信息、使用信息。

个案 12—3

华润公司运行 6S 管理体系①

中国华润总公司控股的华润（集团）有限公司设在我国香港地区。6S 管理体系是华润公司从自身实际出发探索出的管理多元化集团企业的一种系统化管理模式。6S 管理体系将集团内部多元化的业务及资产划分为责任单位，并作为利润中心进行专业化管理，其组织领导及监督实施机构是集团董事会下设的 6S 委员会。6S 管理体系既是一个全面预算管理体系，也是一个多元化的信息管理系统。

一、利润中心编码体系（profit center number system）

在专业化分工的基础上，华润公司将集团及下属公司按管理会计的原则划分为多个业务相对统一的利润中心（称为一级利润中心），每个利润中心再划分为更小的分支利润中心（称为二级利润中心），并逐一编制号码，使管理排列清晰。这个体系较清晰地包括集团绝大部分资产，同时使每个利润中心对自身的管理也有清楚的界定，便于对每项业务实行监控。

二、利润中心管理报告体系（profit center management account system）

在利润中心编码体系的基础上，每个利润中心按规定的格式和内容编制管理会计报表，具体由集团财务部统一制定并不断完善。管理会计报表每月编制一次，包括每个利润中心的营业额、损益、资产负债、现金流量、成本费用、盈利能力、应收账款、不良资产等情况，并附有公司简评。每个利润中心报表最终汇总为集团的管理报告。

三、利润中心预算体系（profit center budget system）

在利润中心分类的基础上，华润公司全面推行预算管理，将经营目标落实到每个利润中心，并层层分解，最终落实到每个责任人每个月的经营上，这样不仅使管理者对自身业务有较长远和透彻的认识，还能从背离预算的程度上去发现问题，并及时加以解决。预算的方法由下而上，由上而下，反复修正，最后汇总形成整个集团的全面预算报告。

四、利润中心评价体系（profit center measurement system）

预算执行情况需要进行评价，而评价体系要能促进经营目标的实现。华润公司根据每个利润中心业务的不同，量身定做了一个评价体系，但总体上主要是通过获利能力、过程及综合能力指标进行评价。每一个指标项下，再根据各业务点的不同情况细分为能反映该利润点经营业绩及整体表现的许多明细指标，目的是要做到公平合理，既可以兼顾到不同业务点的经营情况，又可以促进业务改进提高，加强管理。其中有些是定量指标，有些是定性指标，而对不确定部分集团则有最终决定权。集团根据各利润中心业务好坏及其前景，决定资金的支持重点，同时对下属企业的资金使用和派息政策，将根据业务发展方向统一决定，不实行包干式资金管理。而对利润中心非经营性的资产转让或会计调整的盈

① 魏斌：《企业管理体系的设立与运行——华润 6S 的发展与透视》，载《新理财》，2005（4）。

亏，则不能与经营性业绩混在一起评价，但可视具体情况给予奖惩。

五、利润中心审计体系（profit center audit system）

集团内部审计是管理控制系统的再控制环节，集团通过审计来强化全面预算管理的推行，提高管理信息系统的质量。

六、利润中心经理人考核体系（profit center manager evaluation system）

华润公司将预算的责任具体落实到各级责任人，从而考核也落实到利润中心经理人。利润中心经理人考核体系主要从业绩评价、管理素质、职业操守三方面对经理人进行评价，得出利润中心经理人目前的工作表现、今后的发展潜力、能够胜任的职务和工作建议。根据以上三部分的考核结果，华润公司进一步决定对经理人的奖惩和使用。

围绕6S管理体系的建设，集团还做了一些完善和配套工作：

(1) 建立服务中心考核体系。将集团职能部室设定为服务中心，并对这些与利润没有直接联系的管理部门如何进行考核及以民主形式进行监督作出规定。主要做法是，对各服务中心进行定位，明确其主要职能；提出评价及量化服务中心工作质量的指引；规定服务中心考核办法；根据考评结果决定奖惩办法。

(2) 改革用人制度。集团在一级利润中心经理人的聘任增加了内部公开招聘的程序。公开报名，统一考试，人事部门综合评议，推荐候选人名单，经常务董事会面试后聘任，这一做法已在多家单位实行。另外，根据对一级利润中心、服务中心的考评结果，对表现优异者由集团总经理向常务董事会建议入选新一届领导班子，这样，使干部提拔使用进一步透明化、规范化，并促使6S管理体系真正落到实处。

MIS出现至今，虽然只有30多年历史，但它对社会各个方面产生的影响是十分巨大的。近年来，在技术进步和社会发展的推动下，MIS正朝着水平更高、应用更广的方向发展。

1. 智能化。把人工智能特别是专家系统技术融入MIS，可以大大提高管理过程的效率和质量。作为这项研究的初级阶段，人们开始探讨建立以数据库、模型库和方法库为核心的新一代MIS——决策支持系统（decision support system，简称DSS），并取得了许多理论和实践成果。

2. 网络化。计算机网络技术和分布数据处理技术的发展，为MIS的资源利用从集中控制向用户分散控制方向的发展创造了条件。近年来，许多有一定规模的MIS都是建立在计算机网络（局域网络intranet）的基础上，实现了企业员工充分共享企业信息和应用资源的目标。

3. 集成化。管理自动化和生产过程自动化的结合，把企业的产品设计、业务管理和生产控制连成一体，可以实现生产过程的全盘自动化。这是MIS的又一个重要发展方向。当前，计算机集成制造系统（computer integrated manufacturing system，简称CIMS）就是这一研究方向的热门课题。

4. 商品化。MIS软件的商品化一直是人们追求的目标。美国著名的COPCS、MRPⅡ等就是在长期应用实践中形成的商品化的管理软件包，受到用户广泛的欢迎。今后，随着计算机技术的不断进步和计算机应用实践的逐步深入，各类商品化的MIS软件包（包括MIS软件的生成系统、MIS的开发工具软件CASE等）必将继续得到发展。

管理信息系统的最大特点是数据的集中统一。正是有了数据的集中统一，才使得信息真正成为一种资源，并且实现了信息资源的共享。这项工作是通过数据库系统实现的，数据库系统是管理信息系统的核心，也是其最显著的特征。

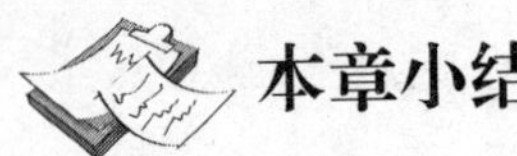

本章小结

本章介绍了管理中有关控制职能的具体内容，分别从控制的含义，控制过程，控制的类型，预算控制、审计控制、质量控制，以及管理信息系统等多个方面对控制工作的重要性和必要性加以论述。通过对控制职能的多方面论述，使读者可以更清楚地认识到处于管理职能的控制环节是至关重要的，它既是管理中计划职能得以落实和实现的必要手段，又是随时动态调整管理中其他职能综合和合理运用的关键路径。

导入案例分析

凯西的部门领导在发现这个部门由于实行了弹性工作制而使得大部分员工不能保证工作时间后，迅速做出决定，命令凯西恢复原来的工作时间，这并不是明智之举。凯西作为一个部门的负责人应该拥有本部门的决策和控制的权力，如果上级领导只是非常生硬地给凯西安排工作，就无法调动下属的积极性，尤其是对凯西这样的部门领导，不但积极性受到打击，还将影响到日后其他问题的决策。

透过这个管理问题，我们可以看到管理过程中控制职能的重要作用。凯西的员工之所以没有保证工作时间，并有投机取巧的员工，最主要的原因就是，工作过程没有得到有效的控制。凯西所提出的弹性工作时间本来是一个对大家都有好处的决定，但是，这个决定在整个运行的过程中没有配套的控制系统做支持，所以在运行过程中出现了偏差，而偏差出现后又没有人及时做出检测偏差和纠正偏差的工作，致使偏差越来越大，影响了其他的工作。

思考与练习

1. 计划和控制的关系是什么？
2. 管理标准的建立要注意什么问题？
3. 什么是预防控制？什么是反馈控制？它们的异同点是什么？
4. 有效控制系统的特性是什么？
5. 企业外部审计和内部审计的作用分别是什么？
6. 怎样理解管理信息系统的发展方向？

案例研究

博爱医院的管理控制研究[①]

博爱医院地处中小城市F，成立于20世纪80年代中期，系当年为扩大规模、提高医

① http://business.nenu.edu.cn/benke/jingpin/13.htm。

疗水平，在市政府的主持下由市内几家小型专业医院合并而成的综合性医院。成立后不久，医院在张院长的带领下，通过引进人才、购买先进的医疗设备等手段，借助改革开放的春风，在90年代初期获得了极大的发展。经过十年的发展，到1993年，医院拥有10层和5层的两幢大楼连同4层裙楼，建筑面积10 000平方米，固定资产接近8 000万元；下设内科、外科、骨科、妇产科、五官科、手外科等8个病区共150余张床位；技术力量也较为雄厚，人才济济，医、药、护、技各类人才齐全，全院员工351人，教授、主任医师25人、副主任医师20人、主治医师40人。由于医院医疗水平较高，价格也比较实惠（相对于其他城市），加上F市地处省会城市附近，交通极为方便，因此，除本地人之外，还吸引了很多邻近城市（甚至包括省城）的病人前来治疗，可以说风光一时。为此张院长多次被评为地方的劳动模范和先进工作者，张院长本人也颇为满意自己的工作。尽管当时医院内部管理也存在一定的问题，比如成本核算不合理导致药价和医疗费较高，医护人员考核不科学带来的“吃大锅饭”现象，但是这一切都被医院的快速发展以及人气所掩盖了。

1995年以后，情况发生了变化。一方面，由于国家医疗体制的变化，国有企业与职工的关系逐渐明晰，原来的医疗费用实报实销的模式被逐渐打破，职工生病治疗也不再是享受“免费的午餐”，而是或多或少地需要自己掏一部分钱，这就使得职工开始理性地计算：是去医院还是自己去买药呢？不同医院之间是否也有价格、服务差异呢？另一方面，也是更为重要的，F市内出现了一些私人的诊所和民营的小型医院，这些诊所或医院虽然有的并不完全合法，医疗条件也较差，但是凭借机制灵活、服务好、价格低等优势，成为博爱医院有力的竞争对手，尤其是在中小疾病的治疗上直接分流了博爱医院的病人。1995年至1997年博爱医院连续三年各项医疗综合收入大幅下跌，很多科室中的治疗任务不足，各种医院管理中的问题也随之暴露了出来。具体表现在：

（1）由于医院收入下降，医生的收入直接受到影响，为了弥补收入不足，很多医生开始变相地向病人索取、收受红包或其他补偿，病人及其家属对此意见很大，甚至有人向报社和市长反映，这直接影响了医院的声誉，造成了相当大的社会负面影响，从而进一步减少了来医院治疗的人数。

（2）同样是为了提高个人收入，很多医生和医院药材的采购人员不顾医德，与医药器材厂家的销售代表相勾结，有意无意地为病人开一些价格高却并不一定适用的药品，以从中赚取药材厂家的回扣。由于医生的收入与药材的销售直接挂钩，使得医生有很强的动机为病人开贵药、多开药，同种疾病的治疗费用大幅上升，进而又造成了上门求医人数减少的现象。

（3）由于缺乏合理的绩效考核、工资分配机制，干多干少之间并没有太大的收入差距，直接影响了医护人员的积极性。在医疗过程中，医生、护士互相推诿经常发生，医护人员的服务态度变得越来越差，出现了多次医护人员与病人及家属之间的冲突，极大地损害了医院形象。

（4）由于医院内部激励不足，而外界很多民营医院又开出高薪聘请有能力、有经验的医师，医院的人才正在加速流失。博爱医院的医疗水平大幅下降，甚至出现了手术无人敢做、仪器无人会用的怪事。

（5）高浪费、高损耗导致了高成本，使得医院的各项治疗费和医药费居高不下，没有实现组织规模大所应有的规模经济，反而是规模不经济。而且由于采取的是老的计划经济体制下的财务体系，医院没有一个有效的成本控制系统，这使得张院长在内的管理层无法分析出究竟是什么环节导致了成本的提高。

上述这些问题互相交织，相互促进，使得博爱医院走向了一个怪圈：问题导致医院低效，低效又促使更多的问题产生，从而进一步引起医院组织效率下降。

看着往日风光和人气的“无可奈何花落去”，张院长看在眼里，急在心上。他也曾试图通过一些改革方法来打破这个怪圈，使医院走向健康发展的良性循环，比如为避免医生、药材采购人员与药材厂家相互勾结，他特别规定了所有药材采购必须经过他本人的签名；还规定了不准接受病人家属红包、不准与病人及其家属争吵等工作守则等。但是这些规定不仅没有收到预期的效果，甚至还带来了很多负面效果。如医院内开始有人传言，张院长将采购权集中在自己手里，无非是想自己大捞一把；不准收红包使得医生收入降低得更明显，加速了人才流失。张院长为此相当苦恼，不知道自己的做法究竟错在何处？要解决这些混合在一起的问题应从何处入手？

讨论题

1. 博爱医院的内部控制系统完善吗？其中的根本问题是什么？
2. 解决上述控制系统中的问题的基本思路是什么？谈谈你个人的看法。

实践与运行

管理实践

在一家生产高质量门窗的公司中，有四、五个人组成一个小组作为这家门窗公司的区域销售部门。

在过去的三年时间里，门窗销售势头已经放慢。不断增加的证据表明，销售人员为了工作方便，主要面向大客户，而忽视小客户。此外，销售人员没有迅速处理顾客提出的问题和投诉，已经导致售后服务下降。

假设你们成立的这个销售部门已经讨论过这些问题，现在正在讨论设计一个既能增加销售额，又能改善顾客服务质量的控制系统。

1. 设计一个你们认为最能激励销售人员实现这些目标的控制系统。

2. 在你们设计的控制系统中，产出控制、行为控制和组织文化之间的相对重要性将如何体现？

管理运行

管理者游戏——控制

在管理者游戏中，通过战略会计表将实际经营结果与计划目标进行比较，由此来进行经营控制。“管理者游戏”中的战略会计表（STRAC 表）为公共用表。当“管理者游戏”的第 1 表（资金周转表，见附表三）和第 2 表（决算表）填写完后，需要评价本期经营状况、寻找经营过程中存在的问题、制定下期企业的经营计划。此时，就必须使用“管理者游戏”第 3 表，即战略会计表（STRAC 表，参见表 12—2）。之所以称“管理者游戏”第 3 表为战略会计表，是因为该表是运用战略会计的基本原理而设计。在该表的项目设置上体现了战略会计的关键要素：即 P（price）、V（variable cost）、Q（quantity）、F（fixed cost）、G（gain）及 M（margin）。

1. 战略会计表的使用程序。战略会计表为公共用表，一般每个市场一张战略会计表。战略会计表的使用程序如下：

（1）各公司制定企业经营计划（制定方法参见本教材第 4 章中的管理运行）。

（2）将制定好的经营计划用红笔填入战略会计表（见表 12—2）的虚线框内。

表 12—2　　战略会计（STRAC）表实例

公司			A 公司	B 公司	C 公司	D 公司	E 公司	F 公司
单位产品	①	P 价格	27 27	23 23	24 23	25 25	31 30	26 25
	②	V 单位变动费用	13 13	13 14	13 13	12 13	13 13	13 13
	③	M 单位边际贡献	14 14	10 9	11 13	13 12	18 17	13 12
④		Q 销售量	18 15	36 40	22 27	15 10	26 25	24 23
全部产品	⑤	PQ 销售收入	486 405	828 920	528 621	375 250	806 750	624 575
	⑥	VQ 总变动费用	234 195	468 560	286 351	195 130	338 325	312 299
	⑦	MQ 边际贡献	252 210	360 360	242 270	180 120	468 425	312 276
⑧		F 固定成本	210 270	260 280	237 250	190 190	279 280	262 270
⑨		G 经常利润	42 −60	100 80	5 20	−10 −70	189 145	50 6
资本	⑩	他人资本	100	176	80	130	120	110
	⑪	自己资本	150	350	169	100	390	310
（损益平衡点比率） （计划）⟶			(83%)评价	(72%)评价	(98%)评价	(106%)评价	(60%)评价	(84%)评价
（实际）			(129%)	(78%)	(93%)	(158%)	(66%)	(98%)

（3）依据所制定的经营计划，运作“管理者游戏”，进行生产经营决策。

（4）每一个经营者计算、填写自己的资金周转表和决算表。

（5）每一个经营者将自己本期运作的经营结果填入本市场的战略会计表中（注意：必须与最初填写经营计划的位置相同，即计划值填入虚框内，而实际值填写在虚框外），填写方法参见表12—2。李明等企业所处市场各公司第5期的计划与实际经营指标见表12—2。

2. 战略会计表的分析方法。通过该表能使经营者了解企业经营计划的完成情况，直观、简洁地分析企业经营成败的原因，并学习经营计划的制定方法。

从表12—2中可以看出李明所经营的C公司第5期的利润超额完成计划任务（计划为5元，实际为20元），主要原因是销售量超过了计划目标。A公司利润没有完成任务（计划为42元，实际为亏损60元），主要原因是固定成本大大超额，而销售量未完成任务，此时，教师可与学员一起进一步分析固定成本超额、销售量未完成任务的原因：是生产上的原因？还是销售上的原因？直到找到原因。然后，提出解决问题的方法。在整个分析过程中，学生是积极主动的。这样，既令学生学会了分析企业经营状况的方法，又提高了学生分析问题及解决问题的能力。这种“STRAC表（战略会计表）”对产品结构较简单的中小企业具有特别重要的现实指导意义，能使企业经营管理者在瞬息万变的市场中，保持清醒头脑，并迅速采取各种经营措施，保证经营计划的实现。

第 13 章

生产运作管理

Frigidaire 公司位于艾奥瓦州杰斐逊市，直到 1990 年，公司还使用传统的大规模生产线系统来生产动力传送器。公司的 160 名员工轮班工作，沿着一条传送带站着组装动力传送器，监工们负责监控他们的绩效并且做出所有与生产有关的决策。这种管理方式虽然生产率尚可接受，但质量不高。1991 年，当一位新的工厂管理者开始管理工厂后，情况很快发生了变化。新管理者具有实施 kaizen（持续改进）和使用团队而非传送带作为生产系统基础的经验。这位生产管理者很快根据 kaizen 原则在工厂中实施了新的团队化生产方式。

他指示他的管理者检查目前的生产系统和机器布局，找出如何把劳动力分成团队来生产动力传送器的方式。管理者们发现把机器和工人组成团队的最有效方式是把工人分为 28 个团队。这 28 个团队被定位，从而使他们能够有效地交换生产动力传送器所需的零部件。监工的职责完全改变了。所有与生产有关的决策全部由团队成员做出。监工被更名为主支持员（primary facilitators），他们的新任务是支持团队的工作，向团队提供所需的资源。每个团队和它的支持员每周开一次会，设定生产目标以及讨论提高生产效率和质量的途径。所有的支持员们每周也要作为一个团队开一次会，分享他们的知识和经验，以便把新知识推广到组织内的所有团队。到 1996 年，新的工作系统获得了重大的成功。有些团队的绩效提高了 50%，质量也有显著的提高。

Frigidaire 的管理者对生产系统做了哪些改进？

为什么新的生产系统能够获得成功？

13.1 生产运作管理概述

13.1.1 生产与运作的基本概念

13.1.1.1 生产与运作活动

生产与运作活动是一个“投入—变换—产出”的过程，即投入一定的资源，经过一系列、多种形式的变换，使其价值增值，最后以某种形式的产出提供给社会的过程。也可以说，是一个社会组织通过获取和利用各种资源。向社会提供有用产品的过程。

这个过程可以用图 13—1 来表示。其中的投入包括人力、设备、物料、信息、技术、能源、土地等多种资源要素。产出包括两大类：有形产品和无形产品。前者指汽车、电视、机床、食品等各种物质产品；后者指某种形式的服务，例如，银行所提供的金融服务，邮局所提供的邮递服务，咨询公司所提供的咨询服务等。中间的变换过程，也就是劳动过程，价值增值过程。这个过程既包括一个物质转化过程，使投入的各种物质资源进行转变；也包括一个管理过程，通过计划、组织、实施、控制等一系列活动使上述的物质转化过程得以实现。这个变换过程还可以是多种形式的，例如，在一个机械工厂，主要是物理变换；在一个石油精炼厂，主要是化学变换；而在一个航空公司或一个邮局，变换过程主要是位置的变换。有形产品的变换过程通常也称为生产过程；无形产品的变换过程有时称为服务过程，也称为运作过程。

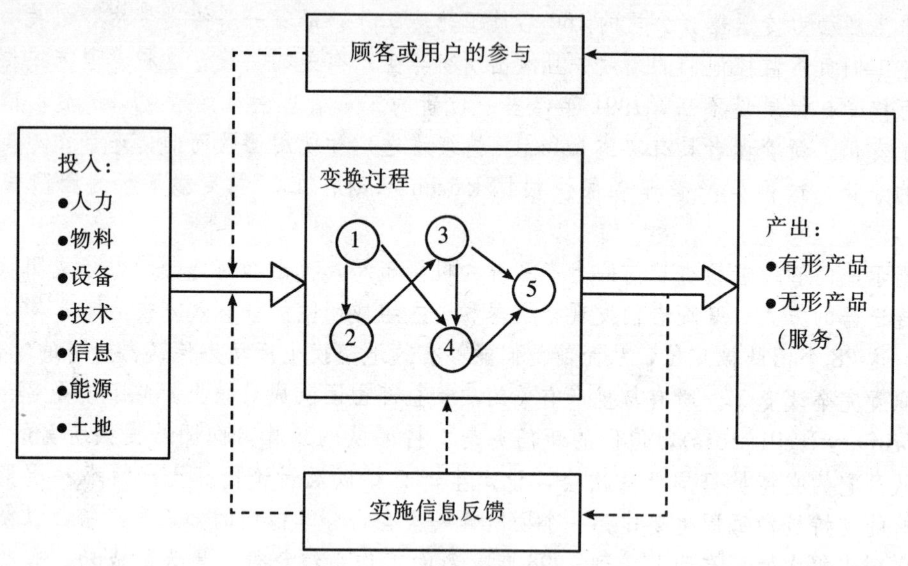

图 13—1　生产与运作活动过程

图 13—1 中的虚线表示两种特殊的投入：一是顾客或用户的参与，二是有关生产与运作活动实施情况的信息反馈。顾客或用户的参与是指，他们不仅只接受变换过程的产出结果，在变换过程中，他们也是参与活动的一部分。例如，教室中学生的参与，医院中病人的参与。实施信息反馈与“投入”框图中已有的“信息”投入的区别在于：后者是指生产运作系统外部的信息。例如，市场变化信息，新技术发展信息，政府部门关于经济趋势的分析报告等；而前者是指来自生产运作系统内部，即变换过程中所获得的信息。例如，生产进度报告，质量检验报告，库存情况报告等。图中心的圆圈表示变换过程中需要经过多个环节才能生产出产品或服务。

进行这样的生产与运作活动的主体是各种各样的社会组织，其中包括各行各业的众多企业组织，也包括非营利性的各种事业组织和政府部门（以下统称“企业”）。社会正是由这些形式多样的组织而构成的。这些组织虽然形式、性质各不相同，但其共同的特点是，可以提供任何一个个人都力所不能及的产品或服务。任何一个组织，都在以某种形式从事着某种生产运作活动，因此，任何一个组织，都具有生产运作功能。

13.1.1.2　生产与运作概念的发展过程

人们最初对上述变换过程的研究主要限于有形产品变换过程的研究，即对生产制造过程的研究。从研究方法上来说，也没有把它当做上述的“投入—变换—产出”的过程来研究，而主要是研究有形产品生产制造过程的组织、计划与控制。其相关的学科被称为“生产管理学”（在西方管理学界称为“production management”）。随着经济的发展，技术的进步以及社会工业化、信息化的进展，人们除了对各种有形产品的需求之外，对有形产品形成之后的相关服务的需求也不断提高。而且，随着社会构造越来越复杂，社会分工越来越细，原来附属于生产过程的一些业务、服务过程相继分离并独立出来，形成了专门的流通、零售、金融、房地产等服务行业，使社会第三产业的比重越来越大。此外，随着生活水平的提高，人们对教育、医疗、保险、理财、娱乐、人际交往等方面的要求也在提高，相关的行业也在不断扩大。因此，对所有这些提供无形产品的运作过程进行管理和研究的必要性也就应运而生。另一方面，系统论的发展使人们能够从更抽象、更高的角度来认识和把握各种现象的共性。人们开始把有形产品的生产过程和无形产品的提供过程都看做一种“投入—变换—产出”的过程，作为一种具有共性的问题来研究。这种变换过程的产出结果无论是有形还是无形，都具有下述特征：

1. 能够满足人们的某种需要，即具有一定的使用价值；
2. 需要投入一定的资源，经过一定的变换过程才能得以实现；
3. 在变换过程中需投入一定的劳动，实现价值增值。

因此，人们开始把对无形产品产出过程的管理研究也纳入生产管理的范畴中。或者说，生产管理的研究范围从制造业扩大到了非制造业。这种扩大了的生产概念，即“投入—产出”的概念，在西方管理学界被称之为运作（operations）。无论是有形产品的生产过程，还是无形产品的提供过程，被统称为运作过程。但从管理的角度来说，这两种变换过程实际上有许多不同点。因此本书使用“生产与运作”这一概括名词，既表示本书的论述范围包括制造业和非制造业，又表示这二者之间有一定区别。

13.1.1.3　生产与运作管理学的研究对象及其目的

生产与运作管理学的研究对象是生产运作过程和生产运作系统。生产运作系统主要包括物质系统和管理系统。

物质系统是一个实体系统，主要由各种设施、机械、运输工具、仓库、信息传递媒介等组成。例如，一个机械工厂，其实体系统包括车间，车间内有各种机床等机器设备，车间与车间之间有在制品仓库等。又如一个化工厂，它的实体系统可能主要是化学反应罐和各种各样的管道。再如一个急救系统或一个经营连锁快餐店的企业，它的实体系统可能又大为不同，它们不可能集中在一个位置，而是分布在一个城市或一个地区内各个不同的地点。

管理系统主要是指生产运作系统的计划和控制系统，以及物质系统的设计、配置等问题。其中的主要内容是信息的收集、传递、控制和反馈。

生产运作系统的设计和生产运作过程的计划、组织与控制构成了生产与运作管理学的主要研究内容。

生产运作管理的主要目的是提高质量、效率和顾客响应度。生产运作系统的每一个阶段都需要运用运营管理技术来提高效率、改进质量以及对客户的需求做出快速的反应，以此给企业带来竞争优势。

质量是指企业所生产的产品和服务是可信赖的、可靠的和令人满意的。它们能够实现设计的功能，运行良好，因此能够满足客户的需求。效率是指生产给定产出所需要投入资源的数量。顾客响应度是指对顾客需求和需要所采取行动的程度。通过运营管理保证企业能够得到充足的高质量、低成本的投入，并生产出高质量、低成本的产品和服务。高的效率和质量是获取高顾客响应度的前提。

13.1.2 生产运作的类型

13.1.2.1 制造性生产的类型

按生产方法和工艺流程的性质，可以将制造性生产分为流程型生产和加工装配型生产两大类。按企业接受订货的方式和顾客要求订制的程度，可将制造性生产划分为存货型生产和订货型生产两大类。

1. 流程型生产与加工装配型生产。

流程型生产的工艺过程是连续进行的，且工艺过程的顺序是固定不变的。生产设施按工艺流程布置，原材料按照固定的工艺流程连续不断地通过一系列装置设备加工处理成产品。典型的流程型生产包括：化工（塑料、制药、洗涤剂、化肥等）、石油精炼、金属冶炼、纺织、烟草、酿酒、饮料和造纸等工业的生产。

加工装配型生产的产品是由许多零部件构成的，各零件的加工过程彼此独立，所以整个产品生产工艺是离散的，制成的零件通过部件装配和总成装配最后成为产品。典型的加工装配型生产包括：汽车、机床、电子设备、计算机、家用电器、家具、服装等产品的制造。

流程型生产的特点表现为：地理位置集中，生产过程自动化程度高，只要设备体系运行正常，工艺参数得到控制，就可以正常生产合格产品；生产过程中的协作与协调任务少。加工装配型生产的特点表现为：地理位置分散，零件加工和产品装配可以在不同的地区甚至在不同的国家进行；由于零件种类繁多，加工工艺多样化，又涉及多种多样的加工单位、工人和设备，导致生产过程中协作关系十分复杂，计划、组织、协调与控制任务相当繁重，生产管理大大复杂化。因此，生产管理研究的重点一直放在加工装配型生产上。

2. 存货型生产与订货型生产。

存货型生产是在对市场需求量进行预测的基础上，有计划地进行生产，产品有库存。为防止库存积压和脱销，生产管理的重点是抓供、产、销之间的衔接，按“量”组织生产过程各环节之间的平衡，保证全面完成计划任务。这种生产方式的顾客订制程度很低，通常是标准化地、大批量地进行生产，其生产效率比较高。

订货型生产是在收到顾客的订单之后，按顾客的具体要求组织生产，进行设计、供应、制造和发货等工作。由于是按顾客要求订制，故产品大多是非标准化的，在规格、数量、质量和交货期等方面可能各不相同。由于是按订货合同规定的交货日期进行生产，产品生产出来立即交货，所以基本上没有产成品存货。生产管理的重点是确保交货期，按

“期”组织生产过程各环节的衔接平衡。

13.1.2.2 服务性运作的类型

按照是否提供有形产品，可将服务性运作划分成纯服务性运作和一般服务性运作两种；按照与顾客直接接触的程度，可将服务性运作划分成高接触型运作、混合型运作和准制造型运作三种；按生产运作系统的特性划分，可将服务性运作划分为技术密集型运作和人员密集型运作两种。

1. 纯服务性运作和一般服务性运作。

纯服务性运作不提供任何有形产品，如咨询、指导和讲课等；一般服务性运作则提供有形产品，如批发、零售、邮政、运输、图书馆书刊借阅等。

2. 高接触型运作、混合型运作和准制造型运作。

高接触型运作是指那些与顾客直接打交道或直接交往的服务性运作，如旅馆的接待服务、保险公司的个人服务、餐厅的上菜服务、零售企业的柜台销售服务、医院的门诊服务以及课堂教学等。高接触型运作的效率和质量，主要取决于服务人员的职业道德和工作能力。

准制造型运作就是不与顾客直接打交道，而是从事业务和信息处理的服务性工作，如企业的行政管理、会计事务处理、存货管理、计划与调度、采购作业、批发、设备维护等。这些准制造型运作从性质上看，与制造系统的类似作业并无本质区别，可直接应用制造业先进的生产管理方法来改进这类服务性运作的效率。

混合型运作是指性质和内容介于高接触型运作和准制造型运作之间的各种服务工作，如银行的出纳作业、火车站的售票作业、售后服务部门的修理工作、超市的上货工作等。

3. 技术密集型运作和人员密集型运作。

这种分类方式的区别主要在于人员与设施装备的比例关系。前者需要更多的设施及装备投入，后者则需要高素质的人员。航空公司、运输公司、银行、娱乐业、通讯业、医院等都属于技术密集型运作；百货商店、餐饮业、学校、咨询公司等属于人员密集型运作。从中不难看出生产运作管理的特点：前者更注重合理的技术装备投资决策，加强技术管理，控制服务交货进度与准确性；后者更注重员工的聘用、培训和激励、工作方式的改进、设施选址和布置等问题。

13.1.3 生产运作管理的作用和意义

13.1.3.1 生产运作是企业创造价值的主要环节

从人类社会经济发展的角度来看，物质产品的生产制造是除了天然合成（如粮食生产）之外，人类能动地创造财富的最主要活动。工业生产制造直接决定着人们的衣食住行的方式，也直接影响着农业、矿业等社会其他产业技术装备的能力。在今天，随着生产规模的不断扩大，产品和生产技术的日益复杂，市场交换活动日益活跃，一系列连接生产活动的中间媒介活动变得越来越重要。因此，与工业生产密切相关的金融业、保险业、对外贸易业、房地产业、仓储运输业、技术服务业、信息业等服务行业在现代社会生活中所占的比重越来越大，在人类创造财富的整个过程中起着越来越重要的作用，这些行业的生产运作活动同样是人类创造财富的必要环节。而作为构成社会基本单位的企业，其生产运作活动是人类最主要的生产活动，也是企业创造价值、服务社会和获取利润的主要环节。

13.1.3.2 生产运作是企业经营的基本职能之一

企业经营可以说有五大基本职能：财务、技术、生产、营销和人力资源管理。企业的经营活动，就是这五大职能有机联系的一个循环往复的过程，如图13—2所示。企业为了实现自己的经营目的，首先要制定一个经营方针，决定经营什么、生产什么；然后需要准备资金，即进行财务活动，这是企业的财务职能；其次需要研制和设计产品以及工艺——进行技术活动；设计完成后，需要购买物料和加工制造——即进行生产活动；产品生产出来以后，需要通过销售使价值得以实现——即进行营销活动；销售以后得到的收入进行分配，其中一部分作为下一轮的生产资金，又一个循环开始。而使这一切运转的是人——企业的人力资源管理活动。

企业为了达到自己的经营目的，以上五大职能缺一不可。例如，没有资金，生产活动就无法开始，也就谈不上创造价值；又如，生产出来的有价值的产品，如果不销售出去，价值也就无从实现。而其中生产职能（包括"技术"职能在内）的重要意义在于它是真正的价值创造过程，是产生企业利润的源泉。

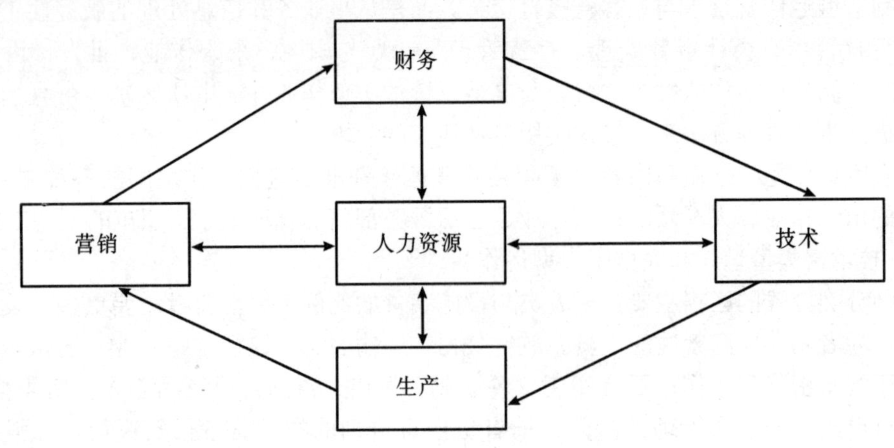

图13—2 企业经营的五大基本职能

13.1.3.3 生产运作管理是企业竞争力的源泉

在市场竞争条件下，企业竞争到底靠什么？不同的企业有各自不同的战略，不同的企业有各自不同的成功经验。归纳起来，最终都体现在企业所提供的产品上，体现在产品的质量、价格和适时性。哪个企业的产品质量好、价格低，又能及时推出，哪个企业在竞争中就能取胜。一个企业也许面临许多问题，如体制问题，资金问题，设备问题，技术问题，生产问题，销售问题，人员管理问题，企业和政府、银行、股东的关系问题等，任何一个方面出了问题，都有可能影响整个企业的正常生产和经营。但消费者和用户只关心企业所提供的产品对他们的效用。因此，企业之间的竞争实际上是企业产品之间的竞争，而企业产品的竞争力，在很大程度上取决于企业生产运作管理的绩效：如何保证质量，降低成本和把握时间。

从这个意义上来说，生产运作管理是企业竞争力的真正源泉。在市场需求日益多样化、顾客要求越来越高的情况下，如何适时适量地提供高质量、低价格的产品，是现代企业经营管理领域中最富有挑战性的内容之一。在20世纪80年代，美国工商企业界的高层管理者们曾经把兴趣更多地偏重于资本运营、营销手段的开发等，对集中了企业绝大部分财力、设备、以至人力资源的生产系统缺乏应有的重视，其结果导致整个生产活动与市场竞争的要求相距越来越远。而后起的日本企业，则正是靠它们卓有成效的生产管理技术和方法，使其产品风靡全球，不断提高其全球竞争力。日美汽车工业之间的竞争和成败是这方面的一个最好例子。在今天，绝大多数企业已经意识到了生产运作管理对企业竞争力的重要意义，开始重新审视生产运作管理在整个企业经营管理中的地位和作用，开始大力通过信息技术的应用等手段来加强生产运作管理。今天的中国企业实际上也面临类似的问题，在这一方面，西方国家企业的经验教训值得我们借鉴。

13.2 全面质量管理

生产运作管理的主要目的就是要生产出高质量的产品和服务，只有这样才能提高效率，降低运营成本，增加企业利润，同时提高顾客响应度。

13.2.1 质量与质量管理

质量、成本、交货期、服务及响应速度是决定市场竞争成败的几个关键要素，而质量更是居首位的要素，是企业参与市场竞争的必备条件。质量低劣的产品，成本再低也无人问津。日本企业为什么能够占据世界汽车市场和家用电器市场的领先地位？靠的是优异的产品质量。企业要想跻身国际市场，后来居上，首先要有优质的产品和完美的服务。提高生产率是社会生产的永恒主题。而只有有了高质量，才可能有真正的高生产率。如果企业的产品和服务的质量不能满足顾客要求，就不能在市场上实现其价值，就是一种无效或低效率的劳动，就不可能有真正的高效率和高效益。

13.2.1.1 质量的概念

质量（quality）是质量管理的对象，正确、全面地理解质量的概念，对开展质量管理工作是十分重要的。在生产发展的不同历史时期，人们对质量的理解随着科学技术的发展和社会经济的变化而有所变化。

现代质量管理认为，必须从用户的观点对质量下定义。这方面最著名的、也是最流行的，是美国著名的质量管理权威朱兰（J. M. Juran）给质量下的定义："质量就是适用性"。所谓适用性，就是产品和服务满足顾客要求的程度。企业的产品是否使顾客十分满意？是否达到了顾客的期望？如果没有，就说明存在质量问题。

但是适用性和满足顾客要求是比较抽象的概念，为了使之对质量管理工作起到指导作用，还需将其具体化。在这方面，美国质量管理专家戴明教授将适用性的概念具体为八个方面的含义，即：性能、附加功能、可靠性、一致性、耐久性、维护性、美学性、感觉性等。这八个方面是适用性概念的具体化，从而也就更容易从这八个方面明确顾客对产品和服务的要求，并将这种要求转化为产品和服务的各种标准。

从以上关于质量概念的表述可以看出，随着社会的进步、人们的收入水平和受教育水平的提高，消费者对产品和服务质量的要求越来越高，越来越具有丰富的文化和个性内涵。因而，如何正确地认识顾客的需求，如何将其转化为系统性的产品和服务的标准是现代质量管理首先要解决的重要问题。质量管理水平的提高，首先要求质量管理思想和观念革新。

13.2.1.2 质量过程

产品和服务质量从形成过程来说，有设计过程质量、制造过程质量和使用过程质量及服务过程质量之分。

1. 设计过程质量。指设计阶段所体现的质量，也就是指设计符合质量特性要求的程度，它最终通过图样和技术文件质量来体现。

2. 制造过程质量。指按设计要求，通过生产工序制造而实际达到的实物质量，是设计质量的实现，是制造过程中，操作工人、技术装备、原料、工艺方法以及环境条件等因素的综合产物，也称符合性质量。

3. 使用过程质量。这是在实际使用过程中所表现的质量，它是产品质量与质量管理水平的最终体现。

4. 服务过程质量。指产品进入使用过程后，生产企业（供方）对用户的服务要求的满足程度。

13.2.1.3 工作质量

工作质量一般指与质量有关的各项工作对产品质量、服务质量的保证程度。工作质量涉及各个部门、各个岗位工作的有效性，同时，决定着产品质量、服务质量。然而，它又取决于人的素质，包括工作人员的质量意识、责任心、业务水平。其中，最高管理者（决策层）的工作质量起主导作用，一般管理层和执行层的工作质量起保证和落实的作用。

工作质量能反映企业的组织工作、管理工作与技术工作的水平。工作质量的特点是它不像产品质量那样直观地表现在人们面前，而是体现在一切生产、技术、经营活动之中，并且通过企业的工作效率及工作成果，最终通过产品质量和经济效果表现出来。

产品质量指标可以用产品质量特性值来表示，而工作质量指标，一般是通过产品合格率、废品率和返修率等指标表示。如合格率的提高，废品率、返修率的下降，就意味着工作质量水平的提高。然而，工作质量在许多场合是不能用上述指标来直接衡量的，而通常是采取综合评分的方法来定量评价。例如，工作质量的衡量可以通过工作标准，把“需要”予以规定，然后通过质量责任制等进行评价、考核与综合评分。具体的工作标准因不同部门、岗位而异。

对于生产现场来说，工作质量通常表现为工序质量。所谓工序质量是指操作者（man）、机器设备（machine）、原材料（material）、操作及检测方法（method）和环境（environment）五大因素（即四个M和一个E）综合起作用的加工过程的质量。在生产现场抓工作质量，就是要控制这五大因素，保证工序质量，最终保证产品质量。

13.2.2 质量管理的基本概念

13.2.2.1 质量管理（quality management）

质量管理是指“确定质量方针、目标和职责，并通过质量体系中的质量策划、质量控制、质量保证和质量改进来使其实现的所有管理职能的全部活动”。这个定义指出了质量管理是一个组织管理职能的重要组成部分，必须由一个组织的最高管理者来推动，质量管理是各级管理者的职责，并且和组织内的全体成员都有关系，他们的工作都直接或间接地影响着产品或服务的质量。因此，质量管理的涉及面很广：从横向来说，包括战略计划、资源分配和其他系统活动，如质量计划、质量保证、质量控制等活动；从纵向来说，质量管理包括质量方针、质量目标以及质量体系。

13.2.2.2 质量保证（quality assurance）

所谓质量保证是指“为使人们确信某实体能满足质量要求，在质量体系内所开展的、并按需要进行证实的、有计划和有系统的全部活动”。

质量保证的基本思想是强调对用户负责，其核心问题在于使人们确信某一组织有能力满足规定的质量要求，给用户、第三方（政府主管部门、质量监督部门、消费者协会等）和本企业最高管理者提供信任感。为了确有把握地使用户、第三方、本企业最高管理者相信具有质量保证能力，使他们树立足够信心，必须提供充分必要的证据和记录，证明有足够能力满足他们对质量的要求。为了使质量保证系统行之有效，还必须时常接受评价，例如，用户、第三方和企业最高管理者组织实施的质量审核、质量监督、质量认证、质量评价（评审）等。

质量保证是一种有计划、有系统的活动，是实现质量保证所必需的工作保证。通过有计划地开展质量保证活动，应当形成一个有效的质量保证体系（质量保证模式）。

13.2.2.3 质量控制（quality control）

所谓质量控制是指“为满足质量要求所采取的作业技术和活动”。“作业技术与活动”贯穿于质量形成全过程的各个环节，目的是为了保证质量形成全过程或其中某一环节受到控制。因此，“作业技术和活动”的主要内容是确定控制计划与标准、实施控制计划与标准，并在实施过程中进行连续监视和验证、纠正不符合计划与程序的现象、排除质量形成过程中的不良因素与偏离规范的现象，恢复其正常状态。在实际运用质量控制概念时，应该明确控制对象。对具体的质量控制活动，应冠以限定词，如工序质量控制、外协件质量控制、公司范围质量控制等。

13.2.2.4 质量体系（quality system）

为了实现质量方针、目标，提高质量管理的有效性，应建立与健全质量体系。质量体系是指“实施质量管理的组织机构、职责、程序、过程和资源”。质量体系是质量管理的组织保证。因此，质量体系定义中所表述的“组织机构、职责”，是指影响产品质量的组织体制，是组织机构、职责、程序等的管理能力和资源能力（包括人力资源与物质资源，即体系的硬件如人才资源与技能、设计研究设备、生产工艺设备、检验与试验设备以及计量器具等）的综合体。

总之，质量管理是一门学问，从根本上说，这是一门如何发现质量问题、定义质量问题、寻找问题原因和制定整改方案的方法论。质量管理还是一种思想，它实际是对企业的宗旨，即企业是干什么的、应该怎么干这一基本使命的一种深刻的理解和不断升华的认识。质量管理更是一种实践，一种从企业最高领导到每位员工主动参与的、永无止境的改进活动。

13.2.3 全面质量管理

13.2.3.1 质量管理的发展过程

质量管理这一概念早在20世纪初就提出来了，它是伴随着企业管理与实践的发展而不断完善，并随着市场竞争的变化而发展起来的。从质量管理的发展历史可看出，在不同时期，质量管理的理论、技术和方法都在不断地发展和变化，并且有不同的发展特点。从一些工业发达国家经过的历程来看，质量管理的发展大致经历了三个阶段：

1. 产品质量的检验阶段（20世纪20年代～30年代）。

20世纪初，美国企业出现了流水作业等先进的生产方式，提高了对质量检验的要求，随之在企业管理队伍中出现了专职检验人员，组成了专职检验部门。从20世纪初到40年代前，美国的工业企业普遍设置了集中管理的技术检验机构。

质量检验对手工业生产来说，无疑是一个很大进步，因为它有利于提高生产率，有利于分工的发展。但从质量管理的角度看，质量检验的效能较差，因为这一阶段的特点就是按照标准规定，对成品进行检验，即从成品中挑出不合格品。这种质量管理方法的任务只是“把关”，即严禁不合格品出厂或流入下一工序，而不能预防废品产生。虽然可以防止废品流入下道工序，但是由废品造成的损失已经存在了，由此带来的质量也就无法消除。

2. 统计质量管理阶段（20世纪40年代～50年代）。

由于第二次世界大战对大量产品（特别是军需品）的需要，质量检验工作立刻显示出其弱点，检验部门成了生产中最薄弱的环节。由于事先无法控制质量，以及检验工作量大，军火生产常常延误交货期，影响前线军需供应。这时，休哈特（W. A. Shewhart）防患于未然的控制产品质量的方法及道奇、罗米格（Dodge-Romig）的抽样检查方法被重视起来。美国政府和国防部组织数理统计学家去解决实际问题，制定战时国防标准，即《质量控制指南》、《数据分析用的控制图法》、《生产中质量管理用的控制图》，这三个标准是质量管理中最早的标准。

在美国战时的质量管理方法的研究中，哥伦比亚大学的“统计研究组”做出了较大的贡献。它是作为政府机关的应用数学咨询机构而成立的，在其许多研究成果中，具有特殊意义的是瓦尔德（Wald）提出的逐次抽检法。

第二次世界大战后，美国的产业界顺利地从战时生产转入到和平生产，统计方法在国民工业生产中得到了广泛的应用。随后，在欧美各国企业相继推广开来。

这一阶段的手段是利用数理统计原理，预防产生废品并检验产品的质量。在方式上质量管理工作是由专业质量控制工程师和技术人员承担。这标志着将事后检验的观念转变为预防质量事故的发生并事先加以预防的观念，使质量管理工作前进了一大步。

但是，这个阶段曾出现了一种偏见，就是过分地强调数理统计方法，忽视了组织管理工作和生产者的能动作用，使人误认为“质量管理好像就是数理统计方法”、“质量管理是少数数学家和学者的事情”，因而对统计的质量管理产生了一种高不可攀、望而生畏的感觉。这种倾向阻碍了数理统计方法的推广和应用。

3. 全面质量管理阶段。

从20世纪60年代开始，进入全面质量管理阶段。50年代以来，由于科学技术的迅速发展，工业生产技术手段越来越现代化，工业产品更新换代也越来越频繁。特别是出现了许多大型产品和复杂的系统工程，质量要求大大提高了，特别是对安全性、可靠性的要求越来越高。此时，单纯靠统计质量控制，已无法满足要求。因为整个系统工程与试验研究、产品设计、试验鉴定、生产准备、辅助过程、使用过程等每个环节都有着密切关系，仅仅靠控制过程是无法保证质量的。这样就要求以系统的观点，全面控制产品质量形成的各个环节、各个阶段。同时，行为科学在质量管理中得到应用，其中主要内容就是重视人的作用，认为人受心理因素、生理因素和社会环境等方面的影响，因而必须从社会学、心理学的角度去研究社会环境、人的相互关系以及个人利益对提高工效和产品质量的影响，发挥人的能动作用，调动人的积极性，加强企业管理。人们也认识到不重视人的因素，质量管理是搞不好的。因而在质量管理中，也相应地出现了“依靠工人”、“自我控制”、“无缺陷运动”等。

13.2.3.2 全面质量管理的概念

全面质量管理，是指在全社会的推动下，企业的所有组织、所有部门和全体人员都以产品质量为核心，把专业技术、管理技术和数理统计结合起来，建立起一套科学、严密、高效的质量保证体系，控制生产全过程影响质量的因素，以优质的工作、最经济的办法，提供满足用户需要的产品（服务）的全部活动。简言之就是全社会推动下的、企业全体人员参加的，用全面质量去保证生产全过程的质量的活动，而核心就在“全面”二字上。全面质量管理的特点请参考第 12 章的相关内容。

13.2.3.3 全面质量管理的主要工作内容

全面质量管理是生产经营活动全过程的质量管理，要将影响产品质量的一切因素都控制起来，其中应主要抓好以下几个环节的工作：

1. 市场调查。市场调查过程中要了解用户对产品质量的要求，以及对本企业产品质量的反映，为下一步工作指出方向。

2. 产品设计。产品设计是产品质量形成的起点，是影响产品质量的重要环节，设计阶段要制定产品的生产技术标准。为使产品质量水平确定得先进合理，可利用经济分析方法。这就是根据质量与成本及质量与售价之间的关系来确定最佳质量水平。

3. 采购。原材料、协作件、外购标准件的质量对产品质量的影响是很显然的，因此，要从供应单位的产品质量、价格和遵守合同的能力等方面来选择供应厂家。

4. 制造。制造过程是产品实体形成过程，制造过程的质量管理主要通过控制影响产品质量的重大因素，即操作者的技术熟练水平、设备、原材料、操作方法、检测手段和生产环境来保证产品质量。

5. 检验。制造过程中同时存在着检验过程。检验在生产过程中起把关、预防和预报的作用。把关就是及时挑出不合格品，防止其流入下道工序或出厂；预防是防止不合格品的产生；预报是将产品质量状况反馈到有关部门，作为质量决策的依据。为了更好地起到把关和预防等作用，同时要考虑减少检验费用，缩短检验时间，因此，要正确选择检验方式和方法。

6. 销售。销售是产品质量实现的重要环节。销售过程中要实事求是地向用户介绍产品的性能、用途、优点等，防止不合实际地夸大产品的质量，影响企业的信誉。

7. 服务。抓好对用户的服务工作，如提供技术培训、编制好产品说明、开展咨询活动、解决用户的疑难问题、及时处理出现的质量事故。为用户服务的质量影响着产品的使用质量。

13.2.4 ISO 9000简介

为了适应国际市场竞争的需要，国际标准化组织（International Organization for Standardization，简称ISO）于1987年发布了ISO 9000《质量管理和质量保证》系列标准，从而使世界质量管理和质量保证活动统一在ISO 9000系列标准基础之上。它标志着质量体系走向规范化、系列化和程序化的高度。

目前世界上已有60多个国家和地区等同或等效采用ISO 9000系列标准，力求使本国的质量体系、认证制度能获得世界的普遍承认。中国是国际标准化组织的成员国，在1992年5月召开的"全国质量工作会议"上，决定等同采用ISO 9000系列标准，以双编号的形式GB/T 19000—ISO 9000发布了系列标准，从1993年1月起实施。这适应了我国企业参与国际市场竞争的需要，为管理者实施质量取胜战略提供了可操作性的质量目标，促使企业质量体系认证向国际化发展。

ISO 9000系列标准是推荐标准，不是强制执行标准。但是，由于这一系列的标准在国际上独此一家，各国政府又予以承认，因此，谁不执行谁就无法在国际质量市场站稳脚跟。在国际贸易、产品开发、技术转让、商检、认证、索赔、仲裁等方面，它成为国际公认的标准。在这种情况下，积极采用ISO 9000系列标准就成为对世界级企业的基本要求。为此，要了解ISO 9000系列标准的组成及其主要内容，了解质量认证工作的含义、意义和基本程序。

13.2.4.1 ISO 9000系列标准的组成

ISO 9000系列标准是指导企业建立质量保证体系的标准，是有关质量标准体系的核心内容，其中2000版的ISO 9000标准具体包括：

ISO 9000：2000质量管理体系——基础和术语；

ISO 9001：2000质量管理体系——要求；

ISO 9004：2000质量管理体系——业绩改进指南；

ISO 19011：2000质量和（或）管理体系审核指南。

13.2.4.2 质量认证

质量认证包括产品质量认证和质量体系认证等。产品质量认证是依据产品标准和相应技术要求，经认证机构确认并通过颁发认证证书和认证标志来证明某一产品相应标准和相应技术要求的活动。质量体系认证通常是通过国家或国际认可并授权具有第三方法人资格的权威认证机构来进行。

13.2.4.3 质量体系认证的趋势和特点

1. 质量体系认证的依据是ISO 9000系列标准或其等同标准。目前，各国开展质量体系认证，均趋向于采用ISO 9000系列标准，以利于质量体系认证工作的国际统一交流与合作。这也正是国际标准化组织所提倡的。

2. 审核的对象是供方的质量体系。产品质量认证与质量体系审核，主要是产品形成试验加上对工厂质量体系的审核。质量体系认证范围往往与所申请认证的产品有关。

3. 供方选择资信度高、有权威的认证机构审核。一般都选择世界上先进工业国家中历史悠久、有影响的独立的第三方认证机构进行认证，如英国的BSI（英国标准学会）等。

4. 单独的质量体系认证采取注册、发给证书和公布名录的方式。这是对被审核单位已通过质量体系认证的有效证明，能扩大获证单位的社会影响。

十多年来，我国已批准设立了10个产品认证机构、4个独立的体系认证（注册）机构、11个检验机构。根据合格评定（认证）制度的总体方案，我国将组成由政府代表、部门和地方专家参加的中国认证机构认可委员会，下设4个分委员会，经授权后，按照统一的认可办法，分别对产品认证机构、体系认证机构、检验和检定机构、人员培训及注册机构进行认可和管理。

13.2.4.4　质量认证对企业管理的意义

成功企业的经验表明，推行质量认证制度对于有效促使企业采用先进的技术标准、实现质量保证和安全保证、维护用户利益和消费者权益、提高产品在国内外市场的竞争能力，以及提高企业经济效益，都有重大意义。

1. 质量认证有利于促使企业建立和完善质量体系。企业要通过第三方认证机构的质量体系认证，就必须充实、加强质量体系的薄弱环节，提高对产品质量的保证能力。另一方面，通过第三方的认证机构对企业的质量体系进行审核，也可以帮助企业发现影响产品质量的技术问题或管理问题，促使其采取措施加以解决。

2. 质量认证有利于提高企业的质量信誉，增强企业的竞争能力。企业一旦通过第三方的认证机构对其质量体系或产品的质量认证，获得了相应的证书或标志，则相对其他未通过质量认证的企业，有更大的质量信誉优势，从而有利于企业在竞争中取得优先地位。特别是对于世界级企业来说，由于认证制度已在世界上许多国家，尤其是发达国家实行，各国的质量认证机构都在努力通过签订双边的认证合作协议，取得彼此之间的相互认可。因此，如果企业能够通过国际上有权威的认证机构的产品质量认证或质量体系认证（注册），便能够得到优惠待遇。

3. 质量认证可减少企业重复向用户证明自己确有保证产品质量能力的工作，使企业可以集中更多的精力抓好产品开发及制造全过程的质量管理工作。

个案13—1

日立公司的质量管理①

日立公司最早可以追溯到小平浪平先生于1910年在东京创立的一个小电机修理厂，1920年该厂被改组，名为日立制作所，日立因此正式得名。到1941年，日立发展成经营涉及电力设备、机车车辆和通信设备等多个领域、日本最大的综合性机械电气制造厂家。现在，日立公司已经成为世界上最大的电器设备制造商之一，它的产品遍及信息系统和电子设备、动力和产业系统、家用电器、材料工业四大领域，共20 000余种，它的生产销售

① 根据http://www.doc88.com/p-648026144.htm的相关内容改编而成。

网络遍布五大洲50多个国家和地区，在海外拥有70余家制造公司和100余家销售与维修服务公司。日立公司名列《财富》杂志2009年度世界500强第52位，在电子电器设备行业厂家中位居美国通用电气公司之后，列世界第二位，在日本最大工业企业中也仅次于丰田汽车公司。视质量为企业的生命是日立公司能够取得如此巨大成功的法宝。

日立公司质量管理的核心是全员参与质量管理，其具体体现是“3N、4M、5S”的质量管理模式。

“3N”是指质量管理的原则为“不接受（no accepting）不合格产品、不制造（no manufacturing）不合格产品、不移交（no transferring）不合格产品”。其目的是控制生产全过程的质量，确保经过每位员工之手加工的零部件达到100%的合格率，达到零缺陷的质量目标。日立公司要求每个操作者将“3N”原则铭记在心，以便使生产的各个环节始终处于受控状态，使生产全过程进入有序的良性循环中。通过执行“3N”原则，日立希望在每一个岗位上、每一个员工中牢固树立起“生产自己和顾客都满意的产品”的市场新理念，形成人人注重质量、环环相扣保证质量的有效机制。

“4M”是指对“人（man）、机器（machine）、材料（material）、方法（methods）”4种质量管理要素的科学运用。即人——激发最大的竞争意识；机器——保持最高的开工率；材料——达到合理的投入产出；方法——应用最佳的手段与途径。其中，突出对人的管理和发挥人的能动作用是“4M”的精髓。日立在中国的企业和日本日立在机器、材料、方法等方面基本上是相同的，唯一不同的是人的素质。要达到国际先进水平，制造一流产品，就必须着力在“人”字上下工夫，变“三个一样”为“四个一样”，使“4M”都能与国际先进水平接轨。为此，上海日立电器公司确立了“以人为本”的建企方针。

“5S”是指进行文明生产的5个管理手段，即“整理、整顿、清扫、清洁、身美”。整理就是把要与不要的东西彻底分开，要的摆在指定位置挂牌明示，不要的则坚决处理掉；整顿是指一经检查发现未作标志又未被处理的物品，现场管理干部将追究当事人的责任；清扫就是将工作场所、环境、仪器设备、材料、工具夹等上的灰尘、污垢、碎屑、泥沙等脏物清洗抹拭干净；清洁是指在以上三个环节之后的日常性维持活动，在每天下班前3分钟（或5分钟）实行全员参加的清洁作业，使整个环境随时都维持良好状态；身美就是培养全体员工的良好礼貌礼节、工作习惯、组织纪律、敬业精神。其目的是创造一个清洁、舒适、文明的生产环境，规范员工行为，塑造良好的企业形象。“5S”每天为3～5分钟，每周末为15分钟，每月末为半小时，每年底为2小时，这样不间断地坚持下去，文明生产持之以恒，产品的质量即可提高到更新、更高的水平。

在确立了先进的质量管理思想和管理模式的同时，日立公司还建立了完善的质量管理制度和管理措施。

首先，设立质量保障机构，该机构在日立公司叫做“品管部”，它直接对工厂最高领导层负责，下设QA、QC、IQC三个分部。QA即品质保证（quality assurance）分部，它全权负责产品出厂前的质量管理工作，包括检验和审核生产制造、安装调试、检验检测等工作，拟定并发布质量标准和检验手段，通报产品质量状况，处理质量问题等。QC即质量检验（quality check）分部，负责对产品进行事后检验并将结果上报QA部。IQC即进料质量控制（importation quality control）分部，它负责对所有外购原辅材料、外购件及外协件进行质量检验和控制，无论新老客户的产品，都必须经过严格检验，合格后加盖

PASS章，方可入库，不合格的则毫不犹豫地退回。而且，这些材料由库房进入车间时也要进行必要的进料质量控制，发现不良品一律退回库房，再退给供货商。如此层层进行进料质量控制，自然而然地提高了产品优质率。

其次，建立全面的厂内厂际质量保证体系。以福日公司为例，为了使“零缺陷”的质量管理贯穿于产品生产全过程，公司建立了包括质量组织体系、质量指标保证体系、质量检验保证体系和生产过程质量保证体系四大保证体系，并建立了涉及各部门工作的“全信息反馈网络”，同时福日公司还选择了能反映从原材料进厂—生产制造—用户使用全过程的8项指标，并将这些指标逐层分解、分级管理，为质量管理提供了有力保障。在内部建立质量保证体系的基础上，福日公司还跟为“福日”牌电视机提供配套部件的厂家签订了“技术、质量、管理经济合作协议”，组成了合资、代管、合作、协作等多形式、多层次的经济联合体，各成员厂遵守共同的章程，包括厂际质量保证体系管理、外移协作部件生产线验收、部门投资入股企业管理、厂际信息管理等一整套管理办法和具体措施。这一体系有效地保障了进料的质量。

再次，建立全面激励机制。日立公司在华企业质量管理的关键要素是人，这就要求必须十分注意发挥每个员工的积极性和创造性，不断刺激职工的竞争心理，公司在质量管理过程中很注意这一点。一方面，在公司内部推行民主管理，积极采用员工的合理建议，制定“零缺陷”活动计划，组织研讨班，增强员工的民主参与意识和质量观念；另一方面，公司把全体员工的工资与质量挂钩，推行质量工资制，即从每个人的工资中提取一定数额作为质量工资，并按每个人的综合工作质量进行考核评分，根据得分进行质量工资的分配。

最后，制定标准工作时间，以均衡生产促优质高产。为了保持流水线生产的均衡性，使各个工序质量处于受控状态，日立在科学分析的基础上规定了标准时间及实际工作时间，据此安排流水线的直接生产人数。并根据产品生产节拍安排每一个工位应当完成的动作，使每个工位的作业尽量一致，力求使生产过程显示出既紧张又轻松的节奏。同时，公司还鼓励职工在劳动空隙增加营养和热量，并为此采取了相应的经济补贴手段和服务措施，使员工在收工前每1分钟都能够做到精神饱满，保证了当日产品的质量和产量。

13.3 准时生产方式

随着经济全球一体化、科技的进步，人们的消费观念、消费需求等也在不断变化和转化，并且变化与更新的速度越来越快，与之相对应的则是产品的生命周期越来越短。国际竞争市场更是千变万化，市场机会稍纵即逝，谁能以最快的速度了解消费者的需求，推出新的产品和服务将是赢得市场的重要因素。速度已成为国际市场中决定企业成败的关键因素。快速反应、分秒必争，真正成了企业在国际化经营中的现实需要。激烈的市场竞争对企业的生产运营系统提出了更高的要求，企业要提高顾客响应度，已不能通过大批量的生产方式来实现，而需要采取准时生产方式。

13.3.1　准时生产的含义

准时生产方式（just in time，简称 JIT）是日本丰田汽车公司从 20 世纪 60 年代开始推行的、旨在消除生产过程中各种浪费现象的一种综合管理技术。这里所说的浪费，既包括人们早已司空见惯的废品、返工、机器故障、交叉往返运输等现象，也包括在传统观念下认为是“合理现象”带来的损失，如过量生产、不按计划准时生产、生产周期过长、投料批量引起的在制品积压等。换言之，凡是超出增加产品价值所需要的绝对最少的设备、材料和工作时间的部分，都是浪费。推行准时生产制，就是要通过消除浪费来提高企业的经济效益。

因此，准时生产，可以说就是按必要的时间、必要的数量、生产必要的产品（或零部件），不过多、过早地生产暂时不必要的产品。准时生产制是一种讲求最大经济效益的生产管理制度，强调“准时”和“准量”，不单纯追求高设备开工率、高劳动生产率和高产值。它的基本思想在于，严格按用户要求生产产品，尽量缩短生产周期，压缩在制品占用量，从而最大限度地节约开支，提高效率，降低成本，增加收入。

13.3.2　准时生产的特点

13.3.2.1　后工序到前工序提取零部件

一般生产组织是由生产计划部门按产品生产计划制定作业进度表，工序根据计划生产，供给下道工序继续加工。当计划不周或生产信息反馈不灵时，容易造成零部件生产过剩和在制品积压。同时，一旦市场需求发生变化，由于生产任务早已安排，就可能缺乏有弹性的适应能力。

准时生产方式将前道工序为后道工序提供在制品的方式改为后道工序到前道工序提取自己所需的在制品。上道工序的零部件被提走后，由于数量减少而需要补充，必然向上一级的工序提取必要数量的零部件，如此层层牵动，把各道工序连接起来，形成一条准时生产线。上道工序在没有接到下道工序提取零部件的指令前，不能随意生产，这样一来就把上道工序应该生产的数量、品种、时间严格限制在下道工序需要的范围内，消除了过量、过早的生产。

13.3.2.2　小批量生产，小批量传送

为了在最短的周期内生产必要的产品，实行准时制的各个部门和各道工序一般都避免成批生产或成批传送，而是使各工序以尽可能小的批量生产，极限目标是“只生产一件、只传送一件、只储备一件”，任何工序不准生产额外的数量。批量的缩小不仅使工序生产周期大为缩短，而且减少了工序在制品储备，对降低资金占用、减少废品损失、减小库存占用面积等起着很大的作用。

13.3.2.3　用最后的装配工序来调节整个生产过程

准时生产制的运行机制是后工序指导前工序，用最后的装配工序来控制和调节整个生产系统的运行。

13.3.3 组织准时生产的条件

13.3.3.1 生产过程的均衡化

均衡化生产，就是物料流完全与市场需求合拍，并始终处于平稳的运行状态之中。从采购生产到发货的各个阶段的任何一个环节，都要与市场需求合拍，否则将造成浪费。

组织均衡化生产，首先要做到计划均衡化。它是实施准时生产方式效果好坏的一个重要条件。具体做法是：将一个月内的生产率与本月的期望需求率保持一致，并用月生产率决定该月的每个工作日的生产率。

例 13—1 根据市场的需求，某厂三月份要生产 A、B、C 三种产品，产量分别为 A=300 件，B=200 件，C=100 件。该月有 25 个工作日，每个工作日实际工作 7 小时。则每天计划出产率为：600 件÷25 天=24 件/天，每小时计划产出率为 3.429 件，每件产品的平均出产情况分别为：

A 产品：300 件÷25 天=12 件/天；
B 产品：200 件÷25 天=8 件/天；
C 产品：100 件÷25 天=4 件/天。

如果下一个月的需求量变了，仍应按照此办法使月产量等于需求量，并使每天的产量均匀。

均衡化生产要求尽可能减少每种产品的生产批量，直到需要一件生产一件。传统的做法是在一定时间内集中生产一种产品，然后再转换成另一种产品。这种生产批量大，可以节省调整时间，但缺乏柔性。

如果减小批量，例如每天生产 12 件 A 产品，8 件 B 产品，4 件 C 产品，对于用户来说，无论需要哪一种产品，每天都可以得到。产品积压和缺货并存的现象就会得到改善。在生产率不变的情况下，完成一个月的生产任务就必须重复 25 次。调整设备等的时间就为原来的 25 倍，要想避免损失，就要想办法降低调整时间。

照此方法不断减小批量，最后达到一个极限，得到 A—B—A—B—A—C 这样一个循环流程，就达到了生产均衡化的理想状态。

13.3.3.2 设备的快速装换调整

在一个准时生产方式的生产单元内按均衡化、小批量混合生产方式生产一组产品，必然要不断地调整设备。如果更换一个品种要花很长时间、很高的费用来调整设备，那是无法实行小批量均匀生产的。为此，一方面要通过改进设备调整装置的结构，使之便于快速调整，节省调整准备时间；另一方面通过培训工人自己来调整设备，减少对专家的依赖，避免由于人员调度不开而产生的耽搁。

丰田公司发明并采用了“十分钟内准备法”。它的要领就是把设备装换调整的所有作业划分为两部分，即“外部装换调整作业”和“内部装换调整作业”。分别指那些能够在设备运转之中进行的装换调整作业和那些必须或只能在设备停止运转时才能进行的装换调整作业。为了节省时间，操作工必须在设备运行中完成所有的“外部装换调整作业”，一旦设备停止下来则应集中全力于“内部装换调整作业”。而且要尽可能地将“内部装换调整作业”转变为“外部装换调整作业”，并尽量缩短这两种作业的时间。

13.3.3.3 工序设计与设备合理化布置

设备的快速装换调整为缩短生产前置期和实现多品种/小批量生产提供了技术保证。但是小批量生产所带来的小批量运输，必将增加单位时间内的运输次数，从而增加运输费用。为了解决这个问题，丰田公司改变了工序设计，把传统的以工艺技术为中心的“机群式”设备布置方式，改变为以品种为中心的“单元式”设备布置方式，即把功能不同的机群设备按产品加工工艺要求，集中布置在一起，组成U形加工单元，如图13—3所示。

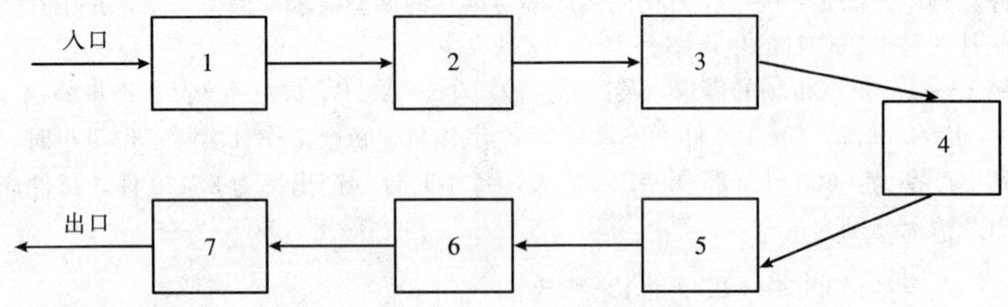

图13—3 U形加工单元

加工单元内的设备布置紧凑、工序衔接紧密、零件传递方式简便，从而缩短了物流路线，简化了搬运作业，减少了零件制品在工序内的等待加工时间，尽管使得单位时间内零件制品运输次数增加，但运输费用并不增加或增加很少，为小批量生产和小批量运输甚至单件传送提供了基础。

13.3.3.4 预防性设备维修

准时生产方式的生产系统只为下游工作保持很少的在制品，设备一旦出故障，就会立刻影响整个生产过程。为了消除设备故障造成的影响，要采用预防性维修策略。在设备出现故障之前，及时更换已磨损或已经老化的部件，把设备故障消灭在萌芽状态。设备操作者要担负起设备的日常养护的任务。

即使采取了预防性维修，设备也有偶然发生故障的情况。为了在偶然出现故障后能迅速恢复生产，要有一定数量的维修备件库存，并建立一支快速抢修队伍。必须注意，采取这些措施都会增加企业支出，因此要严格控制其规模和数量，避免走向另一个极端。

13.3.3.5 多技能作业员

多技能作业员（或称“多面手”）是指那些能够操作多种机床的生产作业工人。多技能作业员是与设备的单元式布置紧密联系的。在U形生产单元内，由于多种机床紧凑地组合在一起，这就要求并且便于生产作业工人能够进行多种机床的操作，同时负责多道工序的作业，如一个工人要会同时操作车床、铣床和磨床等。

在由多道工序组成的生产单元内（或生产线上），一个多技能作业员按照标准作业组合表，依次操作几种不同的机床，以完成多种不同工序的作业，并在标准周期内，巡回U形生产单元一周，最终返回生产起点。多技能作业员和组合U形生产线可以将各工序节省的零星工时集中起来，以便削减多余的生产人员，从而有利于提高劳动生产率。

13.3.3.6 标准化作业

标准化作业是实现均衡化生产和单件生产单件传递的重要前提。丰田公司的标准化作业主要包括三个内容：标准周期时间、标准作业顺序、标准在制品存量。

它把在标准周期时间内，每一位多技能作业员所承担的一系列作业标准化，以便保证在同一个生产单元内的所有作业员都能够在标准周期时间内完成自己的全部作业，达到生产单元内的生产平衡。标准作业顺序是用来指示多技能作业员在同时操作多台不同机床时所应遵循的作业顺序。标准在制品存量是指在每一个生产单元内，在制品储备的最低数量。如果没有这些数量的在制品，那么生产单元内的一连串机器设备将无法同步作业。

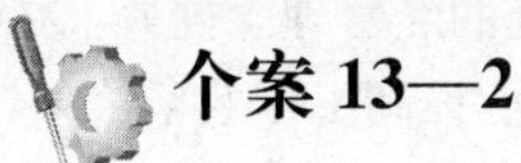

个案 13—2

海尔原材料配送 JIT

海尔物流推进本部的配送事业部负责集团内部物流的运作，将原材料与零部件及时配送到各生产车间，实现车间 JIT 运作的要求。配送管理推出两点：一是减少库存；二是保证 24 小时的快速反应，确保生产线的正常运转。为了实施库存管理、原材料配送的 JIT，海尔建立了两个现代智能化的国际化中心立体仓库及自动化物流中心。该物流中心以用户的订单信息为核心，通过 ERP 系统实施 JIT 管理，增加批次，减少批量，以提高库存运转速度，降低库存水平。物流中心在进行 ABC 分类分析的基础上，实施配送需求计划，并利用先进的 ERP 系统实施企业内外部物资的统一配送战略。海尔在集团内部实施 4HJIT 送料，即控制原材料在线时间不得超过 4 个小时，超过 4 个小时立即退库查明原因，按照 SST 契约（即索酬、索赔和跳闸）进行处理，1 小时之内立即补料，使现场明亮整洁，呆滞物资减少了 50%。海尔在立体仓库建立之前，平均库存时间长达 30 天，外租仓库达 20 余万平方米。两个立体仓库建立之后，通过 JIT 库存管理，平均库存周转时间已减少到 12 天，整个集团仓库周转面积仅为 2.6 万平方米，即以 1/10 的仓储面积承担了原来 20 余万平方米的仓储任务。

13.4 企业流程再造

企业要提高产品和服务质量，采取准时生产方式，进而提高质量、效率和顾客响应度，往往需要对企业的业务流程进行彻底的变革。

13.4.1 企业流程再造的概念

13.4.1.1 企业流程再造的定义

在哈默（M. Hammer）及钱皮 1993 年出版的《再造企业——工商管理革命宣言》著作中，将企业流程再造定义为：为了在衡量绩效的关键指标上取得显著改善，从根本上重新思考、彻底改造企业流程。其中，衡量绩效的关键指标包括产品和服务质量、顾客满意度、成本、员工工作效率等。在这一定义中有四个关键词：“根本”、“彻底”、“显著”和

"流程"。我们可以通过这四个关键词来把握企业流程再造的含义。

1. "根本"，即企业流程需要从根本上（fundamental）重新思考业已形成的基本信念。对长期以来企业在经营中所遵循的基本信念如分工思想、等级制度、规模经营、标准化生产和官僚体制等进行重新思考，需要打破原有的思维定式，进行创造性思维。企业在准备进行再造时，必须自问一些最根本性的问题。例如，我们为什么要这样做？我们为什么要做现在做的事？通过重新思考这些问题，可以迫使企业对经营企业的策略和手段加以审视，找出其中过时、不当和缺乏生命力的因素。一般来说，向传统的经营理念挑战，必须跳出传统的思维框架。例如，企业不能这样来自问："我们怎样才能提高工作效率？"因为这样的自问方式有一个预设立场，即现行的工作是必须的。企业进行再造的第一步，就是要先决定自己应该做什么以及怎样做，而不能在既定的框框中实施再造。

2. "彻底"，即企业流程再造是一次彻底的（radical）变革。企业流程再造不是对组织进行肤浅的调整修补，而是要进行脱胎换骨式的彻底改造，抛弃现有的业务流程和组织结构以及陈规陋习，另起炉灶。只在管理制度和组织形式方面进行小改小革，对根除企业的顽疾无济于事。

3. "显著"，即企业通过再造工程可望取得显著的（dramatic）进步。企业流程再造是根治企业顽疾的一剂"猛药"，可望取得"大跃进"式的进步。哈默和钱皮为"显著改善"制定了一个目标，即"周转期缩短 70%，成本降低 40%，顾客满意度和企业收益提高 40%，市场份额增长 25%。"通过抽样统计表明，在最早进行再造的企业中，有 70%达到了这个目标，取得了企业流程再造的初步成功。

4. "流程"，即企业流程再造从重新设计业务流程（processes）着手。业务流程是企业以输入各种原料和顾客需求为起点到企业创造出对顾客有价值的产品（或服务）为终点的一系列活动。在一个企业中，业务流程决定着组织的运行效率，是企业的生命线。在传统的企业组织中，分工理论决定着业务流程的构造方式，同时带来了一系列弊端。企业流程再造之所以要从重新设计业务流程着手，是因为原有的业务流程是组织低效率的根源所在。

13.4.1.2 企业流程再造特性

1. 企业流程再造的出发点是顾客，而不是上司。

在当今顾客导向的时代，对市场环境急剧变化做出快速反应，有效地提供顾客满意的产品和服务，是现代企业的根本追求。因此，企业流程再造的直接驱动力是企业为了更快更好地满足顾客不断变化的需求。这与现行企业的运作有着根本不同。目前绝大多数企业都认识到"顾客就是上帝"，然而在现行的企业制度下，企业员工绩效的评价是由职能部门的经理来决定的。因而，员工多数情况下不是考虑怎样让顾客满意而是想方设法讨好上司。经过流程再造后的企业，员工的绩效以流程运作的结果来衡量，也就是顾客满意度的大小成为评价员工绩效的唯一标准。这里，顾客不再是看不见摸不着的"上帝"，而是员工们能感觉得到的、实实在在的"衣食父母"。这一根本性的转变是企业流程再造的本质特性所在。

2. 企业流程再造的对象是业务流程，而不是组织结构。

一个松散而无效率的业务流程当然同官僚气息浓厚的层级组织形式密切相关。其无效率正表明这一流程中有许多缺少附加价值的冗余环节是由等级森严、办事拖沓的中层组织带来的。因此，企业流程再造必然伴随着组织结构的改革。保持原有陈旧的组织结构而进行业务流程再造是不可能的。但要注意的是，这并不意味着留住原有流程而换上新的组织结构形式（如扁平化组织）就可以取得预想的目标。企业首先应该关注的是自己处理事务的流程，在对业务流程的再造中，自然而然地会要求改造组织的结构以和再造后的业务流程相适应。企业面临困境的本质原因是不适应时代要求的业务流程，而不是由于管理这样的流程而形成的更为外露的组织结构。这也是以前众多旨在改造、打破旧有组织结构，而忽视更为本质的业务流程的管理理论没有解决根本问题的原因所在。

3. 企业流程再造需要应用信息技术，但它并不等于自动化。

企业业务流程再造需要应用信息技术。计算机等信息技术在企业的应用，早在20世纪60、70年代就已开始，然而信息技术并没像人们所期望的那样，彻底解决企业效率低下、反应迟钝等问题。在当时信息技术应用于企业管理没有释放其潜能的原因之一，就是企业在应用信息技术时，总是沿着旧的或者业已存在的方式去处理工作，而不是注重工作应该怎样合理的去做，然后考虑应用信息技术来辅助完成它。因此在原有的组织结构和业务流程之下应用信息技术，所改变的只是用计算机模仿手工劳动的业务流程，造成了先进的信息技术迁就于落后的管理模式。如办公自动化信息系统的初衷是为了实现“无纸化办公”，其结果在很多企业却导致更多纸张的使用，不管报告是否有价值，报告越来越多，格式越来越漂亮，其问题在于处理办公事务的流程和方式没有改变；在应用信息技术为顾客提供服务方面，也经常导致一些问题，若不进行流程再造和组织变更，仅运用计算机信息系统处理技术直接模仿手工业务处理流程，这实际上就是用计算机对许多不合理的业务和流程进行自动处理，由于人们是按照计算机的要求工作而不是按照顾客的要求办事，从而有可能导致工作次序不如手工灵活，反而降低了服务质量。因此，企业流程再造应从根本上彻底改造原有的不合理的业务流程，而不能单纯地依靠信息技术或自动化。

13.4.2 企业流程再造的过程

企业流程再造伴随着哈默和钱皮的《再造企业》一书的出版而闻名遐迩。再造实践在世界各地轰轰烈烈地展开，很多顶尖企业，如福特、联邦捷运、德州仪器、美国电话电报等都开始了企业流程再造活动，并取得了卓著的成效。然而令人遗憾的是，再造的成功率只有三成，也就是说，绝大多数进行再造的企业都以失败而告终。“再造”在理论上是如此可行，何以在实践中却有高达七成的失败率？资料显示，这并不是再造理论本身有问题，而是人们实践中的操作方法有误。可见，要进行成功的再造，必须掌握正确的方法。通过对大量成功与失败的再造事例研究，我们认为，企业流程再造并不是“雾里看花，水中捞月”，而是有着清晰的步骤与正确的方法可以遵循及借鉴，以下分别阐述。

13.4.2.1 组织与发动阶段

1. 组建再造队伍。

再造流程首要的，也是最关键的一步，就是如何选择并组建再造队伍。再造队伍的整体水平如何决定了再造行动的成败。综观各类进行再造的企业，无论成败如何，都少不了以下五种再造的角色，即领导者、流程负责人、再造团队、指导委员会、再造总监。

这五种角色之间，既相互联系，又有一定的独立性（见图13—4）。各角色之间的理想关系为：领导者指定流程负责人，流程负责人召集组阁再造团队，在再造总监的协助和指导委员会的帮助与支持下进行流程再造。

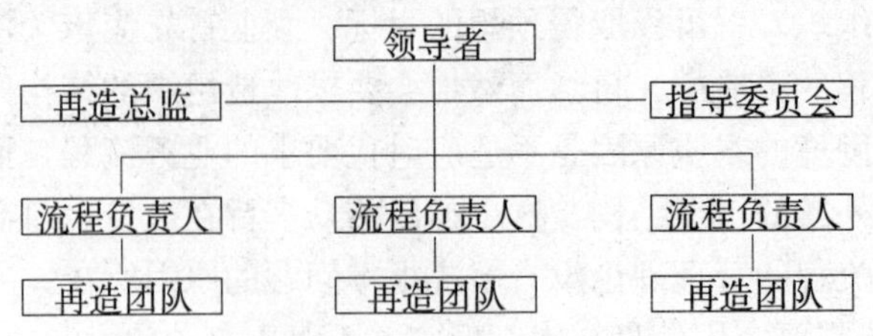

图 13—4　企业再造组织图

2. 流程再造的发动。

(1) 使全员树立危机意识。企业在着手进行流程再造时，首先要在企业员工中间，特别是在参与再造的人员中间树立危机意识。即通过市场调查，分析企业经营面临的各种形势，包括企业面临的各种机遇和目前存在或潜在的各种危机。对企业面临形势的分析，要拟订形势分析报告，利用各种宣传媒体进行大力宣传，让企业的所有员工深刻理解进行企业流程再造的必要性和重要性，不能让员工存在一点疑惑。

(2) 为全体员工勾画公司远景。对准备进行流程再造的公司来说，公司远景要着重于阐明未来的公司和流程是什么样子，并尽量使用可测量的目标。这样，员工参与改造的努力方向就会被引向美丽的远景，并成为考核改造绩效的标准。同时，美好的远景规划能缓解改造给整个公司带来的紧张感和压力，特别是在改造小组遇到困难和疑惑时，远景宣言能指明方向、振奋军心。为了充分发挥远景的感染力和鼓舞力量，在再造的整个过程中，公司要利用各种手段反复进行宣传。

13.4.2.2　识别与选择阶段

1. 流程识别。

企业再造的对象是流程而不是组织。不是再造企业的销售部门或市场部门，而是再造人们在这些部门所从事的工作。要注意防止流程和部门的混淆，因为部门、科室和班组是企业的人们所熟悉的，而流程却不被人们熟悉，组织界限看得见，它们明白地画在组织框图上，而流程不是这样。企业各部门都有名称，而流程却没有。事实上，企业都是由流程组成的。流程在企业中对应着一系列自然的活动，这些活动之间有着特定的流向，它包含着明确的起点活动和终点活动。但是，流程常被组织结构所分割和掩盖。流程不仅看不见，没有名称，而且往往没有管理，因为人们被分配负责一个部门或某些单一的活动而没有人被指派负责一个完整的流程。因此，要再造流程，必须改变我们传统的思维习惯，树立企业运作的流程观，正确识别出企业各式各样的流程，并给予它们一个个不同的名称，以便人们一看到这个名称，就能了解到它的来龙去脉，以及整个流程的内容。

正确识别企业流程，要把握以下三个要点：(1) 一个流程有特定的输入和输出；(2) 每个流程的执行要跨越组织内多个部门；(3) 所有流程都与顾客及其需要相关。

2. 流程选择。

当流程被确定命名之后，决定哪一个流程需要再造，以及如何安排它们的顺序是极其重要的。因为，没有一个公司能够同时对其全部流程进行再造。一般再造成功的企业都是依据以下三项原则来挑选流程进行再造的：

（1）问题严重，功能失调。

如果一个流程的运行效率很低，并且又没有什么效益，那么这个流程肯定有问题。例如，产品开发流程如果多年来一直没有推出新产品，那么我们就有理由怀疑这个流程问题严重了。再比如，如果一个企业内不同部门的人员不得不经常地一个又一个电话或传递大量的备忘录或电子邮件，那么就表明某一流程已被不适当地分割，其运作功能出现失调症状。还有，如果流程极为复杂，例外情况很多，也肯定有大问题。凡是问题多而严重的流程，应优先作为再造对象。

（2）举足轻重，影响巨大。

企业通过流程的运作来满足顾客的需求，但这些流程对顾客的重要性或影响力并非相同。有些流程运作的好坏对顾客有相当大的影响力。例如美国 IBM 的信贷公司，该公司毫无疑问有着众多流程，但其中最重要的是贷款申请落实流程。在流程再造前，该流程效率低下，整个运作周期要 6 天，使贷款申请人等得不耐烦；流程再造后，该流程运作只需 4 小时，效率大大提高。结果不仅内部成本大大节约，而且业务量足足增加了 100 倍。类似这种流程就是最重要流程，理应成为再造的优先候选者。

（3）切实可行，操作性强。

开展业务流程再造，都希望一举成功。而成功率大小取决于多种因素。选择流程时要充分考虑主要因素，做出可行性评价。一般来说，范围小、涉及的部门少，所需的资源也相应少些，流程再造的投资额也会低一些。无论从项目启动，还是从准备、组织或具体实施，这样的项目可行性大，成功的希望也大。当然，再造团队人员的实力和流程负责人的敬业精神等同样要顾及。总之，在评价可行性大小时，要考虑人员、范围、成本三方面条件。

3. 流程的了解。

挑选出需要再造的关键流程，指定好流程负责人，组阁好再造团队后，并不意味着马上可以对其再造。再造流程之前，必须先认识了解现行的流程，如它的功能、它的表现是好是坏以及左右其运作效率的关键因素有哪些。由于流程再造的目标不是改进或修补流程，因此没有必要分析和记录现有流程的每一个细节，而应高屋建瓴地去了解现行流程。

在这里要区分了解流程和分析流程的差别。传统的流程分析总是把流程的输入和输出作为已知条件，然后纯粹考察流程内部的运行情况，尽全力做一些繁琐的具体分析，来达到弄清楚“流程是怎样一步步运作”的目的。而了解流程意味着对现行流程有一个高起点的、目标型的总览，它能使你对流程有一个整体把握。它不把现行的输出作为已知条件，而是从顾客出发，按照其对流程输出的需要来考察现行流程运行的绩效如何。

13.4.2.3 创新与设计阶段

企业流程的创新设计是企业流程再造全过程中最具创造性的一部分工作，也是最艰难的工作。因为流程的创新设计没有一套完整的准则可以遵循，不存在一个五步或十步的标准化程序。它更需要再造团队有丰富的想象力和推理性思维，抛弃熟悉的东西而寻求一些奇特的创意。所幸的是，有许多企业已经具有一些流程再设计的成功经验。他们在流程再造中所采用的一些行之有效的创新设计策略，值得我们借鉴。这些策略主要是：清除、简化、整合和自动化。

清除是指找出并清除或彻底铲除非增值的活动；简化是指尽可能清除了非必要性活动后，应对剩下的必要活动进行简化；整合是指经过简化的任务需要经过整合，使之流畅、连贯并能够满足顾客需要；自动化是指在清楚、简化和整合的基础上，运用信息技术，实现流程自动化。

个案 13—3

联想实施 ERP 系统过程中的业务流程再造

联想在 ERP 实施中，为了使 ERP 系统的效益得到充分发挥，总共清理、规范和优化了 77 个业务流程，具体流程规划的过程中，联想主要关注三个层面的工作：第一个层面是梳理现有的业务流程，并对流程进行简化、优化，使不规范的流程规范化；第二个层面是让业务流程系统化、集成化；第三个层面是将这些优化之后的“新流程”在 ERP 系统中实现流程电子化，达到信息集成、准确和适时。联想在每一项流程的确定中实际上存在两种情况，一种是引进 SAP R/3 软件的标准流程模板，联想跟着软件走。以采购流程为例，联想引进了 R/3 系统中的标准流程来严格规范采购过程，每一笔采购业务，必须经过采购订单→审批→向供应商下单→收货→质检→付款这样规范的一个环环相扣的顺序进行，换言之，每一个环节都必须依据上一个环节的结果进行下去，例如，仓库每次收货必须依据相对应的采购订单来进行，否则，ERP 系统“不认”，无法收货，同样的“硬要求”在质检、领料使用和付款每一个环节均通过 ERP 系统实现，这就与上系统之前的采购过程管理完全不一样，尽管几乎每家企业对采购管理都高度重视，但是，如果没有系统来进行整体控制，常见的现象是：“先到货再补开采购订单”或者“仓库看到有人送货来了就收下”等。这就需要对业务流程进行规范和优化，使标准化的流程电子化，并提供一个网络化的应用平台，帮助采购员、仓管员等高效完成“制度”所规定的流程。因此，在很大程度上，可以说是 ERP 系统“促使”整个采购过程走向规范化，直接的结果是，所有在这条“采购链”的人“被迫”按章行事，尽管这一前提是他们必须改变某些原有的工作方式或者不规范的习惯。另一种是以联想现有流程为模型，软件跟着联想走，通过一部分二次开发把联想优秀的管理流程吸收到系统中去。由于我国国情因素和联想的一些业务特色的原因，比如销售流程上，联想有自己的代理政策和管理方式，由于国内银行与客户之间没有电子结算，代理汇款过来，最短也要两三天才能到账，对于联想来说，鉴于提高联想与代理的协作效率的需要，汇款过来了就可以认可这笔汇款，但是国外的惯例是钱要到账才能认可，才能发货，这样，R/3 标准流程跟联想的差别就比较大。在这种情况下，联想选择的做法是，以联想的流程为主，通过对系统进行一部分二次开发来实现流程的电子化与集成。

13.4.3 企业流程再造的结果

经流程再造后，企业发生了根本性变化，形成了一些新的特点，这些变化和特点主要表现在工作的变化、组织的变化和人员的变化三个方面。

13.4.3.1 工作的变化

1. 工作内容由单纯性转变为综合化。

流程再造后引起工作最突出的变化就是，几项工作由原先几个人做变为一个人做。即以前在分工原理指导下一个人做一项简单工作，现在一个人要承担几项任务。因为是几项任务合一，企业与外界，特别是与顾客的接触更集中、有效。人们对待工作更有满足感，更觉得有价值。

2. 新流程减少了控制与检查。

在传统流程中，由于被分割开来的活动较多，因此，需要加强控制与核查来把分开的活动再“黏结”起来。而新流程虽然每项活动较复杂，但流程本身更精练，整个流程的连接点减少了，相应控制与核查自然而然也减少了，质量反而提高了。同时，也减少了工作中的冲突。

3. 新流程可以超越组织界限来完成工作。

这里的组织界限是指企业或流程团队与顾客之间的界限。传统流程工作都是以提供服务或产品的供应方式来完成的，流程面向的顾客需求和反馈被隔离在流程之外，需要通过某种沟通渠道来交流，这使得出现失真和延误的可能性增加了。再造后的流程换了一个角度来看问题，认为顾客可以担负起某些流程工作，同时，顾客内部流程的某些工作也可以交给供应方去完成。例如，保险公司可以请修理厂代为检查汽车损坏程度；复印机维修部将常坏的部件放在用户处，用户自己更换部件后，再去收款；将零售商的反馈信息作为市场营销决策的固定组成部分，而不仅仅是作为参考等。究竟如何分配跨组织界线的工作，其标准就是要使流程有最佳表现。

13.4.3.2 组织的变化

1. 工作单位由职能部门变为流程工作小组。

以前员工的工作单位是“官僚体制”中的职能部门，现在以流程观点重新对原来的工作人员进行安排，职能部门将不复存在，在流程小组中工作的人员不再同时属于其他职能部门。根据流程业务性质的不同，工作人员需要具备多方面的不同的能力。

2. 组织结构由垂直化趋向扁平化。

在传统的组织中起上传下达作用的中层管理人员，在企业经过再造之后将失去存在的必要性。一方面，在新型的组织中，流程小组有相当大的自主权，原来由中层管理部门代为决策的问题，现在都交由流程小组自主决定；战略管理部门下达的计划、策略、任务目标等，通过信息系统，可直接到达任何业务流程，并且将时间和空间阻碍减少到最小。随着中层管理机构的萎缩或消失，组织结构自然地就趋于扁平。另一方面，通过信息系统的作用，一个流程负责人可以直接指挥的人员大幅度上升，管理幅度的增加必然降低组织层次。在扁平化的组织中，业务流程中的工作人员地位平等，凭着信息系统可与组织内任何人沟通，大大降低了组织运行成本。

流程再造后组织结构的变化在本书的第 7 章有更详细的分析研究。

13.4.3.3 人员的变化

1. 经理人员由监督者变为教练。

在传统的组织中，工作的特征是简单化。而现在则要求员工做多方面的工作，其工作特征是复杂化。这一方面削弱了经理人员的监督职能，甚至是完全取消；另一方面对员工的能力提出了更高的要求，要求员工成为一种具备多种才能的复合型人才。相应地，经理人员，以及资深的管理人员必须充当教练的角色。他们不仅要向员工传授技艺，更重要的是要辅导员工学习，向员工解释“为什么这样做”，而不是训练员工“如何做”。这样，才有利于开发员工的智慧，帮助员工规划事业发展。

2. 员工角色从被动执行转变为主动参与。

在传统的组织中，普通员工像“应声虫”一样执行管理者下达的命令，像算盘珠子一样，“拨一拨，动一动”，没有积极性。在新型的组织中，员工将自我管理、自我激励，并广泛参与流程的管理和经营决策，且在授权范围和责任范围内，具有充分的自主权。

3. 员工价值观由“上司”变为“顾客”。

对员工来说，在新的组织中，价值观变化的最重要表现是：员工认为自己在为顾客工作，一切得从顾客的利益出发，而不是为老板工作，不是想方设法讨上司的欢心。要实现这样的转变，企业必须采取适当的措施、制定相应的政策，鼓励员工为顾客着想，强化员工为顾客服务的行为。同时，企业的领导者也要以身作则地倡导和遵循顾客至上的价值观，从而形成新的企业文化。

4. 员工考评标准从“活动”转变为“结果”。

在新的组织中，企业考评员工的标准不再以工作时间或活动内容为依据，而是要以员工活动的结果为依据。只有当员工的工作能给顾客创造价值，或者说，员工创造的产品或服务在市场上具有价值时，员工才能获得相应的报酬。当员工所得报酬能与他们的工作结果紧密挂钩时，将大大提高他们受激励的水平。

本章小结

生产与运作是将人力、物料、设备、技术、信息、能源等生产要素变换为有形产品和无形产品的过程。生产与运作管理学的研究对象是生产运作系统的设计和生产运作过程的计划、组织与控制。本章简要讲解了生产运作管理的基本理论和相关知识。分别从生产运作管理的基本含义、全面质量管理、准时生产方式和业务流程再造几个方面介绍了生产运作管理的知识。

导入案例分析

该企业新的管理者主要对原来的生产方式做了如下改进：（1）将原来流水线生产的工人分成了 28 个团队；（2）将 28 个团队分别定位，以实现资源的最有效利用；（3）将原来的监工改成主支持员，其主要的职责是分配资源，协调工作，控制质量。

该管理问题中新的生产系统之所以能获得成功，最重要的因素是采用了持续改进的生产方式，持续改进生产方式不单纯地等同于全面质量管理和准时生产方式，它的核心原则是消除浪费，包括原材料的浪费、过量的库存、工人多余的动作所造成的时间浪费等。持续改进思想还教育管理者和其他员工严格地分析企业生产系统的每个方面，识别出任何浪费的来源，并且找到消除浪费的途径。

思考与练习

1. 制造性生产和服务性运作有哪些基本区别？
2. 如何理解生产运作职能在企业中的地位和作用？

3. 企业流程再造有何特性?

4. 如何正确地识别和选择企业流程?

5. 什么是准时生产方式? 如何组织准时生产?

6. 请说明质量管理、质量保证、质量控制和质量体系之间的关系。

7. 什么是全面质量管理? 它有哪些特点?

案例研究

CIMS带来的效益

1995 年 11 月 14 日，美国制造工程学会在芝加哥将该年度 CIMS（computer integrated manufacturing system，计算机集成制造系统）应用与开发的“工业领先奖”（该奖被誉为“制造业的诺贝尔奖”）授予北京 A 厂，标志着我国在 CIMS 技术应用上达到了国际领先水平。

CIMS的内容与应用

CIMS是国外企业在激烈的市场竞争中创造的一种自动化经营模式，即在产品的开发、制造和经营的全过程中采用计算机技术，并把计算机单元技术集成起来，发挥整体优势，提高企业对市场的快速反应能力。CIMS通常由管理信息系统、产品设计和工艺设计自动化系统、制造自动化系统、质量保证系统四个功能分系统，以及计算机网络系统和数据库系统两个支撑分系统组成。

实现管理信息系统的技术通常有制定资源计划、准时生产、最优生产技术、网络计划法等，不同类型的企业可根据企业的特点选择相应的技术。根据企业的需要，北京 A 厂在 1989 年就从加拿大引进了 MRPⅡ软件包，随后结合厂情做了进一步开发，从 1991 年起，在厂内陆续投入使用。在库存实现计算机管理的基础上，逐步实现由计算机编制经营计划、厂级生产计划和车间作业计划的优化排序。然后根据计算机打印的凭证，按产品成套计划对原材料和零部件进行收发控制和资金核算。

工程设计集成系统由一台服务器和 18 台 CAD（计算机辅助设计）工作站组成，它集成了 CAD、CAPP（计算机辅助工艺设计）和 CAM（计算机辅助制造）的功能。实施该系统后，可以按照用户的要求，进行新产品的方案设计。该系统强化了总体方案设计功能，设计人员可以和用户一起在 CAD 工作站前确认产品功能、结构乃至外观。由于在零件图设计时就考虑到可加工性，对新产品进行模拟装配和运动检查，减少了按部件设计投产后的返工现象。

制造自动化系统中的两条 FMS 柔性线和一台柔性单元投产后，实行两班作业，在生产中发挥了重要作用。特别是复杂箱体的加工，不仅加工效率提高八倍，而且由于加工一致性高，节省了装配时间。

质量管理控制系统是贯彻 ISO 9000 质量体系的辅助手段，它包括质量信息管理、计量器具管理和检验卡自动生成三个子系统。该系统与其他分系统是紧密结合的。

CIMS 环境中的管理信息系统是信息集成的核心，它不仅要覆盖企业的市场战略规划、工厂计划、车间作业计划、销售与供应计划、人力资源与财务管理等，还要能够与产品设计和工艺设计自动化系统、制造自动化系统和质量管理控制系统进行数据通信和信息共享。

北京A厂的具体做法是，设计部门在完成图纸设计后，向MRPⅡ主机输入物料记录和产品设计结构；随后工艺人员通过网络查到产品设计数据，补充工艺数据并调整数据结构；劳资处补充工时定额；供应处、生产处决定外购、自制等生产管理信息。这样，各相关部门直接通过网络输入数据，做到数据共享。实现了产品设计完成到哪一步，MRPⅡ系统就能管到哪一步，真正做到了产品数据的无纸传递。

在制造系统中，北京A厂根据国情、厂情，不追求全盘自动化，而是对多数车间和FMS柔性线分别采取两种不同的方法。对多数车间进行低成本CIMS集成，这些车间的底层设备以普通机床为主，各机床加工进度由人工从车间的计算机终端汇报给MRPⅡ系统，对FMS柔性制造线则实行从设计、工艺制定、数控编程到生产的自动无纸加工，以保证某些关键性的设计和加工时间，而且通过关键技术的攻关，可以带动整个CIMS系统信息集成的工作。在质量管理系统中，制造现场的质量数据采集与MRPⅡ系统的车间管理子系统使用同一个数据源，质量信息管理系统通过MRPⅡ系统进行成品情况的汇报，同时汇报废品情况及废品原因，经质量问题统计分析后，反馈给工程设计系统，为改进设计提供参考。根据MRPⅡ系统中的材料费、工时费等信息，计算废品带来的经济损失，为加强管理提供依据。

实施CIMS取得的效益

北京A厂实施CIMS工程后，提高了各个环节的工作效率，使企业的信息进一步畅通、企业的整体运行效率显著提高。如产品开发技术准备周期缩短了1/3～1/2；制造周期缩短10%～20%；按计划控制库存，减少资金占用10%以上。

实施CIMS工程后，企业几种主要产品设计、开发所需要的时间缩短了50%以上，其中，复杂箱体加工所需要的时间从70小时减少到了8小时，缩短了89%。在时间就是金钱的今天，效率就成了企业在市场上能否成功的关键。1989—1990年北京A厂在参加铁道部轨道岔铣国际招标中，该厂的五坐标数控铣床的性能价格比优于国外产品，但由于交货期要22个月，比外国企业多5个月，致使投标失败，1 000多万元的生意被日本企业抢走。实施CIMS工程以后，情况发生了根本性的变化。1995年，在三峡工程对500吨超重型龙门铣进行国际招标中，北京A厂以高性能价格比和18个月的交货期中标。这充分说明CIMS工程在提高企业竞争力方面的作用是不可忽视的。

CIMS的管理与运行

CIMS工程涉及企业主要经营活动的各个方面，它不仅是生产技术，更是管理技术，所以，没有企业最高主管的决策和支持是无法成功的。为了实施CIMS工程，北京A厂成立了以厂长为首的领导小组，还成立了以总工程师为首的总师组，把CIMS计划与技改计划、双佳工程计划、工艺突破口计划等有机结合起来，结合企业的经营目标统一考虑。主管生产的厂长负责MRPⅡ的实施工作，将产品数据库的建立工作纳入企业生产技术准备计划的考核范围。每年由CIMS总师组切割任务，以承包方式下达到各部门，各部门指定专人落实项目的实施，由CIMS办公室会同企业计划处、财务处等有关部门按计划考核。

在产品开发方面，改变了传统的由技术部门负责、以填补国内空白为目标的做法，形成以用户需求为核心，由企业家（厂长、主管销售的厂长、总工程师）亲自挂帅，销售、技术、生产、管理等部门参与的综合开发体制。这是一种立足于市场、着眼于企业经营全局的技术应用体系，符合市场经济运行规律。

1994年以来，用户对交货期的要求越来越苛刻，对产品的特殊要求也越来越多，能否缩短新产品开发周期已成为能否拿到订单的关键。为了应付这一挑战，北京A厂改变了传统的从设计到工艺到制造的按部门的串行开发过程，运用国外并行工程的思想，进行了新产品开发队伍的重组和开发过程的重构。具体方法就是按工程组（team-work）的方式，以开发某一新产品为目标，打破部门界限，组织多功能的项目承包组，对新产品从技术开发到样机完成的全过程负责。承包组是在厂部管理下的无直接行政主管的临时开发实体，是满足新产品开发需要的动态组合。由于其成品来自设计、工艺、销售、生产、供应各部门，因此从一开始，特别是在设计过程中，就充分考虑了可制造性和可销售情况，并且按照并行交叉的原则安排产品设计、工艺设计、采购和生产制造。几年来，按这种方式组织新产品开发，使产品的开发周期缩短了一半。

讨论题

1. 北京A厂CIMS的内容包括哪些？这些内容是如何运行的。
2. 在这个案例中，北京A厂是如何通过CIMS获得效益的？

实践与运行

管理实践

1. 实践项目：了解某企业生产运作全过程。

2. 实践目的：通过对一个企业的访问，了解该企业与生产运作相关的业务流程、质量管理、信息化建设等。

3. 实践内容及方法：(1) 选择有代表性的制造业企业，并访问该企业；(2) 将全班分成若干个小组分别考察该企业生产运作的不同方面，如业务流程、质量管理、信息化建设等。

4. 实践考核：(1) 每组写出访问报告或小结，并在全班交流；(2) 撰写实践报告。其内容包括：实践项目；实践目的；实践内容；本人实际完成情况；实践小结。

附 录

附表一 **“管理者游戏”规则 A**

序号	项目	细目	单价	初级规则	高级规则	注意事项
1	购买材料		按照市场规定的价格购买（若从海外市场购买单价为 16 元/个，如果拥有计算机 C1 的企业单价为 15 元/个）。	第一轮最多买 3 个，此后不限。	每次购入的数量必须在制造能力范围内。若材料库存总数超过 10 个，立即购买无灾害仓库。	可从不同的市场购买，但由于不同市场材料单价不同，所以记账时务必计入不同行。
2	完成投入		完成 1 元/个；投入 1 元/个。	完成投入的生产量限于生产能力范围内。	同初级规则。	只要有在制品，完成与投入可一步进行，记账时完成与投入可记同一行。半成品最多 10 个。
3	销售商品		根据市场竞卖价格销售商品。往海外市场销售商品单价为 16 元/个（计算机 C3 无效）。	同销售竞价规则。	若商品库存总数超过 10 个，立即购买无灾害仓库。	只能在一个市场竞卖。
4	购买商品				购买量在销售能力范围内。	只有在抽到“销售独占”机会卡时，自己商品不够才可以向其他公司购买。
5	人员录用	工人	录用费：5 元/人	一个工人只能操作一台机器。	同初级规则。	1 次只能录用 1 人，录用后不得解雇。
		销售员	录用费：5 元/人	一个销售员只能卖两个商品。	同初级规则。	1 次只能录用 1 人，录用后不得解雇。
6	设备投资	小型机器	100 元/台	生产能力：1 个/次，折旧率：10%。	生产能力：1 个/次，折旧率：20%。	1 次只能购买 1 台机器，需有 1 个工人操作。
		机器改进	30 元/台	生产能力可增加 1 个，折旧率：10%。	生产能力可增加一个，折旧率：20%。	小型机器专用。可与小型机器一块购买。
		大型机器	200 元/台	生产能力：4 个/次，折旧率：10%。	生产能力：4 个/次，折旧率：20%。	1 次只能买 1 台机器，需有 1 个工人操作。
7	广告宣传	红色筹码	初级：20 元/枚 急用：40 元/枚 高级：40 元/枚	每枚筹码可使每个销售员多卖 2 个商品。期末返还 1 枚；最多转入下期 3 枚。	每枚筹码可使每个销售员多卖 2 个商品。期末全部返还。	1 次只能买 1 枚。急用购买只能在抓到幸运卡时进行（不适用于高级规则）。

续前表

序号	项目	细目	单价	初级规则	高级规则	注意事项
8	研究开发	蓝色筹码	初级：20 元/枚 急用：40 元/枚 高级：40 元/枚	每枚有 2 元的竞价优势。期末返还 1 枚；最多转入下期 3 枚。	本期使用的期末全部返还。可以提前以 20 元/枚的价格买到研究中心，转到下期使用。	1 次只能买 1 枚。急用购买只能在抓到幸运卡时进行（不适用于高级规则）。
9	教育培训	黄色筹码	初级：20 元/枚 急用：40 元/枚 高级：40 元/枚	可使生产与销售能力各增加 1 个。期末返还 1 枚；最多转入下期 3 枚。	允许 2 枚有效。期末全部返还。	1 次只能买 1 枚。急用购买只能在抓到幸运卡时进行（不适用于高级规则）。

附表二

“管理者游戏”规则 B

序号	项目	细目	单价	初级规则	高级规则	注意事项
1	采用计算机	绿色筹码	10 元/枚	计算机 C1：买材料便宜 1 元； 计算机 C2：生产能力增加 1 个； 计算机 C3：卖价提高 1 元； 期末所购买的计算机全部返还。	同初级规则。	一次可以买 3 枚（初级必买），卖价不能超过市场上限价格，对幸运卡不适用。
2	购买保险	橘色筹码	5 元/枚	火灾赔偿保险金：8 元/个，商品被盗赔偿保险金：10 元/个，期末返还。	同初级规则。	初级必买，每期只能购买 1 枚。
3	购买仓库		20 元/期	免于火灾、被盗。可在材料仓库、生产车间和成品仓库之间转用。	材料、成品等最多 10 个放 1 个仓库，其余不起作用。	材料仓库（计入制造经费），成品仓库（计入公司管理费）。抓到风险卡时购买无效。
4	岗位轮换		5 元/次・人			计入公司管理费。
5	变卖机器			变卖价格为机器本期期初价格（净值）的 80%。	变卖价格为机器本期期初价格的 70%。	只能在期初进行。
6	变卖材料		10 元/个	只有期末资金不足时才可以变卖材料。	同初级规则。	期末资金不足首先变卖材料。
7	短期借款		利息 20%	每次只能借 100 元，借款同时（期初）支付利息 20 元，期末还本金 20 元。若资金仍然不够，可向其他公司借入，利息、还款同前。	同初级规则。	只限于最后阶段。只有在变卖完材料后才可以借款。期末返还本金 20%以上。
8	长期借款		利息 10%	本期借款倍率（F）： 1 期、2 期：0 倍；3 期：1 倍；4 期、5 期：1～1.5 倍。 如果自己资本超过 300，允许 F 为 1.5 倍。	掷骰子决定倍率： 1～2 点：$F=1.1$ 倍； 3～4 点：$F=1.2$ 倍； 5～6 点：$F=1.2$ 倍。	只能在期初借款。借款额在自己的最大借款额范围内，期末返还本金 10%以上。

附表三

管理者游戏资金周转表

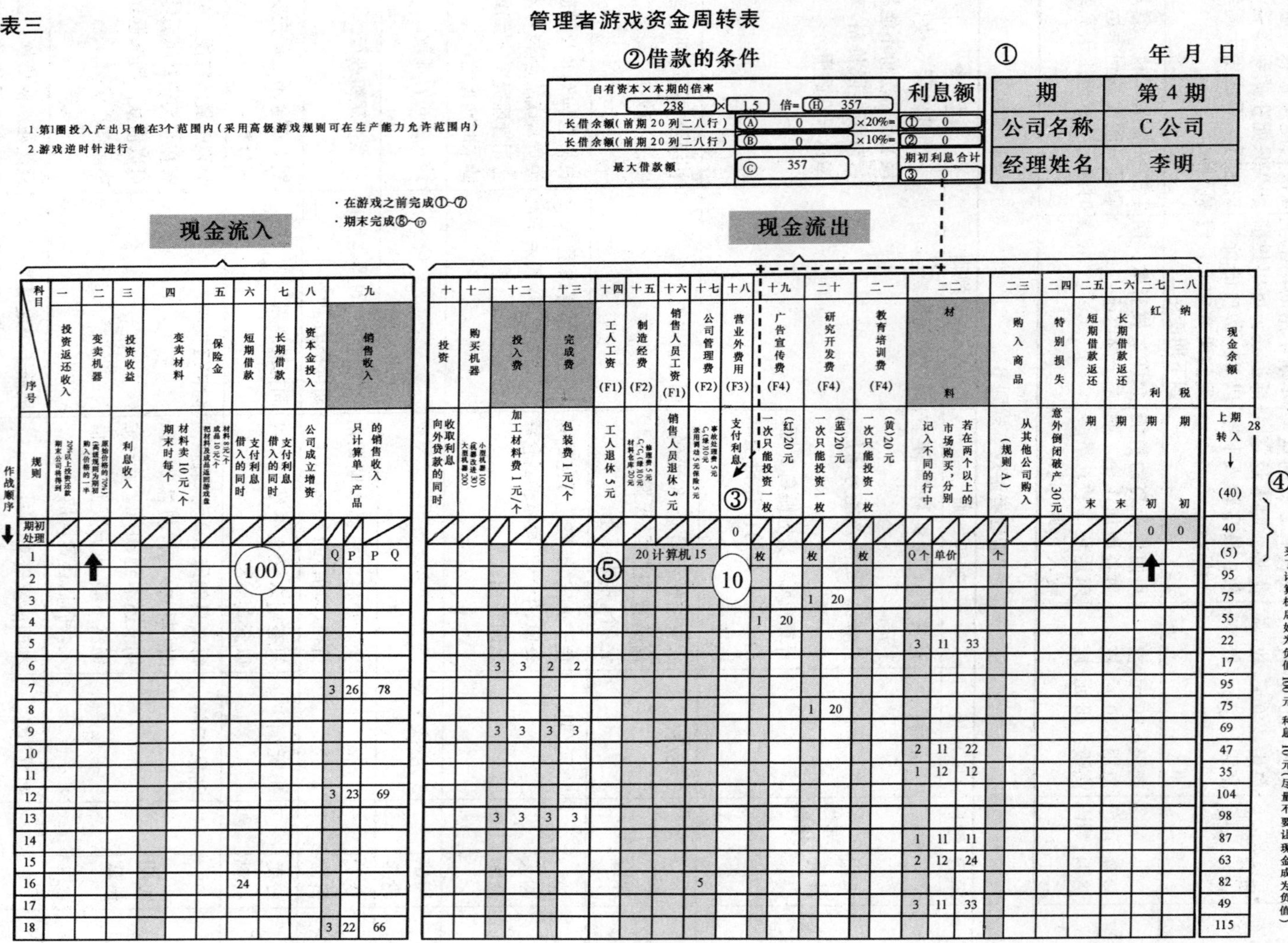

②借款的条件

自有资本×本期的倍率		利息额
238 × 1.5 倍= Ⓗ 357		
长借余额（前期20列二八行）	Ⓐ 0 ×20%=	① 0
长借余额（前期20列二八行）	Ⓑ 0 ×10%=	② 0
最大借款额	Ⓒ 357	期初利息合计 ③ 0

①　　年　月　日

期	第4期
公司名称	C公司
经理姓名	李明

1.第1圈投入产出只能在3个范围内（采用高级游戏规则可在生产能力允许范围内）

2.游戏逆时针进行

· 在游戏之前完成①~⑦

· 期末完成⑧~⑰

现金流入　　　　现金流出

科目/序号	一 投资返还收入	二 变卖机器	三 投资收益	四 变卖材料	五 保险金	六 短期借款	七 长期借款	八 资本金投入	九 销售收入			十 投资	十一 购买机器	十二 投入费	十三 完成费	十四 工人工资 (F1)	十五 制造经费 (F2)	十六 销售人员工资 (F1)	十七 公司管理费 (F2)	十八 营业外费用 (F3)	十九 广告宣传费 (F4)		二十 研究开发费 (F4)		二一 教育培训费 (F4)		二二 材料			二三 购入商品	二四 特别损失	二五 短期借款返还	二六 长期借款返还	二七 红利	二八 纳税	现金余额
规则	20%以上投资还款 期末公司将得到	原始价格的70%（高级规则为期初购入价格的一半）	利息收入	材料卖10元/个 期末时每个	材料8元/个 成品10元/个 把材料及成品返回游戏盘	支付利息 借入的同时	支付利息 借入的同时	公司成立增资	的销售收入 只计算单一产品			收取利息 向外贷款的同时	小型机器100（机器改进30）大型机器200	加工材料费1元/个	包装费1元/个	工人退休5元	修理费5元 C'C(绿)10元 材料仓库20元	销售人员退休5元	事故处理费5元 C(绿)10元 录用调动5元保险5元	支付利息 ③	(红)20元 一次只能投资一枚		(蓝)20元 一次只能投资一枚		(黄)20元 一次只能投资一枚		若在两个以上的市场购买，分别记入不同的行中			从其他公司购入（规则A）	意外倒闭破产30元	期末	期末	期初	期初	上期转入 28 → (40) ④
期初处理																				0														0	0	40
1		↑							Q	P	P Q						20 计算机 15				枚		枚		枚		Q个	单价		个				↑		(5)
2						100										⑤				10																95
3																							1	20												75
4																					1	20														55
5																											3	11	33							22
6														3 3	2 2																					17
7									3	26	78																									95
8																							1	20												75
9														3 3	3 3																					69
10																											2	11	22							47
11																											1	12	12							35
12									3	23	69																									104
13														3 3	3 3																					98
14																											1	11	11							87
15																											2	12	24							63
16						24													5																	82
17																											3	11	33							49
18									3	22	66																									115

作战顺序 ↓

④ 买了计算机后如为负值100元，利息10元（尽量不要让现金成为负值）

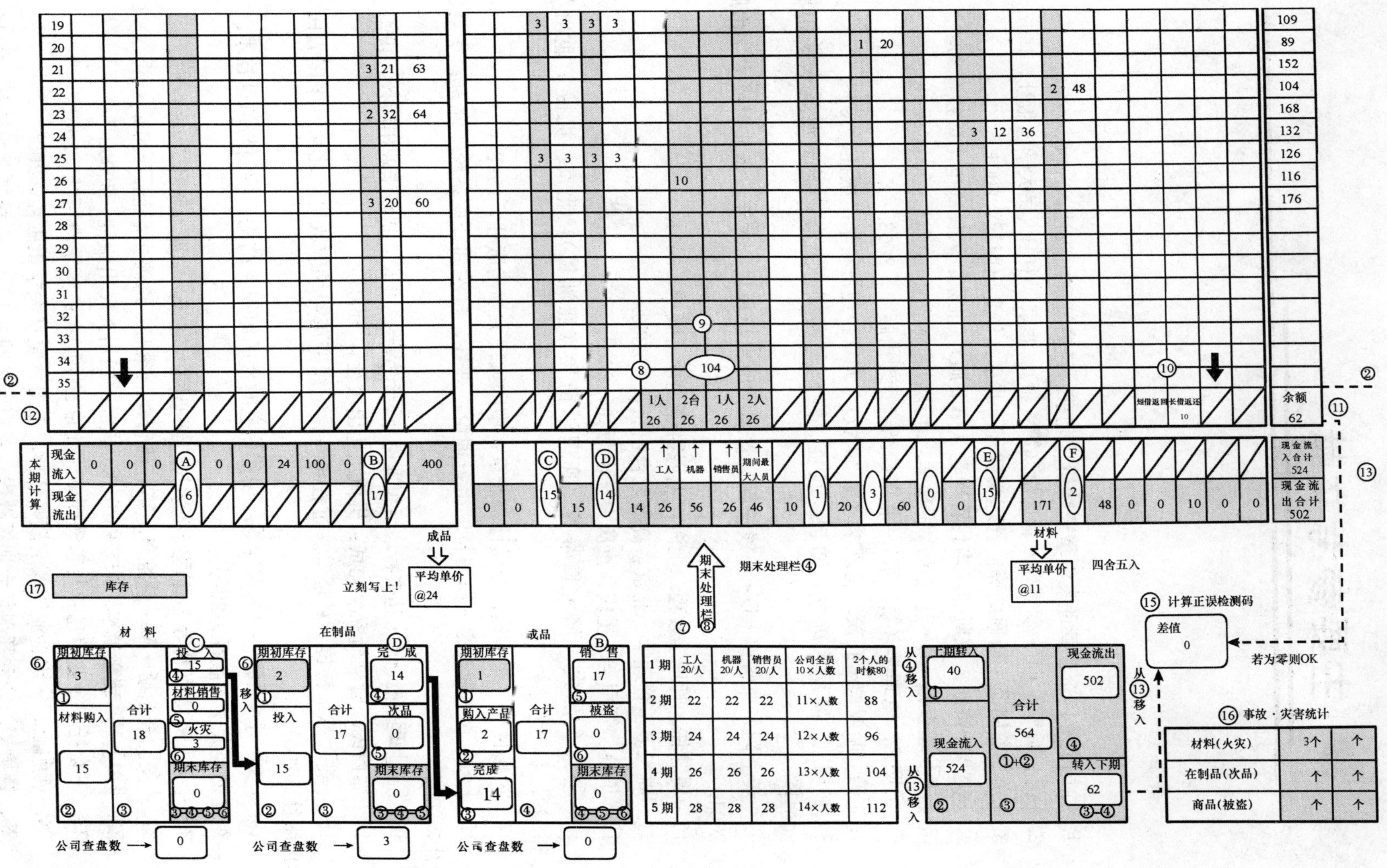

余额
62
短借返还 长借返还
10
本期计算
现金流入
现金流出
现金流入合计 524
现金流出合计 502
工人
机器
销售员
期间最大人员
1人 26
2台 26
1人 26
2人 26
104
成品
平均单价 @24
立刻写上!
期末处理栏⑧
期末处理栏④
材料
平均单价 @11
四舍五入
库存
材 料
期初库存 3
材料购入 15
合计 18
投入 15
材料销售 0
火灾 3
期末库存 0
公司查盘数 0
移入
在制品
期初库存 2
投入 15
合计 17
完成 14
次品 0
期末库存 0
公司查盘数 3
成品
期初库存 1
购入产品 2
完成 14
合计 17
销售 17
被盗 0
期末库存 0
公司查盘数 0
1期 工人 20/人 机器 20/人 销售员 20/人 公司全员 10×人数 2个人的时候80
2期 22 22 22 11×人数 88
3期 24 24 24 12×人数 96
4期 26 26 26 13×人数 104
5期 28 28 28 14×人数 112
从④移入
从⑬移入
上期转入 40
现金流入 524
合计 564
现金流出 502
转入下期 62
计算正误检测码
差值 0
若为零则OK
事故·灾害统计
材料(火灾) 3个
在制品(次品)
商品(被盗)

主要参考文献

1. 徐国良等. 企业管理案例精选精析. 北京：经济管理出版社，2000.

2. [美] 斯蒂芬·P·罗宾斯. 管理学（第4版）. 北京：中国人民大学出版社，1997.

3. [美] 詹姆斯·斯通纳等. 管理学教程. 北京：华夏出版社，2001.

4. [美] 加雷斯·琼斯等. 当代管理学（第2版）. 北京：人民邮电出版社，2003.

5. [美] 理查德·L·达夫特. 管理学. 北京：机械工业出版社，2003.

6. 吴照云. 管理学（第4版）. 北京：经济管理出版社，2003.

7. [美] 哈罗德·孔茨. 管理学（第10版）. 北京：经济科学出版社，1998.

8. 杨明刚. 实用管理学：知识、技能、案例与实训. 上海：华东理工大学出版社，2001.

9. [美] 阿尔弗雷德·D·小钱德勒. 管理学历史与现状. 大连：东北财经大学出版社，2001.

10. 周健临. 管理学教程. 上海：上海财经大学出版社，2001.

11. 周三多. 管理学. 北京：高等教育出版社，2000.

12. 柏群. 管理学. 重庆：重庆大学出版社，2003.

13. [美] 约瑟夫·M·普蒂等. 管理学精要（亚洲篇）. 北京：机械工业出版社，1999.

14. 吴培良等. 组织理论与设计. 北京：中国人民大学出版社，1998.

15. [美] W·理查德·斯格特. 组织理论：理性、自然和开放系统. 北京：华夏出版社，2002.

16. [美] 理查德·L·达夫特. 组织理论与设计精要. 北京：机械工业出版社，1999.

17. 席酉民. 管理研究. 北京：机械工业出版社，2000.

18. [美] 苏米特拉·杜塔等. 过程再造、组织变革与绩效改进. 北京：中国人民大学出版社，2001.

19. [美] 小詹姆斯·I·卡什等. 创建信息时代的组织：结构、控制与信息技术. 大连：东北财经大学出版社，2000.

20. [美] 布雷克利等. 管理经济学与组织架构. 北京：华夏出版社，2001.

21. [美] 查尔斯·M·萨维奇. 第五代管理. 珠海：珠海出版社，1998.

22. [美] F·赫塞尔本. 未来的组织. 成都：四川人民出版社，2000.

23. 王众托. 企业信息化与管理变革. 北京：中国人民大学出版社，2001.

24. 芮明杰. 中国企业发展的战略选择. 上海：复旦大学出版社，2000.

25. 杨勇等. 经营管理整合训练教程：管理者游戏. 北京：机械工业出版社，2002.

26. 周毕文．2003年MBA联考管理考试应试指南与模拟试卷．北京：机械工业出版社，2002.

27. 王利平．工商管理学科管理学原理教程及学习指导．北京：高等教育出版社，1999.

28. 章健．管理学．北京：经济科学出版社，2002.

29. 周三多等．管理学：原理与方法（第3版）．上海：复旦大学出版社，1999.

30. 陈荣秋等．生产与运作管理．北京：高等教育出版社，1999.

31. 刘丽文．生产与运作管理．北京：清华大学出版社，1998.

32. 宋克勤．生产运作管理教程．上海：上海财经大学出版社，2002.

33. 苗雨君．管理学：原理·方法·实践·案例．北京：清华大学出版社，2009.

34. 聂正安．管理学．北京：高等教育出版社，2010.

35. 黄翀胤．管理学原理．北京：清华大学出版社，2009.

36. 郑明身．组织设计与变革．北京：企业管理出版社，2007.

图书在版编目（CIP）数据

企业管理理论与实务/陈建萍主编．—北京：中国人民大学出版社，2012.12
21世纪高职高专精品教材．经贸类通用系列
ISBN 978-7-300-16724-4

Ⅰ.①企… Ⅱ.①陈… Ⅲ.①企业管理-高等职业教育-教材 Ⅳ.①F270

中国版本图书馆CIP数据核字（2012）第288178号

21世纪高职高专精品教材·经贸类通用系列
企业管理理论与实务
主　编　陈建萍
副主编　杨　勇　束军意　纪娇云

出版发行	中国人民大学出版社		
社　　址	北京中关村大街31号	**邮政编码**	100080
电　　话	010－62511242（总编室）		010－62511398（质管部）
	010－82501766（邮购部）		010－62514148（门市部）
	010－62515195（发行公司）		010－62515275（盗版举报）
网　　址	http://www.crup.com.cn		
	http://www.ttrnet.com(人大教研网)		
经　　销	新华书店		
印　　刷	北京市媛明印刷厂		
规　　格	185 mm×260 mm　16开本	**版　　次**	2013年1月第1版
印　　张	20	**印　　次**	2013年1月第1次印刷
字　　数	475 000	**定　　价**	35.00元

教师信息反馈表

为了更好地为您服务，提高教学质量，中国人民大学出版社愿意为您提供全面的教学支持，期望与您建立更广泛的合作关系。请您填好下表后以电子邮件或信件的形式反馈给我们。

<table>
<tr><td>您使用过或正在使用的我社教材名称</td><td></td><td>版次</td><td></td></tr>
<tr><td>你希望获得哪些相关教学资料</td><td colspan="3"></td></tr>
<tr><td>您对本书的建议（可附页）</td><td colspan="3"></td></tr>
<tr><td>您的姓名</td><td colspan="3"></td></tr>
<tr><td>您所在的学校、院系</td><td colspan="3"></td></tr>
<tr><td>您所讲授课程的名称</td><td colspan="3"></td></tr>
<tr><td>学生人数</td><td colspan="3"></td></tr>
<tr><td>您的联系地址</td><td colspan="3"></td></tr>
<tr><td>邮政编码</td><td></td><td>联系电话</td><td></td></tr>
<tr><td>电子邮件（必填）</td><td colspan="3"></td></tr>
<tr><td>您是否为人大社教研网会员</td><td colspan="3">□ 是，会员卡号：＿＿＿＿＿＿＿＿
□ 不是，现在申请</td></tr>
<tr><td>您在相关专业是否有主编或参编教材意向</td><td colspan="3">□ 是 □ 否
□ 不一定</td></tr>
<tr><td>您所希望参编或主编的教材的基本情况（包括内容、框架结构、特色等，可附页）</td><td colspan="3"></td></tr>
</table>

我们的联系方式：北京市海淀区中关村大街31号
中国人民大学出版社教育分社
邮政编码：100080
电话：010-62515912
网址：http://www.crup.com.cn/jiaoyu/
E-mail:cruplya@126.com